世紀高雄
城市變遷與未來願景

李文環／主編

（依文章排序作者姓名）

許淑娟、謝濬澤、謝明勳、杜正宇、王御風、李文環、
葉高華、王和安、劉正元、洪馨蘭、謝貴文、邱延洲、
盧啟明、蘇明如、李友煌

— 著 —

前言
百年積累與蛻變

李文環

　　高雄市緣起於高雄灣岸地帶。一百多年來，築港、工業化與城市發展，形塑了今人熟悉的景觀，締造高雄大都會的城市文明，同時也改變了既有的自然與生態。去年（2024年），我們共同迎來高雄市設市一百週年的光輝時刻。一百年，對於人類歷史長河而言，只是彈指一瞬；然而對於一座城市而言，卻是淬鍊風華、積澱底蘊的漫長旅程。從昔日依傍港灣的打狗小漁村，如今蛻變成為一座傲然屹立的現代化都會，一百多年來，高雄城市發展的每一步都銘刻時代印記，而每一寸土地都承載著無數先民胼手胝足的奮鬥足跡。為了記錄這項深具意義的里程碑，高雄市立歷史博物館特邀十五位學者共筆完成了這本紀念專書。這十五篇文章，猶如十五面稜鏡，分別從「歷史的底蘊」、「發展的資本」、「移民與族群」、「宗教與信仰」、「文化與書寫」等多元面向，折射出高雄百年來豐富而複雜的光譜。

　　高雄市是典型的海洋城市。1924年設市之初，築港工程已初具規模，港埠公共建設與市政公務體制，確立高雄市作為港都城市的宏觀格局。不過若進一步探究歷史的基礎構成，1900年縱貫鐵路南部段的鋪設與通車，實為後續日本政府投入港埠建設的楔子。鐵路與海港共構的交通藍圖，才是日本鐵道主義國家建設高雄這座海港城市的基礎，後續才有1904年的埋立地工程以及1908年所展開的築港工程等。至1924年間，高雄港市合一的城市格局已初步成形，高雄市役所的設立，實則是為城市發展擘畫宏圖，城市治理展現出更強的規劃性。因此，行政區劃的演進與交通建設的佈局，構成了認識高雄市歷史的關鍵底層。許淑娟於〈高雄市行政區變革與都市發展〉一文中，剖析高雄不同時期行政轄區的擴張歷程，並探究其潛在的都市發展

動能。謝濬澤則採納「港口城市版圖（port city territories）」之分析框架，於〈百年港口城市的發展與變遷〉一文考察1924年至2024年間高雄港口城市在陸域與水域空間利用上的轉型。謝明勳的〈鐵道形塑高雄市百年格局〉，則運用歷時性研究方法，具體檢視高雄百年來鐵路網絡的發展軌跡及其空間演變。此外，伴隨國家力量的加深介入，軍事能量亦顯著提升；歷經百年發展，高雄遂成為臺灣獨一無二的三軍基地匯聚之都。藉由〈高雄三軍要地的形成：以鳳山、岡山、左營為例〉，杜正宇分別考察陸軍於鳳山的駐紮，以及海軍與空軍在左營和岡山軍事據點的構築歷史。

　　城市治理體系的建構，並非脫離現實之抽象概念，其運作需仰賴具體的經濟支撐，產業構成資本增長與累積則是首要泉源。日治前期，日商運用在地原料在高雄發展了水泥、磚窯、鐵工業等，至1930年代，受到日本國內政經結構變遷影響下，高雄的地理區位優勢使其被納入南進戰略體系，國家力量的介入顯著增強，特別是在軍事工業的引進，移植了製鋁、製鹼和煉油等軍需工業。戰後，中華民國政府在此基礎上擴大石化業，並持續引進重工業如鋼鐵和造船等工業，讓高雄成為臺灣重化工業的火車頭。作為兼具港口城市與工業城市特徵的都會，高雄以物流業與製造業構成了其城市發展的雙重動力機制，王御風的〈環繞著高雄港灣的工業發展〉尤能詮釋空間生產上的雙重意涵。相較之下，李文環於〈高雄石油化學工業發展之歷史探討〉則聚焦於重化工業發展的歷史脈絡性分析。比較可惜的是，有助於資本累積的產業還有許多如製糖、螺絲、漁業、農業等。這些不足仍有待未來學者的探究。

　　無論公共建設抑或是各式產業的挹注，不同階段的高雄皆獲得了各式的資源與資本，從而吸引島內、島外移民。二戰終結，無論台灣或是高雄，迎來了新的挑戰與機遇，伴隨著大量移民湧入，族群融合與文化交流成為城市發展的重要課題。葉高華的〈高雄的人口變遷與移民構成（1920～2020）〉，剖析百年來六個時期的人口動態，同時闡述不同階段的移民構成。高雄市人口自1935年起呈現加速擴張趨勢；戰後雖因日本居民離境而經歷人

口急遽萎縮，但隨即因外省人遞補重啟增長，後因工業發展吸引大量外縣市人口遷入而再成長。迨至1980年代，高雄市對移入人口的誘因減弱，導致人口成長趨於靜止。除了人口結構分析之外，王和安的〈從旗山郡到旗山區：高雄沿山聚落的歷史演變與發展〉探討了大旗山地區自行政區劃建置對於區域空間文化的形塑，尤其是日治時期交通與產業的影響。劉正元的〈高雄市原住民族群歷史遷徙〉關注高雄市境內的原住民族，包括：拉阿魯哇族、卡那卡那富族、布農族、茂林、萬山、多納和大武壠族群等。洪馨蘭的〈月光山麓與愛河畔的高雄客家運動〉，以美濃反水庫運動為研究切入點，考察該社會運動所建構的「關係人」網絡，如何促成鄉村客庄與都會客家行動者的聯合，充分體現族群認同的展演與內化，其文化根源可溯及美濃客家地域的聯庄宗教活動與祖先崇拜風俗等傳統。顯然，族群的流動亦會連動民俗與信仰的轉移。

　　澎湖人是高雄市重要的移民人口。謝貴文的〈高雄民間信仰與外地移民之關係探討—以「澎湖廟」為例〉，探討境內54座「澎湖廟」有關香火緣起、廟宇創建、內部組織、宗教服務、祭典活動與外部關係等面向，討論移民與民間信仰的關係。「澎湖廟」不論是主動或被動，都不可避免地會與周邊居民有所互動，亦會與本地其他廟宇有所交流，這些勢必也對高雄的民間信仰產生影響。高雄作為一座因海港而興、吸引多元移民的城市，眾多外來者將其原鄉信仰帶入並在此生根。儘管如此，鸞堂信仰如何傳播至高雄，其具體途徑仍待釐清。邱延洲的〈高雄的鸞堂及其信仰發展：從鸞務傳習與經懺交流談起〉探討，較為明確地辨識出高雄鸞堂系統包含福佬、客家、澎湖等三種類型。其中，客家系統的發展脈絡相對清晰，均可追溯至楊福來南下指導鸞務的影響；澎湖系統則顯然是澎湖移民將其原鄉的鸞堂信仰與扶鸞實踐帶入高雄所致。相較之下，福佬系統的傳入途徑則顯得較為模糊。盧啟明的〈百年來的高雄市基督宗教發展〉一文，溯及基督宗教傳入高雄的歷史脈絡，並以歷時性視角劃分為三個階段進行描繪，進而闡述其在社會運動中的影響以及對社會服務的投入等面向。

進入二十一世紀，全球化與知識經濟的趨勢更加明顯，高雄也積極展開城市轉型。從「海洋首都」的願景提出，到積極發展觀光、文創、綠能等新興產業，高雄試圖擺脫過去的工業城市形象，展現更具活力與多元的面貌。駁二藝術特區的成功轉型，為老舊工業區的活化提供了成功的典範。因此最後一個單元我們關注「文化與書寫」。蘇明如於〈設市百年之文化與創意觀光探查〉一文中，以駁二藝術特區為例，闡述如何藉由老倉庫群的修繕與活化，使藝術特區參觀者得以清晰辨識舊時代的歷史印記。然「文化與創意產業」之多數範疇，因其內在的「城市」屬性，高雄市政府雖可藉由大型展演的策展策略，有效促進城區文化與創意觀光的發展，但在河、港及市中心以外的山區、濱海區域，相關資源仍有待持續投入與關注。最後是李友煌的〈高雄港市地景文學的百年風華〉，他採取「書寫」作為分析歷史文本的視角，系統性地爬梳文本中的地景文化。實則，「書寫」在有意無意間形塑了意識，亦即書寫者持續汲取、增添或挪用資訊。此外，近代印刷文化所具備的標準化、保存及精巧訊息再現等特性，強化了「書寫」的文本化過程，促使知識從聽覺空間轉向視覺空間，並增強了文本的定論性，同時亦可能強化書寫者的主觀偏見。本文幾個單元標題，諸如「綺麗的風光 VS. 不潔的聚落」、「打狗人性與科學地景」、「信仰與迷信的宗教地景」、「殖民現代性」等，在在提醒讀者，「書寫」作為一種媒介，兼具獨特性與潛在局限。高雄地景書寫不應僅僅只是握有書寫權者的專項，而應該是大家可以共筆的風景。城市孕育書寫，書寫亦塑造城市；城市啟迪人們超越其具體疆界的想像與創造，虛實相生。

　　回顧這百年來的關鍵轉折，高雄始終展現出其堅韌的適應力與不斷求變的勇氣。每一次的挑戰都成為下一次發展的契機，每一次的轉型都為這座城市注入新的生命力。透過這十五篇五大面向的文史探究，相信讀者更能深刻地認識今日高雄的樣貌，也才能更清晰地擘劃高雄未來的發展藍圖。這部紀念專書，正是希望引領讀者一同回顧重要歷史脈絡與轉折點，從歷史的經驗中發現問題、汲取智慧，共同迎接高雄下一個百年的挑戰與機遇。

前言：百年積累與蛻變／李文環（高雄市立歷史博物館館長）......002

Part I 歷史的底蘊

〔高雄市都市發展區劃〕
高雄市行政區變革與都市發展／許淑娟......010

〔高雄港一百年〕
百年港口城市的發展與變遷／謝濬澤......036

〔百年鐵道系統〕
鐵道形塑高雄市百年格局／謝明勳......056

〔高雄三軍要地〕
高雄三軍要地的形成：以鳳山、岡山、左營為例／杜正宇......079

Part II 發展的資本／工業與工業聚落

〔重工業〕
環繞著高雄港灣的工業發展／王御風......096

〔石化工業〕
高雄石油化學工業發展之歷史探討／李文環......118

Part III 移民與族群

〔都會移民與人口構成〕
高雄的人口變遷與移民構成（1920～2020）／葉高華......150

〔淺山地區聚落變動〕
從旗山郡到旗山區：
高雄沿山聚落的歷史演變與發展／王和安 *178*

〔原住民與正名〕
高雄市原住民族群歷史遷徙／劉正元 *202*

〔客家與移民〕
月光山麓與愛河畔的高雄客家運動／洪馨蘭 *220*

Part IV 宗教與信仰

〔移民與民間信仰〕
高雄民間信仰與外地移民之關係探討——
以「澎湖廟」為例／謝貴文 *244*

〔移民與鸞堂信仰〕
高雄的鸞堂及其信仰發展：
從鸞務傳習與經懺交流談起／邱延洲 *272*

〔移民與基督教信仰〕
百年來的高雄市基督宗教發展／盧啟明 *302*

Part V 文化與書寫

〔文化觀光〕
設市百年之文化與創意觀光探查／蘇明如 *332*

〔文學地景〕
高雄港市地景文學的百年風華／李友煌 *358*

【作者簡介】 *430*

歷史的底蘊

Part I

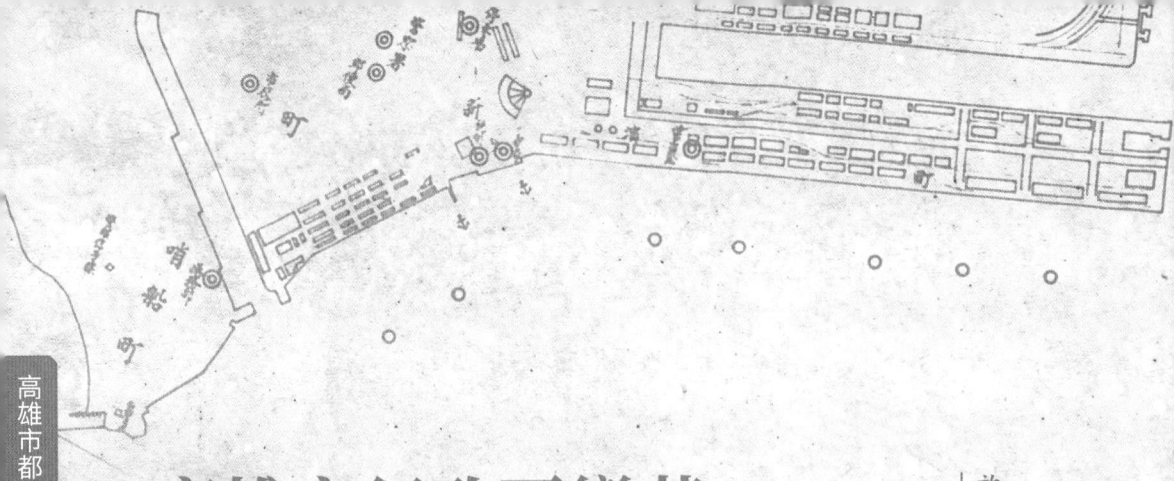

高雄市行政區變革與都市發展

許淑娟

一 前言

在臺灣現今的六個直轄市中，高雄市的發展脈絡和臺南市一樣，都有著依賴海洋貿易的地理背景，但在行政區演變的系統中，臺南市在西元1624年荷人建熱蘭遮城開展了象徵行政治理的序曲，2024年以臺江四百年作為歷史追溯與敘事的時間軸；而高雄前身的打狗，早在17世紀打狗山（現今的壽山）山腳下的潟湖濱海處也有著原住民和漢人活動記載，之後荷人派船來打狗採石不斷，至清代鳳山縣縣治設在壽山北邊萬丹港東岸的興隆莊，經二百多年的地方開發與政治變動，地方行政中心從近海處的興隆莊遷往內陸的埤頭街，壽山南邊的打狗停留在漁港的態勢，直到19世紀中，打狗成為貿易港，20世紀初打狗港形勢持續發展為貿易要地，以「打狗」為核心的現代市街逐日發展，並改名為「高雄街」。西元1924年，高雄州高雄郡轄下的「高雄街」升格為「高雄市」，逢2024年，正值高雄市設市的百年紀念，就一個

從潟湖港口發展為臺灣現今六個直轄市之一的都市而言，一百年前「市」級行政區的定位與演變，其地理歷史意義是都市發展動態重要的一環。

　　高雄市的發展源於「打狗港」，「打狗」一名為歷史舞臺上對現今高雄港北端出海口附近的泛稱，日治初期，「打狗」不僅成為上級行政的辨務署、支廳名，下級行政的街庄社長區也採用「打狗區」，又以「打狗」為大字名，大正9年（1920）實施州郡制，以「打狗」為基礎的市街改以「高雄」為名，成為高雄州高雄郡轄下的高雄街。4年後，高雄街升格為高雄市，昭和15年（1940）、昭和18年（1943）行政區在分別納入鄰近街庄或大字，市區擴大。數次的行政區變動，究竟反映了當時市街發展的哪些動態？

● 日治時期高雄港的船隻

照片後方為打狗山（壽山），其前船渠為哈瑪星（上）與哨船頭（下）之分界，為第一期築港工程的成果，此一區域乃日治時期高雄的繁榮地帶，另外岸邊亦停靠著許多漁船。

資料來源：高雄港的船隻，高雄市立歷史博物館典藏資料，登錄號：KH2015.005.549

戰後，高雄市以原市轄範圍編為省轄市，高雄市港區的港口擴建和工業建設持續展開，1979年（民國68年）高雄市升格為直轄市，併入鄰近高雄市南緣的小港鄉。2010年（民國99年）合併高雄縣，轄區北到二仁溪，東到高屏溪及上游荖濃溪流域，自然地理的區域性質更為複雜，行政區內部的城鄉差異擴大，為都市經營帶來更大的挑戰。高雄市的行政地位升格與合併鄰區的變動，使行政轄區擴大，而都市成長和擴張的動力為何？

　　一般研究高雄市的都市發展脈絡，梳理高雄市的行政沿革為重要的背景，打狗在大正9年（1920）設為高雄街，高雄街在大正13年（1924）升格為高雄市，高雄市於1979年（民國68年）升格為直轄市，這些都是高雄市行政沿革的重要事件；近十年來的研究，縣市合併後的直轄市，則成為另一個焦點。日治時期的記者芝忠一，在昭和5年（1930）所撰《新興の高雄》一書即簡要說明高雄設市之前的行政沿革。[1]昭和9年（1934）出版的《高雄市市制十周年略誌》一書所記載的高雄市，呈現著設市後的市制進展種種。[2]昭和15年（1940）出版的《躍進高雄の全貌》則在設市15年後提出高雄市發展現狀的活力，以及各種市業面貌，是記錄當時的資料，也是可供觀點對照的史料。[3]學者謝濬澤對高雄港的築港過程與重要性，曾進行梳理，提供築港始末的認識。[4]本文主要以高雄市設市前，以及設市以來的行政區沿革與都市發展的關係進行討論，以作為臺灣20世紀後都市歷史地理發展軌跡的綜覽。

　　本文以20世紀打狗街處高雄設市的脈絡，打狗分成四個時期：（一）設市之前：打狗變高雄；（二）廢郡設市：1924；（三）升格為直轄市：1979轄區再擴張；（四）縣市合併：2010新高雄都出現。依此脈絡，本文將進行討論行政區擴大和高雄市街發展的關係。

◆ 設市之前
「打狗」轉「高雄」

(一) 地理形勢與清代的港口地位

「打狗」一名，於17世紀初陳第的〈東番記〉中，即有打狗嶼的記載，但在更早之前與打狗相關的名稱，例如高山國、加里林、虎仔山（打狗山）等，就已出現在其他的文獻記錄。當荷蘭人以臺江沙洲島上的熱蘭遮城為基地，開始經營大員的貿易之後，也常派船到猴山（Apen Berg）一帶載石灰石；鄭氏時期打狗港的旗後有漢人移居的記載，且漸發展出漁村。清治時期則以打狗山北側萬丹港海邊的興隆莊為鳳山縣治所在，後來鳳山縣城遷往內陸的埤頭下街，打狗嶼、打狗山、打狗等地名，僅是鳳山縣城外位處海邊的地標或港口。直到19世紀中，因打狗港開放對外通商，位處打狗港的旗後和哨船頭，注入了貿易機能。

打狗港的形勢，為一呈西北東南向的長形潟湖，出口朝向西北，西有旗後半島，東邊海岸北端有打狗山倚立，打狗山的東邊，為平原地形，從北而南有數條河道注入海域。港域旁的打狗山山腳下陸地狹小，港內往南延伸的海埔地，有著鹽田、魚塭分布。港口的北邊，西有旗後，東有哨船頭，往港內的東岸附近，由北至南，有鹽埕埔、鹽埕、苓雅寮、大林尾、前鎮、草衙、內苓仔寮、港仔墘、竹子港、鹽水港、過港、大林蒲等聚落分布，潟湖西側的旗後半島，聚落分布在東岸的內海側，有大汕頭、中洲、燒灰員、紅毛港等聚落。打狗港的港域，由北至南，清代分屬鳳山縣興隆內里、大竹里、鳳山下里。

日治初期殖民政府開始有計劃地將高雄建設成稍具規模的港口都市，為殖民勢力向東南亞擴張作準備，自1908年起大力整建高雄港成為現代化港口，今日的哈瑪星與鹽埕區這兩處都是日治時期填海造地形成

● 舊打狗港內

日治時期從舊打狗港內望向左側旗後山和右側的壽山，港內有多艘小船。

資料來源：舊打狗港內，高雄市立歷史博物館典藏資料，登錄號：KH2018.017.233

的新市鎮。哈瑪星因濱線鐵路而得名，是縱貫線鐵路終點站所在地，鹽埕則近海又連接內陸，這兩個區域接近高雄港口是當時發展最為快速的區域。

日治初期打狗港口北邊的聚落，只有位在出海口東西兩側的旗後街和哨船頭街發展成市街。日本領臺之後，港口腹地狹小的困境出現，因此，雖然旗後、哨船頭是當時政、商活動的據點，但明治33年（1900）鐵道的終點站是設在內陸的鹽埕埔，於是車站附近也有商社會所陸續成立。此外，廣大的內海，填築新生地的呼聲逐漸升高，尤其是早在明治29年（1896）就買下哨船頭街附近海域的淺野總一郎，很早就提出填埋新生地的申請，直到明治37年（1904）臺灣總督府為了鐵道延伸和車站的擴張，開始填海，以作為港口、碼頭、陸地、鐵道運輸的多重需求與連結。新車站於1907年完成，隔年啟用。1908年築港計劃和市街改正實施，填海工程讓打狗港沿岸哨船頭的潟湖地景逐漸轉變成新市街，打狗港出海口僅有旗後、哨船頭兩處狹小市街相對的形勢，有所改善。

在填海造陸時期，打狗先後作為打狗支署、打狗支廳的設置地，原本支廳辦公室設在旗後，1905年遷移到對岸的哨船頭，東西兩岸發展的轉變態勢漸漸浮現。下級行政單位的「旗後區」也早在1900年就被「打狗區」取代。

(二) 打狗作為上級行區的專名

　　打狗並非專指任一聚落的地名，為總括港口附近聚落、海域的指稱，在日治初期的行政管理，明治29年（1896）先設臺南縣警察署打狗官吏派出所，為民政的開始，明治30年（1897）3月改為打狗分署，同年6月設打狗警察署，明治31年（1898）7月於臺南縣鳳山辨務署之下設打狗支署。明治34年（1901）11月全臺設20廳，原打狗支署改為鳳山廳下的打狗支廳，下轄街庄社長區域，計有打狗區、苓仔寮區、埤仔頭區、港仔墘區、左營區、後勁區。[5] 整個打狗港從北到南，以及打狗山北邊萬丹港附近的村庄，也都納入打狗支廳。隔年，後勁區劃入新設的楠仔坑支廳，港仔墘區劃入鳳山廳。[6] 打狗支廳的範圍主要是以打狗港的北邊和打狗山東邊山麓的區域為主，而這一片地區當時還是淺海潟湖、濕地、池塘遍布，打狗川入海的河道還是分流的狀態。

　　明治33年（1900）完成打狗停車場（第一代高雄車站），停車場設在哨船頭通往鹽埕埔之間的山腳下，同時是離潟湖、鹽田不遠的海岸邊。後來的鐵道延伸、新車站完成、填埋工程，在內陸新成一處新濱街，[7] 打狗的發展動能擴張甚快。

　　明治42年（1909）10月全臺劃設12廳，原鳳山廳轄區劃入臺南廳，打狗支廳和鳳山支廳都是臺南廳轄下的支廳，兩地成為等級平行的行政單位，此為打狗支廳重要性升高的象徵。打狗支廳轄區有打狗區和苓仔寮區、埤仔頭區、左營區，所轄範圍以打狗山南北的港邊地區為主，「打狗」一名由對港口和沿海的泛稱，轉為與內陸的鳳山分庭抗禮的行政區名稱，直到1920年設州之前此態勢未變。在此階段，打狗成為港區的行政名。

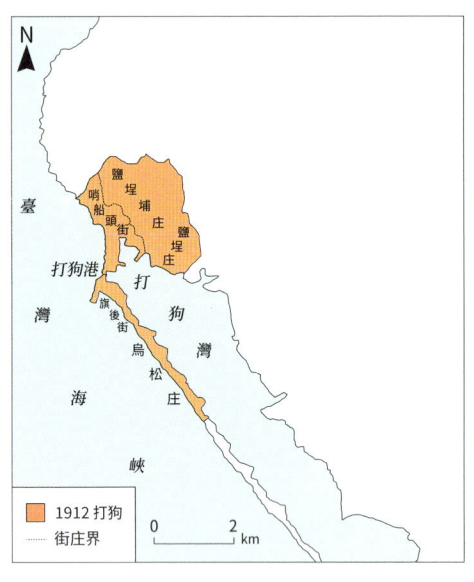

● 圖1：1912打狗的行政範圍

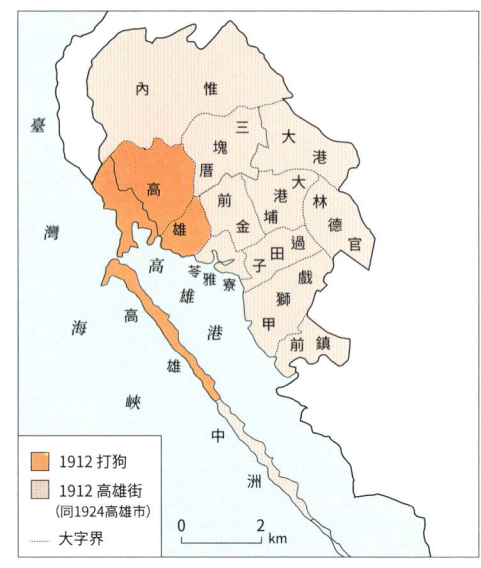

● 圖2：1920高雄街的範圍

(三) 街庄層級的「打狗」出現

　　大正元年（1912）年初臺南廳就以打狗地區發展的必要，提出街庄名改正，改正提案主要是將興隆里的哨船頭街和鹽埕埔庄併入大竹里，且提出「打狗市」街庄名，將聚落合併成「鹽埕埔」、「哨船頭」、「旗後」三個土名，下設小名的「町」。[8] 9月公告的結果是，位在打狗港北口兩岸的旗後街、哨船頭、鹽埕埔、鹽埕等街庄，加上旗後街南邊的烏松庄先併為四個土名，四個土名再合為「打狗」（圖1），因此「打狗市」的規畫並未實現。土名以下分出15個町，計有濱崎町、堀江町、北野町、入船町、鹽埕町、鹽町、新濱町、哨船町、山下町、湊町、山手町、田町、旗後町、平和町、烏松町，[9] 在保留舊地名之外，也為高雄市未來的街區命出新的意象。該年第一期築港計畫完成，開始進行第二期築港計畫，市區改正計畫也擴及到打狗川（今愛河）以西，配合都市發展的整體性，以「打狗」作為街庄空間單位的功能顯露無遺。大正9

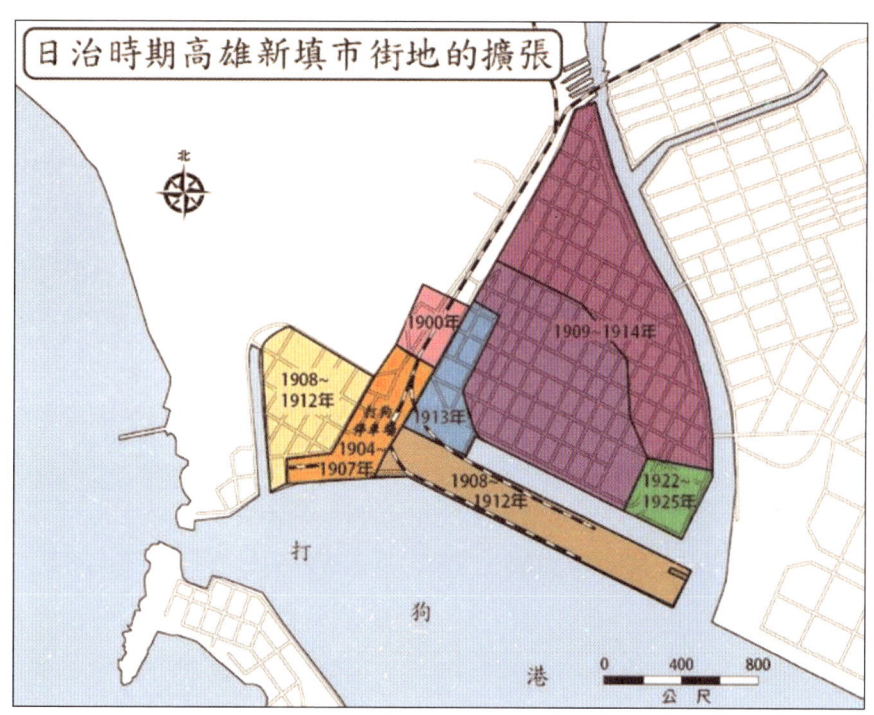

●圖3:日治時期高雄新填市街地的擴張

年全台實施州制,高屏溪兩岸地區設高雄州,州廳設在「高雄郡」轄下「高雄街」的「高雄」大字,高雄街下涵蓋11個大字。(圖2)而「高雄」一名是沿自「打狗」,其空間範圍沿自「打狗」。以「高雄」為名的行政區,從上級行政區到下級行政區已經取代「打狗」,同時「鳳山郡」納入「高雄州」之下,「高雄」成為臺灣西南沿海平原廣義的區域名詞。大正13年(1924)廢除高雄郡,高雄街設為「高雄市」,仍隸屬於高雄州。高雄市再跨入另一個發展階段,自此「高雄」正式取代「鳳山」成為臺南以南的區域名。

(四) 市街發展概況

打狗市區的出現,與鐵道埋立地、淺野埋立地、打狗整地埋立地

三處填海工程的新生地出現有關。淺野埋立地於1907年5月完工，填埋面積為46,620坪，而連接哨船頭和停車場的鐵路即為後來的濱線。明治39年（1906）5月，在鐵道埋立地接近完工時，淺野總一郎向鳳山廳提出填築海埔地的申請，其在鐵道埋立地和哨船頭之間填築了67,722坪的土地，同時浚渫了哨船頭運河，而填築出的海埔地稱為淺野埋立地（或地所埋立地），淺野在1910年時於東京創辦臺灣地所建物株式會社，管理土地建物買賣、租借等事業。鐵道埋立地後來劃屬新濱町，而淺野埋立地則屬湊町，臺灣地所建物株式會社在1912年又於壽山山腳填埋了16,520坪的土地，為後來的田町。

打狗市街地的出現、築港工程和市街改正計畫有高度相關。第一期打狗築港工程於明治41年（1908）啟動，由於對港口設備的需求相當大，第二期築港工程於明治45年（1912）開始實施，工程內容包括新建碼頭、增設防波堤、外港錨地、避風錨地、完成水陸聯繫設備，工期原本預計10年，兩度延長，先延2年，最後於昭和12年（1937）完工。施工期間，曾因費用不足，取消防波堤的興建、縮減浚深面積，經費由預算1,278萬圓，完工時已經高達27,364,000圓。築港計畫對市街地的發展而言，是一股很強的帶動力量，築港工程本身帶來的勞動力，加上築港關聯的航運事業，迎來了各類商社的集聚。

在築港的同一年，明治41年（1908）年5月1日，臺灣總督府公布「打狗市區改正計畫」，這是第一個在目前的高雄市域進行的都市計畫，面積約172公頃，規劃了旗後町、哨船町、新濱町、湊町、山下町、田町等新市街，計畫人口42,000人，針對填海造陸後的新市街進行全新規劃，改善舊市街的弊端，展現現代都市計畫的雛形。

第一期在新車站前方的新生土地，於1908年市街工程啟動之後，逐日完成，而哈瑪星在明治42年（1909）打狗整地會社買收岸壁附近的鹽田，作為填埋市街地的用地，於大正3年（1914）填埋工程完成，得

到85,000餘坪的新生地。由於新填的土地在還沒開發利用之際,被批評荒草蔓生,後來大正6年(1917)會社開始著手新建家屋,形成新市街,臺灣製糖株式會社事務所、鑄物工場宿舍,及其他宿舍的工事,耗資約156,000餘元,再加上遊廓指定地填埋工程的進行,會社賣給臺灣製糖、鈴木商店、鹽水港製糖株式會社約24,000坪土地,臺灣製糖和鹽水港會社總部的建物都矗立在賣出的土地上,之後也有鐵工造船業等事業創設,街頭遠望已出現高樓櫛比的景觀。同時在湊町一帶則已經形成如同日本內地的市街景觀。[10]

鐵道的建設,帶來哨船頭和鹽埕埔之間打狗山下的填地工程,鐵道延伸到原本是海域的新填土地,新成的陸地被稱為新濱街。從明治41年(1908)開始的填埋工程,經過4年,新濱街以西的陸地新成,街廓出現。1912年以後又往鐵道的東側發展。

以明治41年(1908)的市街發展狀況來看,新填新生地的街廓和房舍出現,已經為打狗港沿岸的貿易區新成一處新濱街。也就是當時打狗支廳下三處市街共有,一為旗後街、哨船頭街、新濱街,人口規模以旗後街8,000多人最多,新濱街和哨船頭街則約一千左右,因為鐵道開通和築港進行,街市發展逐漸往新濱街轉移,位在新濱街北邊的打狗座一帶的屋舍漸增,出現櫛比鱗次景觀,鐵道東方的鹽田填埋若再擴張,濱街則

● 日治時期旗津街景

由高雄市山形屋發行之明信片。

資料來源:高雄市旗後町(舊高雄市街),高雄市立歷史博物館典藏資料,登錄號:KH2021.014.0012

會成為打狗未來的中心。[11]

1912年的「打狗」大字出現，正是填海造陸工程的成果。由於第一期築港計畫完成和市區改正成效，在打狗車站前的市街道路完工後帶來了新成街屋，船業、金融等商行、商社和官方機構開始出現，新事業帶來的人力需求，讓原本僅旗後和哨船頭才有人口聚集的現象有所擴張，且第二期築港計畫也隨之啟動。大正元年（1912）哨船頭、鹽埕、鹽埕埔、旗後、烏松五個聚落被合併為打狗，內部再將新成的棋盤式街道街區改名，以作為新的新政管理區域，原來以聚落點為根據的行政注記，消失在公文書裡，全部改譯打狗作為行政空間的名稱，打狗之下的地名，成為新的空間區塊。從聚落名名變成町名，也代表聚落性質從鄉村變成市街。1912年的填海造陸，所造成的磁吸效應，對於行政機關而言，打狗港兩岸的街區，不再以傳統聚落名作為，改以一個整體代表的打狗為民，代表了整合性的街區出現，也象徵著這一塊街區需以一致性的管理為主。

(五) 大正9年高雄街成為州廳所在

大正9年（1920）9月臺灣總督府實施州郡制後，全臺畫設五州二廳，原臺南廳的南半部設為高雄州。大正9年（1920）總督府規劃設立州廳，地方上為爭取州廳，多有所運作，屏東和打狗爭取設州治，後來總督府決定設高雄州，並將州廳設在高雄街。[12] 原打狗支廳加上附近的街庄改設為高雄郡，郡下轄高雄街和其他庄，街庄下轄各大字。高雄郡下的高雄街轄域，主要是承襲自原打狗街，分為高雄、中洲、大港、三塊厝、林德官、大港埔、前金、苓雅寮、過田子、戲獅甲、前鎮、內惟十二個大字。「高雄」大字是由「打狗」改名而來，轄區大致是涵蓋了愛河下游西側到高雄港出口的市街地範圍。大正9年（1920）總督府規劃設立州廳，地方上為爭取州廳，多有所運作，屏東和打狗爭取設州治，後來總督府決定設高雄州，並將州廳設在高雄。

1920年9月，行政區域改革開始，日本人將地名從「打狗」改為「高雄」，並將本市劃為「高雄郡高雄街」，隸屬於高雄州；四年後廢除高雄郡，直接將高雄街改設為「高雄市」，仍隸屬於高雄州，自此高雄正式取代鳳山成為此區域之名。此時，潟湖的各街庄不僅被合併為「打狗」，又被改名為「高雄」，已經是一個面狀區域的都市性質。

　　大正10年（1921），高雄市街進行第二期市區改正計畫，碼頭延伸到苓雅區及運河以東，預計容納人口為11.6萬人。在一片工業熱之下，鐵道以西的新生地開始有工場設置，設市之前的築港工程、市街建設、工商業發展同時在進行著。

三 廢郡設市
高雄市轄區擴張（1924-1945）

　　大正9年（1920）作為高雄州治所在地的高雄街，已經成為高屏溪兩岸的首要市街，但隨著港市發展的趨勢，高雄街的行政地位仍不斷的提高，轄區也隨之擴大。大正13年（1924）12月25日，廢除高雄州下的高雄郡，原來郡轄下的高雄街，改制為高雄市。原「高雄」大字劃設為哨船町、湊町、新濱町、山下町、田町、壽町、堀江町、入船町、鹽埕町、榮町、北野町、旗後町、平和町、綠町共14町，其他仍設中洲、大港、三塊厝、林德官、大港埔、前金、苓雅寮、過田子、戲獅甲、前鎮、內惟等11個大字。高雄市役所設於湊町四丁目（今鼓山區代天宮），昭和13年（1938）於愛河畔榮町興建新的市役所，昭和14年（1939年）完工落成。

（一）行政區變革與市區擴張

　　高雄設市該年，全市的人口已經達42,019人，10年後，昭和8年

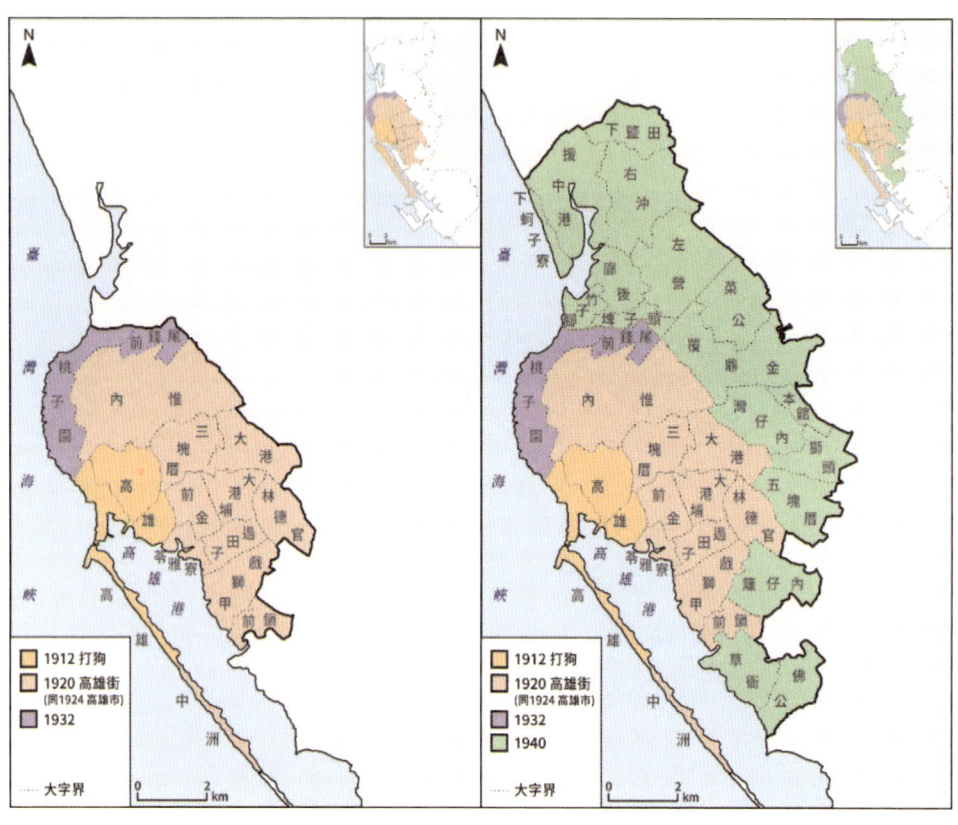

A. 昭和7年（1932）　　　　　　　　　B. 昭和15年（1940）

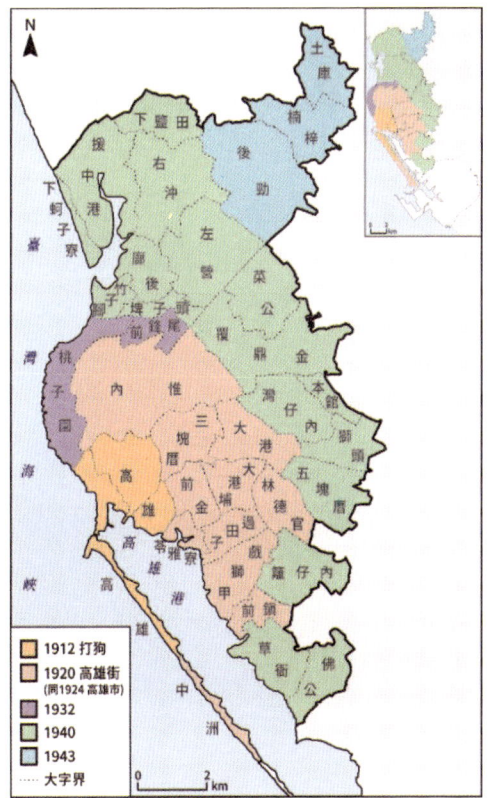

C. 昭和18年（1943）

●圖4：1924高雄設市之後歷次的轄域變革

（1933）人口已經達76,380人，[13]昭和12年（1937），該年第三期築港計畫啟動，到當年年末高雄市的人口已經超過10萬人。[14]與全臺其他市街的人口規模相比，在高雄街設市前一年，大正12年（1923）12月底，五「州」轄下主要的「市」與「街」，臺北市已達186,768人，臺南市有83,497人，高雄街也有39,850人，臺中街有38,094人，新竹街36,377人，[15]形成市街不到20年的高雄街，人口數已經超越臺中市，位居全臺第三位，此人口規模也促使「高雄街」有改制為「高雄市」的基礎。昭和2年（1927）臺北市有211,696人，臺南市有89,823人，高雄市有49,175人，臺中市有46,225人，新竹街41,140人，[16]高雄市的人口仍穩居第三位。

　　人口成長的趨勢和高雄市行政轄區的變革，幾乎是互為動力的兩個

● 日治時期高雄銀座通（今七賢路）
資料來源：高雄街道系列明信片，高雄市立歷史博物館典藏資料，登錄號：KH2003.008.151

滾輪，推著高雄市在設市之後，仍不斷的擴張（圖4）。昭和7年（1932）位在壽山東北側的左營庄前鋒尾、桃子園兩個大字被併入高雄市，使得高雄市轄區向北擴張。昭和15年（1940）將鄰近的岡山郡左營庄和鳳山郡鳳山街、鳥松庄、小港庄內部分大字併入高雄市，不僅行政轄區向外北、東南三向擴大，高雄市的人口數，也超越了臺南市成為全臺第二大都市，特別的是原本清代鳳山縣的舊城也納入了現代都市的轄境。昭和18年（1943）再併半屏山北側的岡山郡楠梓庄土庫、後勁、楠梓等大字。高雄市的轄域已經從繞著高雄港北端的沿岸陸地，向著沿海、內陸擴張，包含了高雄、左營兩個港口，以及內陸的壽山、龜山、半屏山等山體，不僅是轄區面積變大，自然環境的地理特性更具有完整性。

（二）都市計畫與市街發展

高雄設市之後的市街發展，是延續了設市之前的港口、工商等事業的活力，昭和6年（1931）的報導所載，認為設市之後發展是更為快速的，當時的市勢充滿了新興的氛圍，新濱町、湊町為繁華地帶，從山下町一直到鹽埕町、堀江町、榮町、入船町也有新街區，街廓中有高樓的發展和建設出現，與日本領臺之際相比，市景繁榮盛況的變化已經恍若隔世感。人口成長的變化，昭和4年（1929）有58,880人，到了昭和5年（1930）末，人口達61,881人，昭和6年（1931）中旬時就已經有65,000人，當時預估在未來20年可以突破20萬人，且成為全臺的第二大都市。[17]設市之後，位在鐵道以東的填埋鹽田而成的新生地，各事業體不斷增加，屋舍、人口與日俱增，各種活動隨之出現，市景漸趨繁榮，昭和10年（1935）左右已經出現多家戲院，鹽埕町的銀座落成。[18]除了愛河西岸各町的開發外，高雄州廳於昭和6年（1931）就遷建於愛河東岸，已經漸漸觸及第二期都市計畫範圍的東界，因此，也讓昭和11年（1936）第三期的都

市計畫順勢而生，亦即高雄州廳公告的「大高雄都市計畫」。

高雄市第三期都市計畫範圍北擴到鐵路以北的愛河中游南岸，東邊和南邊則到鐵路臨港線，公告中規劃的高雄市街遠景，對市街內部的空間規劃已經有具體的土地利用分化設計，內容以南方為港口區、北方為住宅區、東方為文教區、西方為神社、遊憩區、中央為中心商業區，並規劃新車站設於大港。當二次大戰前夕，以高雄港市作為南方基地的呼聲中，將高雄市街區的南邊規劃為重工業地帶，成為都市再發展的新希望，無獨有偶的，北邊的軍港建設也帶動了相關的軍需工業。[19]

設市之後，高雄市的市街發展，依著第二期、第三期都市計畫的網格，逐漸向東延伸。由於外來人口的快速增加，房屋需求提升，各建商在昭和年間的建屋目標也轉到愛河以東，[20]加速市區從湊町、新濱町向外擴張。在「大高雄都市計畫」公告後，昭和14年（1939）新的高雄市役所座落在愛河畔的榮町，同年新車站在大港動工興建，隔年完工，昭和15年（1941）6月20日高雄車站正式啟用。設市不到20年，就出現市中心移轉的現象，更可見高雄市發展之快速。

（三）工業發展與行政區擴張

日治後期，高雄市的市區擴張，和南北郊區的港口建設和工業發展有很大關聯。大高雄都市計畫預計將戲獅甲、半屏山北側、萬壽山南麓劃為第一期工業區；草衙、小港、中洲、紅毛港為第二期工業區，[21]此規劃已經為行政區擴張埋下伏筆。於大正12年（1923）啟動的高雄港築港計畫，在數度延宕工期後，昭和12年（1937）終於完成，隨即展開第三期高雄港築港計畫，此築港工程配合高雄市都市計畫的工業區規劃，以及南進政策的軍需工業目標，在苓雅寮以南的高雄港沿岸，戲獅甲的農地轉為工業用地，1930年代末形成戲獅甲工業區。包含了煉鋁、化工、

機械、畜產等重化業工廠出現，帶動了相鄰的草衙、籬仔內、五塊厝等大字在昭和15年（1940）被併入高雄市轄區。昭和7年（1932）壽山北邊山腳下的左營庄桃子園、前峰尾，被併入高雄市區，後來都市計畫公告向愛河以東發展，原本就造成有些地方的地價飛漲，[22] 昭和12年（1937）高雄軍港籌建，在壽山北邊桃子園的萬丹港一帶展開評估作業，同時左營的地方上開始傳出將有重要建設的訊息，於是帶起了土地炒作之風，以致左營地價暴漲。[23] 當昭和15年（1940）日本海軍在萬丹港正式建軍港，鄰近的左營庄各大字，成為連帶被影響的區域，因此左營庄被併入高雄市轄區的變革，也有其必要性。隨後，為了供應軍部燃料和從南洋取得原油的便利性，有了「日本第六海軍燃料廠」的規劃，[24] 因左營軍港的地緣性，昭和17年（1942）第六燃料廠於鄰近港區的半屏山下的「後勁」動工興建，隔年，昭和18年（1943）廠區所在的「後勁」和相鄰的「楠梓」、「土庫」等大字都被併入高雄市。

自1924年設市之後，高雄市的產業發展和人口增加快速，加上工業帶的延伸，合併鄰近的街庄作為都市發展區域的行政區調整相伴出現，所以市轄範圍數度擴張。直到日治結束，高雄市不再僅限於港區附近，轄境為西邊臨海，北到現今的楠梓區，南到現今前鎮區，東界相當於現今中山高速公路一帶。

（四）升格直轄市與縣市合併（1945-2024）

戰後高雄市的行政轄區，在長達80年中，有兩次擴張，第一次僅合併一個小港區，第二次則是與高雄縣合併，轄域包含38個區（圖5）。轄區的擴大，區內兼含鄉村、鄉鎮、都市，高雄市的都市性質，只是行政上的「直轄市」性格，已經不是地理上非農產業為主的「都市」。

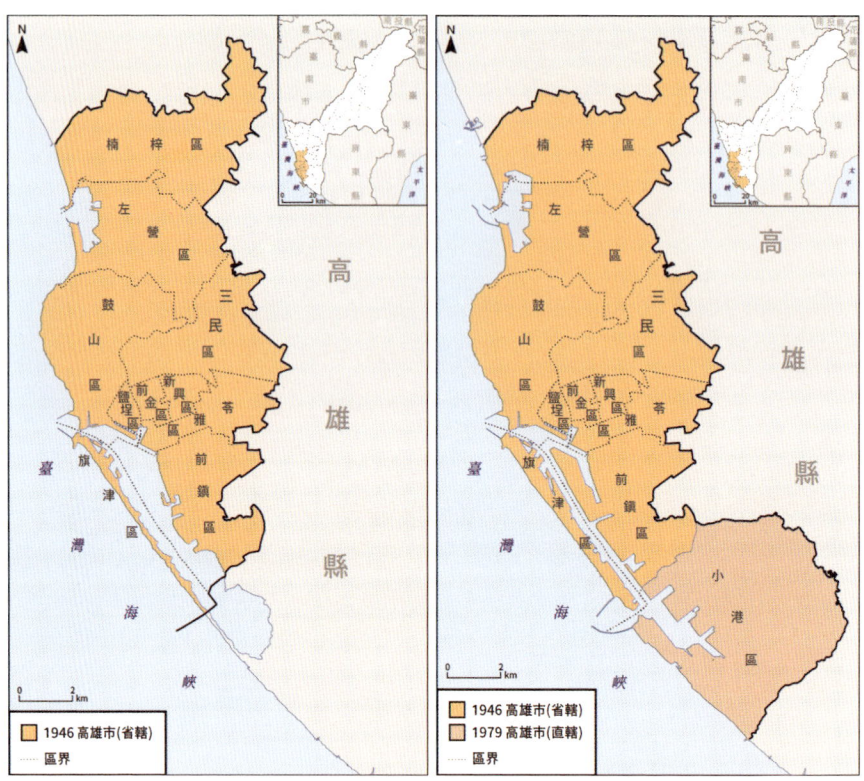

A. 戰後高雄市轄區

B. 民國68年高雄市新併小港

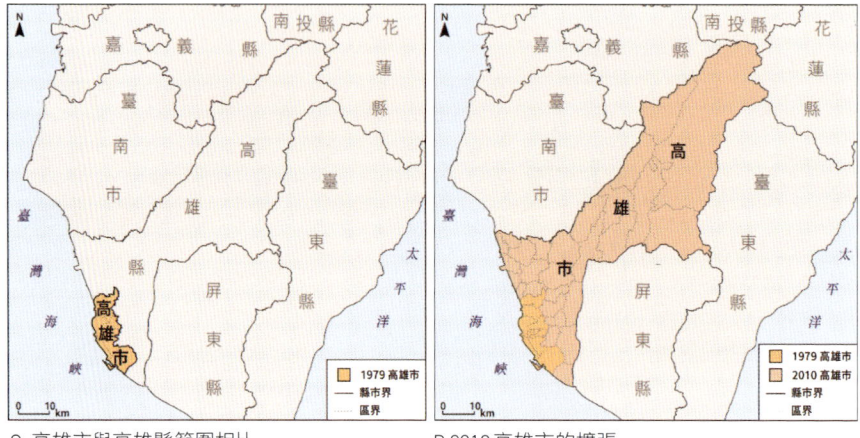

C. 高雄市與高雄縣範圍相比

D. 2010高雄市的擴張

● 圖5：戰後至今高雄市的轄域擴張

(一) 戰後的行政區

戰後初期，民國34年高雄市為隸屬於臺灣省的省轄市，行政轄區承襲日治時期的轄區。民國35年高雄市政府曾經向臺灣省行政長官公署提出因為港區用地多，加上工商發展，市內的農地日縮，為了建設用地和糧食供應充足，希望將鳥松鄉全部和鳳山鎮的五甲、赤山、新庄子併入高雄市，但高雄參議會以高雄市在日治時期已經不斷擴大，面積甚大，且所提地區為高雄縣縣治鳳山鎮建設所需，不同意該案。[25] 高雄市原轄區內的32區最初被整併為19區，19區先是以數字命名，後來則以原大字名為區名，改為楠梓區、後勁區、右沖區、左營區、內惟區、田町區、湊町區、旗後區、中洲區、堀江區、鹽埕區、前金區、大港埔區、三塊厝區、覆鼎金區、苓雅寮區、前鎮區、戲獅甲區、草衙區。1945年底，19個區又整併為12個以數字命名的區，楠梓區和後勁區、右沖區合併為楠梓區，內惟、田町、湊町合為鼓山區，中洲區併入旗後區，堀江區與鹽埕區合併，覆鼎金區與三塊厝合為三民區。隔年，1946年高雄市再次將12區縮併為10區，即鹽埕、鼓山、左營、楠梓、三民、新興、前金、連雅、前鎮與旗津等區，戲獅甲和草衙併入前鎮區。市轄區不變，市內各區經三次合併，僅成10區，區名則參考原地名進行調整。各區名中也多從舊地名雅化為新區名，例如三塊厝改三民區，大港埔改新興區；連雅區則在民國41年（1952）更名為苓雅區。

(二) 1979年（民國68年）升格為直轄市

戰後高雄市的人口在1976年（民國65年）超過100萬人，達到升格為直轄市的標準，至1979年高雄市升格為院轄市，並將原屬高雄縣的小港鄉（今小港區）劃入高雄市。1983年，位於南海的東沙群島以及南沙群島

中的太平島、2005年南沙群島中的中洲島，行政管理上開始由本市旗津區中興里管轄。高雄市的行政轄域，具有海洋地位的象徵。

　　1979年（民國68年）高雄市升格為直轄市，何以會將小港區併入高雄市，而不是併其他的高雄縣境內的鄉鎮，如果循著日治時期的高雄市擴張脈絡，可以想見和高雄港、工業建設間的關聯性，仍然是當時高雄市區域發展重要的動力。戰後，高雄港在民國47年（1958）展開的十年擴建計畫，牽動民國50年（1961）南部工業區的建設，後來「南部工業區」改名為「臨海工業區」，民國66年（1977）完工。高雄港南端的高雄臨海工業區，從前鎮區延伸到小港鄉，讓沿港碼頭的內陸出現一片工業景觀，由前鎮區的加工出口區，連接到十大建設的中國鋼鐵、中國造船，以及其他工業區的工廠帶，大小吊車、煙囪、廠房等取代農田。所以高雄市既升格為院轄市，再順帶將轄域擴展到小港，高雄平原南端都是高雄市管轄，也具有地理特徵的整體性。因此，高雄市港口擴建與工業建設再次帶動了行政區的擴大。

　　戰後高雄市的人口在1976年（民國65年）超過100萬人，達到升格為直轄市的標準，至1979年高雄市升格為院轄市，並將原屬高雄縣的小港鄉（今小港區）劃入高雄市。1983年，位於南海的東沙群島以及南沙群島中的太平島、2005年南沙群島中的中洲島，行政管理上開始由本市旗津區中興里管轄。高雄市的行政轄域，具有海洋地位的象徵。

（三）2010年（民國99年）縣市合併

　　在臺灣行政區重劃的議題和推動下，2010年12月25日，高雄縣和高雄市合併為同一個都市，與新北市、臺中市、臺南市均屬升格的直轄市，四個都市與臺北市通稱為「五都」。高雄市與高雄縣合併為高雄市，轄區擴大，全境共有38個區，轄區內的地理複雜性甚高，含山地，高山

溪流、丘陵，平原。從升格改制至今，高雄市行政區未再變動。縣市合併將清代鳳山縣城的新城納入轄域，串起現代海港都市與內陸連結的新歷史空間。

（四）產業轉型與區域整合

在縣市合併為高雄市之前，高雄市和高雄縣各有其縣市發展的挑戰。原高雄市原本以港口航運、重工業為主要經濟目標的發展，因為高雄港抵擋不住民國80年代產業外移、全球化的衝擊，面臨產業轉型。以高雄港的港區地位來看，因為運輸量大幅下滑，部分港邊碼頭和倉庫出現閒置狀態，尤其是鹽埕區和苓雅區的臨港區船舶集散的景象漸失。在20世紀末，為因應國際局勢，政府於1990年代推動「亞太營運中心」經濟政策，預計將港區碼頭打造出製造中心、海運轉運中心、航空轉運中心、金融中心、電信中心和媒體中心六項專業中心。為配合該計畫，依港而生的高雄市市政府，在高雄港區推動多功能經貿園區的計畫配合，範圍以沿海港埠地帶為主，北到鼓山，南到前鎮。2000年時中央的亞太營運中心計畫停止，2011年高雄市以「多功能經貿園區」的空間範圍，轉型為「亞洲新灣區」進行開發，其目標以港市合作方向促進高雄港區、高雄市區土地發展利用，為高雄產業轉型的重大政策之一。在此為港區找新出路的發展脈絡中，高雄市的港區碼頭利用，因2000年的國慶雙十煙火在高雄港施放，發現港區倉庫群所在的閒置空間，經20多年來的倉庫整建和碼頭岸邊的改建工程，目前高雄港臨鼓山區、鹽埕區、苓雅區的河岸，已經以駁二特區之名經營成高雄市著名的觀光景點。2016年市政府以「舊城見城計畫」進行古蹟修復，將清代舊鳳山縣城的城牆和周遭環境連結，讓高雄市行政機能的歷史文化脈絡得以從地景中深化並被閱讀。前鎮區的亞洲新灣區，在大型工廠遷移或停業之後，土地利用名目

● 鳳山縣舊城東門（鳳儀門）城牆及馬道

2016年（民國105年）因文化部「再造歷史現場」計畫補助，高雄市政府因此啟動「左營舊城見城計畫」，開始修復與串接國定古蹟左營舊城之城牆。2023年（民國112年）3月26日新增啟用觀光步道「見城之道」，可沿見城館段城垣殘蹟串接東門、北門與小龜山，為體現龜山縫合後的舊城意象之文化觀光設施。

資料來源：鳳山縣舊城東門（鳳儀門）城牆及馬道，高雄市立歷史博物館典藏資料，登錄號：KH2018.021.116

經變更，目前工業區已經變成外觀新穎的大樓，以及大型賣場或餐廳、商店林立的商業街廓。高雄市利用積極港區、愛河的水岸景色和活動，積極的以文化觀光來改寫20世紀的重工業都市印象。

而原高雄縣的區域發展，除了地形的多樣外，高山峻谷與丘陵、平原的地理特性不同，本來就存有經營治理的差異，由於合併前的鳳山市、岡山鎮、旗山鎮所居的地理位置差異甚大，經濟、交通發展條件不同，因此，如何維持對鳳山、岡山、旗山等「三山地區」的平衡，向來是施政關鍵。當縣市合併後，具有高度都市性格的市街和農村、工廠、市街分散的廣大區域，如何平衡發展，仍然是市政府的治理參考。

以大眾運輸為例，高雄市捷運路線的延長和新建，紅線延長到岡山區、路竹區、林園區，橘線連接到鳳山區、大寮區；未來黃線會接到鳥松區，這些都是利用提高市區的交通便捷性，降低舊有縣市隔閡感的設計。

　　如今，對於曾經推進高雄市市區擴張的獅甲工業區或燃料廠（今高雄煉油廠），在20世紀末都因產業趨勢改變，工業地景已消失或正在轉型中。以高雄煉油廠的轉型而言，廠區停工後，廠房所在和宿舍區遇到用地處置問題，目前已由楠梓產業園區，再轉型成南科高雄第三園區，這些會再改變哪些都市發展的動態？2021年以來，台積電晶圓廠的進駐訊息，已經是地方發展的大事，在區域平衡或帶動的議題中，產業發展依然是我們關注的焦點。

五 結語

　　清代臺灣行政區的演變，從一府三縣到三府十二縣的增加，每次的變革都與當時的社會和政治變動有關，高雄市的設市起源於濱海港埠逐日發展為現代市街的動態，繼而發展「市」。相較於臺南市的臺江四百年，高雄設市百年的時間軸線並不長，但就一個從潟湖港口發展為臺灣六個直轄市之一的高雄市而言，一百年的意義在於其精實豐富的變化在此萌芽。

　　高雄市百年來的行政區變革帶來了市區轄域的擴大，日治時期先是旗後街作為打狗支署、打狗支廳的行政中心，再來是打狗支廳遷到哨船頭，當哨船頭的潟湖於1908年啟動築港計劃和市區改正計劃後，1912年（明治45年）填出新生地，街庄層級的「打狗」出現，1920年（大正9年）「打狗」升格為「高雄街」，1924年再升格為「高雄市」，數次的行政區變動，反映了市街地位的提升，當時隨著產業和人口移入，原有的聚落開始擴張，在各期的市區改正實施下，新成街廓出現，高雄市港邊的舊聚

落被網格狀的街廓所圍繞。設市之後，行政區又數次擴大，1939年（昭和14年）市政府從鐵道西側湊町移到鐵道東側的榮町；1979年（民國68年）7月1日高雄市升格為直轄市，併小港區，高雄市區逐步擴張，高雄市政府於1992年遷到苓雅區四維路，再度宣告市中心已經移轉。2010年12月25日合併高雄縣，轄區大幅增加，市政府行政區再度擴大。

1924年（大正13年）高雄市設市之前，築港工程帶來了工業熱，新生地上的工商事業陸續增加，事業地分布向外擴張；設市之後，工業持續發展，1930年代軍需工業向南邊的苓雅寮、北邊的左營展開，因工業的引進，帶動鄰近的大字被併入高雄市，因此，戰前，行政區數次擴大，與工業的擴張，不無關係。戰後，高雄市的港口擴建工程和臨海工業區的建設展開，高雄縣小港鄉被納入工業區，1979年高雄市升格為直轄市，原小港鄉被併入高雄市。高雄市行政區地位升格與合併鄰區的變動，使行政轄區再度擴大，都市成長和擴張的動力與高雄港建設和重工業發展的關係很密切。

2010年合併高雄縣，轄區北到二仁溪，東到高屏溪及上游荖濃溪流域，自然地理的區域性質更為複雜，行政區內部的城鄉差異擴大，為都市經營帶來更大的挑戰。縣市合併之後，2017年高雄市人口被臺中市超越，以人口規模而言，高雄市成為第三大都市，對高雄市的發展是為一大警鐘。行政院於2019年12月核定南部科學園區的高雄第二（橋頭）園區籌設；高雄煉油廠從轉型為楠梓產業園區，再轉型成南科高雄第三園區，這些工業區設置會成為改變新一波都市發展的動力嗎？2021年以來，台積電晶圓廠的進駐訊息，不斷的刺激半屏山四周的區域，帶動房價上升，猶如上個世紀高雄設市後的行政轄區變動的節奏。高雄市的下一個百年發展，以港口與內陸連結作為都市發展優勢的條件，究竟會再如何發揮其影響力？高雄港舊倉庫區新貌的觀光文化事業和科技園區，如何成為都市發展的新動力？甚至帶來行政區的變革？都是可以再期許和觀察的命題。

註釋 Notes

一
01 芝忠一，《新興の高雄》，（高雄：新興の高雄發行所，1940），頁1。
02 高雄市役所，《高雄市制十周年略誌》，（中國方志叢書‧臺灣地區第291號），（臺北市：成文出版社，1934），頁1-143。
03 中山馨、片山清夫，《躍進高雄の全貌》，（中國方志叢書台灣地區第289號），（臺北市：成文出版社，1940），頁239-242。
04 謝睿澤，〈從打狗到高雄：日治時期高雄港的興築與管理（1895-1945）〉，《臺灣文獻》，62(2)（2011），頁211-244。

二
05 「鳳山廳支廳設置認可」(1901-11-21)，〈明治三十四年臺灣總督府公文類纂乙種永久保存第一卷官規官職〉，《臺灣總督府檔案‧總督府公文類纂》，國史館臺灣文獻館，典藏號：00000599015。
06 「支廳管轄區域中變更ノ件（鳳山廳廳令第八號）」(1902-06-01)，〈明治三十五年臺灣總督府公文類纂乙種永久保存第三十三卷文書〉，《臺灣總督府檔案‧總督府公文類纂》，國史館臺灣文獻館，典藏號：00000741008
07 李文環依照當時街區發展態勢，稱其為高雄第一街。李文環，《高雄港都首部曲：哈瑪星》，（高雄市：高雄市政府文化局，1958），頁96-133。
08 「府令第二十二號四十二年府令第七十五號廳位置及管轄區域中改正」(1912-03-05)，〈大正元年臺灣總督府公文類纂永久保存第十二卷外事〉，《臺灣總督府檔案‧總督府公文類纂》，國史館臺灣文獻館，典藏號：00001922019X001。
09 「臺南廳告示第十九號打狗ノ土名及小名改稱」(1912-09-25)，〈大正元年臺灣總督府公文類纂永久保存第二十卷地方〉，《臺灣總督府檔案‧總督府公文類纂》，國史館臺灣文獻館，典藏號：00001930153。
10 田中一二、芝忠一編，《臺灣の工業地 打狗港》（台北：台灣日日新報報社，1918）頁58-59。
11 〈打狗現狀〉，《臺灣日日新報》日刊 (1911-12-05)，第5版。
12 〈狗より啟上〉，《臺灣日日新報》日刊 (1920-08-05)，第4版。〈改正之大綱已立躍起運動斷宜停止〉，《臺灣日日新報》，臺北，(1920年8月7日)，版5。

三
13 前一年昭和7年（1932）併入左營庄前峯尾和桃子園，因此，人口數大幅增加。高雄市役所，《高雄市制十周年略誌》，(高雄市：高雄市役所，1934)，頁23-24。
14 臺灣總督官房調查課，《昭和十二年末臺灣常住戶口統計》，昭和13（1938）年6月25日。
15 「市街庄人口（十二年）」(1924-06-29)，〈大正13年6月臺灣總督府報第3272期〉，《臺灣總督府（官）報》，國史館臺灣文獻館，典藏號：0071023272a005，頁58-59。
16 「市街庄人口（昭和二年末）」(1928-06-28)，〈昭和3年6月臺灣總督府報第415期〉，《臺灣總督府（官）報》，國史館臺灣文獻館，典藏號：0071030415a011，頁97-98。
17 〈隔世の感ある 新興高雄の市勢 大高雄市の建設に 無限の翼を擴げて〉，《臺灣日日新報》日刊 (1931-12-13)，第4版。
18 許淑娟，〈日治時代「新興高雄」的市街地發展〉，《高市文獻》，18（4）（2005），頁14。
19 都市計畫發布後，帶動新編入地的戲獅甲、前金、大港埔、大港、三塊厝、五塊厝等地地價抬昇，尤其是戲獅甲。〈高雄市內 爲計畫案發表 地價昂騰〉，《臺灣日日新報》日刊 (1936-08-19)，第4版。
20 保證責任高雄文化建築信用利用組合於昭和15年（1940）開始籌建百戶，在前金、大港埔、過田子、三塊厝。壽住宅信用利用組合，選定前金5,000坪用地建80戶理想住宅，高雄新車站東南邊8,800坪為預定中住宅地。保證責任新高建築信用利用購買組合要在過田子、內惟等地興建屋舍，保證責任知恩建築信用利用組合在前金建住宅。中山馨、片山清夫，《躍進高雄の全貌》，頁239-242。
21 轉引自王御風、陳慧鐶，〈日治時期戲獅甲工業區的建立〉，《高雄文獻》，5（2）（2015），頁111。
22 李文環，〈從六燃高雄本廠到中油本廠之產業空間變遷研究（1942-1954）〉，《臺灣文獻》，73（1）（2022），頁96-97。
23 〈岡山郡左營 地價暴騰〉，《臺灣日日新報》日刊 (1937-03-09)，第8版。
24 李文環，〈從六燃高雄本廠到中油本廠之產業空間變遷研究（1942-1954）〉，頁98-99。

四
25 「高雄縣轄鳥松鄉等劃歸高雄市建議案」(1946-09-17)，〈參議會建議案〉，《臺灣省行政長官公署》，國史館臺灣文獻館，典藏號：00301900034014。「鳥松鄉及鳳山鎮一部分等編入高雄市轄案」(1946-11-25)，〈參議會建議案〉，《臺灣省行政長官公署》，國史館臺灣文獻館，典藏號：00301900036002。

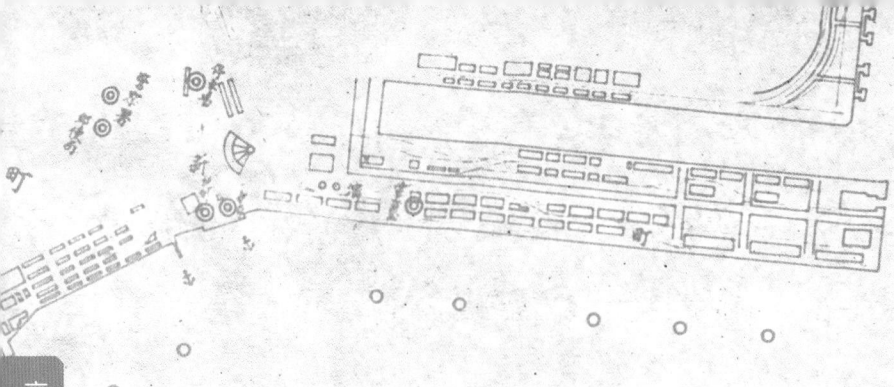

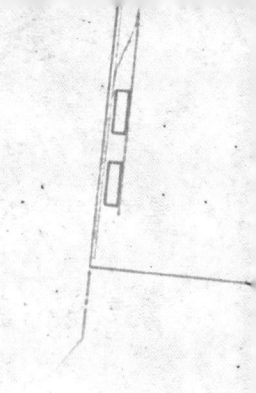

百年港口城市的發展與變遷

謝濬澤

一 前言

　　2023年12月筆者有幸參加高雄市立歷史博物館與國立高雄科技大學共同教育學院共同主辦的「開港160週年——打狗回望、高雄啟航歷史與海洋文化國際研討會」。會議專題演講邀請到荷蘭臺夫特大學建築史與都市規劃學系教授 Carola M. Hein 以「Mapping Port City Territories for Smarter Governance, Planning, and Co-Creation」為題，介紹他們的研究計畫「港口城市未來」(Port City Futures)，[1] 如何透過空間、社會與文化等不同角度，探討與研究港口城市版圖的變化與發展。[2] Carola M. Hein 演講中以港口城市版圖 (port city territories) 為主軸，採取跨學科的研究方法以及長時間的研究視角，將空間利用的政治、經濟、社會與文化維度連繫起來。藉以探討歐洲的港口、城市與地區的發展歷史，並進一步探討三者之間未來可能的發展。這樣的研究方法相當宏觀且創新，使得筆者思考這樣的研究方式，若以

高雄港市為場域，可以怎麼重新看待高雄港口城市版圖的百年變遷？

過去關於高雄港市的研究不在少數，戴寶村1987年的博士論文〈近代臺灣港口市鎮之發展──清末至日據時期〉，便以高雄為例分析近代臺灣港口市鎮發展的歷程，認為高雄因港埠建設促進經貿發展，人口亦增加，使得都市化加速，而這樣的發展正是近代臺灣港口市鎮發展的典型。[3] 2004年吳連賞所編著的《高雄市港埠發展史》，探討高雄港埠發展與產業、交通建設間的互動關係。[4] 楊玉姿與張守真合著的《高雄港開發史》，詳細耙梳高雄港從16世紀中葉以來的發展歷程。[5] 筆者也曾以碩士論文〈國家與港口發展──高雄港的建構與管理（1895-1975）〉分析高雄港的建設與發展，探討日治時期到戰後高雄港的發展歷程與管理機制。[6]

李文環等人所編著的《高雄港都首部曲：哈瑪星》，以高雄最早的港都區域「哈瑪星」為主題，探討港口市街的空間結構、移民社會與產業發展，進而思考哈瑪星的文化資產與保存。[7] 邱柏翔的《海港城市的縫合線：高雄臨港線鐵路的空間變遷》從空間分析的角度，探討高雄臨港線鐵路的空間變遷對高雄港市發展的影響。[8] 王御風的《舊港新灣：打狗港濱戲獅甲》則是少數針對高雄港工業地帶的專門研究，他以戲獅甲工業區為核心，探討日治時期工業區的建立至戰後的接收復原以及美援與民營化對戲獅甲工業區的影響，呈現高雄港在工業發展上的完整面貌。[9] 綜上所述，關於高雄的港口城市發展過去已有許多的研究討論，使我們對於高雄港市發展的歷史與脈絡有許多的認識與理解，而本文嘗試借用「港口城市版圖」的概念，來討論高雄設市至今百年來（1924-2024），港口與城市的版圖變遷，進而思考高雄港口與城市的關係。

什麼是港口城市版圖（port city territories）？根據「港口城市未來」（Port City Futures）計畫網站所載：「港口、其鄰近城市和地區在水和陸地的特定交匯處形成了一種版圖，人員、貨物和思想都在其中流動。」[10] 也就是說，我們可以把港口城市版圖視為一個在長時期變化下，包含了水域與陸域兩大範圍，由港口相關設施建設與鄰近城市所共同構成的場域。港口城市

版圖的發展與變遷，可以說是港口和運輸基礎設施、城市治理體系、相關政策和法規共同打造的結果。

Carola M. Hein 的團隊在研究港口城市版圖時，選擇以土地覆蓋 (Land cover)、交通網絡 (Transport networks)、行政實體 (Administrative entities)、城市格局與關注的物件 (Urban patterns and Objects of interest) 以及統計數據 (Statistical data) 做為描繪港口都市版圖的指標，並透過地圖繪製的方式，探討四個海域及其共享水域所連結的 100 個港口城市。[11] 不同於前者，本文僅探討高雄港口城市版圖的發展與變遷，因此將採取土地利用 (Land use)、交通網絡、城市格局與統計數據做為探討高雄港口城市版圖百年變遷的指標。以時間為縱軸，透過高雄市立歷史博物館、國史館等地所藏地圖、檔案與相片，分析討論 1924 年至 2024 年間，高雄港口城市在陸域與水域空間的使用變化。

二、築港工程與城市發展

高雄初稱為打狗，爾後又或稱為「旂後港」、「打鼓港」、「西港」等等不同的稱呼。打狗港的發展，最早可以上溯至荷治時期，做為荷蘭東印度公司抽取漁稅的重要漁場，而漢人在旗後地區（今旗津區旗下里一帶）的聚落也於 17 世紀中葉時，隨著當地農漁業發展從暫居到定居。[12] 但若以工程技術改善港口環境來說，則是在 1855 年美商羅賓奈洋行 (Robinet & Co.)、威廉士洋行 (Anthan Williams & Co.) 與奈氏兄弟洋行 (Nye Brothers & Co.)，由「科學」號船長波特 (G. A. Potter) 與臺灣道裕鐸私自簽訂協約後，在打狗港興築燈火信號臺，並興建倉庫一棟、住屋兩間及碼頭一座為打狗港灣建設之濫觴。[13] 1863 年清政府正式開放打狗為安平外口，打狗港正式成為臺灣對外貿易港，爾後海關 (1864)、電報局 (1877)、通商局 (1878)、英國領事館 (1879)、釐金局 (1886)、閩海關 (1887) 等與港口商貿相關的行政機關陸續

● 圖1：1899年打狗內港景象

資料來源：Elizabeth Edinger，打狗內港景象，高雄市立歷史博物館典藏資料，登錄號：KH2023.016.0001_1。

進駐打狗港的哨船頭地區（今鼓山區哨船頭里），[14] 逐漸形成一個以對外貿易為主的行政與商務聚落。

在圖1，由 Elizabeth Edinger 所捐贈給高雄市立歷史博物館的1899年所拍攝的數位影像〈打狗內港景象〉，便可以清楚看到以哨船頭（今鼓山區哨船頭里）為中心的洋行建築群以及興建於1878年的打狗英國領事館。在建築群的後方，可以看到矩形堤岸線，便是19世紀的工程成果。

另外，圖2為 Camille Imbault-Huart 於1893年出版的《臺灣島之歷史與地誌》中描述打狗港的地圖，主要包含哨船頭（今鼓山區哨船頭里）以及旗津海峽對面的旗後（今旗津區旗下里）的區域範圍。地圖中在哨船頭標誌了「碼頭」（Quai）與「洋人居留區」（Etablissement des Etrangers）等資訊。在旗後地區的標記則有：「醫院」（Hopital），應為1883年設立於旗後山山腳下的慕德醫院（David Manson Memorial Hospital），以及「歐洲商店」（Magasins européens）等資訊。

透過以上的照片與地圖，可以看出19世紀末打狗港口城市版圖十分狹小，僅限於港口與其周邊區域。在開港以後，雖然洋商與地方官員

● 圖2：1885年打狗港圖

資料來源：C. Imbauel-Huart 著，黎烈文譯，《臺灣島之歷史與地誌》臺北：臺銀經濟研究室，1958，頁82。

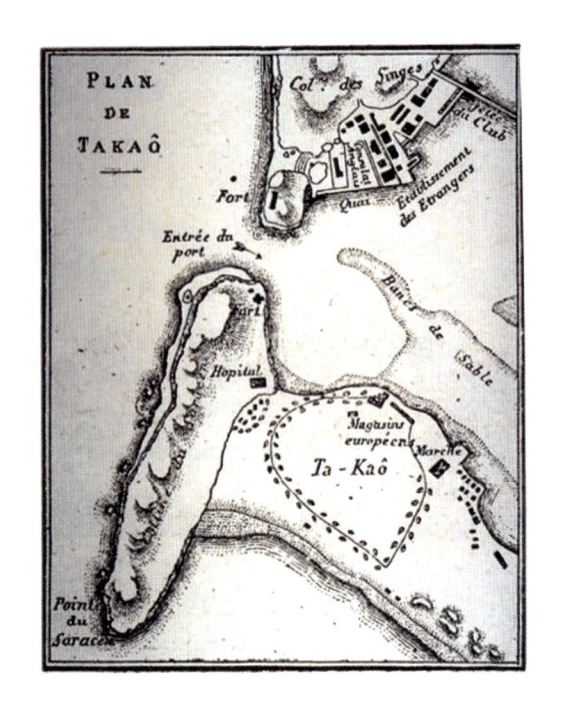

有擴充港埠建設的呼聲，但由於受到清廷防務重於港務的思維影響，僅限燈塔與砲臺的建設，不僅沒有港埠設備的興修，也缺少與區域發展的[15]也就因此，在開港初期曾經一度「華洋雜處，商賈雲集」的打狗港，隨著光緒2年（1876）以後沙嘴擴張，大船只能泊於口外，濬深航道的提議又遭到官員擱置，使得港口的發展深大受影響，因此打狗港在「安平——打狗雙核心區域型經濟區」中發展不如安平興盛。[16]

日治時期打狗港口城市版圖，受到築港工程的影響，開始產生較大的變化。首先受到1904年的縱貫鐵路工程影響，使得南部地區的出口商品逐漸集中於打狗進行貿易，造成原本興建的車站設備不敷使用，為此進行填海造陸的打狗車站擴建工程也連帶帶動築港計畫的啟動。[17] 1908年至1912年間所展開的第一期築港工程，不僅濬深並拓寬港灣的航道，興建現代化的碼頭、倉庫與裝卸機具，同時也在第一碼頭後方填築面積約

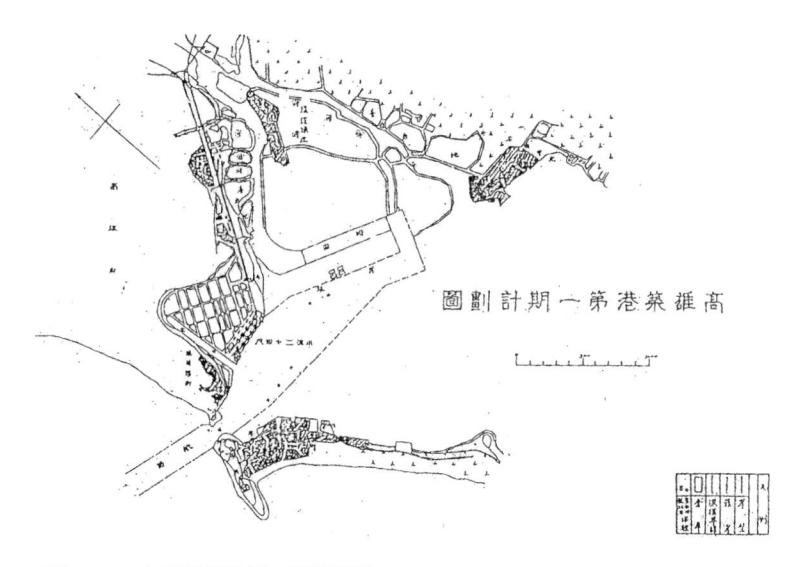

● 圖3：1908年高雄築港第一期計畫圖

資料來源：高雄港務局未刊檔案，《高雄築港沿革圖》，1938年，頁2。

70,000坪的區域做為市街發展預定地，[18]也就是今日稱為「哈瑪星」的南鼓山地區，為打狗港口城市的版圖帶來巨大的變化。

從圖3可以看到港口城市版圖最明顯的變化，就是現稱為「哈瑪星」地區網格狀的街道。由於原本以哨船頭為主的打狗港市區空間狹小，為滿足現代港口的商工機能，以淺野總一郎為首的臺灣地所建物株式會社與總督府協力，將港口附近的鹽田、養魚池等填築成為新生的土地，這使得港口城市的版圖相較於之前擴充數倍。而網格狀的市街樣貌始於1908年所公布實施的「打狗市區改正計畫」，將之規劃為可容納2萬7千人的都市空間，將其劃分為新濱町、湊町、山下町、哨船町等街町，並採取網格狀都市軸線與經線呈斜角的市區規劃，隨著築港工程的推進而逐步修正，至1916年才全部完工。[19]除街道外，筆直的碼頭岸壁以及清楚的航道水域，都可以在圖面看到，這也呈現了打狗港口城市版圖，在陸

● 圖4：高雄街道湊町，今哈瑪星

資料來源：高雄街道系列明信片，高雄市立歷史博物館典藏資料，登錄號：KH2003.008.151。

域與水域的擴充情形。

圖4為1930年代初期所發行的明信片，在照片上方以英文與日文書寫「(高雄)南臺灣大港市高雄湊町附近的眺望」，下方的馬路應為今日的臨海一路，當時金融服務業聚集於此，包括臺灣商工銀行、高雄信用組合、彰化銀行、三十四銀行，以及臺灣銀行等，都先後在這一帶設立。[20] 哈瑪星整齊的街景，是當時高雄港市的一大特色。

打狗港經過第一期築港工程的改造，開始具備現代化的港口設施，貿易亦呈現顯著成長，為滿足成長中的貨物吞吐需求，於1912年開始實施第二期築港工程。第二期築港工程，目的在於擴充內港設備，不僅向港外延伸防波堤來改善入港的航道安全，也疏濬高雄川（今愛河）迄上游的川田橋（今建國橋）止，以利小型船隻停泊之用。第二期工程更進一步利用浚渫港區泥沙，將原為鹽田、漁塭等之低窪地，填築為碼頭、倉庫及新市街用地，包括今之鹽埕區西南側、新濱碼頭後側，苓雅寮（今苓雅區）南側及戲獅甲（今前鎮區）等地，填築面積達1,649,974平方公尺，[21] 為高雄城市的發展提供更廣闊的空間。

圖5呈現高雄第二期築港工程的規劃情形，不僅將今日鹽埕區納入，更跨過今天愛河的左岸，延伸至前金區與苓雅區。而屬於傳統區域

的旗津在第二期也產生地貌上的改變，填築了今海軍旗津營區的部分。對於新增的市街，1916年的〈打狗市區計畫說明書〉中劃定商業區、工業區、住宅區、特殊區、公園等區分，可見當時對於市街土地利用的具體想法。

受到港口蓬勃發展的影響，與航運相關的保險業、海上運輸業、倉儲業、貿易業等產業，也在打狗港鄰近新劃分的市街匯聚，形成港口城市特有的商業聚落。築港工程與產業的發展，也帶來移民人潮，[22]到1919年修訂第二次都市擴張計畫時，規劃以30年後容納12萬人口為目標，並於1922年2月公佈第二次都市擴張計畫之實施方案。[23]1924年高雄升格為市後人口快速增長，臺灣總督府重新制訂第三次都市擴張計畫，將高雄川（今愛河）以東地區，納入新都市計畫，並提前於1932年10月公佈實施計畫。[24]同年12月1日，又將岡山郡左營庄所屬之前峰尾、桃子園等地，畫入大高雄地區。[25]1936年8月29日，日人又修訂並公佈大高雄計劃，預計以40萬人為目標。[26]

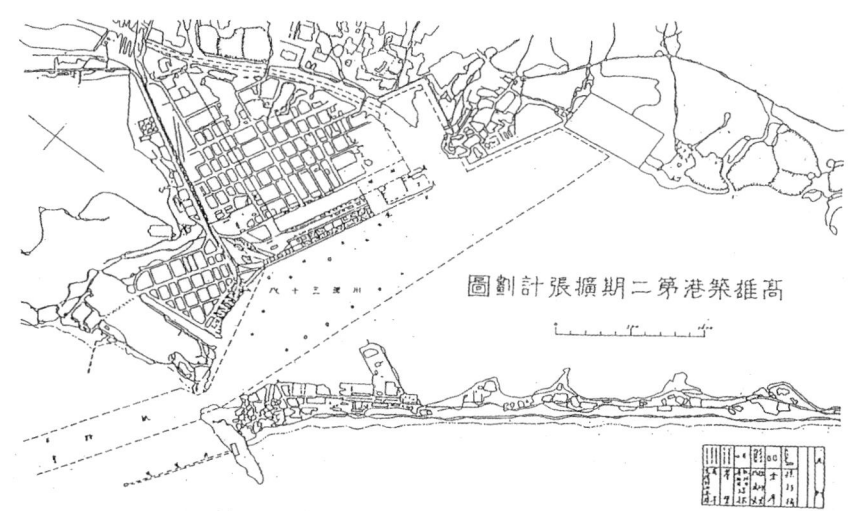

● 圖5：1912年高雄築港第二期擴張計畫圖
資料來源：高雄港務局未刊檔案，《高雄築港沿革圖》，1938年，頁3。

1937年高雄港第二期築港工程完工後，日本對華發動侵略戰爭，隨著海上軍需運輸日益繁重，高雄港貨物吞吐量達250萬噸，遠超過原先的規畫，港灣設施不敷使用。為配合戰爭與運輸需求，以利高雄港作為前進南支南洋的南進基地，臺灣總督府啟動第三期築港工程，為期六年。但受戰事影響，工程進行得並不順利。[27] 隨著戰爭趨於白熱化，高雄港受到盟軍空襲，港內倉庫幾乎全數遭到損毀，碼頭毀壞達97%。港口內外航道上遭到空襲擊沉以及為防止美軍從高雄港登陸所自行沉沒船隻，使得高雄港在戰後初期僅有300噸級船舶可以勉強進出。[28]

　　高雄港務在自1945年12月24日開始高雄港之接收工作後，便以進行港口的復原工作為最主要的目標。待舊有港口設施修復完成後，高雄港務局進一步將日治時期尚未完成的17至21號碼頭陸續完成。日治時期便啟動的工業區「戲獅甲工業區」在戰後延續其工業基礎，除了修復舊有的工廠設施，由資源委員會或臺灣省行政長官公署營運外，也增加部分民營與公營的工廠，使得工業區逐步重建，但仍未達戰前水準。[29] 到1949年，高雄港大致恢復二戰前的港口建設，而受到戰後復原與內戰物資輸運的影響，高雄港的吞吐量也幾乎恢復1942年以前的水準。

　　從表1的統計數據來看，在1941年時，高雄港的吞吐量已達到2,076,644噸，可見其港口規模的龐大。但隨著戰爭的破壞以及同盟國禁運的影響，到1945年吞吐量降至最低，到達幾乎無法進出的情況，可見戰後復原工作的困難。但隨著港口復原工作的推展，高雄港也於1949年重新站上百萬噸吞吐量的大關，逐步回復戰前的榮景。高雄港市版圖在此時也大致上與日治時期的版圖沒有太大的差異，但隨著冷戰的到來以及美援的協助，高雄港口城市的版圖開始更大規模的位移與擴張。

表1：1941年至1949年間高雄港吞吐量

年度	進出港貨物噸數 進港	出港	吞吐量	指數
1941	970,149	1,106,495	2,076,644	1791
1942	401,908	577,413	979,321	845
1943	326,531	405,660	732,191	632
1944	151,895	216,960	368,855	318
1945	179	1,384	1563	1
1946	28,709	87,224	115,933	100
1947	175,301	280,020	455,321	393
1948	450,447	474,722	925,169	798
1949	629,072	745,288	1,374,360	1185

● 說明：本表指數是以1945年高雄港的吞吐量作為基期所做的計算
公式：歷年吞吐量／基期＝指數／100
資料來源：高雄港務局，《高雄港》三十八年度（1949）。高雄港務局，《高雄港統計年報》四十七年度（1958）。

三 擴建計畫與港市疆域南拓

　　1951年開始，韓戰爆發促使美國恢復對臺援助，美國經合總署核准撥鉅款購原油、肥料援華，美援的物資開始大量由高雄港進口，高港的貨物進港量逐年攀升，加上高雄港整建完成並開始改善工程，在雙重的因素支持下，高港的發展逐漸突破日治時期的規模，成為臺灣出超港口，凡大宗貨物吞吐與較大船舶之進出，多由高港負荷。[30]重建過後的高雄港，雖然船席及倉庫已堪應付當時的需要，惟裝卸能力及其他設備仍極薄弱。[31]為了配合營運需要，港務局積極爭取港口設備的增建與升級，由於高雄港的復舊、重建及擴建工程所需經費非常龐大，因此除了每年列入省政府年度施政預算外，更依賴美援的協助。省府撥款多用於養護、復舊及重建工程，美援款則用於新建工程。[32]到1955年，高雄港已

超越1941年的吞吐量，達到2,305,775噸。從1946年到1955年這十年間，隨著國內與國際的政治經濟改變，以及港口規模的恢復，高雄港的吞吐量成長了近二十倍，在裝卸量、貨物吞吐量上更超越了基隆港。[33]

為了進一步發展高雄港，在美援的支持下，臺灣省政府於1958年3月26日正式發表高雄港擴建計劃之概要。概要中明白提示高雄港的擴建計劃具有「貿易發展」、「興建工業」、「漁業增產」、「便利運輸」、「配合都市擴展」五項擴建理由，另外還有「為本省增加新生土地7,500,000平方公尺計算總值至少為省府投資之四、五倍。」與「供應大量工業用地，保留良好耕地以利民食，同時發展對外貿易促進本省經濟繁榮。」兩項重要的經濟價值。[34]高雄港務局於1958年7月22日成立擴建工程處，9月18日正式開工。

擴建計劃的開發範圍是高雄港東部未開發區域，其中除保留之漁業區擬由漁業專款辦理外，其餘皆屬擴建計劃之工程範圍之內。在工程的規劃上，主要工程內容包括疏濬航道、填築土地與建造岸壁碼頭。[35]擴建工程施工工期原計劃為12年，工程提前兩年於1968年完工。[36]擴建工程完工後，不但在開闢航道、填築土地與興建碼頭棧橋方面成果豐碩，[37]並將高雄港過去未開發的部分納入其中，水域面積增加6倍，吞吐能力亦成長3到4倍之多，高港的營運能力大幅提升。

除此之外，因為當時高雄港僅有一個出入港口，不但位置偏於西北一隅，且因其寬度限制，三萬噸級以上船舶即不能自由進出。因此為因應國際海運船隻大化的發展趨勢，提升高雄港的營運功能，於1963年開始於紅毛港（今小港區鳳森里）附近增闢第二出口，1975年完工落成。[38]

另外，港口城市版圖擴張的成果相當豐碩，不但在土地利用上提供廢船解體用地、臨海工業用地、擴建港埠設備用地與前鎮漁港路上用地，也由於擴建工程的關係，使得日治時期留下的挖泥船有機件更

新。另一方面，城市格局也因著高雄港的擴建而在產業的發展上有了不一樣的變化，臨海工業區的設置原本希望能夠結合國防工業與重工業，帶動對外貿易與產業發展，然而由於公司經營與軍方介入等因素影響下，僅有大煉鋼廠成功進駐發展，使得鋼鐵業在高雄落地生根，後來成為1990年代高雄工業發展的核心產業。[39]除此之外，另外一個影響高雄港市發展的重要園區——高雄加工出口區，也在擴建計畫中逐漸成形。1963年政府為吸引投資，擴大就業機會，增加輸出，導入新技術，決定在高雄設立「加工出口區」。加工出口區是採用自由貿易區免徵關稅之基本精神，而將其範圍縮小為僅限於外銷加工業。設立加工出口區的目的是為促進經濟發展，為吸引僑外商投資外銷工業，開闢更為便利之途徑。[40]臺灣的第一個加工出口區設在高雄港的中島商港區，1969年1月起，又在楠梓開闢第二加工出口區。高雄加工出口區無論對吸引工業投資、擴展對外貿易或是增加就業及導入新技術，都為高雄港市帶來可觀的收益與發展。

● 圖6：1962年高雄市都市計畫圖
資料來源：高雄市都市計畫圖，高雄市立歷史博物館典藏資料，登錄號：KH2003.008.418。

　　圖6為1962年高雄市政府建設局土木科所繪製都市計劃圖，根據所附之公文說明，該計畫圖為高雄市搭配高雄港擴建計畫所規劃的都市計

畫內容。可以看到當時高雄市的發展基本上與1937年臺灣總督府臺灣都市計畫令的規劃相同，由西向東拓展。有所不同的地方，是沿著建國路與三多路向東交會而成的五塊厝都市計畫區。另外也配合高雄港的發展，計畫將市區道路沿著港灣向南延伸，但範圍仍小於高雄港的擴建範圍，僅包含至前鎮區。這是受到當時小港（今小港區）仍屬於高雄縣小港鄉，不是高雄市行政區的關係。

圖7中可以看到在擴建後，對高雄港市版圖產生很大的影響，首先高雄港的港灣設備，從原本集中在西北側全面擴展到高雄港潟湖的全部區域。再者，貨櫃運輸所需之空間與設備和傳統散裝貨物不同，且貨櫃運輸船隻規格較大，因此散裝碼頭集中於第一港口側，貨櫃碼頭則往第二港口側集中。另外，配合臨海工業區的建設，高雄的石化產業也隨之往南移，工業港的區域也從前鎮戲獅甲工業區往南拓展至大林埔，促使第三、第四輕油煉解廠落腳林園工業區。而在地貌上最大的變化，應是旗津區從原本與小港區相連的半島，變成懸於高雄港外的孤島。

受到擴建計畫效益的影響，高雄港口城市在此一時期急速擴張，港口的南擴也帶動城市的擴張，而其中產業的發展與都市息息相關。1973年楠梓加工出口區開發完成，1976年臨海工業區以及1971年至1975年間大社、仁武、林園石油化學工業區陸續開發完成，除了都奠定高雄重化工業的發展方向外，同時也提供了大量的就業機會，帶來了相關的產業移民現象。高雄港市周邊地區諸如：高雄縣、屏東縣、臺南縣以及澎湖縣的移民人口大量湧入高雄市區。高雄市區內人口超過原訂容納人口，因此在都市計畫外形成廣大的濫建情形。[41] 1978年高雄市人口數突破百萬大關，高雄市議會通過升格決議，送經省議會決議，轉請中央核辦。[42] 1979年7月1日高雄市併入南邊的高雄縣小港鄉正式升格，成為繼臺北市之後，臺灣第二個的直轄市。

四 貨櫃運輸時代的核心遷移

　　港口城市版圖的變化除了受到港灣建設與城市發展的影響外，同時也深受運輸技術的影響，其中對現代港口城市版圖影響最大者，莫過於貨櫃運輸時代的來臨。1956年4月26日，「Ideal-X」輪自美國紐華克港載運了53個35呎貨櫃啟航，開啟貨櫃海運的時代。至1960年代，貨櫃化的海運方式席捲全球，全貨櫃船的數量逐年攀升，日本、香港與新加坡等亞洲港口也逐步開闢貨櫃航線來增加商業競爭力。貨櫃港的軟硬體需求與過去的港口有很大的不同，巨大的吊車與寬闊的堆儲場是一大特色，搬運的工作也從過去的人力全面機械化，在臺灣與陸運的連結也從鐵路轉為更加靈活的公路運輸，同時也加深了港口專業作業區與城市的距離。[43]

　　在高雄港的擴建計畫中，也將貨櫃運輸納入規劃，於中島新商港區的開發工程計劃中興建首座貨櫃中心，於1970年完工啟用，開始高雄港的

● 圖7：1970年代至1980年代高雄港中島工業區之加工出口區碼頭風景。
此地點位於中島工業區中島碼頭之位置，右後方可見到旗后山。
資料來源：「中華民國臺灣省高雄市高雄加工出口區碼頭」明信片，高雄市立歷史博物館典藏資料，登錄號：KH2021.003.0110

● 圖8：1990年代臨港線
高雄港車站與臨港線於今日駁二藝術特區旁邊之大片範圍，日治時期稱為「濱線」（はません，Hamasen），也是臨近哈瑪星地名之由來。
資料來源：高雄港站-臨港線-1，高雄市立歷史博物館典藏資料，登錄號：KH2019.024.077

貨櫃運輸時代。[44]而日治時期就已興建的臨港線鐵路，也隨著貨櫃運輸的需求，延伸出第二、第三貨櫃中心線與草衙車場，開啟高雄港的貨櫃海陸聯運。[45]受到貨櫃運輸逐漸成為海運主流的影響，高雄港於1970年至1996年間，陸續興建第一至第五貨櫃中心，以滿足貨櫃裝卸與運輸的需求。[46]

受惠於貨櫃運輸的發展，高雄港因臺灣製造業的興盛與東南亞局勢的發展，在1980至1990年代貨櫃裝卸量節節上升，在1999年的世界主要貨櫃港的貨櫃裝卸量排名世界第三，僅次於香港與新加坡。[47]然而隨著亞洲各地深水港、深水碼頭的興建，高雄港轉運優勢逐漸消退，加上臺灣產業的西進與轉型，高科技產業不再依賴海運方式出口，使得高雄港貨櫃裝卸量日益下滑。

1975年臺灣省政府曾為提升高雄港競爭力，規劃於第二港口南岸的紅毛港地區興建大林商港區第六貨櫃中心（今高雄港洲際貨櫃中心第一期）。但由於紅毛港居民遷村意願不高，加諸政府政策搖擺不定且相關配套措施不足影響下，導致紅毛港地區長期限建、居民生活品質每下愈況，直至2003年才順利推動，並於2008年完成遷村工作，[48]而高雄港洲際貨櫃中心第一期工程也於2013年9月完工啟用。為擴充高雄港的貨櫃裝卸量能，同時也減少與民爭地的衝突，高雄港洲際貨櫃中心第二期計畫（第七貨櫃中心）在高雄港第二港口外側填海造陸，於2012年動工2023年正式啟用，是國內首座全自動化貨櫃基地。[49]

開關新港區的同時，為避免荒廢的舊港區成為治安與社會的死角，舊港區的再利用，是高雄港口城市治理的重要工作。2000年高雄市政府文化局向高雄港務局商借第二接駁碼頭做為當年國慶煙火施放地點，2001年高雄市鋼琴家劉富美等12位在地藝術家，聯手創設的高雄市駁二藝術發展協會，將第二接駁碼頭鄰近的三棟倉庫與廣場重新整建，並規劃藝術相關活動，將駁二藝術特區開關為人文藝術的基地。[50]2017年，為促進舊

港區空間的開發與活化,且避免事權分散於高雄市政府及港務公司,導致期程漫長且待協調溝通事項繁雜,遂由雙方達成協議,共同合資成立高港土開公司,由高港土開公司負責舊港區再開發的工作,共享開發利益創造雙贏。[51]

然而過去因應港口發展所做出的城市土地利用規劃,隨著時空環境的變化與城市的擴張,變成港口與城市的衝突點。過去因石化產業的發展,除了港區規劃石化碼頭外,為更安全地將進口的石化原料運送至位於大社仁武等地的石化工業區,採取地下管線埋設的運輸策略,然而由於石化原

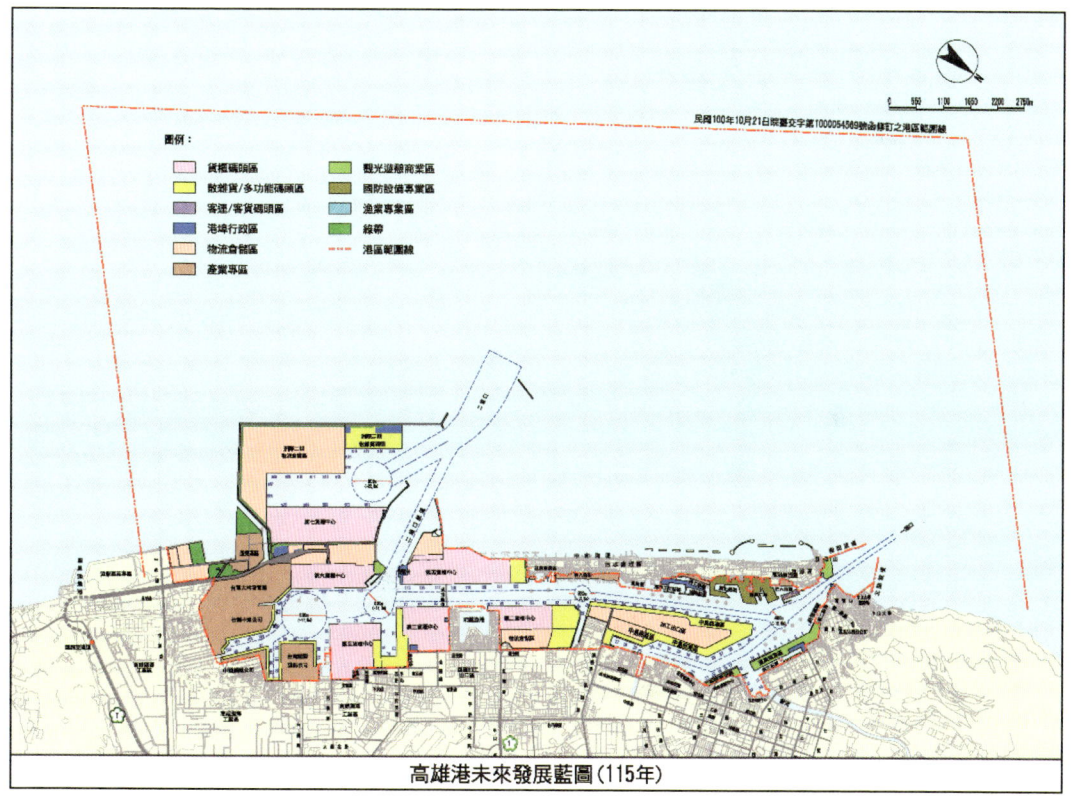

● 圖9:高雄港未來發展藍圖(2026年)

資料來源:〈2026年高雄港未來發展藍圖〉,臺灣港務股份有限公司高雄港分公司,https://kh.twport.com.tw/chinese/CP.aspx(2024年6月20日擷取)。

料的不穩定性，使得管線的運輸仍有一定的風險，管線經過的前鎮、苓雅地區，便發生過許多大大小小的工安意外，其中以1997年前鎮區的鎮興橋爆炸案[52]以及2014年高雄氣爆事故[53]規模最為巨大，造成市民嚴重的生命財產損失。高雄南北兩處的石化工業區設置，也對當地的環境污染與民眾健康造成嚴重的影響，與此相關的環保運動至今仍持續進行中。[54]

　　從圖9可以觀察到高雄港在貨櫃運輸時代的核心遷移以及未來發展規劃的情形。由於舊港區與擴建後的中島商港區、大林商港區都已經滿載，但新型態的貨櫃港又需要更大的空間，因此高雄港航運和港口作業的核心先是往南側遷移，在2008年紅毛港遷村後則是逐漸往第二港口外海延伸。除了洲際貨櫃中心第二期之外，也將發展自動化的物流倉儲與散雜貨碼頭設置於此。此外，依據行政院2021年核定「臺灣國際商港未來發展及建設計畫（111–115年）」，賦予高雄港未來發展的定位為（1）洲際貨櫃樞紐港、（2）智慧及物流運籌港、（3）客運及觀光遊憩港。[55] 為達成前述定位，高雄港內的區域規劃趨向集中，客運與觀光遊憩將以舊港區（蓬萊、苓雅商港區）為主，貨櫃與物流則往南側與二港口外海集中，使專業作業區漸與城市遠離，避免工安意外對城市居民的生命財產造成危害。配合高雄港的未來發展方向，高雄市政府也積極協助辦理包含高雄港聯外道路──國道七號用地徵收作業，[56] 以及行政院推動「新材料循環產業園區設置計畫」下的大林蒲遷村安置計畫。[57] 但這兩者都事涉市民權益與居住正義的議題，如何兼顧港口發展與人權保障則仍需要更多的溝通與討論。

結論

從日治時期發展起來的高雄港，原本的核心與高雄市的發展緊密結合。主要以哈瑪星與鹽埕區至苓雅區的碼頭與倉庫為主，海關與其他相關的港口行政機關也都聚集於此。在由於貨櫃運輸的興起以及貨輪巨大化的影響，港口的重心逐漸轉移。位於高雄港北側，過去主要擔負散裝貨物裝卸與倉儲的第2至12號碼頭與倉庫功能萎縮、空間閒置。

受貨櫃運輸的影響，港口航道與船席的深度、貨櫃裝卸吊車以及堆放貨櫃的空曠堆儲場等需求，轉由擴建後的南側區域來滿足。綜觀高雄港口城市版圖的變化，可以發現港口與城市間，隨著貨櫃運輸的興起，逐漸朝向區隔化發展，然相關產業的進駐、污染的防治、公共安全的考量、交通物流的規劃以及擴建區域的徵收等等議題，都使得城市居民與港口建設間的衝突隨著港口城市版圖的擴大而升高。但不可否認的是，高雄城市的規劃、居民的就業、產業的發展也都與港口緊密相關。

回顧高雄港口城市在設市這一百年來的發展，港口與城市的關係在官方主導之下，在國家整體利益的考量下，不論是日治時期的築港工程抑或是戰後的擴建計畫，港口的發展被視為首要目標，城市與居民必須配合。然而1990年代以後，隨著臺灣解除戒嚴，社會走向多元包容的民主自由，環保、人權以及居住正義成為人民所共同關心的議題，也就因此價值衝突不斷在這座港口城市上演。過去為了經濟發展、港口效能所犧牲的安全、環境與品質，在21世紀的現在需要重新檢討，在港口與城市互利共生的前提下，找到永續發展的可能。放眼高雄港口城市的未來百年，在環境、經濟、社會與文化永續的前提下，如何在衝突中找到共生的方法，是高雄港口城市未來發展的關鍵。

註釋 Notes

一

01 https://www.portcityfutures.nl/home。2024年6月12日擷取。

02 高雄市立歷史博物館有將該場演講的錄影放在網路上，詳情請參閱：https://youtu.be/TSQVF28Y9nA?si=0yjt8hZJRNjSnWSq。2024年/6月7日擷取。

03 戴寶村，〈近代臺灣港口市鎮之發展——清末至日據時期〉（臺北：國立臺灣師範大學歷史研究所博士論文，1987），頁208。

04 吳連賞，《高雄市港埠發展史》（高雄：高雄市文獻委員會，2005）。

05 楊玉姿、張守真，《高雄港開發史》（高雄：高雄市文獻委員會，2008）。

06 謝濬澤，〈國家與港口發展——高雄港的建構與管理（1895-1975）〉（南投：國立暨南國際大學歷史研究所碩士論文，2008）。

07 李文環、蔡侑樺、黃于津、蔡佩蓉、佘健源，《高雄港都首部曲：哈瑪星》（高雄：高雄市政府文化局，2015）。

08 邱柏翔，《海港城市的縫合線：高雄臨港線鐵路的空間變遷》（高雄：高雄市立歷史博物館，2017）。

09 王御風，《舊港新灣：打狗港濱戲獅甲》（高雄：高市都發局，2018）。

10 https://www.portcityfutures.nl/home。2024年6月12日擷取。

11 Carola Hein, Lucija Ažman-Momirsk, Yvonne van Mil, Port City Atlas: Mapping European Port City Territories: From Understanding to Design, New York: nai010 publishers,2023, pp.47-49.

二

12 楊玉姿、張守真，《高雄港開發史》（高雄：高雄市文獻委員會，2008），頁31-36。

13 葉振輝，《高雄市早期國際化的發展初探》（高雄：高雄市文獻委員會，2005），頁21-25。

14 唐贊袞撰，《臺陽見聞錄》，頁45；盧德嘉著，《鳳山縣采訪冊》，臺灣文獻叢刊第73種，頁141。

15 謝濬澤，〈國家與港口發展——高雄港的建構與管理（1895-1975）〉（南投：國立暨南國際大學歷史研究所碩士論文，2008），頁21-26。

16 林玉茹，〈開港前後臺灣南北雙核心區域型經濟區的形成與發展（1851-1895）〉，《地域文化研究》，3（2017年8月），頁12-51。

17 高雄出張所，《高雄築港誌》，第一編總論。

18 高雄出張所，《高雄築港誌》，第四編。

19 李文環、蔡侑樺、黃于津、蔡佩蓉、佘健源，《高雄港都首部曲：哈瑪星》（高雄：高雄市政府文化局，2015），頁50-87。

20 李文環、吳佩儒、潘逸嫻、謝濬澤《金融第一街璀璨身世》（高雄：高雄市政府文化局，2018）。

21 高雄出張所，《高雄築港誌》，第四編。

22 曾薺斐，〈日據高雄築港對高雄地區之影響——以人口與產業為中心〉，頁104-107。

23 高雄市役所，《高雄市要覽》（1934），頁35-36,；高雄市役所著，《高雄市制十周年略誌》（1934）。

24 高雄市役所編，《高雄市制十周年略誌》（1934），頁148-149。

25 高雄市役所編，《高雄市要覽》（1934），頁2-3。

26 高雄市役所編，《高雄市要覽》（1937），頁87-88。

27 臺灣總督府交通局高雄築港出張所編，《高雄港擴張工事計畫書》（1942）。

28 臺灣省文獻委員會，《臺灣省通志稿》卷四經濟志交通篇第四章港灣，頁254-256。

29 王御風，《舊港新灣：打狗港濱戲獅甲》（高雄：高市都發局，2018），頁76-122。

三

30 高雄市文獻會，《高雄市志港灣篇》，頁50。

31 高雄港務局，《高雄港務局十年大事記》，頁11。

32 行政院國際經濟合作發展委員會編，《臺灣

高雄港務局運用美援成果檢討》，頁1。

33 尹姿文，〈國際局勢、經濟政策與港口發展：戰後基隆港的營運和消長(1950-1973)〉(南投：國立暨南國際大學歷史研究所碩士論文，2004)，頁125。

34 〈擴建高港計劃概要〉，《聯合報》(臺北：1958年03月26日)，第3版。

35 高雄港務局擴建工程處，《高雄港擴建工程施工報告》，頁5-7。

36 詳細原因如下：(1)第三期工程原規劃之土地大部分規劃為重工業用地，而大鋼廠及造船廠仍在擬議中未正式定案，用地不甚迫切；(2)第二港口工程於1967年7月破土動工，其位置亦位於擴建三期工程範圍內，內港航道又須重新規劃，為免重複即並事權統一起見，擴建工程未完之主航道及大人宮一帶待填魚塭約八五公頃，均移至第二港口計劃內辦理。高雄港務局擴建工程處，《高雄港擴建工程施工報告》，頁231。

37 高雄港務局擴建工程處，《高雄港擴建工程施工報告》，頁232。

38 高雄港務局，《高港二十年》(高雄：高雄港務局秘書室，1982)，頁27-28。

39 王御風，《舊港新灣：打狗港濱戲獅甲》(高雄：高市都發局，2018)，頁198-217。

40 方俊吉，《高雄加工出口區之創設與初期之發展》(高雄：高雄市文獻委員會，2002)，頁9。

41 陳銘城，〈二次大戰後高雄市都市空間結構之變遷〉(臺南：國立成功大學建築學系碩士論文，2005)，頁45。

42 蔡昇璋，〈高雄市升格：行政區劃與人事組織的調整〉，《檔案樂活情報》，145 (2019年7月16日)。

43 Marc Levinson，《箱子貨櫃造就的全球貿易與現代經濟生活》(臺北：財信出版公司，2009)，頁23-297。

44 蔡昇璋，〈臺灣啟航：南北雙港百年進展〉，《檔案樂活情報》，160 (2020年10月16日)。

45 邱柏翔，《海港城市的縫合線：高雄臨港線鐵路的空間變遷》(高雄：高雄市立歷史博物館，2017)，頁67-69。

46 王御風，《波瀾壯闊：臺灣貨櫃運輸史》(臺北：天下文化，2016)。

47 吳連賞，《高雄市港埠發展史》(高雄：高雄市文獻委員會，2005)。

48 張守真，《紅毛港遷村實錄──歷史篇》(高雄：高雄市文獻委員會，2009)，頁349-366。關於紅毛港遷村，可參閱本書。

49 港務公司高雄分公司，〈高雄港第七貨櫃中心計畫〉https://kh.twport.com.tw/chinese/cp.aspx?n=0BDC6CAF354A3A57&s=C6FE78F449C2E6DD。2024年7月31日擷取。

50 〈駁二藝術發展協會走入歷史　由高雄市文化局繼續推展文化工作〉，《臺灣好新聞》(2018年5月29日)。

51 「公司介紹」，高雄港區土地開發股份有限公司。https://www.kpld.com.tw/about/1。2024年7月31日擷取。

52 「針對高雄市前鎮區鎮興橋換裝瓦斯管線，進行管線測試時，發生爆炸，造成多人死傷之慘劇，監察委員葉耀鵬、許新枝於本(九)日經濟委員會會議 提案糾正中國石油股份有限公司。」監察院。https://www.cy.gov.tw/News_Content.aspx?n=124&sms=8912&s=3272。2024年 /7月 /31日擷取。

53 「高雄氣爆事件」，地球公民基金會。https://www.cet-taiwan.org/node/3810。2024年7月31日擷取。

54 〈大社工業區降編拖延　監委：經濟部與高市應履行承諾〉，中央社 (2022年12月18日)，https://www.cna.com.tw/news/aipl/202212180080.aspx。2024年7月31日擷取。〈中油林園廠1周內2度火警　當地里長盼盡速核定更新計畫〉，公視新聞網 (2024年3月17日)，https://news.pts.org.tw/article/685759。2024年7月31日擷取。

55 「高雄港整體規劃及未來發展計畫」，臺灣港務股份有限公司高雄港務分公司，https://kh.twport.com.tw/chinese/CP.aspx(。2024/ 年6/ 月20日擷取。

56 〈國道7號沿線建物啟動用地徵收　高市府將設窗口協助〉，《自由時報》(2024年4月8日)，https://news.ltn.com.tw/news/life/breakingnews/4633710。2024年7月31日擷取。

57 〈經濟部與高市府攜手推動大林蒲遷村〉，《自由時報》(2024年5月6日)，https://market.ltn.com.tw/article/15943。2024年7月31日擷取。

百年鐵道系統

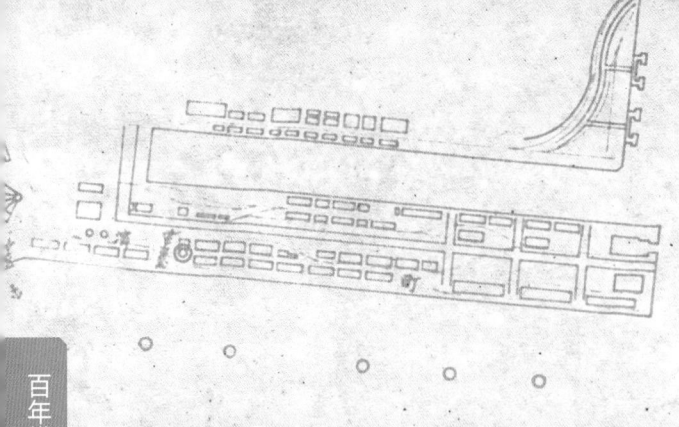

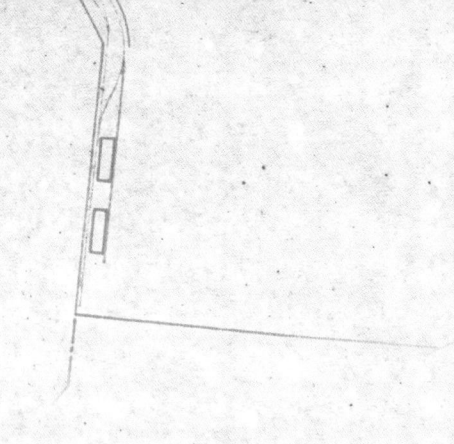

鐵道形塑高雄市百年格局

謝明勳

一、1924──設市當時的鐵道

1924年，高雄街升格為高雄市，市役所就位於湊町，今鼓山區鼓波街代天宮位址。只要步行5分鐘，就可抵達湊町／新濱町交界處附近的「高雄驛」（約略位於今舊打狗驛故事館）。高雄驛是臺灣縱貫鐵道的南端終點，距離北端基隆起點約406公里。縱貫鐵道的南北兩端，也是臺灣最重要的兩處港口，均有鋪設岸壁鐵道，直抵各處碼頭倉庫，便利來自臺灣島內各地的物產，藉由鐵道路線，直接裝船輸出。

設市當時，高雄港第二期築港計畫已近尾聲，從高雄驛延伸出去的鐵道，除了最早的「濱線」，第二岸壁（今棧二庫、香蕉棚1至10號碼頭）一帶的「表岸壁線」、「中岸壁線」、「裏岸壁線」也已完成，搭配剛完工啟用的裏船溜（今駁二藝文特區前的內港），及鹽水港製糖酒精工場、農具會社、臺灣鐵工所、竹原鐵工所等新式工廠，將今天的哈瑪星、鹽埕一帶，打造成匯集各種工業生產及農產輸出，高雄市最早的現代工商發源地。

● 1908年（明治41年）第一代高雄驛（或稱「打狗停車場」）

椰子為此時日本對南洋的意象之一，1908年（明治41年）高雄驛（或稱「打狗停車場」，第一代高雄車站）落成，為當時縱貫鐵路的終點站。

資料來源：高雄車站前景觀明信片，高雄市立歷史博物館典藏資料，登錄號：KH2000.001.059

　　在縱貫鐵道方面，兩年前剛通車的海岸線（1922年通車），克服了中部山線天險，有效紓解港口及沿線車站囤貨事件；從高雄往南，經鳳山、九曲堂、屏東的潮州線，也已延伸至溪州（今南州）。南來北往的各式貨物，就藉由這兩大幹線，源源不絕地匯集到高雄港。加上這一年，同時增闢高雄往返橫濱、廣東、天津、朝鮮、滿州的航路，高雄港貿易總額急遽增加，超過2億3千萬圓，貨物吞吐量達158萬噸。

　　這是一百年前「高雄市」剛萌芽時的舞臺背景，主場就位於市役所所在的哈瑪星、鹽埕地區。

二 1930 ─── 飽和的舊港區

　　1928年3月，新式的漁港和魚市場，在「濱線」的端末處開業了。填海造陸而成的哈瑪星，各式房舍、倉庫，如雨後春筍般冒出頭，一片欣欣向榮，很快就趨於飽和。高雄港第二期築港工事，於1925年告一段落

後，新的岸壁、工場，又往入船町方向延伸過去，通往入船町的「北裏岸壁線」（今輕軌駁二蓬萊－駁二大義間路段），也於1930年跟著往東延伸，擴張發展的前線，碰到高雄川（今愛河）這條天然的市街邊界了。

第二期築港工事完成後，市街、岸壁、和鐵道繼續往東擴張，吸引更多人口移住。1932年，高雄市人口數已達72,400人，高雄港對外貿易額也增長至1億7,973萬圓，占全臺總貿易額的44%。

高雄驛北邊，高雄州廳前踏切（今鼓山分局前的五福四路平交道），是哈瑪星通往鹽埕的唯一通道，人車絡繹不絕。為了解決市街壅塞的問題，高雄市役所於1932年10月做了一項交通流量調查。結果一天之中，通行人數10,444人，各種車輛23,943次，平交道遮斷次數150~160次。根據此一結果，高雄市役所1934年興建穿越高雄鐵道工場的「山下陸橋」（今輕軌文武聖殿站旁），是臺灣最早的立體交叉設施。

「臺南－高雄間複線改良工事」及「高雄驛改良工事」於1933年完成[1]之後，高雄驛的運能及運量均大幅提升。根據鐵道部1933年8月的路線統計，高雄驛構內，包含縱貫線上、下本線，潮州線上、下本線，及構內各線群、加上各岸壁線，總長竟達42.9公里，幾乎是高雄快到臺南的距離了！再加上鐵道工場、機關庫、倉庫、官舍等設施，高雄驛的整體規模，堪稱全臺最大。

然而，侷限在哈瑪星、鹽埕市街之間「囊底地帶」的高雄驛，火車不分晝夜，南來北往調度頻繁，不僅對市街發展造成阻隔，已經長大成人的高雄驛，還硬穿小孩舊衣褲，構內作業超限利用，不僅事故頻傳，也影響進出高雄港的物流順暢。

　　「高雄港再度滯貨如山，有1萬餘噸的肥料，5千餘噸的海
　　產滯貨，各倉庫皆爆滿。」（1935年8月2日《臺灣日日新報》）

　　「臺中、彰化、員林、田中各驛之中部米盛出，每日有4萬

袋，然因今年高雄方面芭蕉出貨遲緩，現正逢盛出，貨車均配置於高雄方面……」(1936年7月2日《臺灣日日新報》)

「高雄岸壁各倉庫，最近肥料及其他雜貨入庫增加，而輸送貨車大告不足，為未曾有的滯貨現象。故船舶業者及輸送業者大起恐慌……」(1936年7月19日《臺灣日日新報》)

另外尋求開發基地，建設新的高雄驛，甚至將整個高雄市往東移動，遂成為非常急迫處理的都市議題。

三 1940——都市核心東移

在1936年度(昭和9年度)高雄築港工事計畫中，編列「線路敷設工事」及「鐵道橋架設工事」兩項與鐵道建設有關的預算。1936年5月，於愛河出海口新建的「苓雅寮大橋」通車啟用，鐵道往東延伸到苓雅寮岸壁，這條「苓雅寮線」(今輕軌駁二蓬萊－駁二大義－真愛碼頭－光榮碼頭－旅運中心間路段)，1940年代繼續往東延伸，成為環繞高雄市一圈的臨港線鐵道。不過，此時仍只是築港工事的一部分而已。

鑒於愛河西側的哈瑪星、鹽埕、及高雄驛週邊地帶早已飽和，發展上受到很大的限制。加上日本帝國積極擴張東亞勢力範圍，將高雄定位為「帝國南進の要港都市」，於是高雄州1936年8月公布整個市區重心往東擴張的「高雄市區計畫變更」案。

這項影響後來高雄市整體格局及城市發展的計畫，範圍北至灣仔內，東至五塊厝、籬仔內，南抵前鎮、戲獅甲，面積達到4,623公頃，以1965年為目標年，計畫目標人口40萬人。其特色為：

1. 總督府將高雄市的發展主軸，定位在重工業都市，並以軍需工業為發展重點，整備為「南進基地」。

● 新高雄驛出入口與車寄處

新落成高雄驛主出入口大門與車寄處,約1940年。
資料來源:高雄車站大門口與車寄處,高雄市立歷史博物館典藏資料,登錄號:KH2022.007.0010

● 新高雄驛候車室

資料來源:高雄車站候車室,高雄市立歷史博物館典藏資料,登錄號:KH2022.007.0012

2. 都市中心由1900年開業的打狗停車場,整個往東移動,新的市區範圍南北長27公里,東西寬12公里,在新市區的中央,大港庄,建設「高雄新驛」。

3. 都市計畫的佈局,以高雄新驛為中心,核心區域為商業區、第二圈為住宅區、外圍為工業地帶,並以環狀鐵道作為市區界限,串聯沿線的工廠作為貨運輸送骨幹,這條市區環狀線,也就是後來的「臨港線」系統。

高雄新驛位於新的高雄市版圖正中央,以軸線型道路串連南北,具有錨定新都市發展空間的用意,希望複製過去哈瑪星市街的成功經驗,建立新的交通核心節點,形塑未來新高雄之長遠發展。配合新都市變更計畫,鐵道部馬上編列「高雄旅客停車場新設工事」、「高雄操車場新設

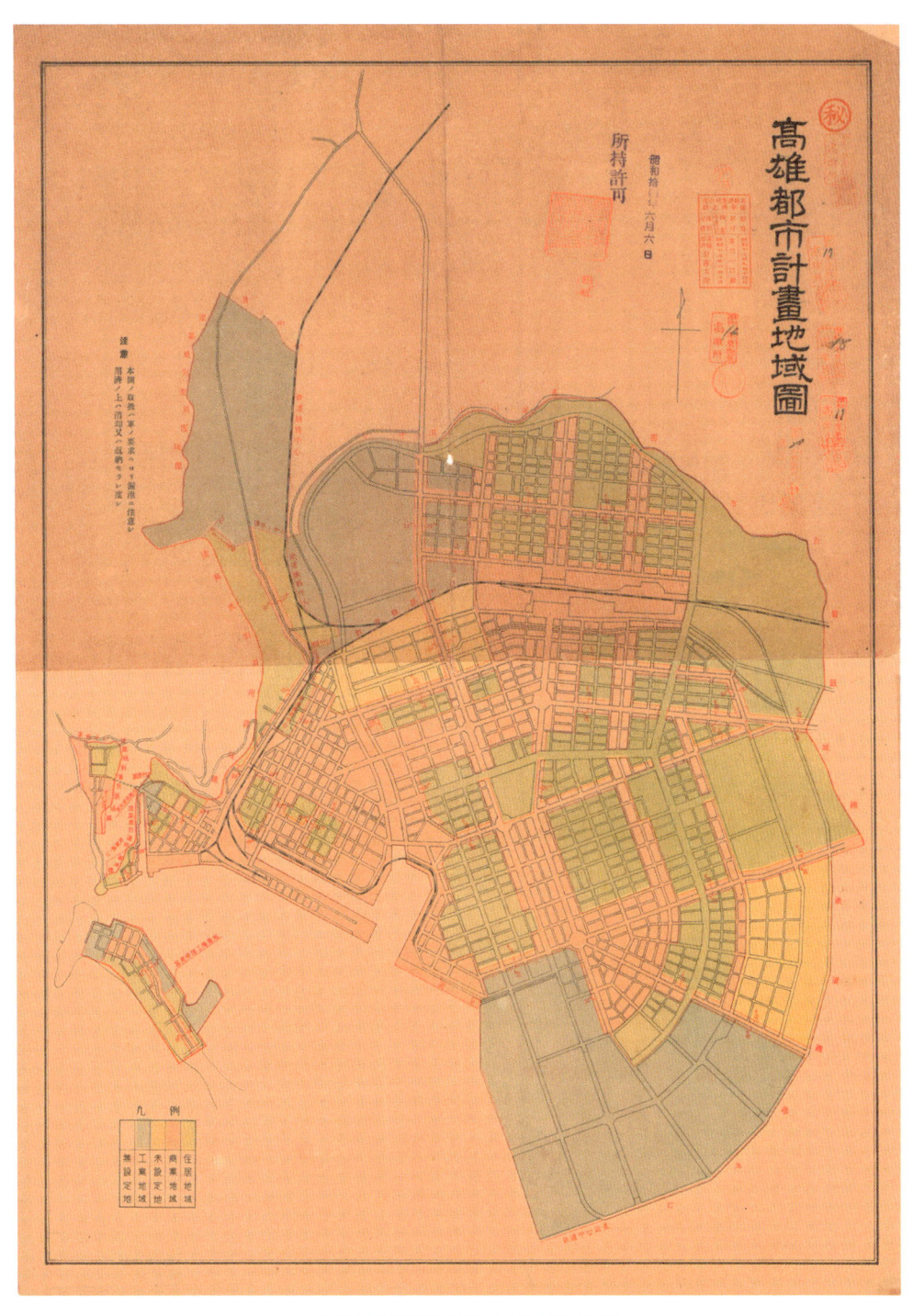

● 1939年高雄都市計畫地域圖（內政部）

工事」、「高雄臨港線新設工事」、及「高雄鐵道工場新設工事」等4案工程預算，並同步進行設計及施工。

在鐵道部的規劃中，將把旅客業務從原本的高雄驛分離出來，舊高雄驛改稱「高雄港驛」，專辦貨運，以紓解哈瑪星市街混雜和及超飽和的窘況；而高雄新驛則成為新的「高雄驛」，是新市區的門戶，專辦客運。此外，新的高雄驛，也將作為未來新設臨港線的分歧點。

1941年6月22日，高雄新驛正式啟用，新的縱貫線也配合改線，從往南改為向東行。從臺南方面開來的旅客列車，過了田町（今鼓山站）後，轉向東，走新的縱貫線，跨越愛河，抵達新的高雄驛；貨物列車則仍舊走原來的縱貫線，直下高雄港驛。

當時，高雄新驛前方，放眼望去，猶是一片農田和圳溝，只有左前方約1公里處的陸軍病院（戰後改制陸軍二總醫院），及大谷光瑞因高雄新驛的建設，看上寬闊腹地的大港埔，並於1940年闢建的熱帶農園。大谷曾說，他可以從逍遙園樓上的茶室，往北望見高雄驛帝冠式建築矗立在田野中間。當時比高雄新驛早出現的建築物，只有西側的高雄中學校舍，再過去，是潮州線的三塊厝驛，及三塊厝舊部落。東邊，是剛蓋好的東高雄機關庫、和鐵道官舍群（今鐵路新村）。站前有通往鳳山、三塊厝的鳳山街道（今建國路），和往南寬廣的「昭和通」（今中山一路）。高雄文史耆老林曙光回憶說：

> 新車站不但設計新穎，建築堂皇，且月臺間的溝通不用天橋，而是採用地下道，這在臺灣是初見的。站前的50公尺寬三線道路，通到大港埔，轉右彎一直通到市役所，市民莫不以為這麼寬廣的道路，到哪裡去找車輛行駛得輻輳呢；市役所也是一、二年前剛落成，自哈瑪星喬遷的。當時高雄人口約15萬，日政府在建設的格局上，就有了這種高瞻遠矚。三線道路在全

日本只有高雄有之，連我們都感到很驕傲。當時，夏季還有撒水車給主要的街路撒水，無愧為新興都市了。

話雖這麼說，其實高雄驛前的昭和通，只開闢到今中正路圓環（捷運美麗島站）而已，一些房舍錯落在西側。今天的林森一路、復興一路，也只開通到蘆溝（今民生路）以北。再往南過去，都還是尚未開發的旱地，命名為「新興區」真是名副其實。至於火車站後面的「後驛」，放眼望去，則是一片綠油油的農田，完全看不到新都市的樣子。

四 1950 ── 工業都市臨港線

1936年公告的高雄都市計畫變更圖上，最明顯的，是一條圍繞在新市區東緣和南緣的外環鐵道，把整個高雄市包圍起來。19世紀以前，作為城市邊緣界限的那條線，通常是像左營舊城，或鳳山新城那樣的土石城牆。但20世紀的新高雄，則以鐵道取代城牆，界定新都市的開發範圍，和設定的空間機能。

這條伴隨著新都市計畫被提出來的「臨港線」，主要是配合南進國策，高雄市轉型為軍需工業生產基地，開發前鎮、戲獅甲一帶為「臨海工業地帶」，而規劃串連這些工業設施的鐵道，以滿足高度機動的運輸需求。

最早1936年版本的高雄臨港線，從新高雄驛出發，往東行駛，過了民族陸橋之後，右轉沿著今之凱旋路，一路南行，終點在戲獅甲前鎮運河出海口附近。主要功能是運輸工業地帶工場原料和產品，過去連接港口各岸壁間的裝卸轉運功能，並不是臨港線的主要考量。

然而，就鐵道運轉的觀點來看，兩端都可以連結進出的路線，總是比一端是終點的支線好用得多。況且作為戰備運用下的臨港線，更要考

慮一端遇襲中斷，還有另一端作為進出活路的機會。於是1937年8月公告的高雄都市變更計畫，指出將「延長由堀江至前鎮，長5,850公尺之臨港線鐵道」，使臨港線構成完整的13.5公里環狀線系統，成為環繞高雄工業都市一圈的大動脈。

在戰火中舖築的高雄臨港線，大致於1944年分段陸續通車，途經鹽埕入船町的臺灣鐵工所、苓雅寮的油庫、瓦斯槽、戲獅甲的日本鋁高雄工場、臺灣鐵工所束工場、臺灣特殊窯業工場、三菱重工船埠工場、日本旭電化工場、南日本化學工場、臺灣肥料工場、臺灣製鐵會社、臺灣畜產興業加工場、及陸軍倉庫等軍需工業設施。

二戰後，臺灣工商百廢待舉，作為南進基地的高雄市，受創更是嚴重。為了儘早恢復工業生產，在美援資金的挹注下，於1951年起的6年內，修復臨港線主線，及新建11條支線，直接進到臺灣鹼業四廠、高雄硫酸錏廠、臺糖17號碼頭、唐榮鐵工廠、臺肥三廠、13號碼頭石炭調整委員會儲煤場、開南木行、13號碼頭工業鹽場、中油苓雅寮油庫、臺電南部發電廠、高雄鋁廠。前鎮橋（今成功橋）也於1955年11月重建完成，更進一步提升了臨港線串聯南高雄工業地帶的運輸功能。

臨港線除了將南高雄工業地帶串聯起來，將各家原料、產品運送到碼頭裝船出口，或經高雄港站中轉縱貫線北上。臺糖公司屬下各糖廠產製的砂糖，也經由1953年完成的「南北平行預備線」，輾轉運至籬子內的「臺糖鐵路高雄車站」，再轉臨港線，送至臺糖專用碼頭出口。

臺糖鐵路「南北平行預備線」，是1950年韓戰爆發後，政府為因應縱貫鐵路中斷，而將各家糖廠鐵路串連起來，作為戰時替代路線。起自臺中，跨越西螺大橋後，經虎尾、大林、嘉義、南靖、新營、車路墘，進

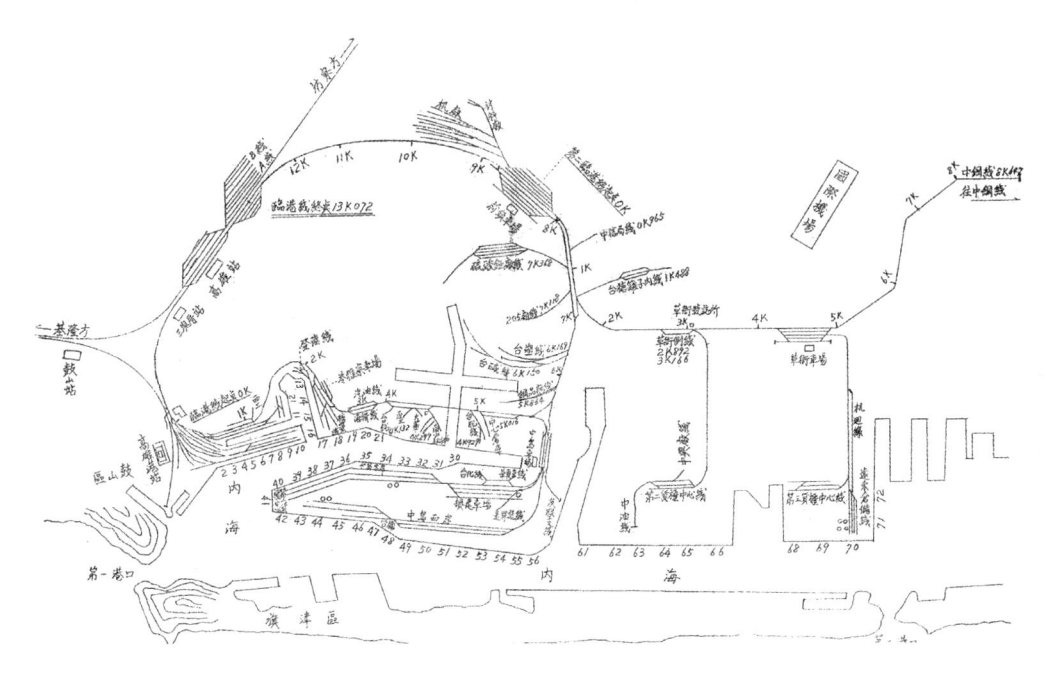

● 高雄臨港線路線示意圖（1980年）

入高雄縣境，再經本州、橋頭糖廠，銜接仁武線、烏松線。到鳳山車站後，接續小港線、前鎮線，抵達籬子內，全程262.5公里。

當時臺糖為了把握砂糖出口時效，甚至採夜間行車，24小時日夜搶運，來自各糖廠的列車，爭先恐後集中到籬子內，蔚為奇觀。除了砂糖外，1953年旗山的香蕉，也經由旗尾線、林園線、小港線，運至籬子內，轉經臨港線裝船出口。1957年臺糖更與高雄硫酸錏廠合作，將硝氨水運送到各糖廠甘蔗農場作為肥料。

五 1970 —— 世界的貨櫃港

　　隨著臺灣經濟起飛，高雄港貨物吞吐量到了1960年代，已經超出原先預期甚多，舊港區碼頭不敷調度，於是展開「中島新商港區」填築工程。1964-1975年間陸續完成的中島，擁有第一貨櫃中心、臺糖專用碼頭、臺塑專用碼頭等30座碼頭。中央核心區則開發為世界第一座「加工出口區」，以國外資金及技術，利用農村過剩人力，發展勞力密集的加工業，拓展出口賺取外匯。

　　1969年起，高雄港趕上跨太平洋貨櫃運輸崛起的浪頭，1970年10月，在中島最前端，闢建完成「第一貨櫃中心」，是高雄港第一個正規的貨櫃裝卸專用碼頭。為了運送源源不絕的進出口貨櫃，鐵路局從臨港線凱旋路／成功路交界處（今夢時代／獅子公園），新建一條「中島支線」，沿著中島西側和東側碼頭，分別鋪設鐵路，最後到第一貨櫃中心，會合連成一線。其中西側的支線，也經過46、47號臺糖專用碼頭，從此出口砂糖，由駁二蓬萊、大義倉庫，移轉到中島，運送方式也從袋裝的糖包進化為機械大量抽取的散裝糖。

● 第一貨櫃中心貨櫃存放場

資料來源：第一貨櫃中心貨櫃存放場，高雄市立歷史博物館典藏資料，登錄號：KH2016.010.126

沒想到第一貨櫃中心啟用後，國際貨櫃運輸呈現爆發性成長，必須立刻在前鎮臨海工業特定區63~66號碼頭，闢建容量第二貨櫃中心，並趕在1975年啟用。為了運送源源不絕的進出口貨櫃，鐵路局於1973年鋪設「第二臨港線」，在臨港線新設「前鎮車場」（今輕軌籬子內機廠），沿著第一臨港線到中山四路口（今捷運凱旋站），左轉90度沿著中山四路南行，到草衙號誌所，右轉漁港路（今國道1號終端），為「第二貨櫃中心線」。

　　第二貨櫃中心開始營運後，又馬上在小港新商港區68~70號碼頭，闢建第三貨櫃中心。1977年，鐵路局配合將第二臨港線繼續南延，沿著平和東西路，鋪設「第三貨櫃中心線」，除了運送進出口及轉口貨櫃外，也運送72號碼頭的進口黃豆、小麥、玉米等散裝穀物。

　　1970年代中期到1980年代，前鎮、獅甲、中島、小港一帶的國際貨櫃、危險化學品、散裝穀物、砂糖、外銷加工品，24小時夜以繼日，利用30幾條專用側線匯入臨港線，運送至各處碼頭，或在前鎮車場／高雄港站中轉，再以「單元列車」[2]發運至臺灣各地。工業生產和鐵路運輸的高度配合，不僅使生產、運輸更有效率，同時也避免大量危險化學品及貨櫃拖車進入市區，造成道路壅塞混雜，肇生公共安全風險。

六 1990 ── 鐵路貨運沒落

　　隨著1970年代加工出口區及重工業的蓬勃發展，人口快速成長，1976年高雄市人口數首度突破一百萬，1979年7月1日升格為院轄市。[3]同一天，列為「十大建設」的西部幹線鐵路電氣化工程完竣，剛從英國進口，嶄新的自強號電聯車，載著各界貴賓抵達高雄火車站，參加全線通車典禮。自強號電聯車最高時速120公里，從臺北到高雄，只要4小時，拉近南北兩大院轄市之間的時間距離。不過，就在前一年，也是「十大建

設」的南北高速公路搶先一步全線通車，公路局從美國進口豪華的國光號大客車，每半小時一班，臺北高雄間只需4個半小時，加上民間野雞遊覽車在火車站前削價搶客，使得票價較貴，班次較少的自強號、莒光號列車，從長途客運市場上節節敗退。

不僅鐵路客運不敵國道客運，南北高速公路通車後，民營大貨車快速成長，藉著門及門（Door To Door）運輸的優勢，鐵路貨運的市場佔有率更是急遽消退。小港原有的第二貨櫃中心聯外鐵路，旁邊成了高速公路的端末出口，許多進口、轉口貨櫃改以貨櫃拖車載運，直接駛上高速公路，甚至比臨港線鐵路更為便利。

本來1979年間，計畫從第二臨港線及中鋼支線繼續延伸，經鳳鼻頭、中芸、林園石化工業區、大寮工業區，在後庄附近接回屏東線鐵路，成為一個比臨港線更大圈的外環鐵路，卻也因為鐵路貨運已不具競爭力，而無疾而終。到了1983年在旗津島上興建第四貨櫃中心，1991年開發大仁商港區的第五貨櫃中心，就全部改以貨櫃車公路運送，不再利用鐵路輸送了。

以1987年為例，高雄港吞吐量6,790餘萬噸，佔臺灣國際港總和之64%，裝卸量1億6千萬船運噸，以貨櫃佔大部分。該年高雄港內陸運輸統計，鐵路運量為300餘萬噸，佔9%，以穀類及大宗散貨為主；公路運量3,000餘萬噸，佔91%，以貨櫃與雜貨為主。從臺鐵統計來看，該年全線貨運量1,700餘萬噸，高雄都會區內即佔全臺四分之一強，其中高雄港部分又佔高雄都會區78%，為全線之20%，高雄港站及臨港線仍扮演相當重要的角色。

附帶一提，1970年代中央政府推動的「十大建設」，除了鐵路電氣化以前鎮為終點、南北高速公路以小港為終點，大煉鋼廠（中鋼）、大造船廠（中船）、石油化學工業，以及臨海工業區，也都落腳小港、林園一

● 台糖鐵路鳳山車站，往西至小港，往東至林園、下淡水溪，往北至鳥松、橋頭。（謝明勳攝）

帶，原本屬於小港糖廠農場的土地。這裡本來還有臺糖公司「林園線」[4]及「小港線」[5]兩條營業線行駛五分車，載運沿線蔗農往返農場工作，並提供民眾和學生通勤使用，但1950年代公路發達後，重要性已不若以往。1972年配合十大建設，臺糖農場轉為工業開發，林園線與小港線合併後的港林線縮短營業路段，1974年全部停辦客貨營業。

除了小港糖廠經營的林園線、小港線以外，在原高雄縣境內，還有旗尾糖廠經營九曲堂－旗山－美濃竹頭角間39.4公里長的「旗尾線」，也是因為地方公路日漸發達，1969年起，旗尾－竹頭角段停業，1973年，旗尾－嶺口溪埔間路段停業，只剩九曲堂－溪埔間還行駛五分車營業。最後，1978年，旗尾線停辦營業，高雄的臺糖鐵路五分車，全數功成身退，步下歷史舞臺。

七 2000 ── 北高雄的崛起

　　回過頭來看「後驛」的開發。1941年高雄火車站搬遷至大港庄，過了20年，鐵路北側仍是一大片寬廣的農地。直到1958年，高雄市政府首度在鐵路以北、十全路以南、吉林街以西、安東街以東範圍，實施「第1期市地重劃」，闢建九如路、博愛路、和自立路。這塊重劃區域，正好於1960年代中期，吸納前來加工出口區就業的農村人口，鐵路局也配合於在高雄車站北側，增建「後站」，1971年10月啟用後，成為後驛一帶的門戶。

　　1974年，高雄市政府繼續開闢鐵路局高雄機檢段後面的第6期重劃區，市街範圍再從吉林街往東擴展到民族路。1977年完成的第8期重劃區，更將博愛路及後驛開發範圍，往北擴展至愛河中游的同盟路。

　　高雄驛1941年從哈瑪星遷移至大港庄，開始帶動新興區的發展，大約經過20多年，到1960年代中期才大致開發成形；至於後驛一帶，則藉著1960年代的工業化，大量勞動人口湧進高雄，利用農地辦理三期土地重劃，加上1970年代高雄後站的啟用，在1980年代成為人口密集的住商混合市街。

　　高雄火車站前，從新興區到前鎮區，以及後驛三民區的都市發展，大約於1980年代中期趨於飽和。下一階段可以大面積開發的土地，便轉向愛河以北的凹子底、新莊一帶農地。市府首先於1985年展開大順路以北，沿著博愛路兩側，東至自由路，西至明倫路、裕誠路的25期市地重劃區。配合這項大規模土地重劃的交通建設，便是1987年完工通車，從高雄火車站底下穿越的「中博地下道」。中博地下道打通被鐵路阻隔的南高雄與北高雄，人車往來非常方便，使得凹子底一帶人口快速成長。2000年起，又擴大辦理「凹子底農16區段徵收」，並計畫將新市政中心遷移至此。

● 第1期重劃區位於高雄火車站後方，北至十全路，南至縱貫鐵路，東至吉林街，西至安東街。

● 後驛1970年代第1期市地重劃開始發展，1990年代中博地下道促使開發擴展至凹仔底、2007年高鐵設站左營，使北高雄成為新興的高密度發展區。(2011年)

可是1990年之後快速崛起的北高雄，並不在臺鐵車站半徑1公里的服務可及範圍，汽機車只能藉著博愛路這條主幹道，經由中博地下道通往南高雄。這部分的大眾運輸問題，就由1991年行政院核定，1999年開工興建，2008年3月通車營運的「捷運紅線」來承擔。

高雄捷運系統計畫第一期路網，包含南北走向，從橋頭到小港的紅線；與連絡東西，從大寮到哈瑪星的橘線，構成一個以大港埔（捷運美麗島站）為交會中心的十字路網。

原本1941年之後，臺灣鐵路從左營南下，沿著柴山，到鼓山轉向東，經高雄車站，前往鳳山，呈L走向，人口聚落的發展也大致L型分布在西邊及南邊，我們現在認知的北高雄，並不在傳統鐵路的服務範圍內。2008年，鋪設在博愛路、中山路下方的捷運紅線通車後，捷運與臺鐵兩鐵之間，可在橋頭、左營、高雄車站相互轉乘，捷運紅線為快速成

Part I ｜ 鐵道形塑高雄市百年格局　071

長的左營、新莊、巨蛋、凹子底、後驛人口稠密區，補足了大量、快捷的軌道運輸功能，加上2007年開業的高鐵，也以左營取代高雄車站為終點站，又更促進了北高雄的高密度發展，頗有超越南高雄，成為新的副都心態勢。

1992年行政院核定「臺灣南北高速鐵路建設計畫」，最高時速300公里，從臺北到高雄，只要90分鐘，整個臺灣西部走廊，將成為「一日生活圈」。但終點站為什麼設在左營，而不是高雄？曾有過一段激烈的爭論。

1990年高鐵綜合規畫階段，終點站設於高雄車站，與臺鐵共構。但1991年6月，高雄縣市7名立委率高雄車站附近6個里250人到立法院陳情，反對高鐵路線及車站拆遷民地，要求車站遷至郊區，優先使用公有土地。1991年7月高雄市議會決議：「高鐵車站若再設於高雄火車站，不妥之至；建請行政院順應民意，盼高鐵高雄站址能另覓適當地點，並利用公地，以減少民眾拆屋損失」[6]。

1991年10月向行政院簡報的高鐵規劃期末成果，建議高鐵高雄站設於臺糖仁梓農場，並與臺鐵共站。不過高雄市捷運處認為無法規劃捷運進入仁梓農場，建議往南移，才能與捷運、臺鐵共站。1992年8月交通部高鐵處提出「蓮池潭東側」及「海光二村」兩候選地點，請高雄市政府決定優先順序。市政府函覆第一優先為高雄火車站，第二優先為蓮池潭東側，第三優先為海光二村。[7] 1992年11月高鐵處處長毛治國主持高鐵高雄選站說明會，蓮池潭東側居民前往抗議，而海光二村的居民獲悉後，也由朱星羽議員率隊前往市政府，向吳敦義市長下跪，堅決反對高鐵設站。

最後決定的高鐵站址為海光二村，並與新建的臺鐵新左營站、捷運紅線左營站三鐵共站，高雄市政府也於1992年完成高鐵左營站前廣場，至博愛路、民族路一帶的29期市地重劃。幾經波折，高速鐵路工程遲至

1999年才開工，2007年1月，板橋－左營路段通車營運。2024年現在的高鐵左營站，每日平均旅運量已達5萬5千人，站前一帶更發展為高樓林立的高密度住商混合區，早已嗅不出當年居民激烈抗爭反對設站的氣氛了。反而，高鐵在左營設站20年來，高雄市都市發展的重心，已從南高雄移往北高雄，鐵路建設改變都市板塊移轉的效果，顯而易見。

2010——臺鐵地下化與都市縫合

高雄捷運紅線和高雄市區鐵路地下化，兩鐵在高雄車站共構，因此必須同時辦理。1990年代懸而未決的高雄捷運工程，在1998年年底謝長廷就任高雄市長後，決定以BOT方式興建。其中穿越高雄車站底下的捷運月臺及軌道，屬政府應辦事項，由交通部鐵路改建工程局施工。於是，鐵路地下化的先期工程，包含臺鐵高雄臨時車站、中博臨時高架橋，及高雄車站帝冠式建築的遷移，都趕在2002年同時完成。2006年1月謝長廷卸任行政院院長前夕，終於核定高雄市區鐵路地下化計畫，增設數處通勤站，以「臺鐵捷運化」的名義，比照大眾捷運經費分攤比例，中央75%，地方25%，這項近千億元的大型計畫終於正式啟動。

● 2024 年 8 月即將完工的高雄車站與蓬勃發展的後驛重劃區。

2018年10月14日，從左營到鳳山，長約15公里的臺鐵鐵路地下化切換通車，左營（舊城）、內惟、美術館、鼓山、三塊厝、高雄、民族、科工館、正義、鳳山等10座地下車站也同時啟用。由於站間距離平均1.2公里，可以看成鐵路地下化的同時，也完成了高雄市區的第3條捷運路線。鐵路地下化後，騰空的路廊並沒有像臺北那樣成為高架道路，而是以寬廣的「綠園道」貫穿都市核心，拆除8處陸橋，填平2處地下道4處涵洞，消除7處平交道，南北高雄被鐵路分隔111年[8]後，又被重新縫合在一起。不過，一百多年來，鐵路兩邊街道紋理各自獨立發展，使得鐵路地下化之後，只有自由路、復興路勉強可以銜接成一條南北幹道。

　　基於1941年啟用的帝冠式高雄車站定錨高雄市中心的歷史意義，及延續市民情感，經過兩次浩大的搬遷工程，待2021年4月中博高架橋拆除後，9月老車站主體移回中新車站站區中央，恢復成為都市中軸線的景觀端點。南北車流，則以環抱站區的站東路、站西路，銜接中山路和博愛路。

　　捷運化的臺鐵市區路段，地面成為綠園道（鐵道一街、鐵道二街、鐵道三街），本來沿線房屋以後牆背對鐵路，都市景觀零亂破舊，鐵路地下化後，不僅房屋陸續「軸線翻轉」正面改朝向綠園道，沿線通勤車站周邊傳統工廠外移後的閒置土地，也紛紛蓋起了高層住宅大樓，又吸引一批新的居民遷入。此外，附近學校學生也多利用平均30分一班的臺鐵區間電車通勤。臺鐵捷運化通車6年後，其中科工館站、美術館站、正義站上下車人數最多，平均每日1,800～2,100人。民族站、內惟站、左營站、三塊厝站、鼓山站依序次之，也分散了原先集中在高雄站、鳳山站的旅運量。

九 2020——產業轉型、臨港線變輕軌

1993年高雄港擠身世界第三大貨櫃港，但1996年之後開始走下坡。主要原因1980年代的環保抗爭和勞工議題、1990年代的中國改革開放和供應鏈全球化，本地工資快速上揚，臨港線沿線的石化工業，也紛紛關廠外移西進中國，高雄市出現了產業空洞化的危機。

面對此一變局，中央政府1995年提出「亞太營運中心」的戰略布局，指定高雄港為海運中心，規劃「高雄港境外航運中心」。1996年高雄市政府提出「多功能經貿園區」計畫，希望從重工業城市轉型為服務型的都市。1999年2月元宵節，謝長廷市長搭乘「火車遊港——圓一個高雄夢」臨港線列車，市民也首度得以一窺港區圍牆內的破敗景象，期待推倒分隔港市半世紀的圍牆，積極推動「港市合一」。

整個2010年代，臨港線沿線原本的工業及港埠用地，陸續轉型為駁二藝術特區、軟體科技園區、臺糖物流園區、夢時代購物中心、臺鋁MLD、IKEA、家樂福、中鋼企業總部、高雄展覽館、高雄市立圖書總館、高雄流行音樂中心、高雄港旅運中心。為了串連這些大型服務設施，2002年高雄市捷運局發表《高雄臨港輕軌綜合規劃報告》，大致上是拆除臨港線鐵路，改鋪輕軌，經高雄車站，環繞高雄一圈。不過，這樣的規劃，服務範圍只限於南高雄，並無法獲得北高雄議員的認同，遲遲未能開工興建。2006年2月提出的修正計畫，輕軌不再經高雄車站，轉而沿著同盟路往北延伸，經美術館，再走大順路，繞回來接臨港線，也就是由15公里的「小環線」擴大為25公里[9]的「大環線」。

第一階段的水岸輕軌，配合「亞洲新灣區」旗艦計畫，2015年10月籬子內路段首先通車，2017年9月再通到哈瑪星站（舊臺鐵高雄港站），促使

舊港區沒落工業地帶的更新轉型，開始發酵。待臺鐵縱貫線切換到地下營運後，騰空地面縱貫鐵路用地，輕軌工程繼續往北推進。2021年12月通到臺鐵美術館站，便利臺鐵旅客轉乘。2024年1月1日大順路段完工通車後，環狀輕軌終於成圓。輕軌繞經前鎮區、苓雅區、前金區、鹽埕區、鼓山區、左營區、三民區，把整個高雄市中心都包括進來了。輕軌搭配美術館、鼓山、科工館3處臺鐵轉乘車站，凹子底、凱旋、哈瑪星、五塊厝4處捷運車站，成為便利的大環線，每日平均運量達3萬人。[10]

本來先做南段的水岸輕軌，是為了帶動亞洲新灣區的發展，促使近年衰退落後的南高雄，迎來再開發的契機。擴大為環狀輕軌後，又進一步滿足了北高雄沿線各學校、住宅商圈的交通需求。

✚ 未來展望
科技廊帶的延伸

2010年12月25日高雄縣市合併後，高雄市的範圍更擴大了。2017年行政院核定高雄捷運延伸岡山路竹線，並列入前瞻基礎建設計畫。2018年底，從捷運紅線終點南岡山（今岡山高醫站），往北延伸至岡山車站1.46公里路段開工，2024年6月30日通車營運。後續路線將繼續延伸至本洲產業園區、高雄科學園區、路竹、大湖，將串聯路竹科學園區、橋頭科學園區、楠梓產業園區、台積電2奈米晶圓廠、交通大學、清華大學的「半導體S廊帶」。

無獨有偶，臺鐵新左營站／高雄左營站以北的縱貫鐵路，未來也將改線走高楠公路（臺1線）並高架化，設楠梓園區站、楠梓站、青埔站、到橋頭站，也是串聯「半導體S廊帶」的另一條捷運化鐵路。

過去高雄市區呈南北狹長，原高雄縣的仁武、鳥松地區，與原高雄市內的都市計劃幾乎脫節，雖然往來的通勤通學旅次龐大，卻沒有鐵路、捷運可以連絡，以致少數幾條銜接道路，交通流量大，經常壅塞。2023年底開工的捷運黃線，從鳥松、經長庚醫院、澄清湖，分成兩線，一條往南經鳳山、臺鐵正義站、捷運衛武營站、到五甲、捷運前鎮高中站；另一條往西，走本館路、建工路、經輕軌高雄高工站、接民族路、臺鐵民族站、捷運信義國小站、四維行政中心、捷運三多商圈站，終點為輕軌旅運中心。黃線完成後，對於國道7號經過的鳥松、仁武的發展，以及提升捷運路網之間轉乘的便利，均具加乘效果。新路廊的開發值得市民期待。

　　此外，1979年間提出規劃構想，但並未實現的臺鐵小港－林園－後庄「大環線」，以捷運小港林園線的方式，於2023年11月開工興建，預計2030年通車。這條線路從捷運紅線小港站開始，經中鋼東門、臨海工業區、鳳鼻頭（循環產業園區）、中坑門、港子埔、林園，終點林園工業區，長11.6公里，未來將可進一步跨過高屏溪，抵達東港、大鵬灣。

　　當高雄市正在慶祝「設市百年」的同時，高鐵未來延伸屏東路段，究竟是在左營折返？還是沿著臺鐵路線，另建隧道進入高雄車站？引起了熱烈的討論。由於左營折返方案有營運上的風險，技術上恐不可行；若採進入高雄車站方案，由於高雄車站北半邊，建設當時已預留高鐵月臺營運區，加上新的工程技術，明挖路段縮短為2.4公里，其餘12公里均採潛盾工法，可符合高雄市政府期待的「技術可行、交通民生環境衝擊最小、有助高雄發展」三原則。2024年12月28日，高雄新車站廣場成圓天棚啟用典禮，行政院長卓榮泰宣布高鐵延伸屏東，將進入高雄車站，並展開高雄車站周邊「大都更計畫」，未來高鐵、臺鐵、捷運在高雄車站「三鐵共構」，勢必為南高雄的都市更新發展，帶來新的機會與面貌。

註釋 Notes

二
01 「臺南－高雄間複線改良工事」是將原本只有單線的縱貫鐵道，增加一線，成為複線，可大幅增加路線容量，加開列車。1928年先完成高雄－橋子頭間，1929年完成橋子頭－岡山間、及路竹－大湖間複線，1931年完成大湖－中洲間複線，1932年完成中洲－車路墘間複線，1933年完成車路墘－臺南間路線後，高雄－臺南間複線改良全部完成。

五
02 鐵路局專開的單元列車，全編組為同一種類貨物，固定起訖點。例如全列車二十幾節均由貨櫃平車、化學槽車或穀斗列車單一編成。

六
03 升格院轄市同時，高雄縣小港鄉也併入高雄市成為小港區。

04 1909年6月5日，新興製糖會社的「鳳山－林子邊」會社線開始營業，成為臺灣第二條對外營業的會社線，比臺灣製糖會社的「鳳山－（後壁林）工場」會社線還早了4個月。林園線，自鳳山火車站起點，經電信所、山子頂、芎蕉腳（工場）、大寮、潮州寮、赤崁、潭頭、至林子邊站，全長18.5公里。

05 1909年10月5日，臺灣製糖會社的「鳳山－工場」會社線也跟著開始營業，起自鳳山火車站，經（鳳山）西門、七老爺、佛公、至小港（工場），全長7.8公里。

七
06 1991年7月22日高雄市議會第3屆第6次臨時會23名議員提臨時動議。

07 蘇直評，〈高鐵舉辦高雄站址說明會，廣泛徵求當地民眾意見，選擇適當地點設站〉，《鐵路地下化高速鐵路工程報導》，84（1992年12月16日），第4版，交通部臺北市區地下鐵路工程處／高速鐵路工程籌備處。

八
08 1907年通車的打狗－三塊厝－鳳山－九曲堂間「鳳山支線」，直到鐵路地下化，一直是分隔南、北高雄都市紋理的主要界線。

九
09 環狀輕軌路線（尤其是臨港線範圍以外的北環路段）規畫，幾經波折，2024年全線成圓的路線，全長22.1公里，38個站。

10 2024年5月運量，高雄市政府交通局統計資料。

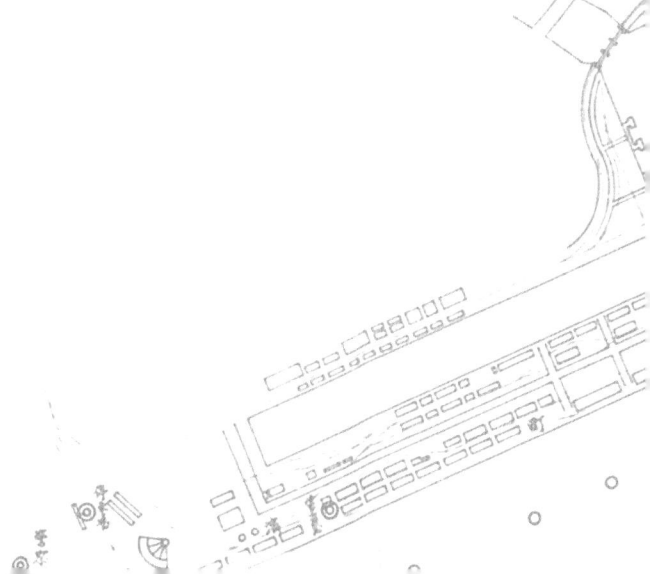

高雄三軍要地的形成：以鳳山、岡山、左營為例

杜正宇

一 前言

　　回顧高雄百年發展的特色，軍事實為重心之一。高雄不僅為三軍要地，戰後的三軍官校亦均在高雄。究竟是何種原因造就如此特色，一切都得從1937年爆發的中日戰爭談起。1937年7月7日盧溝橋事變爆發，駐臺日軍不僅赴中國戰場增援，臺灣也成為支援中國戰場的基地。高雄一帶開闊平坦，但日軍卻尚未在本地建設軍事要塞，[1]一旦遭遇敵軍攻擊，利於敵方擴大戰果。[2]有鑒於此，是年8月日軍以〈陸密字532號〉成立高雄要塞。[3]北至茄苳、南抵枋山，包括高雄市區、岡山、鳳山、東港、潮州、恆春等地，皆劃入管轄範圍。[4]

　　戰爭爆發後，以臺灣步兵第1聯隊、第2聯隊、山砲第1中隊為主幹的日軍臺灣守備隊在第23動員令下，徵用一批臺籍搬運工後，於1937年9月7日於基隆搭乘赴中國戰場的軍艦，上岸後編入上海派遣軍，進攻上海、南京一帶。[5]1938年11月9日，臺灣守備隊擴編為臺灣混成旅團，編入第21軍，

● 空襲警報發令中的警示標語牌

1943年（昭和18年）11月25日，美軍的飛機開始空襲臺灣，新竹的日軍基地、飛機場、鐵路設施，遭受大規模的猛烈轟炸。1944年（昭和19年）1月11日，美國軍機轟炸高雄、鹽水等地，3月臺灣總督府公布「臺灣決戰非常措施大綱」，8月臺灣本身已進入了戰爭狀態，太平洋戰火已延燒到了臺灣島上。

資料來源：空襲／警戒警報發令中標語牌，高雄市立歷史博物館典藏資料，登錄號：KH2000.001.153

並從12月7日開始，派到廣東、海南島、福建一帶作戰。[6] 1940年底，日軍更以臺灣混成旅團為基幹，納入第6師團之47聯隊後擴編為48師團，隸屬第23軍。太平洋戰爭前夕，1941年8月12日改隸臺灣軍，部隊陸續返臺備戰，其駐防地點即在高雄、臺南一帶。[7] 砲兵部隊則於6月下旬，日軍抽調基隆要塞砲兵聯隊第1中隊赴高雄，隨後於7月下達高雄要塞重砲兵聯隊編成令，擴編為高雄要塞重砲兵聯隊。[8]

日本真正下決心出兵南洋，是為了奪取石油等原料，以對抗美國的石油禁運政策。在1941年5月以前，高雄一帶的煉油與重工業所需之原油，多購自美國，連海軍用油亦然。[9] 此外，12月7日太平洋戰爭爆發前，日本早已密謀發動南進作戰。如陸、海軍航空隊，不但在臺大興土木、建造機場，至10月初更調動中國戰區已具實戰經驗的飛行員來臺，編組高雄海軍航空隊等空戰主力。[10]

除了日本海軍鳳山無線電信所、壽山要塞、一系列的飛行場、海軍航空廠、燃料廠、左營軍港、陸軍倉庫、鳳山丘陵坑道、震洋隊設施等，另有日軍水道系統、半屏山地下水庫、左營、岡山、鳳山等宿舍群。日軍營建如此眾多的軍事建設，再再顯示出日本對高雄這塊戰略要地的高度重視。本文以篇幅所限，無法細數個別軍事設施之由來與發展，故以象徵陸空海三軍之鳳山、岡山、左營等地為例，述其戰備緣由至今日梗概，以勾勒高雄軍事發展之概況。

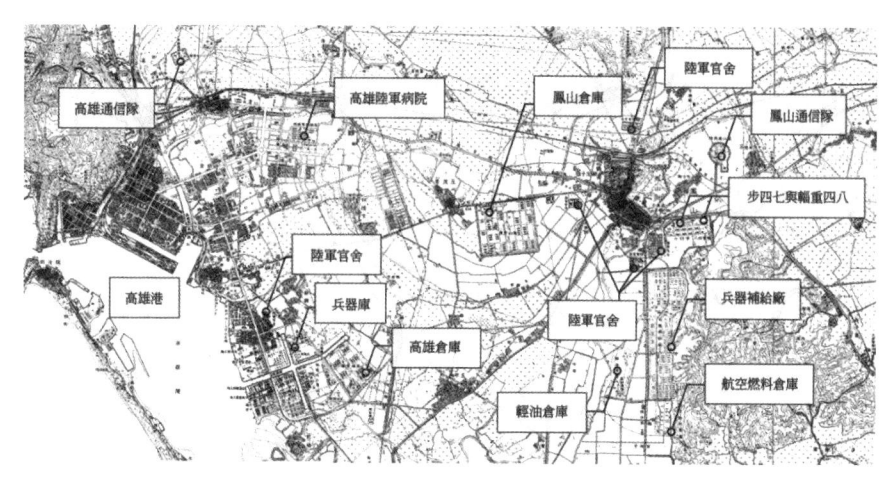

● 圖1：高雄地區軍事設施分布圖
(底圖為1928年日治兩萬五千分之一地形圖，補繪1943年空照調查，於1945完成)
圖像來源：古都保存再生文教基金會，《高雄市陸軍眷村（鳳山黃埔新）文史資料蒐集研究案》結案報告書（臺南：古都保存再生文教基金會，2014），頁14。

一 鳳山的軍事發展

　　清代堡圖顯示，鳳山城外一片名為牛皮寮的農地，自1898年轉變為練兵場，其地即今陸軍官校一帶。[11] 1919年日本海軍亦在鳳山東北方設置無線電信所。[12] 另根據〈臺湾陸軍倉庫臨時編成要領、同細則の件〉，日軍於1938年6月於臺北成立臺灣陸軍倉庫。[13] 至1941年1月，著手在鳳山地區興建陸軍倉庫。[14] 陸軍倉庫的土地，原為臺灣製糖株式會社所有，至太平洋戰爭爆發後，土地才進行轉移。[15] 至於與練兵場相鄰之陸軍官舍（今黃埔新村），出現於1943年〈日治二萬五千分之一地形圖〉，大批雙併和獨戶官舍，數量達74棟。練兵場則有步兵第47聯隊與輜重第48聯隊，這兩個單位均隸屬48師團。[16]

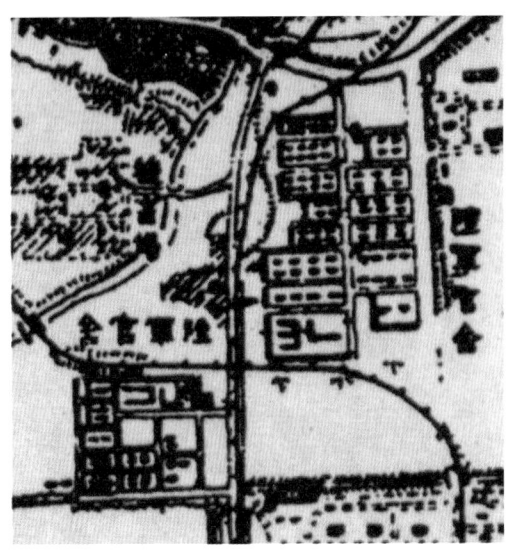

(上)圖2：美軍1943空照圖（今黃埔新村）

圖像來源：中研院海外歷史圖資徵集與典藏，〈美軍1943空照圖〉。

(下)圖3：日軍1945年二萬五千分之一地形圖（今黃埔新村）

（底圖為1928年，增加1943年空照資訊，完成於1945年）

圖像來源：高雄歷史博物館館藏，〈日軍軍用地圖〉，許昭榮檔案編號：HSU-001-001-004。

日本陸軍48師團是太平洋戰爭開戰時日軍機動師團之一,具有登陸實戰經驗。該師團於1941年2月及4月分別參加雷州半島與福州戰役,是年8月12日起編入23軍並陸續返回臺灣,於高雄港上岸後駐防高雄與臺南一帶整備。[17] 12月10日在陸海軍戰機護衛以及日本海軍艦艇護航之下,於高雄港乘船登陸菲律賓呂宋島。[18]

太平洋戰爭期間,鳳山也出現了鐵道系統,連結鳳山丘陵西側的營房、產業、小港飛行場、軍用倉庫區等要地,使鳳山成為交通輻輳的軍事要地。鐵道從苓雅寮碼頭向東延伸,一路經田子、五塊厝至鳳山,沿線連接鳳山倉庫、兵器補給廠、航空燃料倉庫、陸軍官舍等。[19]

太平洋戰爭開戰後,鳳山一帶除48師團仍有留守部隊外,曾經進出鳳山郡的日本陸軍單位亦多。依據靖國偕行文庫(靖國神社)館藏〈臺灣方面陸上部隊略歷〉等史料,駐防鳳山郡之部隊包括日軍第9師團步兵第35聯隊、第9師團防疫給水部、第12師團獨立混成第42聯隊、第12師團獨立野砲兵第5大隊、第50師團步兵第303聯隊、工兵第50聯隊、特設勤務第117中隊等。

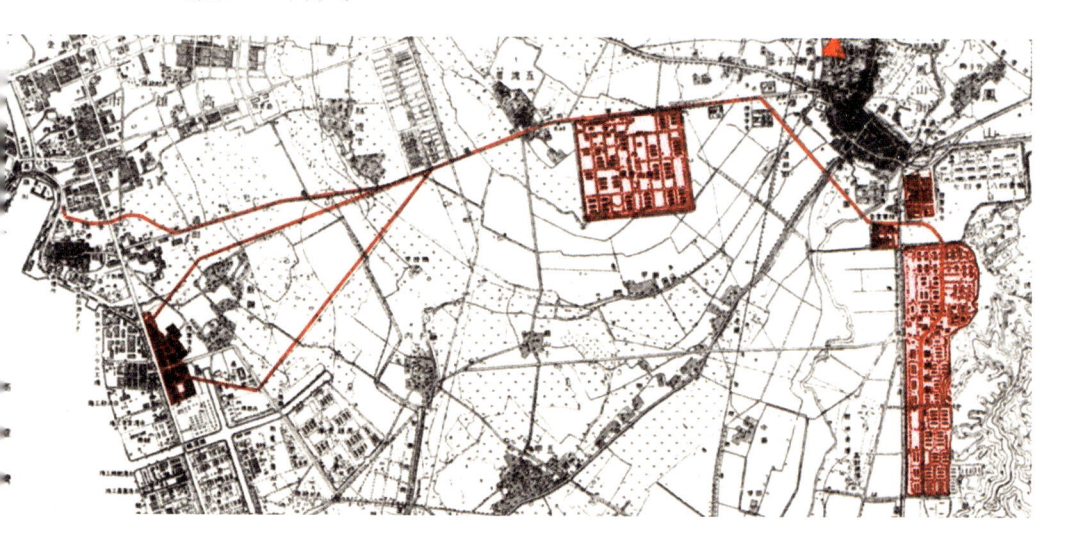

● 圖4:連結高雄軍事設施的鐵路圖(箭頭處為鳳山車站,紅色區域為軍事用地。)
圖像來源:邱柏翔(國立成功大學建築碩士)繪製。

表1：太平洋戰爭期間鳳山郡一帶之日軍駐防單位

作戰單位	時間	概況
工兵第50聯隊	昭和19年5月3日	鳳山郡小港庄編成。
第50師團步兵第303聯隊	昭和19年5月31日	於鳳山編成。下轄三個大隊、聯隊砲兵中隊、高射砲中隊與通信中隊等。
第12師團獨立野砲兵第5大隊	昭和19年10月27日	原駐滿州、朝鮮一帶，昭和19年10月27日後，於鳳山郡赤嶺（鳥松庄）一帶進行築城工事，隸屬第12師團。
特設勤務第117中隊	昭和19年11月22日	鳳山郡小港庄編成。
高雄警備司令部	昭和19年12月1日	昭和19年12月1日成立，昭和20年以後更名為高雄地區司令部。
第9師團防疫給水部	昭和20年1月4日	鳳山郡大寮庄山子頂地區警備。
第9師團步兵第35聯隊	昭和20年2月5日	原駐滿州牡丹江，昭和20年2月5日後擔任鳳山地區的警備任務。
第12師團獨立混成第42聯隊	昭和20年7月25日	於鳳山郡鳥松庄田草埔編成，隸屬第12師團。

資料來源：靖国偕行文庫藏，厚生省援護局，《部隊略歷 ソロモン・ニューギニア・比島・臺湾方面部隊略歷・司令部》（東京靖國偕行文庫，受入番號：86857）；靖国偕行文庫藏，厚生省援護局，《部隊略歷 臺湾方面部隊略歷》（東京靖國偕行文庫，受入番號：86833）；靖国偕行文庫藏，厚生省援護局，《部隊略歷 第1回追錄 南方・臺湾方面陸上部隊（除航空・船舶）略歷 其1.2合本》（東京靖國偕行文庫，受入番號：86867）；靖国偕行文庫藏，厚生省援護局，《部隊略歷 第2回追錄 南方・支那・臺湾方面陸上部隊（除航空・船舶）略歷》（東京靖國偕行文庫，受入番號：86870）；靖国偕行文庫藏，厚生省援護局，《部隊略歷 第3回追錄 南方・支那・臺湾・南鮮方面陸上部隊（除航空・船舶）略歷》（東京靖國偕行文庫，受入番號：86872）；靖国偕行文庫藏，厚生省援護局，《部隊略歷 第4回追錄 南方・支那・臺湾・南鮮方面陸上部隊（除航空・船舶）略歷》（東京靖國偕行文庫，受入番號：86874）。

太平洋戰爭時，高雄是日本的南進基地，鳳山則是日軍在南臺灣最重要的後勤補給基地，設置了兵器補給廠、航空燃料倉庫及陸軍倉庫等。鳳山周邊的軍用設施，戰後均為國軍接收，開啟了一個嶄新的時代。兵器補給廠與航空燃料倉庫為今日的灣子頭營區：包括陸軍步兵訓練司令部及陸軍步兵學校。雞母山後方的兵舍，接收後更名為竹子腳營區，內有訓練場地及靶場。原步47與輜重48軍營則是今陸軍官校北營區。[20] 今日民眾熟知的衛武營國家藝術文化中心則為原日本陸軍倉庫。

三 岡山的軍事變遷

　　1936年5月12日，臺灣總督府在臺南與高雄州間尋找適合建造南部國際飛行場的地點，最終選定在岡山建造飛行場。[21] 之所以在岡山設置飛行場，原因在於岡山位於臺南、高雄兩州之間，地理位置適中，交通便利，無論對民航或軍事均甚有利。[22] 日本官方推動岡山飛行場，原是為了臺灣島內的定期航空。[23] 但因高雄市的軍事地位日益提升，亦作為軍用機場。高雄海軍航空隊是最早於岡山成軍的航空隊。1937年中日戰爭爆發後，日本海軍公布〈昭和十二年度海軍第三次補充計畫〉，高雄空（高雄海軍航空隊）於1938年4月1日開隊，隨即進駐中國三灶島的基地，投入對福州、南昌、柳州、桂林、昆明等地的轟炸，並支援廣東、汕頭的作戰。

　　太平洋戰爭爆發前後，陸續有高雄航空隊、高雄航空隊（二代）、第二高雄空等單位進出或進駐。[24]

　　海軍航空隊官舍位在今高雄市岡山區忠孝路、樂群路交會點東南方之處，聚落南端為阿公店溪北岸。臺灣總督府於1938年11月24日公布岡山都市計畫，於新舊河道間建造日本海軍官舍、岡山神社並規劃街區。[25] 檢視〈高雄海軍航空隊位置図 縮尺6千分の1〉，至少在阿公店溪第四次截

彎取直的工程進行前，今樂群村尚未列入宿舍用地。該圖中預定建於岡山驛西南方的宿舍，則為戰後出現的勵志新村。[26]

日本海軍官舍（今樂群村）在1940年夏天建成，1945年美軍空拍圖中顯示一共有31棟。[27] 但在1946年1月的房產移交清冊中顯示，該區塊的海軍官舍有甲種官舍1棟、乙種官舍18棟、丙種官舍13棟、丁種官舍3棟，多出來的4棟或為位於樂群村東北方的高雄海軍設施部岡山地方事務所的附屬宿舍。[28]

岡山後協則有一片土地於1941年興建日本海軍第六十一航空廠，是年12月25日正式開始運作。[29] 原有聚落居民遷至岡山的大寮、大遼、新後協等地。大寮又稱大寮仔，原為漢人開墾的聚落，後因配合日治時期劉厝里北方土地徵收為軍舍，因此將該地的居民遷至下庄仔南的大寮，

● 圖5：〈高雄海軍航空隊位置圖 縮尺6千分の1〉

可見尚未進行第四次截彎取直工程的阿公店溪，當時的宿舍預定地為岡山驛西南方，而今樂群村一帶宿舍尚未規劃。
圖像來源：アジア歴史資料センター，〈高雄海軍航空隊位置圖 縮尺6千分の1〉（Code：C14120291800）。

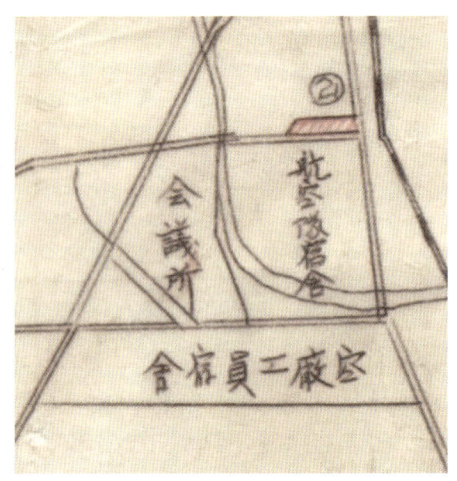

● 圖6：岡山地區日本海軍宿舍

地圖中標示（2）的地方為高雄海軍設施部岡山地方事務所。航空隊宿舍為今樂群村。空廠工員宿舍指日本海軍第六十一航空廠宿舍，戰後為醒村。會議所則為日本海軍下士兵集會所，戰後為空軍新生社。
圖像來源：〈日本海軍物資接收目錄（高雄地區）〉（1945年1月1日-1947年4月30日），檔案管理局檔案號：B5018230601/0034/701.1/6010。

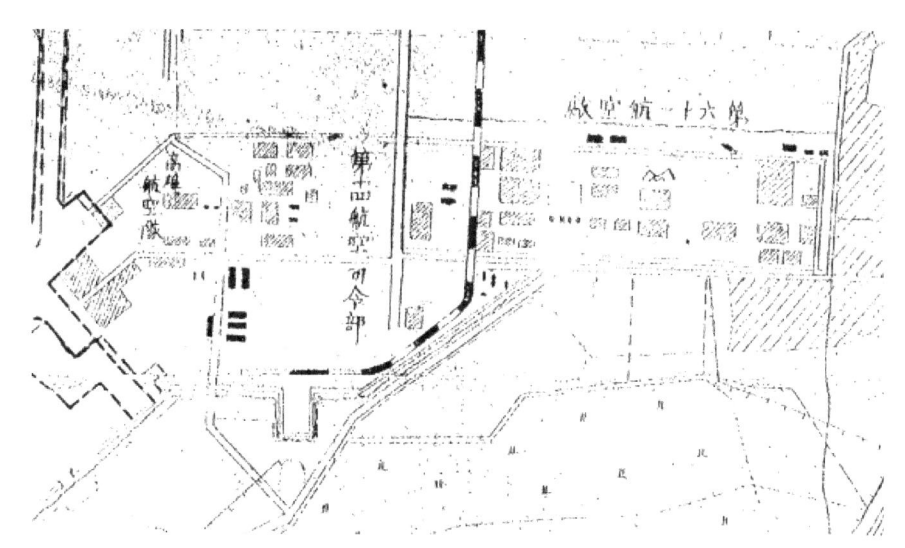

● 圖7：日軍岡山航空單位與設施，包括高雄航空隊（今空軍官校）、第14聯合航空隊司令部（今空軍第三後勤指揮部）與第六十一航空廠（今空軍航空技術學院介壽校區）等。

圖像來源：〈昭和年3月1日-昭和20年4月30日第334設營隊戰時日誌(2)〉，JACAR（アジア歴史資料センター）編號：C08030306900。

另一部分的居民則遷到今成功新村與和平國小間的地區。街尾崙一帶的居民則搬遷到大遼，當時位於製糖鐵道東側，並冠以「新」字，又稱「新」街尾崙。而今通校路以西、介壽西路以北的居民北遷至「新」後協後，舊部落則稱「舊」後協。[30]

1945年8月15日日本投降後，10月國府空軍第22地區司令部接收高雄機場，[31]由空軍第22地區地勤中隊岡山分隊進行管理。[32]隨著國共內戰失利，空軍總司令周至柔通令各單位進行遷臺行動。岡山進駐的單位，最初由空軍通信學校（今空軍航院介壽校區）派出先遣人員於1948年8月14日飛抵岡山，其後為空軍訓練司令部。接著空軍官校於12月20日展開遷臺行動，分空運與海運運輸人員，教練機則由教官駕駛飛抵岡山。空軍機械學校（今空軍航院巨輪校區）則於1949年6月5日正式遷臺。最後為空軍通信學校正式遷臺，11月底全體安抵岡山。[33]

戰後的醒村（空廠工員宿舍）主要由空軍官校校長等教職及飛行員、職員和眷屬等入住，樂群村（航空隊宿舍）則為戰後空軍訓練司令部正副司令和接收要員、空軍各學校軍官及眷屬的眷村。來臺的空軍官兵及其眷屬不但充實了岡山鎮的人口，更為岡山帶來了空軍記憶與眷村文化。

四 左營的軍事變遷

　　左營軍港舊名萬丹港，位於高雄桃子園地區。未建軍港之前，桃子園的天然海岸綿亙數公里，西邊是緩緩彎曲的砂濱海岸，海岸內側連接有小潟湖，背後有砂質臺地。因為是連續的潟湖並有低濕地切入，於是在壽山北端之山腳處形成內港，地勢險要而隱密。[34]

　　日軍規劃建設軍港以前，桃子園土地為小型漁港、魚塭、農田或墓地等。人口聚集於桃子園、竹子腳、廍後等舊部落，港區內分布著沙洲與潟湖。[35] 1937年中日戰爭爆發後，日軍於9月籌劃左營軍港的建設，[36] 以〈高雄策源地計畫〉，劃定範圍，並以1円50錢購買1坪私有地的方式進行徵收。[37] 軍港範圍內的竹仔腳庄、下蚵仔寮、桃仔園庄（原港口聚落）、廍後庄一部分、舊城內之前峰尾庄與埤仔頭，均有進行遷村情形。民眾分別遷徙到左營區之新莊仔路一帶及鼓山區內惟部落附近。[38]

　　1943年4月1日，日本發布〈敕令第236號〉，即〈高雄州高雄ヲ要港トナシ其ノ境域ヲ定ムルノ件〉，馬公警備府遷往桃子園，改為高雄警備府，管轄範圍涵蓋高雄的岡山郡、下鹽田、右沖、援中港、下蚵子寮、廍後、左營、菜公、覆鼎金小字新庄子、埤子頭、竹子腳、桃子園、前峯尾與內惟等地，該敕令之附則第二條另將馬公部隊改編為馬公特別根據地隊。[39]

日軍規劃將左營軍港之警備府、海兵團、工作部及半屏山、龜山納入軍事要地，另以半屏山下蔗田、部分後勁民地興建海軍第六燃料廠。[40] 1942年10月24日，日本海軍第二燃料廠長別府良三少將，在桃子園軍港成立第六燃料廠高雄建設事務所並兼任燃料廠建設委員長。[41]然而自1944年10月起煉油廠便遭到美軍頻繁空襲，導致難以運作，第六燃料廠除了將生產油品部分疏散到旗山月眉藏匿外，[42]更將生產設備移轉至半屏山山洞。[43]該廠戰後成為中油公司高雄煉油廠，今台積電進駐的楠梓產業園區。二戰末期的左營也出現了執行特攻任務的日本海軍震洋隊設施與營房。左營的震洋特攻隊有第20、21、31震洋隊與駐守桃子園的第29震洋隊，這些單位都在左營軍港周遭。[44]

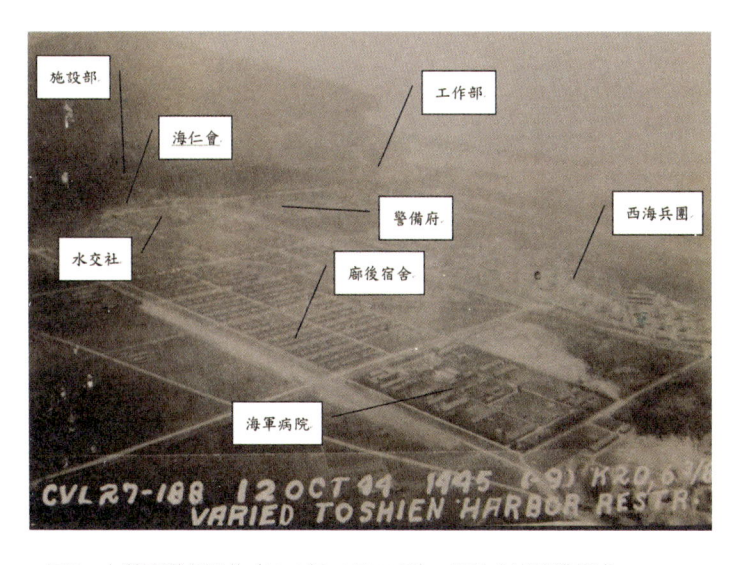

● 圖8：左營軍港各單位（1944年10月12日）。照片中出現濃煙處為工作部與施設部一帶。

圖像來源：Commander Bombing Squadron 14, Serial 0202, 24 Oct, 1944, RG38, Box.391（NARA）.

● 圖9：1950年元旦，穿著冬季常服的海軍少校與眷屬於左營海軍總司令部前合影。

圖像來源：高雄歷史博物館典藏號：KH2017.018.005。

二戰結束後，海軍接收左營軍港，陸續進行清港與打撈作業。[45]原高雄警備府大樓改稱鎮海樓。1949年政府遷臺，海軍總司令部自上海遷至左營，就在鎮海樓辦公。該樓現為海軍教育訓練暨準則發展指揮部。[46]

海軍軍官學校則遷至海軍病院（今國軍左營總醫院）隔鄰的下屏里右沖庄南部一帶，[47]原址為日本海軍高雄警備府的東地區隊營區。[48]海軍水交社（今四海一家）以北的原日軍廊後宿舍，戰後成為明德、建業、合群等眷村。[49]廊後原有20棟日軍倉庫，戰後改建為自治新村，各棟內部以薄甘蔗板隔成10戶，提供給200戶海軍軍士官及眷屬居住。[50]1950年另修築西自助、東自助、自立、勝利、復興、創造等眷村，容納軍眷4,200餘戶。[51]

五 結論

直至今日，鳳山、岡山、左營仍為高雄軍事重心。三軍軍事院校均沿用日本陸、海軍在二戰時構築的營區，並以此為基礎在1950年代後不

斷擴充。戰後陸海空三軍來到高雄產生的影響,除了充實當地的人口,促進當地零售、娛樂與餐飲業的發展外,軍隊的特殊風氣與來自各省居民交融形成的眷村文化更塑造出獨特的生活模式。

1990年代以後,鳳山、岡山、左營遭逢眷村改建,許多人被迫遷離。幸而在高雄市政府文化局的努力下,爭取了三地部分眷村的保存,並以「以住代護」方式賦予眷村嶄新的傳承。近年更持續辦理眷村嘉年華、軍事體驗營等活動,為我高雄延續了軍事記憶、眷村文化與史蹟保存。

註釋 Notes

一

01 日本在 1934 年的〈昭和九年度動員計畫訓令〉中，已揭示高雄要塞司令部及其防守大隊的編制計畫，並在 1936 年 5 月 30 日的〈陸軍平時編制全面改正〉（令乙第十八號）、〈陸軍軍備改變要領〉（令乙第十九號）得到最終確認。高砲會，《臺灣所在重砲兵聯隊史》（東京都：臺灣所在重砲兵聯隊史編纂委員會，2000），頁 225、230。

02 參謀處編，〈高雄要塞概況〉（1947），檔案管理局檔案號：36/109/0022，頁 11。

03 劉鳳翰，《日軍在臺灣（上）》（臺北縣：國史館，1997），頁 213。

04 楊護源，〈戰後高雄要塞的建置與改制（1946-1950）〉，《檔案》，15（1）（2016），頁 47。

05 臺灣臺步二會，《臺灣步兵第二聯隊・ああ在りし日の》（臺灣：臺步二會，1999）；田中唯之，《臺灣山砲戰記》（熊本市：蓬萊山吹會，1984），頁 42。

06 臺灣混成旅團司令部，《臺灣混成旅團戰鬪經過の概要・昭和 14・1-15・2》（東京 靖國神社藏，圖書記號：396.5B）、臺灣臺步二會，《臺灣步兵第二聯隊・ああ在りし日の》（臺灣：臺步二會，1999）、臺步二會事務局，《軍旗と共に幾山河》（熊本：臺步二會事務局，1977）、島田稻作，《軍旗と共に幾山河・續 臺灣步兵第二聯隊》（熊本：臺步二會事務局，1980）；田中唯之，《臺灣山砲戰記》（熊本市：蓬萊山吹會，1984），頁 77。

07 南星會，《第四十八師團（臺灣混成旅團）戰史》（臺灣：南星會，1996）。

08 高砲會，《臺灣所在重砲兵聯隊史》（東京都：臺灣所在重砲兵聯隊史編纂委員會，2000），頁 51、225。

09 "B" Diesel Fuel Oil - Imperial Japanese Navy - Takao, May 9, 1941, RG131, A1 35C, Box.108（NARA）.

10 杜正宇，〈太平洋戰爭下日本陸軍於高雄地區的機場整備與航空隊部署〉，《高雄文獻》，3（4）（2013 年 12 月），頁 85-115；杜正宇等，《日治下大高雄的飛行場》（臺北：新銳文創，2014），頁 193-228。

二

11 杜正宇、陳咨仰，〈黃埔新村的歷史記憶〉，《高雄文獻》，5（2）（2015 年 8 月），頁 81-103。

12 顧超光，《斷訊，無線電信所：解密鳳山招待所》（高雄：高雄市立歷史博物館，2015）。

13 〈臺灣陸軍倉庫臨時編成要領、同細則の件〉，JACAR（アジア歴史資料センター）編號：C01005730300。

14 〈工事設計要領書提出の件通牒〉，JACAR（アジア歴史資料センター）編號：C07091985600。

15 古都基金會提供，〈黃埔新村文化景觀與周邊地籍、土地登記簿及土地臺帳資料彙整〉。

16 輜重第 48 聯隊之聯隊長為馬場和人，倖存於戰後，曾為臺灣步兵第 2 聯隊聯隊長田中透撰寫回憶文。參見島田稻作，《軍旗と共に幾山河・續臺灣步兵第二聯隊》（熊本：臺步二會事務局，1980），頁 25。另有一說：第 7 部隊，來自羅千倫，《軍事城寨的內遷與外擴：鳳山市街發展的研究》（臺南：臺南大學臺文所碩士論文，2008），頁 90。

17 高砲會，《臺灣所在重砲兵聯隊史》（東京：臺灣所在重砲兵聯隊史編纂委員會，2000），頁 25。

18 南星會，《第四十八師團（臺灣混成旅團）戰史》（臺灣：南星會，1996）。

19 邱柏翔、杜正宇，〈太平洋戰爭下的高雄臨港線〉，《高雄文獻》，5（1）（2015），頁 151。

20 羅千倫，《軍事城寨的內遷與外擴：鳳山市街發展的研究》（臺南：臺南大學臺文所碩士論文，2008），頁 90-91。

三

21 〈國際飛行場設置を 兩州共同で計畫 所要土地面積約三十萬坪で 岡山郡の某地が有力〉，《臺灣日日新報》（1936 年 5 月 12 日），日刊 9 版。

22 杜正宇等，《日治下大高雄的飛行場》（臺北：新銳文創，2014），頁 193-228。

23 〈臺南、高雄協力して 岡山空港を實現したい〉，《臺灣日日新報》（1936 年 7 月 14 日），日刊 9 版。

24 日本海軍航空史編纂委員會，《日本海軍航空史》（東京：時事通信社，1969），頁 433-435。永石正孝，《海軍航空年誌》（東京：出版共同社，1961），頁 109。杜正宇等，《日治下大高雄的飛行場》（臺北：新銳文創，2014），頁 193-228。

25 〈岡山都市計畫區域及都市及都市計畫決定〉,《臺灣總督府府報》, 3443 (1938年11月26日);〈大正九年府令第四十八號 (街庄ノ名稱及管轄區域) 中左ノ通改正〉,《臺灣總督府官報》, 443號 (1943年9月22日)。

26 〈高雄海軍航空隊位置図 縮尺6千分の1〉, JACAR (アジア歴史資料センター) 編號:C14120291800。

27 〈高雄市舊航照影像 (1945)〉,《臺灣百年歷史地圖》。

28 〈日本海軍物資接收目錄 (高雄地區)〉 (1945年1月1日-1947年4月30日),檔案管理局檔

29 林玉萍,《臺灣航空工業史:戰爭羽翼下的1935年-1979年》(臺北:新銳文創,2011),頁37。

30 郭秋美,〈臺灣堡圖之岡山鎮舊地名研究〉,《高縣文獻》, 24 (2005年12月),頁113-121。

31 〈臺灣海軍情報資料〉 (1946年10月30日),檔案管理局檔號:

32 〈空軍岡山分隊提出食品 交由區署贈給各貧民〉,《民報》, 453 (1946年10月2日),第4

33 金智,〈中華民國空軍在遷臺初期的整建與發展 (1949-1958)〉,《中華軍史學會會刊》, 16 (2011),頁171-201。

34 李文環,〈漁塭變軍港──萬丹港之歷史地理研究〉,《白沙歷史地理學報》, 2 (2006),頁111-150。

35 黃文珊,〈高雄左營眷村聚落的發展與變遷〉(高雄:高師大地理所碩士論文,2007),頁3。

36 劉芳瑜,《海軍與臺灣沉船打撈事業 (1945-1972)》(新北:國史館,2011),頁23。

37 上野長三郎,〈港湾小ばなし 高雄軍港の想い出〉《港湾》(東京:日本港灣協會,1971年8月),頁73-74;黃文珊,〈高雄左營眷村聚落的發展與變遷〉(高雄:高雄師範大學地理研究所碩士論文,2007),頁3。

38 李文環,〈漁塭變軍港──萬丹港之歷史地理研究〉,《白沙歷史地理學報》, 2 (2006),頁111-150。

39 〈高雄州高雄ヲ要港トシ其ノ境域ヲ定ムルノ件〉, JACAR (アジア歴史資料センター) 編─臺

40 杜正宇等,《日治下大高雄的飛行場》(臺北:新銳文創,2014),頁229-282。

41 高橋武弘,《第六海軍燃料廠史》(東京:第六海軍燃料廠史編集委員會,1986),頁16。

42 〈六燃機密第2067號三〉, JACAR (アジア歴史資料センター) 編號:A03032250800)。

43 高橋武弘,《第六海軍燃料廠史》(東京:第六海軍燃料廠史編集委員會,1986),頁79。

44 廖德宗、郭吉清,〈左營舊城的日軍震洋隊神社及遺址探查〉,《高雄文獻》, 4 (3) (2014年12月),頁101-138;范綱倫,〈臺灣地區震洋特攻隊之研究〉(臺北:北藝大文資學院碩士論文,2013),頁68;楊仁江,《澎湖縣定古蹟西嶼彈藥本庫及東鼻頭震洋艇格納壕調查研究》(澎湖:澎湖縣政府文化局,2012),頁8-18。

45 〈擬具上行政院呈文稿請飭臺灣省政府迅籌撥款項辦理高雄基隆馬公等港浚港建設一案呈請鑒核施行 (1947年5月10日)〉,檔案管理局檔案號:B5018230601/0036/941.3/4010.2;李世甲,〈我在舊海軍親歷記 (續)〉,《福建文史資料》, 8 (福州:福建人民出版社,1984);劉鳳翰,《日軍在臺灣:一八九五年至一九四五年的軍事措施與主要活動 (下)》(新北:國史館,1997)。

46 康曼德,《海軍眷村文物的故事》(高雄:袁英麟,2018),頁90;高雄市文獻委員會,《戰爭與和平紀念館文史資料彙編》(高雄:高雄市文獻委員會,2014),頁132-133;〈【海軍教準部成立70周年】部史館創新 再現歷史風華〉,《青年日報》(2018年10月1日)。

47 〈日治二萬分之一臺灣堡圖 (明治版)〉,「臺灣百年歷史地圖」。

48 〈昭和19年4月20日-昭和20年3月31日高雄海軍警備隊戰時日誌戰鬥詳報 (5),

49 張明初,《碧海左營心:捍衛臺海的真實故事》(臺北:星光,2002),頁26-27。

50 林鎮宜,《海軍老眷村的故事》(臺北:國防部海軍司令部,2006),頁95。

51 鍾漢波,〈亂世洪流軍旅服勤外記:遙望戡亂內戰調返新海軍 (上)〉,《傳記文學》, 122 (2).)

發展的資本

工業與工業聚落

Part II

重工業

環繞著高雄港灣的
工業發展

王御風

　　高雄市曾有一段長時間被稱為「工業城市」，如果仔細分析高雄市工業發展的脈絡，就可以發現高雄港在其中佔了極為重要的因素，對臺灣工業影響深遠的戲獅甲工業地帶、臨海工業區都位於高雄港，迄今高雄港灣仍是重要的造船、鋼鐵產業聚集區域，可見高雄港對高雄工業發展的重要性。

　　歷年來對高雄港的討論，多半集中在高雄港的整體開發歷程，戰後高雄港研究成績最豐富的是張守真及楊玉姿教授，但兩位較少針對工業單獨討論，與工業最有關連者是為因工業發展而被迫遷村的紅毛港及大林蒲撰寫《臨港聚落：大林蒲開發史》、[1]《紅毛港遷村實錄》，[2]其他如吳連賞、謝濬澤也同樣針對高雄港的發展撰寫相關書籍及學位論文，[3]但均未以工業為主題，反而是港灣內大型工廠，如中船、台機、唐榮均有個別的研究，[4]筆者亦針對高雄港灣內工業發展曾撰寫相關論文，但缺乏整體論述，本文則希望能針對此議題做一整合，讓討論更為全面。

整理以往的研究，可約略將高雄港灣工業發展分為四期：第一期是因日治築港工程，在港邊興建修理造船及機械的工廠，以「臺灣鐵工所」為代表。第二期則因日本政府南進政策，興建以軍需為主的戲獅甲工業區。第三期則是戰後運用美援，進行高雄港灣擴建，並興建臨海工業區。第四期則是在工業衰微後進行的轉型，本文也以此分期為時序，以下分別討論。

一 原料與築港帶動的工業
戲獅甲工業區建立前的高雄工業發展

　　臺灣的新式工業，一般人認為是從1901年（明治34年）橋仔頭糖廠（今橋頭糖廠，以下簡稱橋頭糖廠）開始，臺灣製糖歷史雖然很長，但在此之前，都是在糖廍使用糖漏製作，日人來臺後，才積極建設新式糖廠，利用現代化機械來製糖，而第一座的新式製糖工廠，就是由臺灣製糖株式會社（以下簡稱臺糖）在橋仔頭（今高雄市橋頭區）設立的橋頭糖廠。

　　在此之後，圍繞著橋頭糖廠的一系列發展，帶動了高雄早期工業發展。為了要將橋頭糖廠所製產的糖送回日本，需要鐵路及港口運輸，於是在縱貫鐵路旁興築了橋頭糖廠，但此時的打狗港並非現代化港口，載運貨

● 臺灣製糖株式會社橋仔頭工廠
資料來源：臺灣製糖株式會社橋仔頭工廠，高雄市立歷史博物館典藏資料，登錄號：KH2011.009.023

物的火車到了第一代的打狗臨時停車場（停車場為日文火車站之意），還需要經由運河，用小船轉運到哨船頭，才能藉由大型貨船運至日本。[5]

為了解決這個繁複過程，臺灣總督府鐵道部（相當於今日鐵路局）決定要填海造陸，延長鐵路，不需再藉助小船轉運。1904年（明治37年）由原打狗停車場向港灣填築的埋立地（日文埋立地為人工填築海埔新生地之

▲ 日治時期高雄港貨物裝運場景

貨物裝運現場可見臺灣總督府交通局鐵道部之七分車，貨車中載運臺灣製糖株式會社之糖袋，正裝運至高雄港邊的貨物倉庫。
資料來源：高雄港貨物裝運-1，高雄市立歷史博物館典藏資料，登錄號：KH2018.017.184

▶ 日治時期高雄港貨物裝運糖袋

吊車正在裝載臺灣製糖株式會社之糖袋上高雄港邊貨船。糖袋上有 TAB、5 字樣和用圓圈圈起來的 $ 符號。
資料來源：高雄港貨物裝運-2，高雄市立歷史博物館典藏資料，登錄號：KH2018.017.186

意），稱為「鐵道部埋立地」，在埋立地上鋪設鐵路，並一路向港灣延伸，這條鐵路因為在海濱行駛，被稱為濱線，日文為はません，後用臺語轉譯為哈瑪星，也就成為日後此地的名稱。[6]

鐵道部埋立地的成功，讓總督府決定要進行打狗港的現代化工程，也就是「築港工程」，1908年（明治41年）啟動的築港工程，除了總督府資金外，也援引日本財閥淺野總一郎填築新市區，這個新填築的市區被稱為「淺野埋立地」，與「鐵道部埋立地」被人們以上述的「哈瑪星」稱呼，也成為日治時期高雄最主要的新市區之一。[7]

這些工程帶動了高雄工業發展，主要發動者就是臺糖。不僅橋頭糖廠採用新式機械運作，1905年（明治38年）臺糖學習夏威夷，運用機關車運載甘蔗，[8]也就是後來的糖廠五分車，為了製糖機械及機關車的修護，於1917年（大正6年）在新的埋立地上設立臺灣製糖鑄物工場，也是在港邊占地廣大的新式工廠。[9]

除了鑄物工場，在築港工程尚未完成前，貨物仍需用小船接駁，臺糖先於1907年（明治40年）開始陸續購入接駁船（艀船）、帆船、曳船等10餘艘船，後來乾脆在1910年（明治43年）於旗津成立臺糖造船所，建造所需船隻，加上早在1900年（明治33年）成立的荻原造船鐵工所，這也是高雄最早的造船工業。[10]

● 埋立地填築完成後發展的哈瑪星

圖為日治時期1920年代拍攝之哈瑪星地區。
資料來源：《大正五年四月臺灣銀行各店及所在地寫真帖》，高雄市立歷史博物館典藏資料，登錄號：KH2022.019.0002_5

在新式糖廠陸續建立，船隻需求量亦大情形下，結合造船及機械製造、修理的工業前景頗為看好，加上日本國內對此產業亦正在發展，當時在臺灣經營有聲有色的鈴木商店也決定在高雄設立鐵工造船廠，與陳中和合作，租借其打狗川（今愛河）旁的一萬坪土地（今日高雄市真愛碼頭附近），於1918年（大正7年）開始興建「神戶製鋼所打狗分工場」，主要以造船及製造製糖機械。後鈴木商店進一步與臺糖合作，再加上大阪田中鐵工所的技術，以神戶製鋼所原址，合併臺糖的鑄物工場、造船廠，設立「臺灣鐵工所」，[11]這也是臺灣相當重要機械工廠。

換言之，在橋頭糖廠與築港帶動下，高雄港灣畔出現了造船及機械工廠，除此之外，填築哈瑪星的淺野總一郎，本身就是明治維新後崛起的日本財閥，其所掌握的新工業技術就是水泥，而哈瑪星旁的壽山（又稱柴山）就是煉製水泥的石灰岩，淺野總一郎自然不會放過，在壽山下興建新型水泥工廠「淺野水泥台灣工場」，戰後成為「臺灣水泥高雄廠」。[12]

同樣有地緣關係是利用愛河旁黏土燒製磚窯的「臺灣煉瓦株式會社打狗工場」，這間位於三塊厝的工廠原是1899年（明治32年）由鮫島廣設立的「鮫島煉瓦工場」，後來由後宮信太郎承繼後，在1913年（大正2年）擴大規模成為全臺性的「臺灣煉瓦株式會社」，該工場也成為「臺灣煉瓦株式會社打狗工場」。[13]而三塊厝附近，縱貫鐵路旁的東洋製罐工場，則是為了配合鳳山、大樹一帶的鳳梨罐頭工廠的製作，才在此地興建製罐工場。[14]

● 淺野水泥廠

淺野水泥廠為台灣水泥（台泥）前身，廠房完工於1917年，是臺灣最早的水泥廠，前景是鼓山路。

資料來源：，高雄市立歷史博物館典藏資料，登錄號：KH2014.007.019

總而言之，在1935年（昭和10年）以前的高雄工業，不論是橋頭的製糖工廠、柴山下的淺野水泥廠、高雄川畔的臺灣煉瓦株式會社打狗工場、縱貫鐵路旁的東洋製罐工場，都與高雄當地的物產或原料相關，為了要修理這些新式工廠的機械，也在高雄港畔誕生了臺灣鐵工所，這種與在地緊密結合的工業，在1935年的日本鋁株式會社成立後有了極大改變。

二 國家打造的「工業地帶」[15]
戲獅甲工業地帶的誕生及未完成的草衙工業地帶

1935年日本アルミニウム（鋁）株式會社高雄工場在戲獅甲的落成，標誌著臺灣工業的轉變，首先是工業需要電力的供給，日月潭第一水力發電廠在1934年（昭和9年）的完工，讓電力供應無虞，也使得工業地帶計畫能夠成形，但真正的背後原因，則是日本對東南亞的南進政策。

1936年（昭和11年），臺灣總督由文官再度換回武官擔任，海軍大將小林躋造接任第17任臺灣總督，象徵軍事力量再度抬頭。同年廣田弘毅內閣宣示「新南方政策」，高雄市被規劃為南進的重要重點，8月29日高雄州告示第114號公布「大高雄都市計畫」，將壽山南側、戲獅甲等地畫為工業地帶，也將高雄港旁規劃新的左營軍港，1939年（昭和14年）小林躋造更宣示統治臺灣的三原則是「皇民化、工業化、南進化」，扭轉了以往「工業日本、農業臺灣」的殖民地經濟統治方式，改為「工業臺灣、農業南洋」，[16]在這股「南進、工業」的策略下，高雄港於1937年（昭和12年）開啟的第三期築港，就以戲獅甲地區為主，興建了戲獅甲工業地帶，成為臺灣第一個工業港區，也對臺灣的工業發展有重大影響。

就目前所見的資料，戲獅甲工業地帶陸續進駐的工廠有：日本アル

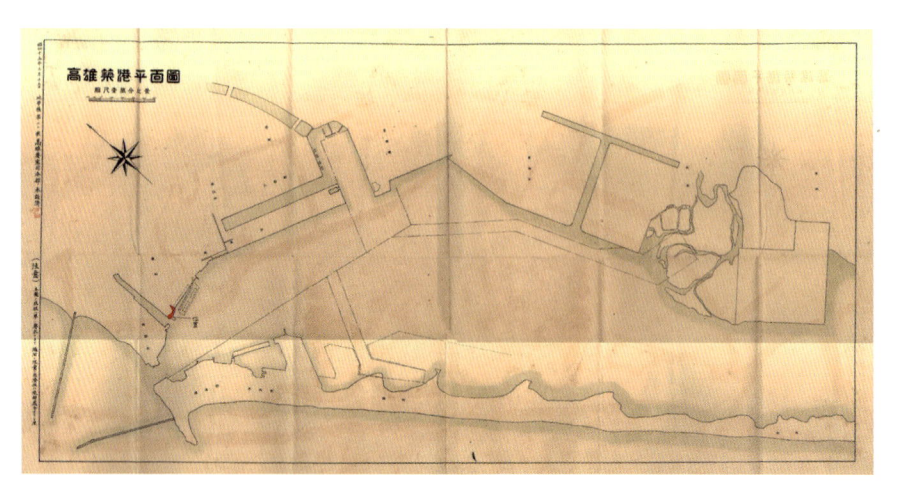

● 高雄築港平面圖
戲獅甲工業區也納入高雄築港的工業地帶。
資料來源：開墾及水陸交界變更書類，高雄市立歷史博物館典藏資料，
登錄號：KH2020.019.0441_46

ミニウム（鋁）株式會社、日本鑛業株式會社、臺灣國產車自働車株式會社、日本石油株式會社、南日本化學、旭電化、臺灣肥料、塩野義製藥、臺灣鐵工所、臺灣製鐵株式會社、唐榮鐵工所、臺灣畜產興業高雄工場、臺灣窯業株式會社（臺灣特殊窯場株式會社）、拓南ベニヤ（合板）工業株式會社工場。[17]這些工廠與前期相比，有幾個特色：一是以軍需產業為主。因為戲獅甲工業地帶的誕生，與侵略東南亞的南進政策有關，例如日本アルミニウム所產的鋁，是軍機的原料，塩野義預計生產的是奎寧，為了預防熱帶地區的瘧疾。二是原料來自外地。如日本アルミニウム的原料來自於荷屬印度尼西亞（今印尼）賓丹島及中國華北，這也是為何要將工業地帶設在高雄港，因為原料來自外地，進出都很方便。

簡而言之，戲獅甲工業地帶為高雄開啟了一個全新的工業格局，跳脫了以往與原料產地緊密結合的需求，藉由國外進口的原料，誕生了許

多新式工業，如鋁業（日本アルミニウム）、化學工業（南日本化學、旭電化），加上強化原有的機械鋼鐵業（臺灣鐵工所、臺灣製鐵株式會社、唐榮鐵工所），讓戲獅甲工業地帶成為臺灣少有的重工業區，以及為左營軍港所設置的日本海軍第六燃料廠，所帶來的石油煉製業，奠定高雄成為工業都市的基礎。

也因為戲獅甲工業地帶帶來的效益頗佳，總督府希望能夠延續在戲獅甲旁的草衙興建另一個工業地帶。實際上，戲獅甲原先是日本海軍填築機場的預定地，也已興建了外苓雅寮水上機場，但為建設戲獅甲工業地帶，在總督府主導下，日本海軍與高雄州展開換地協商，1934年（昭和9年）雙方達成協議，海軍省將戲獅甲的28萬坪土地讓渡給高雄州，高雄州則將草衙的33萬5千餘坪填海造陸，海軍將機場的興建計畫轉移至草衙。[18]

當草衙也決定要興建工業地帶後，換地協商再度展開，1937年（昭和12年）雙方達成協議，由高雄州興建兩個機場來交換草衙的用地，由於此時已展開中日戰爭，因此先進行機場的興建，1938年（昭和13年）完成岡山的陸上機場，1941年（昭和16年）東港的大鵬灣水上機場竣工，也因高雄州全力投入兩機場興建，已無餘力再興建草衙工業地帶，遂成為未完成的計畫。[19]

戲獅甲工業地帶既然是總督府花費許多心力打造而成，投資者除原來高雄重要業者，如臺灣鐵工所、臺灣肥料株式會社外，更從日本及臺灣找來許多日本業者投資，如日本アルミニウム是古河與三井財閥、南日本化學是大日本鹽業與臺灣拓殖，臺灣資金僅有唐榮鐵工所，這也導致這些日資工廠在戰後全由中華民國政府接收，成為國營事業。日本アルミニウム成為臺灣鋁廠、南日本與旭電化成為臺灣鹼業有限公司的第一、四廠、臺灣鐵工所原與在基隆的臺灣船渠合併，成為臺灣機械造船

公司，後來又分開，成為臺灣機械有限公司。上述的台鋁、台機、台鹼，加上同樣位於高雄的淺野水泥成為臺灣水泥高雄廠，以及日本海軍第六燃料廠成為中油高雄廠，高雄成為國營事業中的工業重鎮，也是全臺最重要的工業城市。[20]

除了被合併接收者，戰後在戲獅甲也誕生許多新的工廠，其中以高雄硫酸錏廠及台塑最為重要。因戰後隨著中華民國政府遷臺者，人數眾多，如何確保糧食生產，是政府面對的首要課題，在此情形下，肥料工廠最為重要，於是政府在1949年（民國38年）以搬遷到臺灣來的二六兵工廠為基礎，興建了「高雄硫酸錏廠」，生產農用肥料硫酸錏。[21]

台塑的興建則與美援有關，美援時期負責臺灣工業規劃的行政院經濟安定委員會轄下工業委員會（1953-1958）希望透過台鹼生產時多餘的氯氣，結合台肥的電石，生產新的產品：塑膠。這項提議獲得美援的支持，但究竟要交給民營或公營引發討論，公營以與此相關的台鹼、台肥爭取最力，主張民營者以工業委員會召集人尹仲容為主，最後在美方及副總統陳誠支持下，決定交由民間經營，尹仲容先是屬意永豐集團的何義，但何義興趣不大，最後由王永慶、趙廷箴結合何義，1954年（民國43年）初成立福懋塑膠工業公司，後來何義退出，改以王永慶為主，於1957年在戲獅甲成立臺灣塑膠公司。之所以選在戲獅甲，因為原料來源的台鹼、台肥就在附近，也是化學工業的集中地，這就開啟臺灣塑膠產業，並衍生後來的石化產業，高雄也成為石化重鎮。[22]

戲獅甲工業地帶是高雄港旁第一個工業聚落，也是臺灣最早的臨港工業聚落，以化學、機械、金屬、肥料、木材工業為主，也是臺灣塑膠及石化產業的發源地，在此之前，高雄港的建設是以商港為主，此後則轉向以工業港、商港並存，對高雄港有相當重要的影響。

◆ 三 高雄港擴建及臨海工業區的誕生
（1958-1977）

　　二戰期間，高雄港為盟軍主要轟炸目標，毀損的港區及大批因轟炸沈沒的船隻，讓高雄港在戰後初期無法營運，如何修復港區成了戰後初期高雄港務局最主要的目標，也無暇於新港區的開發，直到1958年（民國47年）啟動的高雄港擴建工程，才延續日治築港，開始新的高雄港規劃。

　　在高雄港復原的這段期間，因為打撈沈船，意外發展出高雄港的拆船事業，拆船後的鋼板，提供了戰後臺灣煉製鋼鐵的原料，許多拆船業者，就由此轉入鋼鐵業，如著名的東和鋼鐵。[23]其他拆船所得的零組件，則轉入鹽埕區公園路、新興街的五金行，這也是高雄鋼鐵產業發展的重要過程，最後拆船業者更聚集在小港大仁宮的碼頭，也成為遠近馳名的拆船碼頭。

　　在這段高雄港復原期間，工業委員會其實一直針對高雄港的未來發展多所討論，1956年陸續討論大鋼鐵廠及加工出口區的設置計畫，結論都是要在高雄港填築出新的區域來建設，[24]並決議要求高雄港提出港區的擴建計畫，經過美援相關機構的修改，於1958年開始正式執行，並規劃12年的工程期，第一期為5年、第二期為3年、第三期為4年。

　　因擴建計畫所需經費相當龐大，美援也已到尾聲，當初的財務規劃是「移挖作填」、「以港養港」，也就是第一期主要經費來自美援，運用此工程填築新生地，再將這個新生地租售後所得經費，當作後續工程款，以籌措擴建計畫經費。但此一如意算盤卻在執行後發生問題。

　　1960年（民國49年）7月開始公告放租土地，由於當時工業土地相當缺乏，因此承租者非常踴躍，但不久後承租廠商發現這些土地缺乏公共設施，水、電、道路均不充足，於是紛紛退租，造成極大問題。[25]

● 紅毛港拆船廠

資料來源：紅毛港拆船廠，高雄市立歷史博物館典藏資料，登錄號：KH2012.004.115

　　1960年11月，時任美援會副主委的尹仲容致函臺灣省主席周至柔，表示廠商拒租主要原因是區內的公共設施，包括水、電、排水、道路、鐵路均未完成，而這些並未納入擴建計畫中，因其地區牽涉高雄縣市政府，業務包含交通、工業、漁業、都市計畫，工程則有港灣、道路、鐵路、水、電等，絕非港務局所能獨力完成。因此他建議由省府主持成立「高雄港區開發委員會」，對於擴建計畫做一檢討及修正，然後擬定有關發展計畫，土地利用、財務處理等方面政策。[26]

　　在各方協調下，臺灣省政府於1961年決定設立「南部工業區開發籌劃小組」，配合港務局擴建工程建設各項公共設施，促進工業發展。該小組由臺灣省政府建設廳廳長兼小組召集人，公共工程局局長任執行秘

書，所有公共設施，均由公共工程局承辦。[27]

　　由於南部工業區面積廣大，且擴建工程施工工期也相當久，所以開發計畫也分期進行。第一期開發對象為第一期擴建工程所填前鎮河以西之新生地218公頃，1963年9月28日開工，於1967年底全部竣工。

　　南部工業區第一期的開發主要是中島商港區，其中最重要是臺灣第一座加工出口區。中島商港區的開發是有鑑於高雄港原碼頭僅22座，用於裝卸一般貨物的碼頭僅13座，商港空間已不敷使用，因此於1962年（民國51年）開始規劃「新商港開發計畫」，劃出中島三面環海的土地73公頃闢為新商港區，而商港區內部69公頃則於1966年成立前鎮加工出口區，不僅是臺灣最早的加工出口區，也對於臺灣經濟發展影響甚深。除此之外，1969年同樣設立在中島商港區的第一貨櫃中心，也讓貨櫃海運結合加工出口區，成為高雄超越基隆，登上全臺第一大港口的關鍵。[28]

　　南部工業區第一期開發完成後，擴建工程已進入第三期，南部工業區籌劃小組也開始規劃第二期發展計畫，稱為「南部工業區後期計畫」。此期計畫規模非常龐大，包含有五大工廠：海綿鐵工廠、大鋼廠、火力發電廠、油港、大造船廠，預計開發面積廣達2,229公頃，使得其開發已不僅限於擴建工程之範圍，尚包括附近的農地，除了填築高雄港土地外，還要徵收附近的土地。

　　由於整個南部工業區的規模擴大，開發工程極為繁鉅，南部工業區籌劃小組特別自1968年3月15日於籌劃小組下設南部工業區開發處，專責開發事項，並於1970年1月更名為高雄臨海工業區，原南部工業區開發籌劃小組，亦更名為高雄臨海工業區開發小組。

　　這使得高雄港的工業區計畫規模廣大，除了臨海工業區外，大煉鋼廠、大造船廠、中油、台電的興建也包含於內。第三期擴建計畫即與上述四大工程相關，但大煉鋼廠及大造船廠需要更多時間籌劃，而中油與

台電則希望能早日落成，最後第三期擴建做了大幅度修正，將施工工期改為2年，除油廠、發電廠外，大煉鋼廠及大造船廠所需土地之填築均未容納於第三期計畫之內。[29]而第三期擴建所欠缺的經費，也由需地孔急的台電、中油兩公司先墊付部分工程及購地款項。[30]這也使得第三期擴建計畫將原來的4年（1966-1970年）減縮為2年（1966-1968），整體擴建計畫從原來的12年（1958-1970）提早2年結束，成為10年的擴建計畫（1958-1968）。而台電大林廠及中油大林輸油站（後來成為中油大林煉油廠）也於1969年落成，這也是今日政府需啟動大林蒲遷村案的主因。[31]

1970年1月臨海工業區的更名，與1970年2月成立的經濟部工業局有著密切關係，工業局延續著經安會、工委會以降的脈絡成立，主導臺灣工業發展，首任工業局局長由經合會副秘書長韋永寧擔任，以往工業區都是由臺灣省政府建設廳負責開發，工業局成立後，就由工業局與省政府建設廳共同負責。[32]

工業局接手臨海工業區後，原來省府負責的第三期開發案就轉手至工業局，但真正的重頭戲是擁有大煉鋼廠及大造船廠的第四期。由於本期內有政府籌備許久的大鋼鐵廠（中鋼）及大造船廠（中船），因此需求的土地廣大，除了填築高雄港灣及原來臺糖土地外，尚需向民間徵地，因此花費不少時間協調，1971年7月啟動，一直到1977年12月才開發完成。

大鋼鐵廠一直是政府工業發展的目標，早期以拆船轉變而來的鋼鐵廠都是以電爐煉製，靠著低廉電價維持獲利，真正要獲利需要大規模的生產，也就是用高爐煉製的一貫作業煉鋼廠，這也是政府一直在思考的方向。從1950年代開始，工委會就曾建議設立在高雄港的鋼鐵廠，[33]高雄港的擴建工程藍圖中，大鋼鐵廠一直存在其中，但許多評估的國外顧問公司不認為臺灣有興建大型鋼廠的能力，[34]後來負責籌備的趙耀東也同意此觀點，於1969年提出中止計畫，但1969年6月，蔣經國出任行政院

副院長，蔣經國認為臺灣的經濟轉型，需要有大煉鋼廠，才能帶動製造業、汽車業，這也才讓中鋼的計畫起死回生。[35]中鋼先與奧地利聯合鋼鐵公司（VOEST）合作成立，後因雙方有歧見，改與美國鋼鐵工程顧問公司合作，雖然波折不斷，仍於1977年12月16日建廠完成，正式生產。[36]

　　大造船廠則是臨海工業區另一個亮點，雖然在基隆早已有歷史悠久的臺灣造船公司，高雄港灣內也有位於旗津的海軍造船廠及戲獅甲的台機造船廠，但造船產業是「火車頭工業」，既然高雄港是以工業為主要發展，政府自然希望在高雄港興建規模更大的造船廠，帶動各項產業。1967年（民國56年）時，由政府與香港船王董浩雲的海外航業公司、日本三菱重工業株式會社共同合作在高雄港內興建「中華造船廠」的計畫，後雖失敗，但海軍也提出相關規畫案。1970年5月22日，行政院財經會報中指示：「籌建南部高雄造船廠以進一步發展國內造船工業」，奉此指示，經濟部成立專案小組籌建，並訂定合作計畫，後與有以色列資本的汎航公司合作，雖引起阿拉伯盟國不滿，但在蔣經國堅持下，仍持續合作，但後來轉與美國惠固公司合作，於1973年7月27日正式成立中國造船股份有限公司，並於1976年6月1日建廠完成。[37]

● 高雄港擴建工程

圖為高雄港擴建工程架設好的鋼管及置於一旁的材料，遠方為壽山。

資料來源：高雄港擴建工程-3，高雄市立歷史博物館典藏資料，登錄號：KH2002.016.016_1

為了中鋼、中船的設立，高雄港更早一步開闢第二港口，1965年經濟部長李國鼎巡視高雄港時就表示，大煉鋼廠所需要的礦砂原料，需要六、七萬噸的大船載運，如果從第一港口進入高雄港，將會碰到航道水深的問題，因此需要開闢第二港口。[38] 第二港口於1967年7月29日舉行開工典禮，1975年7月16日通航。

　　由上可知，臨海工業區第四期工程與1969年6月出任行政院副院長的蔣經國有密切關係，中船與中鋼都在他大力堅持下完成，而這兩個工程也被列入他的「十大建設」之中，也是十大建設中唯二的大型工業工廠。[39] 臨海工業區就以第四期的中船、中鋼，加上原有的台機為主，三者廠房也緊密相鄰，工業局的構想是利用中鋼的鋼板、台機生產的引擎直接就近運送到中船，在中船建造船舶，[40] 台機也大舉將工廠由高雄市區遷移至臨海工業區，不僅要製造引擎，更試圖發展軍車、合金鋼廠等國防產業。[41]

　　實際上，臨海工業區主要的規劃就延續著當年戲獅甲工業地帶的步伐，利用高雄港的運輸優勢發展軍需工業，並藉此升級原來的產業。臨海工業區的造船、鋼鐵有國防工業的需求，原來在戲獅甲的台機、唐榮、台鋁也紛紛搬遷至此，加上鄰近林園石化工業區的設立，此地形成機械、鋼鐵、造船、石化工業的群聚地，迄今仍是高雄重要的工業區。

四 漫長的轉型
從戲獅甲工業區到亞洲新灣區（1977-）

　　臨海工業區在1977年成立後，原本被預期可以提升戲獅甲工業地帶的實力，成為臺灣的重工業中心，但發展未如預期，不論是當初被預期為龍頭的中船，或從戲獅甲遷移過來的台機，都碰到經營困難，甚至倒閉的情形。中船建廠時碰到以阿衝突，導致蘇伊士運河關閉及石油危

機，也使其建廠以興建大型油輪為主要設計，但在1975年蘇伊士運河重新開放後，世界潮流改以能通過蘇伊士運河的小船為主時，使得廠內為興建大型船舶的超大船塢效能不彰，也讓原以興建大船為主的股東惠固公司無利可圖，加上因石油危機而來通貨膨脹，建廠預算不停追加，惠固公司不願增資，迫使政府收購其股份，中船由民營轉變為國營。[42]

中船建廠時的貸款，導致每月需償還鉅額利息，加上中船首任董事長王先登在領導策略上的誤判，以及臺灣較為保守的金融體系無法支援需要鉅額資金的造船產業，終導致中船虧損連連，監察院甚至在王先登退休後發動史無前例的彈劾。[43]中船的積弱不振，並非臨海工業區大型工廠的特例，台機在1970年代將主要廠區陸續遷移至臨海工業區，發展軍重工業後，雖然投下大筆資金，卻在1980年代陷入經營困境，迫使在1990年代分廠出售，[44]僅有中鋼能夠達到當初的目標。

因此，在1980年代，高雄港灣的大型工廠，以機械、造船、化學為主的工業，如台鋁、台機、台鹼、高硫、中船等，紛紛陷入經營困境，台鋁、台鹼在1980年代已經倒閉，由其他國營事業接手。為徹底解決此問題，1990年代政府援引當時歐洲正在推動的民營化，希望能解決問題，但在推動過程，發現民營化並非萬靈丹，常被有心人士入主後，僅注重土地開發，而非體質改善，一度喊停，但已經弊病叢生如台機，只能分廠出售。[45]

戲獅甲工業區至此已奄奄一息，但臨海工業區當初將機械、金屬工業群聚於此的效應仍有達成，加上中鋼經營績效甚佳，以及工業區內的中油大林煉油廠，使得臨海工業區仍維持以金屬、機械、石化產業群聚的園區，[46]但無法與1980年代後崛起，以新竹科學園區為主的科技產業相抗衡，加上鋼鐵、石化兩大產業都是高污染產業，造成非常嚴重的環境問題，使得高雄港面對幾個主要問題：一是戲獅甲工業區何去何從？二是高雄港周遭現有工業能否轉型？

1990年代，政府推動臺灣為亞太營運中心，主要的貨櫃港口：高雄港自然納入重點發展對象，而高雄市為解決1980年代後高雄港所遇到的工業困境及舊港口日益老化問題，趁勢推出「多功能經貿園區」計畫，在1999年（民國88年）通過執行，其主要範圍為中島商港區（劃分為特定倉儲轉運區，簡稱特倉區）、戲獅甲工業地帶（劃分為特定貿易專用區，簡稱特貿區）、蓬萊、鹽埕、苓雅商港區（劃分為特定文化休閒區，簡稱特文區），[47]簡而言之，除了戰後擴建所填築的中島商港區外，主要是日治築港的範圍，也就是我們所俗稱的「舊港區」，而這20餘年來，獲得最多關注的也是特文區及特貿區，特倉區變動不大。

　　「多功能經貿園區」計畫，先以特文區成效較佳。2001年開始的駁二特區，經過在地藝術家、學校（樹德科技大學）的試辦，最後由文化局在2006年接手，以品牌為主要特色，透過各式活動，如每年舉辦的大港開唱打響名號，踏出舊港區翻轉的第一步。2011年市府將「多功能經貿園區」改名為「亞洲新灣區」，並將焦點放在特貿區的戲獅甲及苓雅商港區，由於此地區為以往工業區，地主較為分散，為鼓勵地主開發，市府先興建大型公共建設帶動，如高雄流行音樂中心、高雄市立圖書館總館、高雄展覽館、旅運中心，並將以往在工廠間運貨的臨港線改為輕軌捷運，也讓這些往日的工業區及商港區翻轉成為文化休閒園區，與往日的工廠、煙囪密布的情景相去甚遠。[48]

　　在以商業為主的特貿區中，與工業較有關的是高雄軟體科技園區（以下簡稱高軟），在2021年台積電確定來高雄投資後，帶動高雄的科技業發展，並以北高雄廊帶為主，高雄工業發展主軸的地理位置與往日以高雄港灣為主的情形大相逕庭，雖然舊港區中仍有高軟，但已非當年規模，而在石油化學品儲槽將在2024年搬遷至洲際石化碼頭後，[49]戲獅甲地區將更朝向商業區前進，整體高雄港的工業也將僅集中在臨海工業區一帶，

不再肩負高雄工業火車頭的重大任務。

五 結語
工業港灣的興衰

從1980年代以來，高雄港都是以「貨櫃大港」的面貌出現，讓許多人淡忘高雄港與工業之間的關係，實際上高雄往日「工業城市」的名稱，與高雄港有極大關聯，現階段高雄的主要工業區，仍與高雄港有密切關係。

高雄的工業源自於橋頭糖廠及高雄築港，在築港工程後，港灣出現修造船舶的造船廠及修造機械的臺灣鐵工所，但嚴格說來，此時的高雄港仍是以商港為主，工業只是功能性的存在，直到1935年的戲獅甲工業地帶才正式將工業與高雄港緊密連結。

戲獅甲工業地帶後來成為高雄港第三期築港的主軸，由於此時臺灣總督府開始執行「南進化、工業化」，也將臺灣定位從「工業日本、農業臺灣」轉為「農業南洋、工業臺灣」，這個工業的落實，以能夠同時解決運輸及土地問題的高雄港為首選，戲獅甲工業地帶也呈現出與以往高雄工業截然不同的方向，以軍需工業為主，且原料來自外地，於是高雄港出現進鋁業、化學工業，加上原有的機械工業，戲獅甲成為臺灣最重要的工業聚落，總督府對此成績也頗為滿意，有意在草衙持續興建工業地帶，但因戰爭關係無法完成。

戰後在高雄港復原告一段落後，中華民國政府仍延續日治時期的工業建港，在美援經費支持下，從1958年開始，高雄港進行擴建計畫，將日治時期未能完成的草衙繼續向南延伸，陸續完成臨海工業區一至四期的開發，其中臨海工業區第一期中的加工出口區，打造了新型態的工業特區形式，不僅在臺灣其他各地紛紛設置，更影響到全世界，中國在

1980年後的經濟特區，也是來自於加工出口區。

　　臨海工業區也如同日治的戲獅甲工業地帶，希望以國防產業帶動高雄工業的升級，因此不僅在區內興建了中船、中鋼、台電大林廠、中油大林煉油廠，更將原來在戲獅甲的台機、台鋁、唐榮搬遷至臨海工業區設置新廠，希望能打造重工業的產業聚落，但這個夢想，因為中船發展未如預期而遭遇挫折，也使得這些從戲獅甲搬遷過來的工廠面臨被合併或出售的風潮，雖然臨海工業區仍維持了鋼鐵與機械的聚落，加上石化工業的成功，鋼鐵與石化成為維持高雄工業兩大支柱，但戲獅甲的衰敗，該如何處理，成為高雄在上個世紀末最重要的議題。

　　因此，高雄在1999年推出「多功能經貿園區」計畫，希望能將原來生鏽的工業地帶轉型成為光鮮亮麗的文化休閒貿易園區，以高雄市立圖書館總館、高雄展覽館、高雄流行音樂中心、旅運中心、輕軌捷運等大型公

● 2012年南星計畫區

資料來源：高雄市立歷史博物館典藏資料，登錄號：KH2017.021.031

共建設帶動,並於2011年改名為「亞洲新灣區」,歷經20餘年的努力,終於成為觀光人潮聚集之處,象徵著轉型有所成果,舊有的工業港區開始蛻變。

高雄港區經過20多年的改變,目前工業地段則以臨海工業區為主,仍以鋼鐵、石化為主,但因長期的工業污染,導致紅毛港、大林蒲兩村居民遷村,也因為工業污染,讓整體工業地段積極向外海擴展,以填海造陸取得新工業用地。但在2021年台積電進駐後勁原中油高雄廠後,帶動橋頭科技園區等北高雄科技廊帶,讓高雄的工業主軸離開港灣,使得高雄港的面貌逐步改變。

從全世界的港灣發展來看,在貨櫃運輸未出現前,將工廠設於港口,方便原料進口、貨物運輸是一個普遍的趨勢,因此有許多港口具有工業功能,高雄港則是臺灣最重要的工業港區,不論是日治、戰後,兩代政府均在此打造具有軍需功能的工業區,也對臺灣工業影響甚巨。但這些工業往往帶來大量污染,尤其是都市中心區附近的港灣,在住宅大量湧現下,工業區勢必搬遷與轉型,朝向人煙更為稀少的港灣邊陲,這也是高雄港目前正經歷的狀況,鄰近市中心的戲獅甲工業地帶轉型成為商業、休閒為主的亞洲新灣區,邊陲的臨海工業區及新填築的南星計畫區會成為港灣工業區的主要基地。但在科技產業領軍的現在,以鋼鐵、石化為主的高雄港灣工業聚落,不再是當年引領全臺的工業重鎮,現階段的高雄港,朝向以工業、貨櫃、觀光休閒三足並重的港區,工業領軍的港灣時代,也就不復存在。

註釋 Notes

一

01 張守真、楊玉姿，《臨港聚落：大林蒲開發史》(高雄：高雄市立歷史博物館，2018年)。

02 張守真，《紅毛港遷村實錄》(高雄：高雄市文獻委員會，2009年)。

03 吳連賞，《高雄市港埠發展史》(高雄：高雄市文獻委員會，2005年)、謝濬澤，〈國家與港口發展——高雄港的建構與管理(1895-1975)〉，(南投：國立暨南國際大學歷史學系碩士論文，2008)，頁84-99。

04 其中以陳政宏著作最豐，包含中船相關的《造船風雲88年－從台船到中船的故事》(臺北：文建會，2006年)、《航領傳世——中國造船股份有限公司》(新北：檔案管理局，2012年)。以及台機的《鏗鏘已遠——台機公司獨特的一百年》(臺北：文建會，2007年)、《傳動世紀——臺灣機械股份有限公司》(新北：檔案管理局，2011年)，此外還有洪紹洋對台灣鐵工所、台機之研究，見洪紹洋著《企業、產業與戰爭動員：現代台灣經濟體系的建立(1910-1950)》(台北：左岸，2022年)。

05 李文環、蔡侑樺、黃于津、蔡佩蓉、佘健源，《高雄港都首部曲——哈瑪星》(臺中：好讀，2015年)，頁37-39。

06 李文環、蔡侑樺、黃于津、蔡佩蓉、佘健源，《高雄港都首部曲——哈瑪星》，頁41-44。

07 李文環、蔡侑樺、黃于津、蔡佩蓉、佘健源，《高雄港都首部曲——哈瑪星》，頁48-50。

08 莊天賜，《山本悌二郎奠基的糖業新時代》(高雄：高雄市立歷史博物館，2022年)頁78。

09 田中一二、芝忠一，《台灣の工業地打狗港》(臺北：臺灣日日新報社，1918年)，頁6-7。

10 王御風，〈日治時期高雄造船工業發展初探〉，《高雄文獻》2：1 (2012年3月)，頁62。

11 王御風，〈陳中和家族與日治高雄市產業的發展〉，《臺灣文獻》62：4(2011年12月)，頁398-399。

12 王御風，《從淺野到台泥：臺灣第一的水泥廠》(高雄：高市文化局，2019年5月)，頁68-106。

13 王御風，〈日治初期打狗(高雄)產業之發展(1895-1913)〉，《高市文獻》17：4 (2004年12月)，頁15。

14 王御風、黃于津，《鳳梨罐頭的黃金年代》(臺北：玉山社，2019年2月) 頁47-50。

二

15 臺灣的工業區是從戰後1960年六堵工業區開始，戲獅甲當時是以日文「工業地帶」稱呼，實際上以戲獅甲的規模，雖無工業區之名，卻可說是臺灣最早的工業區，但為避免混淆，本文延續日治時期稱戲獅甲為「工業地帶」。

16 王御風，〈高雄港、飛行場與工業區：從《鳳山地政》檔案看日治末期戲獅甲、草衙工業區的發展〉，《高雄文獻》12：1 (2022年6月)，頁11-12。

17 王御風，《舊港新灣——打狗港濱戲獅甲》(臺北：遠足，2018年)，頁32-74。

18 王御風，〈高雄港、飛行場與工業區：從《鳳山地政》檔案看日治末期戲獅甲、草衙工業區的發展〉，《高雄文獻》12：1，頁13。

19 王御風，〈高雄港、飛行場與工業區：從《鳳山地政》檔案看日治末期戲獅甲、草衙工業區的發展〉，《高雄文獻》12：1，頁18-20。

20 王御風，《舊港新灣：打狗港濱戲獅甲》，頁76-122。

21 王御風，《舊港新灣：打狗港濱戲獅甲》，頁113-114。

22 王御風，《舊港新灣：打狗港濱戲獅甲》，頁130-139。

三

23 傅瑋瓊，《誠義：侯貞雄與臺灣鋼鐵產業七十年》(臺北：天下文化，2017)。

24 「會議紀錄節略第77至78次」（1956年5月24日），《行政院經濟安定委員會》，中研院近史所檔案館藏，30-01-05-069，頁21。「工委會第61至70次會議紀錄」（1956），《行政院經濟安定委員會》，中研院近史所檔案館藏，30-07-01-016，頁20-22。

25 王御風，〈工業港區的延續：戰後高雄港的擴建（1958-1968）〉，《高雄文化研究2023年年刊》（2023年12月），頁29-32。

26 「高雄港擴建（一）」（1959-1960），《行政院經濟建設委員會》，國史館藏，數位典藏號：040-010500-0003，頁18-19。

27 高雄港務局擴建工程處，《高雄港擴建工程施工報告》（高雄：高雄港務局擴建工程處，1971年10月），頁37。

28 王御風，〈工業港區的延續：戰後高雄港的擴建（1958-1968）〉，《高雄文化研究2023年年刊》（2023年12月），頁32-34。

29 高雄港務局擴建工程處，《高雄港擴建工程施工報告》，頁17-18。

30 高雄港務局擴建工程處，《高雄港擴建工程施工報告》，頁18-19。

31 王御風，〈工業港區的延續：戰後高雄港的擴建（1958-1968）〉，《高雄文化研究2023年年刊》，頁34-35。

32 陳聖怡，《工業區的開發》（臺北：聯經，1982年），頁27。

33 「工委會第61至70次會議紀錄」（1956），《行政院經濟安定委員會》，中研院近史所檔案館藏，30-07-01-016，頁20-22。

34 張守真訪問，《中鋼推手：趙耀東先生口述歷史》（高雄：高雄市文獻委員會，2001年），頁45。

35 張守真訪問，《中鋼推手：趙耀東先生口述歷史》，頁30-33。

36 張守真訪問，《中鋼推手：趙耀東先生口述歷史》，頁54-109。

37 王御風、沈勤譽、朱乙真，《榮耀船說》（臺北：天下文化，2023年），頁38-55。

38 〈李部長李處長等聯袂蒞本港巡視對本港開發遠景甚表樂觀將再擴建區興建大煉鋼廠〉，《高港簡報313》，高雄，1966年1月1日，第3版。

39 十大建設中僅有三個與工業有關，分別是中船、中鋼跟石化工業，但石化工業並非單一工廠，而是仁大與林園兩個工業區，其中林園石化工業區也位於高雄港畔，這不僅看到當時的工業重心確實是在高雄，甚至都是與高雄港相關。

40 劉鳳翰、王正華訪問，《韋永寧先生訪談錄》（臺北：國史館，1994年），頁132-133。

41 陳政宏，《鏗鏘已遠——台機公司獨特的一百年》（臺北：文建會，2007年），頁88-107。

42 王御風、沈勤譽、朱乙真，《榮耀船說》，頁50-55。

43 鄭力軒、王御風，〈重探發展型的國家與市場：以臺灣大型造船業為例，1974-2001〉，《臺灣社會學刊》47（2011年9月），頁1-44。

44 陳政宏，《鏗鏘已遠——台機公司獨特的一百年》（臺北：文建會，2007年），頁156-174。

45 王御風，《舊港新灣：打狗港濱戲獅甲》，頁246-260。

46 http://idipc-khc.org.tw/upload/files/files_191028140426_1.pdf。

47 王御風，《舊港新灣：打狗港濱戲獅甲》，頁260-265。

48 王御風，《舊港新灣：打狗港濱戲獅甲》，頁265-276。

49 劉光瑩，〈管線與污染退出市區石化業變半導體供應鏈〉，《天下》799（2024.5），頁74。

石化工業

高雄石油化學工業發展之歷史探討

李文環

一 前言

　　日治時期是高雄從打狗小漁村蛻變為港都的關鍵時代。所謂港都，乃是立基於築港和造市而成的空間文化，兩者皆為政府的公共建設。當1900年縱貫鐵路南部端點設在打狗港濱，濱線鐵道與港灣共構而成的聯運體系，在鐵道主導陸運、港灣連結海外市場的時代，海陸聯運體系開創了一組嶄新的運輸平臺。高雄就是以這個平臺為基礎，後續日本政府長期投入填海造陸和築港工程（1904-1937），不斷擴大島內外商品的流通。築港工程讓高雄蛻變成為匯集島內和島外的國際商品交換的處所，物流產業奠定高雄市發展的基礎。不過，高雄港這座流通平臺的成效又是如何？

● 日治時期打狗港旗後街全景

旗後為打狗的發祥地，清領時期便已開始發展。日治時期的旗後以天后宮為中心，發展成打狗最早的聚落型態，是高雄市的發源地，遠處為鳳山丘陵。

資料來源：打狗港旗後街全景明信片，高雄市立歷史博物館典藏資料，登錄號：KH2000.001.079

　　圖1是1907-1935年間高雄港貿易額的變化圖，很明顯1920年和1934年是兩個重要觀察點，1920年是延續自1907年所帶動的波段高峰，1934年則是新波段的起漲點，如此來看，1907-1920年是第一階段、1921-1933年是第二階段、1934年以後是第三階段。

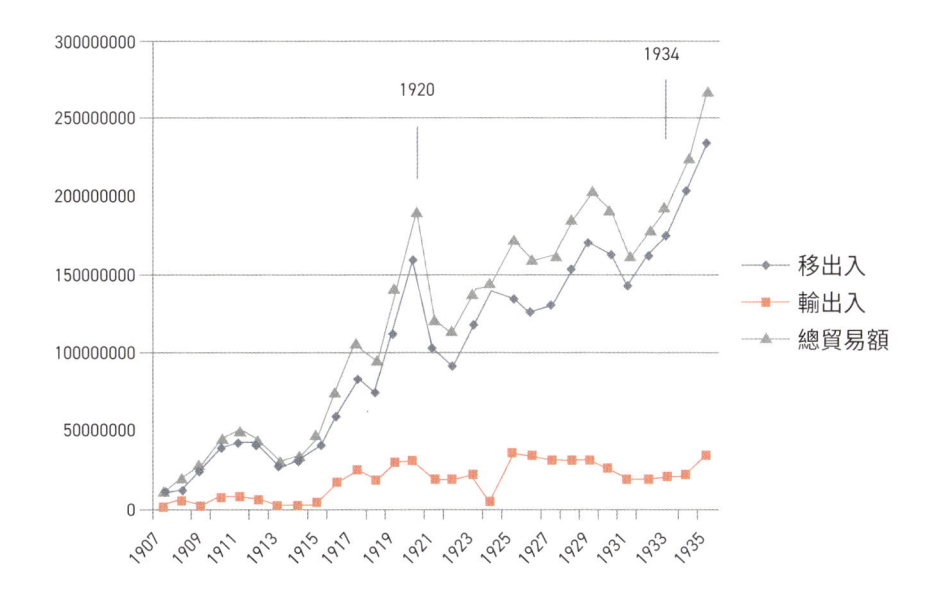

● 圖1：1907-1935年間高雄港貿易額變化圖　　　　　　　　　　　　單位：圓

資料來源：臺灣省行政長官公署，《臺灣省五十一年來統計提要》，頁923、930。

第一階段（1907-1920）是高雄港啟動、成長最快速的階段，碼頭、倉庫和鐵道所構成的海陸聯運流通平臺，帶動島內外貿易流通。第二階段（1921-1933）是高雄港貿易發展的掙扎不定期，筆者認為，其原因有二。第一，第二期築港工程進度落後的影響。1912年展開第二期築港，原定施工期十年，[1]後受二次財政整理之影響，以及1917年起受歐戰結束物價暴漲衝擊，[2]復因工程災害、財政困難等因素，延長至1934年才全部完工。理論上，擴建碼頭應該可提高船舶積載能力，但是，後階段增建碼頭卻未見促進貿易成長。筆者認為，當貿易實質結構沒有隨著空間發展而有所變革時，既有的海陸聯運平臺的效能業已鈍化。

　　在貿易構成方面，高雄港是典型以出口為導向的港口，出口額約佔總貿易額的65%-78%之間，主要出口商品為砂糖和米，即使1920年以後，這兩項主要出口商品其輸出力道依然不減，這說明除了米糖之外，高雄港欠缺新興產業持續帶動港埠貿易的再成長。因此，即使建置優良的海陸聯運平臺，也難以維持長期的成長。

　　高雄以港起家，至1933年間，高雄港歷經穩定成長（1907-1920），隨而面臨成長鈍化而掙扎不定，其根本問題在於貿易結構上有著二重依賴所導致的物流單一性。首先，高雄港是典型的出口港，主要商品乃以量取勝的米糖等農產品，[3]「米糖出口港」是高雄港發展的寫照，同時也是持續成長的瓶頸。其次，在貿易市場上高度依賴日本，自1909年以降，高雄港對日貿易額佔貿易總額的80-90%之間，1924年甚至高達98%。[4]依賴日本、偏重米糖，此二重依賴無疑指出高雄港背後，在市場和產出上皆呈現物流單一性的雙重侷限。若要有所突破，勢必得在產業結構上有所轉型。從圖1來看，1934年之後高雄港發展有了新的突破，那就是戲獅甲工業區和日本第六海軍燃料廠的建置。因為重化工業聚落和煉油技術工業的引進，高雄從港都蛻變為工業城。

● 日治早期高雄港

可見許多汽船、竹筏、舢板等大大小小的船隻行駛在海上。圖左上方為皇太子殿下御登山紀念碑。

資料來源：高雄港明信片，高雄市立歷史博物館典藏資料，登錄號：KH1999.004.022

　　終日治時期，北高煉油、南高製鹼，石油工業和重化工業並無必然的產業關聯，直到1960年代，美國Goodrich公司發明以石油煉製的乙烯，做為生產塑膠原料－聚氯乙烯（Polyvinyl Chloride，簡稱PVC），[5] 此後，石油煉製產品成為化工業原料，兩者才結合成為所謂的石油化學工業（簡稱：石化工業）。可見，高雄的石化工業乃是產業歷史發展的必然，對臺灣產業轉型和高雄城市蛻變做出貢獻。

　　臺灣石化工業的引進幾乎與世界同步，約在1960年代起成為政府推動的產業政策重要的一環。依據相關研究，至1980年代，石化相關工業產值占製造業總體產值比重約40.5%，達到高峰後逐年緩降，至2000年為最低點24.9%，仍將近四分之一，2014年回升多在30%左右。[6] 而在全臺眾多工業區中共有四座石油化學的工業區──林口、大社、林園和麥寮等，其中林口專供中油液化氣罐裝工廠，然並無石化廠之設置，大社和林園兩大石化園區皆在高雄，而麥寮六輕石化工業區於2000年才投產。所以，臺灣石化工業黃金時期，毫無疑問是由高雄所創造出來的歷史輝煌。在此認知上，本文試圖要描述這一段產業歷史的脈絡，究竟是如何形成與演變。

◯二 建置臨港的化工產業聚落

　　1935年由軍部主導、內閣配合，實施「軍需工業化」政策，以「皇民化、南進化、工業化」為目標，全力動員日本、臺灣、朝鮮、滿洲等地的物資，這項發展大東亞共榮圈的貿易願景，解開了高雄港的侷限，而最能體現這項轉變契機的地景即為臨港工業區（戲獅甲工業區）之建置。

　　戲獅甲臨港工業區創設於1935年間，約1942年左右全部完成。這是高雄市也是臺灣首座工業區，煉鋁、製鹼和和化肥是此工業區的核心產業，[7] 可見是以化工業為主的產業聚落群。

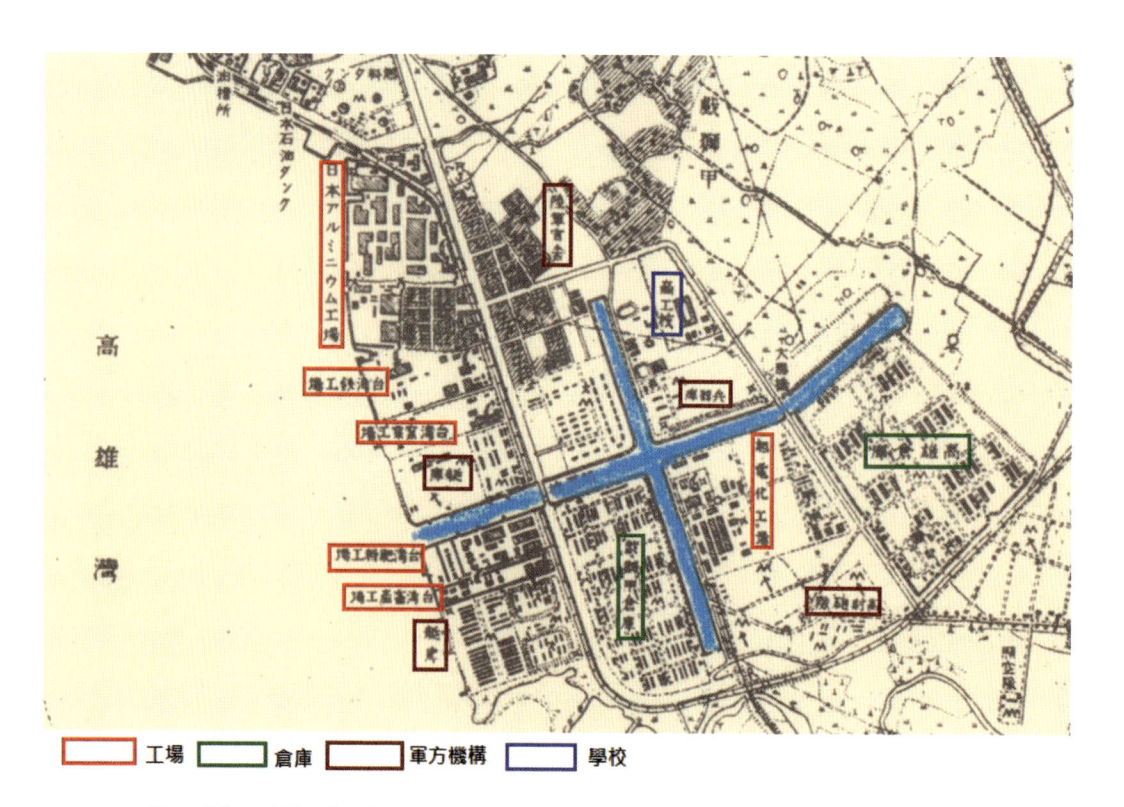

● 圖2：戲獅甲臨港工業區的產業配置圖（陳慧鐶套繪）

122　世紀高雄

煉鋁業可謂1930年代的高科技產業，大至飛機船舶，小至日常家居用品均不可或缺。鋁在工業金屬中，其重要性僅次於鐵。[8]日本鋁業高雄工廠擁有完整的鋁氧、電解鋁的設備，採拜爾標準法（Bayer Process）、用燒鹼（氫氧化鈉）蒸煮鋁礬土製成鋁氧，[9]再以連續自焙電極式赫爾（Hall）電解爐煉純鋁，[10]再從純鋁生產出鋁錠。因此，其主要原料有鋁礬土和燒鹼。鋁礬土自荷屬東印度（今印尼）平坦島（Bintang Island）進口，燒鹼則由鄰近的旭電化工廠和南日本化學工廠提供。

　　旭電化工廠和南日本化學工廠主要從臺產食鹽透過電解轉化為工業鹽，再從工業鹽提煉出燒鹼、氫氣和氯氣。燒鹼用途可用於造紙、人造纖維、肥皂、煉鋁、煉油等，[11]同時可供煉鋁。氯氣可用於催淚瓦斯、防毒用品和金屬鎂，金屬鎂與金屬鋁結合可產出鋁合金。氫氣則是人造肥料、人造石油的原料，且與植物油結合可製造硬化油脂，硬化油脂是火藥、肥皂的原料。可見，旭電化工廠和南日本化學工廠是當時重化工業的上游業者。

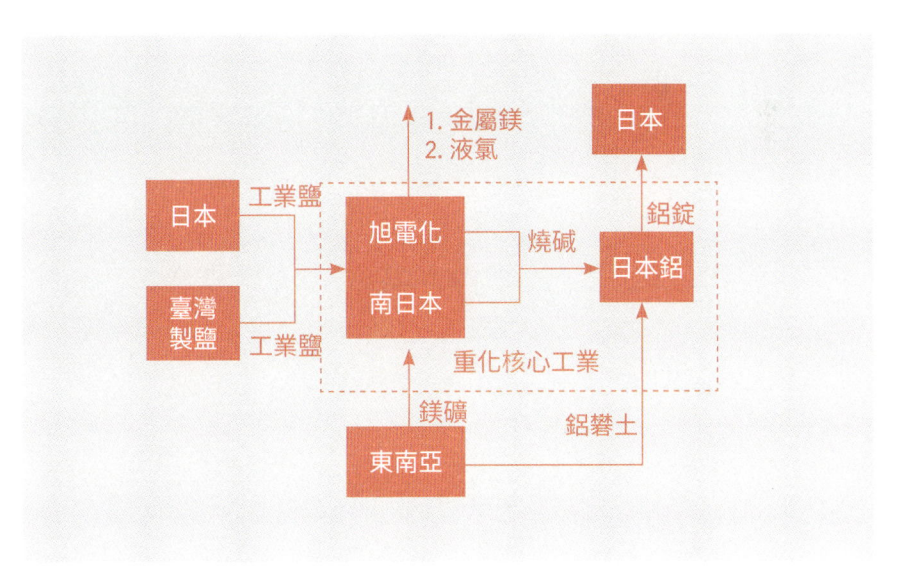

● 圖3：戲獅甲臨港工業區核心產業的關聯性（李文環繪製）

至於化肥，臺灣傳統農業是以堆肥為主，化肥生產始於1910年成立的臺灣肥料株式會社，但成效不佳；後來與創於1919年臺灣第一家生產硫酸化肥的東亞肥料株式會社合併，仍稱臺灣肥料株式會社。在化肥中，硫酸銨、過磷酸鈣是臺灣農業施用大宗。硫酸銨生產是以石灰石為主要原料生產成電石（碳化鈣 CaC_2）後，再合成各種合成化肥。過磷酸鈣主要是以磷礦石加硫酸製成，或是以電石製成各種合成化肥。總之，一座化肥工廠勢必有相當的石灰石、電石和硫酸。硫酸被譽為化學工業之母。因此，1940年臺灣肥料工廠的創設，1942年擴大規模生產硫酸及過燐酸鈣製造，[12] 為戲獅甲的化工原料生產奠下基礎。

　　日本鋁業、旭電化、南日本和臺肥等重化工業得以移植高雄港埠東岸，其實仍有賴現代化港埠，畢竟工業區得充分運用高雄港以及臨港鐵道作為原料以及製品的運輸交換體系。至此，高雄港的空間結構不再只是物流平臺，更是化工業的生產基地。戲獅甲工業區的建置，不僅開啟高雄甚至臺灣產業結構之轉型，更帶動高雄港貿易之再成長。1939年是日治時期高雄港貿易總額的最高峰，是年貿易總額是1933年的2.4倍，以米糖出口為主的貿易結構也開始轉變。[13] 從此，海港和工業奠定高雄市城市發展的雙元性質，也為石化工業埋下伏筆。

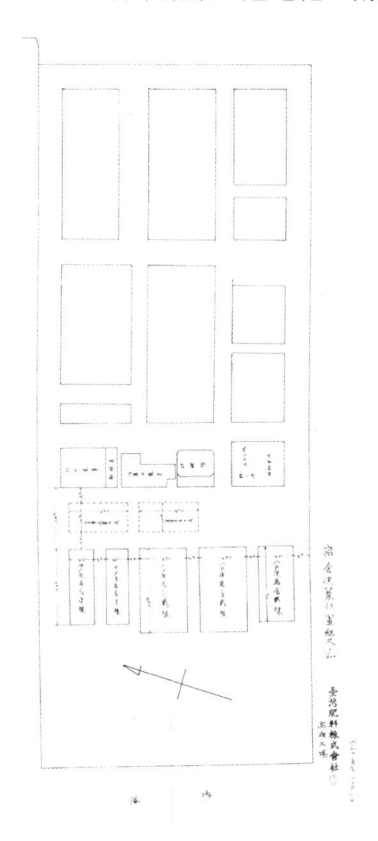

● 臺灣肥料株式會社之高雄工廠與宿舍位置圖

資料來源：州有地賣拂書類－特別會計、一般會計所屬（重工業用地十二之三），高雄市立歷史博物館典藏資料，登錄號：KH2020.019.0051

三 煉油工業的移植與擴張

清末開港之後，西方人向臺灣引進煤油吸引政府投入石油探勘，前後歷經輪船招商局總辦唐景星以及日治時期民間業者和日本海軍多方嘗試，臺灣石油製品依然仰賴海外進口。直到日治末期，日本海軍為了南支南洋國防戰略才在臺灣建立全臺最早的煉油工業。

（一）日本第六海軍煉油廠之建置

石油是艦艇航空器等活動力的根源，實為海軍的血液。自1939年9月第二次歐洲大戰爆發之後，美國對西歐各國投入援助，禁止航空汽油製造技術、工作機械、廢鐵等戰略物資對日輸出，日本海軍即著手展開新的軍備計畫。然1941年4月海軍燃料廠改編之際，日本海軍的五座燃料廠之中，只有二燃和三燃具備煉製液體燃料的能力，原油處理能力約一年170萬噸。[14]這無法滿足日本海軍的燃料需求，更何況，若要從日本本土輸送油料至臺灣供給駐臺海軍，更為困難。因此，在臺建置燃料廠成為日本海軍石油工業的最後一塊拼圖。

1941年底，日本政府決定在臺灣設立燃料廠。臺灣地處南方油田和日本本土的中間地帶，從南方取得原油或處理後供應作戰部隊，皆為便利。計畫初期，這座煉油廠暫稱臺灣海軍燃料廠（簡稱：臺燃）。[15]為了分散戰爭風險，以及不同生產機能，臺燃擬定在高雄、新竹、新高等三處建設工場，總部設在高雄。1942年4月臺燃的建設委員會成立，委員長由二燃廠長別府良三轉任。[16]10月，別府良三從二燃離任，隨即來到臺灣，籌建工事就此展開，高雄本廠擇址半屏山北側，西側與高雄軍港構成日本海軍的在臺基地。

六燃高雄本廠於1943年4月開始建廠施工，1944年5月正式生產，10月遭受空襲減產，12月原油供應已經不足，大概在1945年初，原油蒸餾設備全部停產。1945年1月接觸分解工場已達到完成試運轉，4月改以接觸分解裝置進行酒精醚化生產航空燃料。其實2月間，隨著高雄警備府移轉到臺北，六燃本部也移到新竹支廠。雖然如此，自1944年10月20日決定建造小型卻具有防護的第三原油蒸餾裝置，地點設在半屏山東北角，1945年3月完工。同時在半屏山東南側所建置洞窟工場，內設小型原油蒸餾裝置；洞窟工場內還設有潤滑油製造裝置。[17] 總之，直至終戰，高雄本廠的建廠工程，不曾停歇。

　　整體而言，做為日本海軍軍區工業的一環，六燃高雄本廠在行政生活和產業等空間的建置，皆與高雄軍港、海軍軍區緊密結合，特別是產業空間的油料儲運系統與高雄軍港共構成為一個軍需工業體系，同時也奠定戰後高雄煉油工業乃至石化工業的基礎。

● 高雄海軍第六燃料廠

1941年（昭和16年），日本當局選定高雄後勁溪沿岸為海軍第六燃料廠（簡稱六燃）本廠設立地點。1942年（昭和17年），六燃動工，1944年（昭和19年）4月1日，原油槽啟用，六燃正式運作，主要生產航空汽油、重油、飛機用潤滑油等。戰後國民政府接收六燃，將工廠交給1946年（民國35年）6月成立的中國石油公司管理，並改六燃為高雄煉油廠。

資料來源：高雄海軍第六燃料廠，高雄市立歷史博物館典藏資料，登錄號：KH2015.004.429

（二）中油高雄煉油廠之接收與整建

戰後，六燃高雄本廠被接收改制成為中國石油公司高雄煉油廠。表面看似因應政權移轉的改稱，實際上牽涉兩個結構性的問題。首先，體制上涉及兩個不同國家石化工業資本的整合與改造。其次，因應體制的變遷，導致實際產業空間和營運模式的調整。其根本原因在於，中華民國和日本的石油工業在體質有著頗大的差異。

在近代中國工業發展史上，石油工業的進展相對艱辛而緩慢。清末，石油工業仍僅是紙上談兵。[18] 1912年中華民國創建之後，前二十年歷經軍閥割據，資本密集的石油工業更是一籌莫展。1931年9月18日爆發九一八事件，1932年間國民政府在南京成立國防設計委員會，蔣中正擔任委員長，邀請地質學者翁文灝擔任秘書長。這是中國展開以國營事業機構為核心進行統制經濟的濫觴，石油工業即為重要一環。而後在翁文灝推動下，歷經陝北探勘處、四川油礦探勘處，最終在甘肅建置玉門油礦區，獲得石油開採與煉製的成果。總之，石油工業是由中華民國政府主導的國營事業。

二次大戰結束後，中華民國為了接收臺灣石油事業，經濟部成立臺灣區特派員辦公處，特派員由臺灣行政長官公署工礦處長包可永兼任，下設「石油事業接管委員會」，主任監理委員即為金開英。[19] 以金開英為首，代表國民政府展開對於臺灣石油事業的接收。1945年11月間金開英抵臺展開接收工作，整體接收事務可分為礦場、煉廠兩大部份。

煉廠部分主要就是日本海軍六燃廠的接收，這也是金開英的專業。不過，六燃畢竟原屬軍系資產，戰後接收先由中華民國海軍擔綱。1945年9月28日，海軍總司令電令在廈門進行接收馬尾要港的第二艦隊司令李世甲（1894-1970）少將來臺主持接收，[20] 他10月抵臺、11月開始接收，命令參謀陳秉清負責六燃高雄本廠，11月12日完成清點接收。[21] 後來，

金開英向經濟部提報經行政院行文軍事委員會,[22] 1946年2月間,海軍派李世甲會同金開英所派專員郭迺雄完成移交。[23] 至此,六燃才從軍事體制移轉成為國營事業。

1945年11月金開英指派沈覲泰到六燃高雄本廠負責接收並駐廠監理。1946年6月中油公司成立,六燃高雄本廠正式更名為「中國石油股份有限公司高雄煉油廠(簡稱:高廠)」。同年8月1日中油公司正式任命賓果博士擔任高廠首任廠長。[24] 在賓果帶領下利用庫存材料進行修復,期間受到二二八事件衝擊,第一階段修復於1947年4月試煉成功。此外為了因應高廠所需油料不能再由軍港進出,新建一套油料輸運系統。在克服諸多困難之後,至1948年底,高廠無論是在生產、供電、通汽、給水和生活等設施修復上皆已經恢復至六燃時期。這一年可謂高廠走出戰爭破壞後的新里程。

(三)石油煉製事業之擴張

在廠長賓果主持之下,至1948年底高廠已有兩座蒸餾工場和一座真空蒸餾工場,產能已超出六燃時期,只是六燃時期規劃卻遭破壞的熱裂工場和觸媒裂化工場,卻遲遲未能完成。在煉油技術史上,熱裂早在第一次世界大戰時便已成功量產,媒裂則是在第二次世界大戰末也已展開。[25] 但是,戰後高廠曾一度在熱裂工場上失利。

當時高廠的煉製技術還停留以蒸餾工場把原油煉製出汽油、煤油的階段,產品的數量和品質完全由原油決定,人力無法改造。[26] 相對於蒸餾工場,熱裂工場所能煉製的油品品質更佳,這是利用加熱裂解原理將價值較低的重質油裂解成價值較高的輕質油,或是用來改變油品性質以符合需求。[27] 六燃時期所規劃的熱裂工場位於第二蒸餾工場的西側,但

是沒有完成。由於熱裂工場遲遲無法完成，高廠所生產汽油品質無法提高，無法因應國軍需求。後來賓果和俞慶仁自行研發八十號汽油，不幸於1950年5月5日下午五點左右，因化驗室發生爆炸而喪生。賓俞事件之後，高廠同仁經過無數次的試驗，終於製成八十號汽油，也於1952年完成熱裂工場，為高廠煉油設備更新，邁出第一步。

臺灣從1953年起實施第一期四年經濟建設計劃，陸續完成第一次進口替代的工業化，奠下日後出口擴張的基礎。為了因應國家產業發展，肩負能源生產的高廠也順勢擴建提高生產量。高廠有了熱裂工場「自己動手」的自信之後，同年新建第三蒸餾工場，並在1965年之前依序完成媒組工場、媒裂工場、烷化工場、輕油處理工場、加氫脫硫工場和潤滑油工場等，並再增建兩座蒸餾工場。至此，高廠不僅原油煉量大幅攀升，生產產品更為多元化。[28]這些產品大體滿足了國內各界對於燃料的需求，但是，此與1950年代方興未艾而由民間主導的塑化工業並無交集。

● 1950年代至1960年代高雄煉油廠
資料來源：高雄煉油廠，高雄市立歷史博物館典藏資料，登錄號：KH2012.005.072

● 1960年代高雄煉油廠的蒸餾工廠
資料來源：台灣中油股份有限公司高雄煉油廠的蒸餾工廠，高雄市立歷史博物館典藏資料，登錄號：KH2002.018.080

四 乙炔與 PVC 產業鏈
台塑高雄廠的時代

日治時期，臺灣重要化工產品有：醫藥品、電石、普通酒精、變性酒精、肥皂、香料、植物性油、精制樟腦、紙類和肥料等，以肥料和紙類所佔比例最高。[29] 背後兩大製造廠即為臺肥和製糖公司。戰後則是進入塑膠的時代。

聚氯乙烯（Polyvinyl Chloride，簡稱 PVC）、聚乙烯（Polyethylene，簡稱 PE）、聚丙烯（Polypropoylene，簡稱 PP）和聚苯乙烯（Polystyrene，簡稱 PS）等四種是今日國際通稱之泛用塑膠。最早廣被使用者是 PVC，這是 1912 年由德國人發明並申請了專利，1926 年間由美國百路馳公司（B. F. Goodrich Co.）工程師沃爾多・塞蒙（Walter Semon）開發利用加入各種助劑，使它成為更柔韌、更易加工的材料，從而得到廣泛的商業應用。[30] PVC 深入當代人們的日常生活各個層面，這也意味著商機龐大。

戰後初期，民間塑化工業大都屬於二、三次加工性質。例如，1952 年間何義在臺北三重創辦永豐化學公司，從事葡萄糖注射液和塑膠皮的生產。[31] 永豐化學下有：偉康製藥廠、永豐塑膠等兩大部門，引進日本人才和設備。[32] 同年 10 月 10 日，永豐化學塑膠工廠正式營運，資本為美金 35 萬元，專門製造塑膠製品如雨衣、餐具……等，[33] 設有塑膠布生產設備，塑膠布生產能力，產量超出臺灣當時所需一倍以上。原料（PVC）係從美國、日本輸入。[34] 可見，永豐化學塑膠工廠乃塑化工業下游業者，且是臺灣當時化工產業的鉅子。因此，當 1953 年底尹仲容屬意何義創辦臺灣第一家 PVC 工廠，並不意外。不過，後來卻是由王永慶王永在昆仲建立臺灣塑化王國。

（一）台塑高雄廠之創辦

戰後，國民黨政府將戲獅甲工業區接收轉變成為國營企業。日本鋁業株式會社高雄廠為變成「台灣鋁業有限公司」，旭電化工業高雄工廠和南日本化學工廠合併成為「台灣製鹼股份有限公司（簡稱：台鹼）」高雄廠，臺灣肥料株式會社高雄工廠變成「台灣肥料有限公司」第三工廠。此外，戲獅甲地區也吸引聯勤第二十六兵工廠移駐，1949年省府將兵工廠一部份改建為「高雄硫酸錏廠」，更提高戲獅甲做為化工業的產業密度。總之，政府延續日治時期戲獅甲工業區的產業特色，並加以擴大，使得戲獅甲地區成為1950-60年代高雄市最重要的重化工業地區。因此，當政府要發展民間塑化工業時，在產業聚落的群聚效應考量下，戲獅甲工業區成為首選。

當時PVC主要原料是氯氣和電石。電石遇水生成乙炔（C2H2），再將乙炔與氯化氫（HCl）合成製出氯乙烯單體（VCM），VCM再聚合製成PVC。後來，台塑生產PVC所需氯氣就是台鹼的副產品，而電石則是台肥所生產。在1950年以前，台鹼所產燒鹼用以製造肥皂和紙漿，氯用於紙漿和漂白，其量差可平衡。1950年以後，燒鹼用量日增因而增產，然而氯氣市場卻未增加而過剩，必須用石灰吸收後運往外海拋棄，十分浪費。另一方面，氯可用以製造許多化學品。當時的工業委員會（簡稱：工委會）認為，此乃可以用來發展臺灣化學工業的一個起點。[35] 1953年冬，工委員、美援會、美國安全署臺灣分署以及擔任技術顧問的美國懷特工程公司皆認為，應利用台鹼廢棄餘氯為主要原料，製造生產PVC。[36] 因此，在類似所謂循環經濟（circular economy）的概念下，臺灣發展塑膠產業的前提被確立了下來。

在副總統陳誠及財政部長嚴家淦的支持下，經濟安定委員會（簡稱：經安會）主委尹仲容決定將這座PVC工廠交給民間來辦理。[37] 尹仲容原

先屬意的人選就是何義。

　　1953年12月28日，以何義為首，結合何傳、何永、陳逢源、馬有岳、李法端等人發起設立福懋塑膠工業股份有限公司（簡稱：福懋），除了自籌資金並獲得美援來創辦。[38]塑膠廠的主要原料是氯氣和電石，戲獅甲工業區因而成為首選之地。1954年6月，何義商請高雄市政府展開建廠籌備。[39]11月，福懋完成募資並完成設立登記。[40]福懋從申請美援貸款，到建廠用地取得頗為順利，但建廠過程卻歷經一些波折。最終，何義對PVC銷售市場仍有猶豫而臨陣退卻，從PVC廠主導者角色變成股東，取而代之的人就是王永慶。

　　當工委會將PVC計劃告知王永慶和趙廷箴，王永慶竟立即一口同意投資，從接洽到定案只有一週。[41]1956年初，福懋在王永慶的掌理下，正式動工建廠，王永慶出任董事長、趙廷箴擔任總經理、何義擔任常任董事。1957年3月建廠完工，亦即後來的台塑高雄廠。1957年4月，福懋更名為台灣塑膠工業公司（簡稱：台塑），5月26日正式生產，月產120噸。這是我國第一座生產PVC塑膠原料的工廠。

● 台灣塑膠工業股份有限公司（簡稱台塑）廠房外觀

台灣塑膠工業股份有限公司於1954年（民國43年）由創辦人王永慶創立，原名福懋塑膠工業股份有限公司，後於1957年（民國46年）更名為台灣塑膠工業股份有限公司。

資料來源：台灣塑膠工業股份有限公司設備，高雄市立歷史博物館典藏資料，登錄號：KH2002.018.034

● 台灣塑膠工業股份有限公司新置機器

資料來源：台灣塑膠工業股份有限公司新置機器，高雄市立歷史博物館典藏資料，登錄號：KH2002.018.063

（二）以台塑為首的塑化產業鏈

台塑雖順利開工，卻面臨生產過剩和生產成本偏高的兩大難題。當時臺灣塑膠下游加工業薄弱，PVC 內需市場相當侷促，外銷又面臨國際市場挑戰。王永慶回憶說：「PVC 粉幾乎完全沒有銷路，絕大部分都囤積滯存，頭痛萬分。」[42] 後來，在政府補貼進口原料稅捐的獎勵之下，王永慶竟增加產量以降低成本，同時積極擴大內外市場，並籌設南亞為下游廠商從而建立從原料到加工的一條龍產業體系。不僅如此，王永慶後續成立台灣化學纖維公司（1965年設）、台旭纖維公司（1969年設）、台麗成衣公司（1969年設），台塑企業進一步發展化工纖維與加工，將 PVC 應用推廣至紡織產業，擴大 PVC 的市場需求。簡言之，王永慶是以南亞為基礎，發展 PVC 加工產品、創造社會消費需求，進而擴大 PVC 下游的消費市場。某種程度可說，王永慶以一己之力敲開臺灣對於塑膠的市場需求。

當時臺灣既有塑膠加工業規模小。1952年間4月間，18家塑膠工業者發起籌組「臺灣區塑膠工業同業公會」，從業人員僅363名。[43] 台塑成立之後，塑膠加工業者，如雨後春筍，到處都有新的工廠設立。[44] 台塑為了吸收這些加工業者並促進 PVC 加工產業之發展，自1961年8月起將 PVC 原料價格平均降低 20% 出售，藉以增進新穎用品之產製，並開展加工品外銷市場。而且，PVC 售價係按照各用戶每月購用量多寡而訂定，每月購貨50噸以上者，每噸價格降15.28%，每月購貨10噸以下者，每噸價格僅降低8.73%。[45] 王永慶充分發揮銷售長才，以 PVC 打折優惠的促銷形式吸收國內塑膠加工用戶，促進 PVC 下游產業的發展。

擴大內銷之際，王永慶同時拓展國際外銷。在官民同步進行的質量改善與市場擴展策略之下。1959年3月，台塑 PVC 原料開始外銷，順利出口韓國和菲律賓。[46] 接著越南、泰國、香港、伊朗等地來函洽購者更形踴躍，自1960年7月起也打入美國市場。[47] 至1960年間，台塑 PVC 已經

呈現供不應求的情況。1961年5月6日《聯合報》以〈塑膠公司外銷大增〉為標題報導：「(台塑) 積極開拓國外市場之後，外銷數量大增。」[48] 短短三年間，台塑外銷策略相當成功。

整體而言，台塑是要把臺灣的塑化加工產業的餅做大，進而擴大臺灣塑化產業規模，以奠定臺塑在臺灣塑化產業的基礎。在1972年仁武塑膠廠開工生產之前，高雄廠可謂台塑也是臺灣塑化產業的龍頭，統整南亞、台麗朗等關聯產業，奠定台塑的企業基礎。

五 乙烯與石化工業
高雄煉油廠的時代

凡從石油和天然氣中煉製出來的東西，不用做燃料而用來製造其他產品，這些製成品皆可稱之石油化學品。石油化學品的原料便宜，甚至有些原料是再利用石油工業的廢料而來。[49] 石油化學品又以合成纖維、塑膠和合成橡膠等三大類最為重要。

中油自1951年起在石化產品上主要有：硫磺、芳香烴、膠合劑以及液氨和尿素肥料等，包括：高廠內興建硫磺回收工場，將嘉義溶劑廠改以高廠所產重組汽油為原料來生產苯、甲苯、二甲苯等芳香烴，[50] 供應慕華聯合化學公司天然氣為原料生產尿素肥料、液氨，以及供應長春和李長榮天然氣生產甲醇，以此生產膠合劑供應合板工業。[51] 這些作為不僅確立公、民營企業以上下游合作形成的產業關聯，更把中油的產業影響面從燃料擴及更為廣泛的民生用品。當1968年7月第一輕油裂解工場（簡稱：一輕）試爐完成，中油開始主宰臺灣的石化工業，高廠則是這個產業鏈的制高點，直至2000年台塑麥寮六輕投產為止。

● 台灣聚合化學品股份有限公司設備

台灣聚合化學品股份有限公司（簡稱台聚）成立於1965年（民國54年）5月26日，總公司及工廠設於高雄仁武。

資料來源：台灣聚合化學品股份有限公司設備，高雄市立歷史博物館典藏資料，登錄號：KH2002.018.172

（一）石化工業產業鏈之建立

1960年代初美國 Goodrich 公司發明以乙烯和氯氣來生產塑化原料 VCM（氯乙烯單體），此方法稱做乙烯法，其產率平均在90%甚至可達95%，[52] 產量高、雜質少、品質好。相對地，台塑使用的電石法（乙炔法），成本高昂、產量有限。1965年間，美國採用乙烯製造氯乙烯單體的產量已經高達57%。[53] 乙烯法取代電石法是必然的趨勢。乙烯法的原料是乙烯，即從石化工業的輕油裂解工場產製而來。更重要的是，乙烯可衍生出三大產業體系：（一）塑膠；（二）人造纖維；（三）其他，幾乎涵蓋當代人日常生活的每個部份。乙烯的發明不僅將煉油工廠與化工業鏈結一起，乙烯產量更成為一個國家石化工業的指標。

1964年初，美國國民製酒及化學公司（National Distillers Chemical Co.）申請來臺投資，擬籌組興建製造聚乙烯工廠。[54] 該投資案於1965年3月間由經濟部拍板定案，這家公司就是台灣聚合化學公司（簡稱：台聚），預計每年可生產低密度聚乙烯（PE）4千萬磅。而且最初五年，凡台聚所生產的聚乙烯在國內外無法銷售部份，國民製酒及化學公司願全部購買。[55] 台聚並與中油公司簽訂乙烯供應合約，讓中油未建一輕即獲得

消費保證。1966年5月，台聚這家由美商投資的第一家聚乙烯工廠正式破土，廠址選在高廠的東側——仁武。[56] 由於台聚的成立，某種程度保證乙烯銷售市場，促使中油決心興建一輕、跨入石化工業，同時也帶動第二項塑膠——聚乙烯（PE）進入臺灣社會。

乙烯是採用輕油進行熱解來生產。1965年中油公司開始規劃第一座輕油裂解工廠，[57] 1968年7月完成性能試驗，主產要可年產1.2億磅的乙烯，其中8千萬磅依約供銷臺聚製造聚乙烯（PE），其餘供作氯乙烯單體（VCM）以生產PVC。副產品方面，有丙烯、丁烯、丁二烯、裂解汽油、燃料油、燃料氣和氫氣等，[58] 其中又以丙烯產量最多，丙烯可以製成丙烯腈，這是人造纖維——奧龍的原料，發展潛力大。[59] 一輕正式開啟臺灣石化工業發展與競合的新階段。

一輕完成之後，中油公司隨即向行政運提出擬在苗栗頭份籌建石油化學工廠的計畫案。1969年4月，立法院預算、經濟、財政、交通四委員會聯席會議決議，准中油公司以轉投資形式通過成立中國石油化學工業開發公司（簡稱：中石化），[60] 發起人計有：經濟部、台糖公司、中華工程公司、台肥、台鋁等。[61] 很明顯，中石化是以國營事業為主所成立的石化廠，董事長沈覲泰、總經理胡新南皆為中油人。中石化自1970年起開始建廠，主要在高廠內新建對苯二甲酸二甲酯（DMT）工場製造達克龍原料，在苗栗頭份建置乙烷裂解工場供應製造氯乙烯。[62] 同年，大社工業區開始整建並定位為石油化學工業專業區，[63] 中石化就設址在大社工業區。1971年11月，中石化總經理由高廠廠長董世芬轉任。石化工業的產業鏈就以公營事業聯合投資的形式展開。類似的模式還有中台化工公司，1970年8月中油公司、台肥和高雄硫酸錏公司合資成立中台化工公司，主要在高雄硫酸錏公司廠內興建日產100公噸之己內醯胺（Caprolactam，簡稱CPL）工場一座。[64]「己內醯胺」為尼龍人造纖維原料，如此可以替代

當時國內尼龍人造纖維加工業對於進口原料之依賴。總之，當時國家在石油化工的經濟發展策略上，採取公營事業聯合投資的形式，以中油公司為首結合相關公營事業機構在石化工業上中游建立進口替代的產業鏈。在產業空間上，經濟部工業局則規劃仁武工業區和大社工業區。

最初，政府於1970年計劃全臺開發大型、中型及小型工業區共約二十處，仁武和大社為其中兩處。初步計劃，大社工業區為綜合工業區，仁武工業區為石油化學專業區，但是由於仁武工業區面積過小，故決定重新規劃，擬將大社工業區改為石油化學工業專業區，仁武石油化學工業專業區則改為綜合工業區。[65]事實上，這兩座工業區僅一路之隔，如今已統合為仁大工業區。

仁武和大社工業區相繼於1971年和1972年完成，廠商陸續進駐。1973年間，大社工業區至少有中石化、台塑、中國人造纖維、台灣合成橡膠、大德昌石油化學、聯邦石油化學、真達化學等。仁武工業區至少有大信強化塑膠公司、信東機器股份有限公司（生產抽風機）、台塑公司氯乙烯單體工廠等。顯然，仁大工業區大多數是屬於石化工業的中下游產業，其所需原料主要從高廠而來，因此，仁大工業區可謂高廠一輕開創產業契機而所形成的產業聚落。

（二）二輕與石化業之擴張

一輕日產乙烯1.2億磅，其中約67%供應台聚這家外資公司製造聚乙烯（PE），PE生產日趨凌駕PVC；相對地，僅約33%乙烯供應PVC產業。誠如前述，本土PVC產業至少有台塑、華夏、義芳和國泰等四家，[66]如何配售因而成為問題。為此，經濟部統合關係業者包括：中油、台碱、台塑、華夏、國泰、義芳等投資成立台灣氯乙烯公司（簡稱：氯乙烯），以高廠的乙烯和台碱的氯為原料製造氯乙烯（VCM）單體，再由該

公司按股份進行供應分配以製造塑膠，1969年12月成立，由王永慶擔任董事長、中油協理費自垿擔任總經理。[67]

台塑也為了因應產業技術的轉變，1970年1月間獨家進口第一批氯乙烯單體（VCM），這是PVC產業首度利用石油化學方法進行生產。[68] 1971年7月開工，然而未能達到預期產能，且生產成本高；台塑總工師東善鳴表示，氯乙烯所生產的VCM價格較進口為貴。[69] 為了解決原料問題，1972年間台塑向經濟部申請獲准在仁武工業區興建台塑公司氯乙烯單體工廠，主要原料大部由日本進口。[70] 王永慶的困境和因應之道，其實意味著一輕產能已經無法滿足臺灣內部的需求。

事實上，早在1970年5月間，經濟部工業發展局長韋永寧就在記者招待會中表示：「中國石油公司在高雄籌建的第二座輕油裂解設備，預定每年生產乙烯二十萬至廿五萬公噸，丙烯十萬至十二萬公噸，以及丁二烯與苯等。」[71] 同年10月，中油總經理胡新南正式向外表示：「計劃在高雄煉油廠內添建的第二輕油裂解工場，預定分三年完成。」[72]

1972年2月，中油正式與美國史東・韋勃斯特工程公司（Stone and Webster Engineering Co.）簽訂承辦二輕設計及購料服務工作合約，履約期間，適逢臺灣退出聯合國、全球性鋼料短缺以及石油危機等，至1973年3月才動工，1974年5月進行設備安裝，1975年4月完工。[73] 1975年4月二輕開始試爐，至9月23日所產乙烯才與台聚、台塑所需規範相符。10月4日開始輸送乙烯成品給下游廠商。[74] 二輕量產後可年產乙烯23萬公噸、丙烯11.5萬公噸、丁二烯3.5萬公噸等，供應附近仁武和大社兩工業區內下游廠商，包括：台聚、台塑、福聚、中纖、氯乙烯、大德昌、中石化、中台和合成橡膠等。[75] 不僅如此，這些下游工廠也為了配合二輕完成進行新建或擴建工程，例如：台聚擴建低密度PE工場，氯乙烯增設氧氯化及熱裂設備以提高產能，台塑新建氯乙烯工場，福聚、中纖則是

新廠等。[76]值得一提的是丙烯和福聚的關聯。

福聚是由中油公司、趙廷箴、辜振甫與辜濂杉等聯合出資成立，董事長辜振甫，工廠設在大社工業區。[77]1973年間，福聚決定與美國赫克力士公司合作，投資三億元，設置一座年產聚丙烯（PP）五萬公噸工廠，丙烯原料即由高廠二輕供應，產製PP供內外銷。[78]這是臺灣第一家生產PP的公司，在此之前，臺灣每年平均從國外進口PP約四萬餘公噸，下游加工廠約600家，福聚成立不僅可進口替代，更可外銷賺取外匯。

聚丙烯（PP）是最輕的一種塑膠材質，本色為白色半透明，相較其他塑膠材質成本較低，是一款可回收的塑膠材質。聚乙烯（PE）具高度堅固性和極佳化學抗性。聚氯乙烯（PVC）是唯一的含氯塑膠，便宜、製造方便，更是廣泛運用於生活周遭各式用品。二輕的運作擴大臺灣這三大塑化工業的規模。在塑化產業中，PP／福聚、PE／台聚、PVC／台塑，隱然形成三足鼎立的態勢，而中油高廠則掌控上游原料乙烯。

（三）分支擴大的臺灣石化工業體系

1973-74年間爆發第一次石油危機。為了擺脫，當時的行政院院長蔣經國提出十大建設，其中一項是石油化學工業，主要內容為擴大「仁大石化工業區」並新建「林園石化工業區」。仁大石化工業區即為前述以二輕為首發展成為石化業下游工廠群；林園石化工業區則是將石油化學工業上下游相關工廠集中一地，核心即為第三輕油裂解工場（簡稱：三輕），以三輕為首吸引下游廠商前來投資設廠，發展成為南部石化中心。

三輕於1976年6月完成設備安裝，[79]但是試爐則得配合下游廠商而延後，1978年台聚新廠完成後，三輕於同年3月試爐順利開工生產。[80]後續，以三輕為核心的中油林園廠於1979年秋天全部完成，其所生產的乙烯、丙烯全部送至仁大社工業區，供應台聚、台塑、大德昌、中石化等

下游廠商；同時減輕二輕生產化學級丙烯的負荷，相對地提高了聚合級丙烯的產量，使得二輕下游的福聚公司無需仰賴進口，節省外匯。而混合二甲苯幾乎全部外銷日本，賺取外匯。[81]

以中油公司林園廠為核心的林園工業區，擴大了高雄乃至臺灣石化工業的規模。1981年間，我國乙烯年產能高達63.4萬噸，位居世界第十二。石化工業計有人纖工業、塑膠工業、橡膠工業、肥料工業、清潔劑工業、添加劑等，其中人纖工業1980年產量高達56萬公噸，位居世界第四位。在當時我國工業結構中，石化工業居於經濟活動的領導地位。1979-1981年間我國石化下游加工產品出口額佔總出口額的36.9%，就業人口達到62萬餘人，影響層面極大。[82]當時經濟部主管官員表示：

> 中國石油公司第三輕油裂解工場順利開工後，我國石油化學工業規模，在亞洲地區僅次於日本，預計至民國七十年，可列為全世界十名以內。[83]

顯然政府官員樂見三輕所帶來的經濟發展效益，而進一步將臺灣推向世界前十大者即為四輕。

正值三輕試爐之際，1978年初中油隨即籌設四輕的計劃。[84]當時中油公司總經理李達海說：「第四輕油裂解工場將建在高雄煉油總廠林園廠內，投資額預計新臺幣70餘億元，可年產乙烯35萬噸，丙烯17.5萬噸。」[85]最早響應四輕計畫者即為王永慶，他說：「該公司決定以新臺幣58億元，投資中國石油公司第四輕油裂解工場下游計劃，生產聚乙烯、聚丙烯及氯乙烯單體等塑膠原料。」[86]至9月間，提出申請投資之中下游廠商有16家，[87]頗為熱烈。不過，1979年間向中油提出具體財務保證並簽訂購料合約者有：台塑、中纖、台灣合成橡膠、台聚、李長榮、大德昌、福聚等七家。[88]之所以如此是因為1979年至1981年2月期間，先是伊朗爆發伊斯蘭革命，而後又是兩伊戰爭，造成所謂的第二次石油危機，原油

價格從每桶15美元上漲為39美元。能源危機使得投資卻步。可是，四輕還是按照期程進行。1980年7月開始建場，雖歷經產業市場和制度面的爭議，1984年1月四輕建廠工作正式完成，歷時四年餘。[89]四輕是我國第四座也是規模最龐大的輕油裂解工場，可年產乙烯38.5萬公噸，丙烯20萬公噸，粗丁烯12.8公噸，芳香烴23萬公噸，以及大量的乙炔、裂解汽油、燃料油、液化石油氣、氫氣等石化產品。四輕完成之後，林園廠相繼興建第五、六加氫脫硫工場、第四芳香烴工場、第三硫磺工場、第一二氫氣純化工場等。[90]至此，中油林園廠建置大體完成，林園石化工業區也趨於完整。

四輕投產後，業界一再透過各種管道要求經濟部同意繼續籌建「五輕」。當時的看法，大體而言出身中油體系的官員如李達海、董世芬皆持反對意見，[91]業界特別是台塑公司一再建議政府應該興建五輕。[92]同年9月，政府經建官員、國內外專家及石化業者達成「原則上已決定五輕有必要興建」之共識。[93]主要原因是台塑願意保證消化五輕乙烯一半產量，更何況苯和丙烯一直供不應求；並致函中油和工業局表示，計劃擴增既有HDPE廠為年產十五萬公噸、新建一座年產十五萬公噸HDPE廠、擴建丙烯酸酯廠，同時決定率先提出履約保證金給政府。[94]

1984年，俞國華就任行政院長。隔年，前中油董事長李達海出任經濟部長，他表示，中油是國內石化工業的最上游，其最大任務就是使中下游工業獲得可靠的原料供應，因此藉汰舊換新替代現有老舊工廠「永遠有這種需求」，惟建廠的早晚必須拿捏住最適當的時刻。[95]時任經建會主委趙耀東在立法院直白表示，中油第五輕油裂解工場一定要建，才能維護每年外銷七十億美元的石化產業繼續發展。[96]從當時主導國家經濟發展的兩位部長說法窺見，石化業是由國家主導以維持出口外銷的重要產業，高雄可謂完全肩負了這項重要使命。

1986年，行政院陸續同意五輕計畫、解除上游公營的政策、同意六輕開放民營，為十四項大型基礎建設之一環。1987年6月，中油正式公布在高廠設置五輕。但是，石化產業所造成的外部成本卻長期受到政府和業者的漠視，導致同7年8月後勁地區居民展開反五輕運動，歷經三年多的對峙，至1990年9月，中油與政府承諾撥出15億「回饋金」以及「25年後遷廠」之下，五輕才順利於1994年完工啟用。

　　在五輕核准之際，政府也終於同意王永慶興建六輕，後來卻因環評問題無法定案。歷經「海滄案」和反五輕運動之後，政府才同意王永慶在麥寮填海造陸興建六輕。1994年台塑六輕動工，第一期工程1998年完工、開始生產，為國內首座民營煉油廠。後續又進行三期工程，麥寮工業園區內目前已有54座工廠，從原油進口來生產汽油、輕油、柴油，再經由輕油裂解廠產製乙烯，丙烯、丁二烯、芳香烴等上游石化原料，供應園區內以及國內各石化工廠。麥寮工業園區是民間企業一手規劃創辦的石化工業區，至此，臺灣石化工業不再由國家一手主導，也維繫石化工業對於臺灣經濟發展的新階段。

六　結語

　　高雄石化工業自1960年代快速發展，並在1980年代達到高峰占製造業總體產值的40.5%，為國家經濟做出重要貢獻。本文首先回顧探討何以高雄能在1960年代之後成為我國石化工業重鎮，追溯歷史，亦即1930年代中期之後，日本政府相繼在南高雄建置戲獅甲化工業產業聚落，以及在北高雄移植石油煉製工業，這兩項技術密集產業得以橫空移植高雄，前提是高雄具備優異的港埠機能，其次是日本軍方向大南方擴張的時代所需。因為日治時期所奠定的化工製造和石油煉製的雙重基礎，這些緣

起於軍需的產業建設，戰後被接收移轉成為國營事業並構成了發展石化工業的先決條件，因此可說，1960年代高雄發展石化工業有其歷史的必然性，亦即同時都是國家賦予的產業宿命。不過，兩個時代的產業性質還是有所差別。

　　日治時期的軍需工業畢竟是特殊時期，特別是戲獅甲工業區產業仍多數是民間資本。因此，當時局回復平常時期，民間資本的力量就會浮現，1950年代尹仲容屬意民間企業發展塑化工業，而後由王永慶在此創辦台塑就是很好的案例。但是，北高的煉油廠轉為國營事業機構中油公司之後，國家力量長期主導煉油工業以及1960年代之後石化工業體系的發展，甚至把南高雄的塑化工業加以吸納整合，試圖控制石化工業的整體性。毫無疑問，臺灣石化工業黃金時期是在高雄以政府力量結合民間資本所創造出來的歷史輝煌。高廠、仁大工業區、戲獅甲工業區和林園工業區，由北而南藉由綿密的石化管路結合為一體，同時還將散布其他工業區的二三次石化加工廠，納入共構成為龐大的石化工業體系。就因為如此，從1968年一輕出現到2015年高廠關廠的近五十年間，高雄市雖受惠中央政府所規劃的石化工業體系，但也面臨產業難以轉型的困境。因此，當1980年代環保意識抬頭、1990年代中國大陸產業磁吸力道提高，產業技術層次低的石化業者出走，逐漸蠶食既有產業體系。於是，高雄就面臨產業轉型的巨大挑戰。

註釋 Notes

一

01 臨時臺灣總督府工事部,《打狗築港》(臨時臺灣總督府工事部,1912),頁11。

02 長尾正元著,蜀民譯,〈高雄港築港工程與現況〉,《高雄文物季刊》,2(4)(1957),頁1-50。

03 1909-1933年間,高雄港出口貿易額佔貿易總額比率約在70-80%之間,1916年則高達83%。臺灣省行政長官公署,《臺灣省五十一年來統計提要》(臺北市:臺灣省行政長官公署統計室),頁923、930。

04 臺灣省行政長官公署,《臺灣省五十一年來統計提要》,頁923、930。

05 蔡信行,〈聚氯乙烯(上)〉,《石油通訊》,271(1963年3月),頁27。

06 薛化元、張怡敏、陳家豪、許志成等,《臺灣石化業發展史》(臺北市:財團法人現代財經基金會,2017),頁422。

二

07 王御風,《舊港新灣:打狗港濱戲獅甲》(臺北:遠足文化,2018);陳慧鐶,〈高雄戲獅甲工業文化地景之歷史研究〉(國立高雄師範大學臺灣歷史文化及語言研究所碩士論文,2015)。

08 林志亮,〈日治時期臺灣煉鋁工業之研究——以「日本鋁株式會社」在臺灣生產為中心〉(臺北:文化大學史學研究所碩論,2005),頁46。

09 〈鹼氯工業〉《臺灣工業復興史》(臺北:中國工程師學會,1958年),頁271-273。

10 林鐘雄,〈臺灣之鋁工業〉《臺灣之工業論集》卷四(臺北:臺灣銀行經濟研究室,1949),頁73-74。

11 〈鹼氯工業〉《臺灣工業復興史》(臺北:中國工程師學會,1958),頁271-273。

12 高淑媛,《臺灣化工史第一篇 臺灣近代化學工業史(1860-1950)》(臺北:臺灣化學工程學會,2012),頁192-195。

13 以1939年例,第四類商品從1938年的9,715,545圓提高為17,316,033圓,主要商品即為變性酒精和無水酒精,可見工業產品出口提升,也逐漸改變庭米糖出口的比例。臺灣省行政長官公署,《臺灣省五十一年來統計提要》,頁923、930。

三

14 第六海軍燃料廠廠史編集委員會,《第六海軍燃料廠廠史》(東京都:高橋武弘,1986),頁6。

15 第六海軍燃料廠廠史編集委員會,《第六海軍燃料廠廠史》,頁6。

16 第六海軍燃料廠廠史編集委員會,《第六海軍燃料廠廠史》,頁13。

17 第六海軍燃料廠廠史編集委員會,《第六海軍燃料廠廠史》,頁80-82。

18 陳延琪,〈近代新疆石油工業的三次盛衰〉,《新疆石油地質》,19(1)(1988年2月),頁81-82。

19 中國石油志編輯小組,《中國石油志(上冊)》(臺北市:中國石油有限公司,1976),頁51。

20 楊護源,《光復與佔領:國民政府對臺灣的軍事接收》(臺北市:獨立作家,2016),頁115。

21 陳咨仰,〈戰後臺灣地區海軍的接收與重整(1945-1946)〉(臺南市:國立成功大學歷史學研究所碩士論文,2013),頁73。

22 〈臺灣日海軍第六燃料廠接管案〉(1945-1946),《國史館檔案史料文物查詢系統》,典藏號:014-070800-0561。檢索日期:2022年3月25日。

23 〈臺灣日海軍第六燃料廠接管案〉(1945-1946),《國史館檔案史料文物查詢系統》,典藏號:014-070800-0561。檢索日期:2022年3月25日。

24 高雄煉油總廠所編,《廠史》(高雄市:高雄煉油總廠,1981),頁4。

25 作者不詳,〈十年來之石油煉製〉,《石油通

26. 作者不詳,〈十年來之石油煉製〉,《石油通訊》, 060（1956年6月）, 頁37。
27. 中國石油學會編輯出版,《石油煉製工業淺說》,出版年不詳,頁56-64。
28. 高雄煉油總廠會計組編,《高雄煉油廠業務統計》,出版地出版年不詳,頁23。
29. 高淑媛,《臺灣化工史第一篇 臺灣近代化學工業史（1860-1950）》（臺北：臺灣化學工程學會,2012）,頁6。
30. 〈聚氯乙烯〉,《維基百科》, https://zh.wikipedia.org/zh-tw/聚氯乙烯。檢索日期：2022年7月2日。
31. 〈據永豐化學工業股份有限公司以永豐商標申請註冊西藥類之西藥商品商標一案審定通知〉,國史館臺灣文獻館藏,《省級機關檔案》（1954年7月29日）,典藏號：0044830026565013。
32. 〈永豐化公司 業務展開〉,《徵信新聞》（1952年9月28日）,第4版。
33. 〈今日開幕 永豐化公司〉,《徵信新聞》（1952年10月10日）,第4版。
34. 〈工廠介紹 偉康製藥廠和永豐化工廠參觀記〉,《徵信新聞》（1952年10月2日）,第4版。
35. 嚴演存,〈從工業起步到經濟起飛——1953年到1960年之臺灣經濟〉,《傳記文學》25（4）（1988年4月）,頁99。
36. 〈美援貸款出爾反爾 五月核准七月變卦 福懋塑膠公司損失千萬〉,《聯合報》（1955年8月14日）,第4版。
37. 黃德海,《臺塑打造石化王國》（臺北：天下遠見,2007）,頁18-19。
38. 〈據送福懋塑膠工業股份有限公司招股章程等請核備一案准予備案〉,國史館臺灣文獻館藏,《省級機關檔案》（1954年1月14日）,典藏號：0044820026400007。
39. 〈為福懋塑膠工業股份有限公司籌備處請轉函高雄市政府協助洽讓土地租權一案請查照〉,國史館臺灣文獻館藏,《省級機關檔案》（1954年7月17日）,典藏號：0044720026048006。
40. 〈轉發福懋塑膠工業股份有限公司設立登記執照通知查收由〉,國史館臺灣文獻館藏,《省級機關檔案》（1954年11月16日）,典藏號：0044820026520006。
41. 嚴演存,《早年之臺灣》（臺北市：時報文化,1991年再版）,頁89。嚴演存,〈從工業起步到經濟起飛——1953年到1960年之臺灣經濟〉,頁99。王奐若,〈臺灣化工界領航者嚴演存先生〉,《傳記文學》,85（4）（2004年10月）,頁142。
42. 王永慶,《生根・深耕》（臺北：宇晨企業,1993）,頁15。
43. 18家塑膠加工業者有：美信塑膠廠、新新工業社、永豐化學工業、福三塑膠廠、三千化學工廠、建華塑膠五金廠、長春人造樹脂廠、寶記中華工業社、永友塑膠廠、南榮塑膠廠、遠東塑膠廠、明理塑膠廠、中興工業社、華孚工業社、大昌行塑膠廠、東亞塑膠廠、良友實業廠、臺灣震旦機器鐵工廠等。〈據請組織臺灣區塑膠工業同業公會等情批復知照由〉,國史館臺灣文獻館數位典藏（1952年4月28日）,典藏號：0040124016932001。
44. 〈紛紛設立新廠 塑膠加工生意興隆〉,《聯合報》（1961年4月21日）,第5版。
45. 〈塑膠原料價格 減低兩成出售〉,《聯合報》（1961年8月2日）,第5版。
46. 〈PVC銷韓 首批成交〉,《聯合報》（1959年5月15日）,第5版。〈PVC銷菲 成交八百噸 韓國採購十二萬磅 另訂大批人造棉紗〉,《聯合報》（1959年6月4日）,第5版。
47. 〈塑膠公司大展鴻圖〉,《聯合報》（1959年12月10日）,第5版。
48. 〈塑膠公司外銷大增〉,《聯合報》（1961年5月6日）,第5版。
49. 程尚義,〈石油化學纖維工業〉,《石油通訊》, 027（1953年9月）, 頁15。
50. 陳銘璋、黃澤源,〈近五年來嘉義溶劑廠之經營〉,《石油通訊》,119（1961年6月）,頁29-30。
51. 資料室,〈顧客介紹：長春石油化學股份公司〉,《石油通訊》,1764（1966年3月）,頁17。
52. 蔡信行,〈聚氯乙烯（上）〉,《石油通訊》, 271（1963年3月）, 頁27。
53. 李熊標,〈從高廠輕油裂解工場完成看今後石油化學工業〉,《石油通訊》,194（1967年10月）,頁7。

54 施世芳,〈介紹高廠輕油裂解工場新建工程〉,《石油通訊》,190（1967年6月）,頁14。

55 本報訊,〈美商獲准來臺投資 設立臺聚公司〉,《聯合報》（1965年3月13日）,第5版。

56 鳳山訊,〈臺聚化學公司 昨天破土建廠〉,《聯合報》（1966年5月27日）,第5版。

57 施世芳,〈介紹高廠輕油裂解工場新建工程〉,《石油通訊》,190（1967年6月）,頁14。

58 高雄煉油總廠,《廠史》,頁249。

59 李成璋,〈輕油裂解工程簽約經緯〉,《石油通訊》,214（1969年6月）,頁51。

60 〈立院四委會聯席會 同意中油轉投資案〉,《經濟日報》（1969年4月13日）,第1版。〈立法院通過中油投資案 中油化工公司成立〉,《經濟日報》（1969年4月26日）,第1版。

61 程玉鳳訪問、張美鈺紀錄,《胡新南先生訪談錄》（臺北：國史館,2005）,頁109。

62 〈中油投資十一億元建兩所中間原料廠 定下月試車生產〉,《經濟日報》（1972年6月22日）,第1版。

63 〈大社工業區改為石油化工區〉,《經濟日報》（1970年9月17日）,第2版。

64 〈中臺化工公司成立 籌建尼龍人造纖維原料廠〉,《經濟日報》（1970年8月28日）,第5版。

65 〈大社工業區改為石油化工區〉,《經濟日報》（1970年9月17日）,第2版。

66 〈五家塑膠製鹼公司 決聯合向國外採購〉,《聯合報》（1968年10月23日）,第8版。

67 〈臺灣氯乙烯公司成立 明年十月開始生產〉,《經濟日報》（1969年12月7日）,第2版。

68 〈臺塑擬訂計劃投資三億 建聚丙烯廠 氯乙烯單體已進口千噸〉,《經濟日報》（1970年1月28日）,第2版。

69 〈臺塑總工程師分析 PVC工業明年更艱苦〉,《經濟日報》（1970年11月14日）,第2版。

70 〈臺塑投資十二億元 設廠製氯乙烯單體計劃獲准〉,《經濟日報》（1972年8月10日）,第5版。

71 〈中油公司籌建第二座輕油裂解場〉,《經濟日報》（1970年5月23日）,第2版。

72 〈中油計劃添建第二輕油裂解工場〉,《經濟日報》（1970年10月22日）,第2版。

73 高雄煉油廠,《廠史》,頁256。

74 高雄煉油廠,《廠史》,頁261。

75 〈石中油第二裂解工場試爐 即生產乙烯丙烯丁二烯〉,《經濟日報》（1975年9月16日）,第2版。高雄煉油廠,《廠史》,頁258。

76 〈石化工業下游工廠 積極趕工今年均將完成〉,《經濟日報》（1975年7月18日）,第3版。

77 〈美赫克力公司董事長訪華 洽商投資合作建聚丙烯廠〉,《聯合報》（1975年2月5日）,第2版。

78 〈福聚公司決與美商合作投 資建聚丙烯工廠 計劃已向政府提出〉,《聯合報》（1973年8月8日）,第5版。

79 高雄煉油廠,《廠史》,頁378。

80 資料室,〈石油化學工業建設第三輕油裂解工場試爐完成〉,《石油通訊》,319（1978年3月）,頁11。

81 高雄煉油廠,《廠史》,頁392。

82 王鈺,〈石化工業盛衰三十年（上） 黃金時代已遠去 艱難經營正開端〉,《經濟日報》（1982年7月5日）,第11版。

83 〈我國石化工業現有規模 在亞洲僅次於日本〉,《聯合報》（1978年3月27日）,第2版。

84 〈第四輕油裂解工場 中油投資計劃核定〉,《聯合報》（1978年2月6日）,第2版。

85 〈第四輕油裂解工場 中油積極籌建〉,《聯合報》（1978年3月1日）,第2版。

86 〈配合中油第四輕油裂解下游計劃 臺塑決投資58億元 將產三種塑膠原料 並已向工業局提出申請〉,《聯合報》（1978年4月20日）,第5版。

87 〈參加第四套輕油裂解中下游投資 十六家公司申請設廠 並提出廿餘項生產計劃〉,《聯合報》（1978年9月13日）,第2版。

88 〈第四輕油裂解工程設計　預定下月初可決標　七廠商向中油簽約購料〉,《聯合報》(1979年5月9日),第5版。

89 〈四輕建廠完成　四月開始生產原料〉,《經濟日報》(1984年1月3日),第2版。

90 高雄煉油總廠,《廠史(第二集)》(高雄市:高雄煉油總廠,1993),頁600-601。

91 〈第五輕油裂解工場　建不建有不同意見〉,《聯合報》(1984年7月12日), 第2版。

92 〈第五輕油裂解場　政府已考慮興建　何時動工　尚待協調〉,《經濟日報》(1984年8月30日),第2版。

93 〈石化工業的近憂與遠慮　未來的投資政策應及早規畫、澄清〉,《聯合報》(1984年9月6日),第2版。

94 〈配合中油五輕建廠計畫　臺塑決擴建兩項原料廠　促使五輕早日興建願預繳保證金〉,《經濟日報》(1985年5月20日),第2版。

95 〈五輕有興建必要　惟時機要好好研究　經長說政府會作全盤考慮〉,《經濟日報》(1985年9月7日),第2版。

96 〈趙耀東說　五輕一定要建〉,《經濟日報》(1985年9月25日),第2版。

移民與族群

Part III

都會移民與人口構成

高雄的人口變遷與移民構成（1920～2020）

葉高華

一 高雄市域變遷

　　討論高雄市的人口變遷，需要先掌握高雄市域的變遷。因為高雄市自設立以來，行政區域歷經五次擴張。如此，高雄市人口的社會增加有兩種來源，一種是人口從市域外移入市域內，另一種是經由市域擴大而將原本位於市域外的人口涵蓋進來。若要釐清人口移入情形，必須排除上述第二種來源的干擾，也就是在相同範圍內比較人口變遷。為此，我們得先掌握各個時期的高雄市範圍。

(一) 1924-1932（高雄一）

　　高雄市的前身是高雄街，成立於1920年（大正9年）10月1日，管轄高雄、中洲、大港、三塊厝、林德官、大港埔、前金、苓雅寮、過田子、戲獅甲、前鎮、內惟等12個大字（圖1）。[1]其中，稱為高雄的核心區包含哨船

頭、鹽埕埔、鹽埕、旗後、烏松（注意：不是鳥松）等地，[2]相當於今日鼓山區南部、鹽埕區、旗津區北部。其他轄區包括：中洲位於今日旗津區南部；大港、三塊厝位於今日三民區西部；大港埔即今日新興區；前金即今日前金區；苓雅寮、過田子、林德官位於今日苓雅區；戲獅甲、前鎮位於今日前鎮區；內惟位於今日鼓山區。上述範圍簡稱「高雄一」。

　　1924年（大正13年）12月25日，高雄街升格為高雄市，範圍不變。[3]高雄市的初始區域持續至1932年（昭和7年）11月30日為止，歷時近8年。若加上高雄街時期，「高雄一」做為行政區存續12年。

（二）1932-1940（高雄二）

　　1932年（昭和7年）12月1日，原屬左營庄的桃子園、前峰尾（橫跨今日鼓山區與左營區）編入高雄市（圖1）。[4]新的市域簡稱「高雄二」，持續至1940年（昭和15年）9月30日為止，歷時近8年。其間，新南群島（南沙群

● 日治初期旗後街

資料來源：日治初期旗後街，高雄市立歷史博物館典藏資料，登錄號：KH2011.009.029

● 圖1：日治時期高雄市域擴張

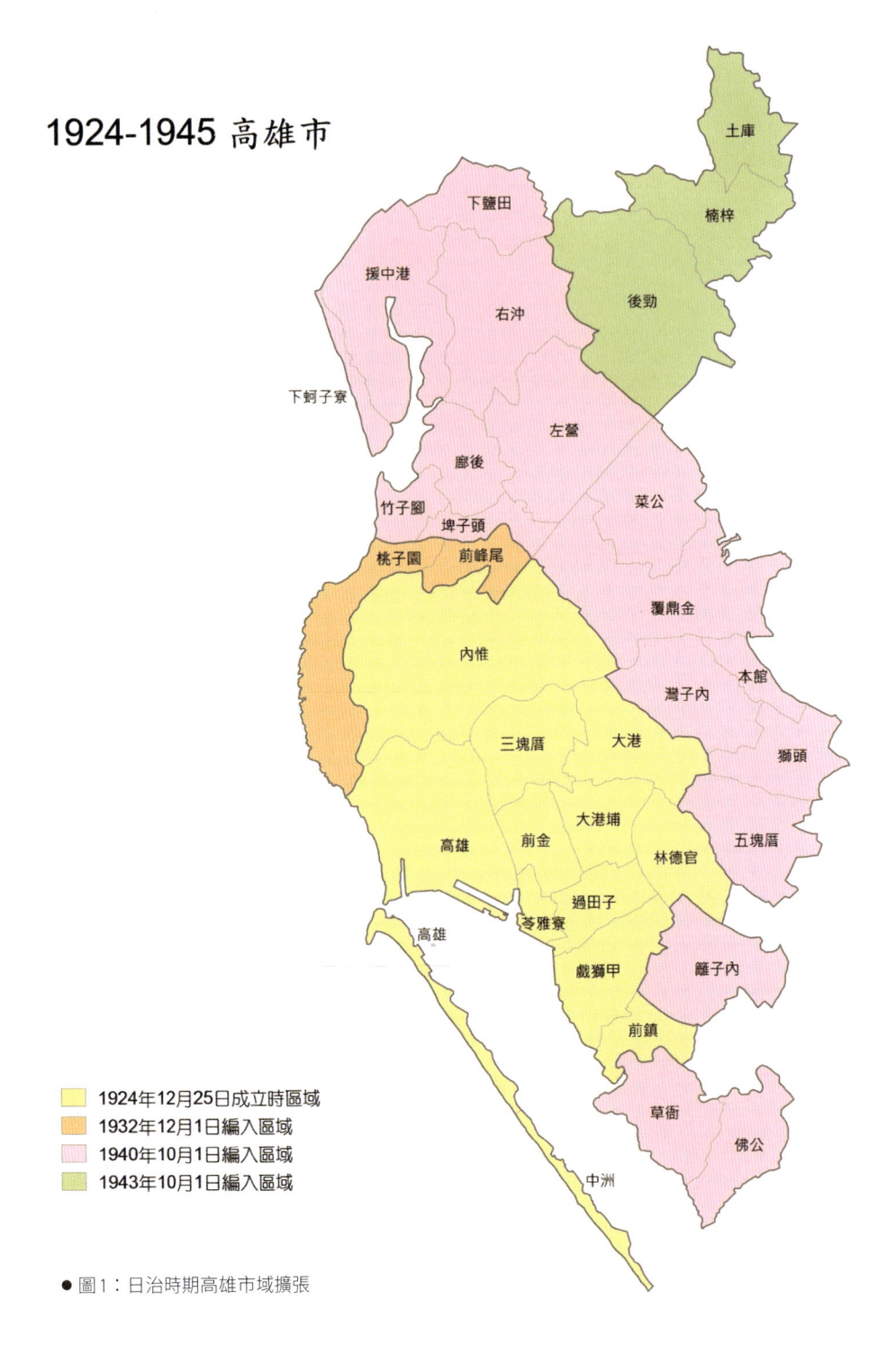

島) 於 1939 年 (昭和 14 年) 3 月 30 日編入高雄市，[5]雖為名義上的轄區，實與高雄市的發展不太相干，故忽略不計。

(三) 1940-1943（高雄三）

1940 年 (昭和 15 年) 10 月 1 日，高雄市迎來重大的一次擴張 (圖 1)，分述於下：[6]

(1) 原左營庄 (包含左營、菜公、廍後、竹子腳、埤子頭、覆鼎金、下蚵子寮、援中港、下鹽田、右沖) 全部編入高雄市，使高雄市域涵蓋左營軍港。左營庄的範圍比現在的左營區更大；其中，下蚵子寮、援中港、下鹽田、右沖今屬楠梓區；覆鼎金的東半部 (愛河以東) 今屬三民區。

(2) 原屬鳳山街的五塊厝、籬子內、獅頭編入高雄市。其中，獅頭原為赤山的西半部，切出來編入高雄市，而赤山的東半部仍留在鳳山街。如今，五塊厝屬苓雅區、籬子內屬前鎮區、獅頭屬三民區。

(3) 原屬鳥松庄的灣子內、本館編入高雄市。這兩個大字都在今日的三民區東部。

(4) 原屬小港庄的草衙、佛公編入高雄市。這兩個大字都在今日的前鎮區南部。

此時期市域簡稱「高雄三」，持續至 1943 年 (昭和 18 年) 9 月 30 為止，歷時僅 3 年。

(四) 1943-1978（高雄四）

1943 年 (昭和 18 年) 10 月 1 日，原屬楠梓庄的楠梓、土庫、後勁編入高雄市 (圖 1)，[7]使高雄市域完整涵蓋煉油廠。改朝換代後，省轄高雄市的範圍維持不變。此時期市域簡稱「高雄四」，持續至 1978 年 (民國 67 年) 6 月 30 日為止，歷時近 35 年。這是高雄市存續最久的管轄範圍。

(五)1978-2010（高雄五）

1978年（民國67年）7月1日，高雄市升格為院轄市，並合併原屬高雄縣的小港鄉。此時期市域簡稱「高雄五」，持續至2010年（民國99年）12月24日為止，歷時32年。這是高雄市存續次久的管轄範圍。

(六)2010年至今（大高雄）

2010年12月25日，高雄市與高雄縣合併，並持續至今。這個範圍簡稱「大高雄」。

二、人口變遷

表1根據歷年人口普查（國勢調查、戶口普查）資料，計算六種高雄市域於一百年間的人口變遷。為了掌握1940年（昭和15年）、1956年（民國45年）兩次人口普查之間的空窗期，表1也插補日治時期最後一份年度人口統計（1943），以及戰後第一份還算可靠的戶籍人口統計（1947）。唯1940年代以後，高雄一、高雄二、高雄三的邊界消失，已無法精確計算其人口。

高雄市成立之初，人口僅4萬出頭；到了1943年（昭和18年），人口已突破20萬。激增的人口除了來自於自然增加（出生數減死亡數）與人口移入，也來自於高雄市域的擴張。若以1943年的市域（高雄四）為準，則18年間人口從65,818人成長至215,165人。戰後，因大批日本人離開，高雄市人口一度銳減，但很快就重啟高速成長，並於1970年代突破100萬（按戶籍人口為1976年）。從1980年代開始，高雄市的人口成長慢了下來。

由於高雄一與高雄二的差異不大，高雄三與高雄四的差異不大，茲

選取高雄一、高雄四,再加上高雄五、大高雄的數據,繪製成圖2。觀察圖中線條的斜率可知,1935年以後高雄市人口成長加速。若以高雄四的市域為準,1925-1935年平均年增率為5.4%;1935-1943年平均年增率達到8.6%,這是相當驚人的成長速度。戰後,1947-1980年高雄市(高雄四範圍)持續高速成長,平均年增率為5.9%。不過,從1980年代開始,高雄人口成長趨緩。進入2010年代,人口開始負成長。

表1:1920-2020年六種高雄市域的人口比較

年	高雄一	高雄二	高雄三	高雄四	高雄五	大高雄
1920	35,053	36,654	50,987	55,059	65,373	*269,006
1925	**43,764**	45,502	61,366	65,818	77,659	*297,565
1930	**62,722**	64,680	81,823	86,753	100,240	345,523
1935	83,158	**85,467**	105,750	111,483	127,365	406,760
1940			152,265	**158,819	**176,601	491,428
1943				**215,165**	234,771	593,166
1947				**170,779**	192,485	550,953
1956				**365,159**	397,157	899,828
1966				**672,188**	716,744	1,445,669
1980				**1,136,589**	1,219,589	2,142,021
1990				1,259,790	**1,380,115**	2,391,985
2000				1,348,069	**1,493,806**	2,611,038
2010				1,368,461	1,514,937	**2,777,384**
2020				1,311,188	1,461,038	**2,734,275**

● 註:(1) 粗體字為當時高雄市域。(2) * 普查數據不含蕃地原住民,以當年度《蕃社戶口》數據補入。(3) ** 尚未編入高雄市的楠梓、土庫、後勁以1939年度《臺灣常住口統計》數據補入。(4) 1956年未計入44,468名駐紮於高雄市、37,870名駐紮於高雄縣的無戶籍軍人。

資料來源:1920:《第一回臺灣國勢調查要覽表》(臺灣總督府官房臨時國勢調查部,1922);《蕃社戶口》(臺灣總督府警務局,1921)。1925:《大正十四年國勢調查結果表》(臺灣總督府官房臨時國勢調查部,1927);《蕃社戶口》(臺灣總督府警務局,1926)。1930:《昭和五年國勢調查結果表州廳篇》(臺灣總督府官房臨時國勢調查部,1933)。1935:《昭和十年國勢調查結果表》(臺灣總督府官房臨時國勢調查部,1937)。1940:《臺灣第七次人口普查結果表》(臺灣省政府主計處,1953);《臺灣常住戶口統計》(臺灣總督官房企畫部,1940)。1943:《臺灣戶口統計》(臺灣總督府,1944)。1947:陳正祥,《臺灣土地利用圖集》(國立臺灣大學農業地理研究室,1950)。1956:《中華民國戶口普查報告書》(臺灣省戶口普查處,1959)。1966:《中華民國五十五年臺閩地區戶口及住宅普查報告書》(臺灣省戶口普查處,1969)。1980-2020:根據主計總處提供之資料計算。

圖2呈現的人口增加同時來自於自然增加與人口移入。為了凸顯人口移入的貢獻，圖3描繪高雄人口占臺灣人口的比例。由於自然增加率的地區差異有限，人口占比的提高主要來自於人口移入。在高雄四（省轄高雄市）的範圍內，人口占比從1920年的1.47%激增至1943年的3.32%；戰後，再由1947年的2.63%激增至1980年的6.79%。顯而易見，這段期間高雄市吸引大量外地人口移入。1980年代以後，雖然高雄市區維持人口成長，但人口占比微幅下滑。這並不表示人口不再移入，而是「入不敷出」，亦即移入的數量少於移出的數量。

　　過去高雄的人口成長主要得益於大量外地人口移入。那麼，這些移入高雄市的人口主要來自哪裡呢？我們先從日治時期看起。

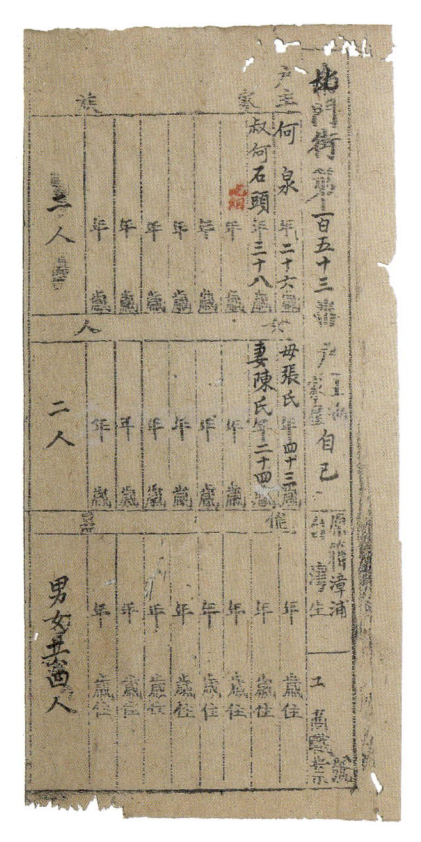

● 戶口調查紀錄

本文件為北門街第153番戶原籍漳浦之戶口調查紀錄，分為戶主：何泉26歲，家族：（叔）何石頭38歲，女人：（母）張氏43歲、（妻）陳氏24歲，共4人。

臺灣總督府於1903年（明治36年）6月公布「戶口調查令」，1905年（明治38年）5月組織「臨時台灣戶口調查官制」，並於同年10月1日零時起為期3天，在全島各地實施第一次臨時戶口調查，1915年（大正4年）實施第二次臨時戶口調查，以後又有數次的「國勢調查」（即戶口調查），使臺灣的戶籍更加精確與完善。

資料來源：戶口調查紀錄，高雄市立歷史博物館典藏資料，登錄號：KH2000.001.017

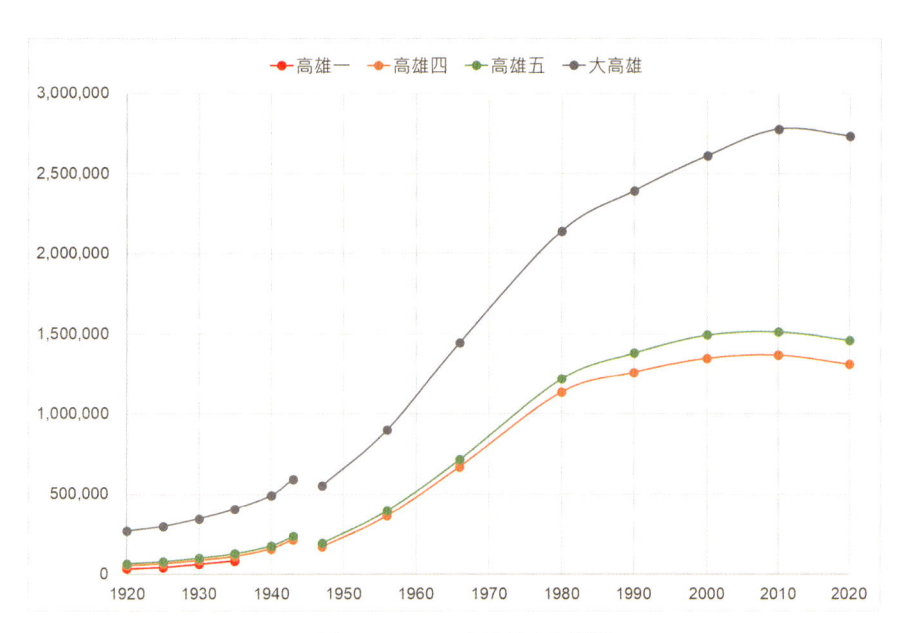

● 圖2：1920-2020年高雄人口變遷

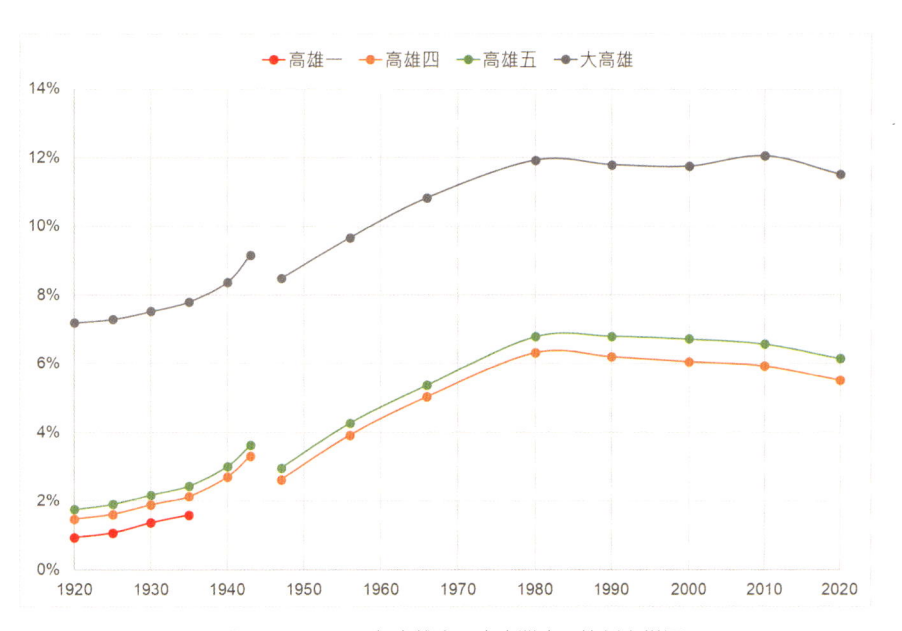

● 圖3：1920-2020年高雄人口占臺灣人口比例之變遷

Part III ｜ 高雄的人口變遷與移民構成（1920～2020）

三 日治時期的移民

日本人在高雄市的第一波崛起過程中扮演重要角色。高雄市成立之初，日本人的數量僅1萬出頭；10年後翻倍為2萬出頭。到了1943年（昭和18年），高雄市（高雄四範圍）的日本人數量又翻倍為4萬餘人。戰後，這些人幾乎全部遭到遣返，導致高雄市人口一度銳減（圖2）。如表2所示，日治時期四種高雄市域的日本人數量差異很小，反映絕大多數日本人住在核心的高雄一範圍內。甚至，日本人在這個核心區域持續占有人口的四分之一。

圖4描繪1935年（昭和10年）高雄市核心區域的人口組成。日本人明顯聚集在愛河以西、壽山山腳一帶，其中人數最多的湊町（哈瑪星）有3,480人。除了湊町，日本人居多的區域還有：哨船町（第一船渠以西）、

表2：1920-1943年日本人數量與占比

年	高雄一	高雄二	高雄三	高雄四
1920	8,837（25.2）	8,838（24.1）	8,885（17.4）	8,969（16.3）
1925	**10,282（23.5）**	10,290（22.6）	10,348（16.9）	10,469（15.9）
1930	**15,437（24.6）**	15,438（23.9）	15,493（18.9）	15,621（18.0）
1935	20,297（24.4）	**20,303（23.8）**	20,370（19.3）	20,480（18.4）
1940			28,336（17.9）	*28,461（17.9）
1943				**42,962（20.0）

● 註：(1) 括弧內為占比。(2) 粗體字為當時高雄市域。(3) * 尚未編入高雄市的楠梓、土庫、後勁以1939年度《臺灣常住戶口統計》的「內地籍」補入。(4) ** 缺直接數據，以「內地籍」代替。由於內地籍中存在少許臺灣人，臺灣籍中也存在少許日本人，兩者雖可互相抵銷，仍有誤差。

資料來源：同表1。

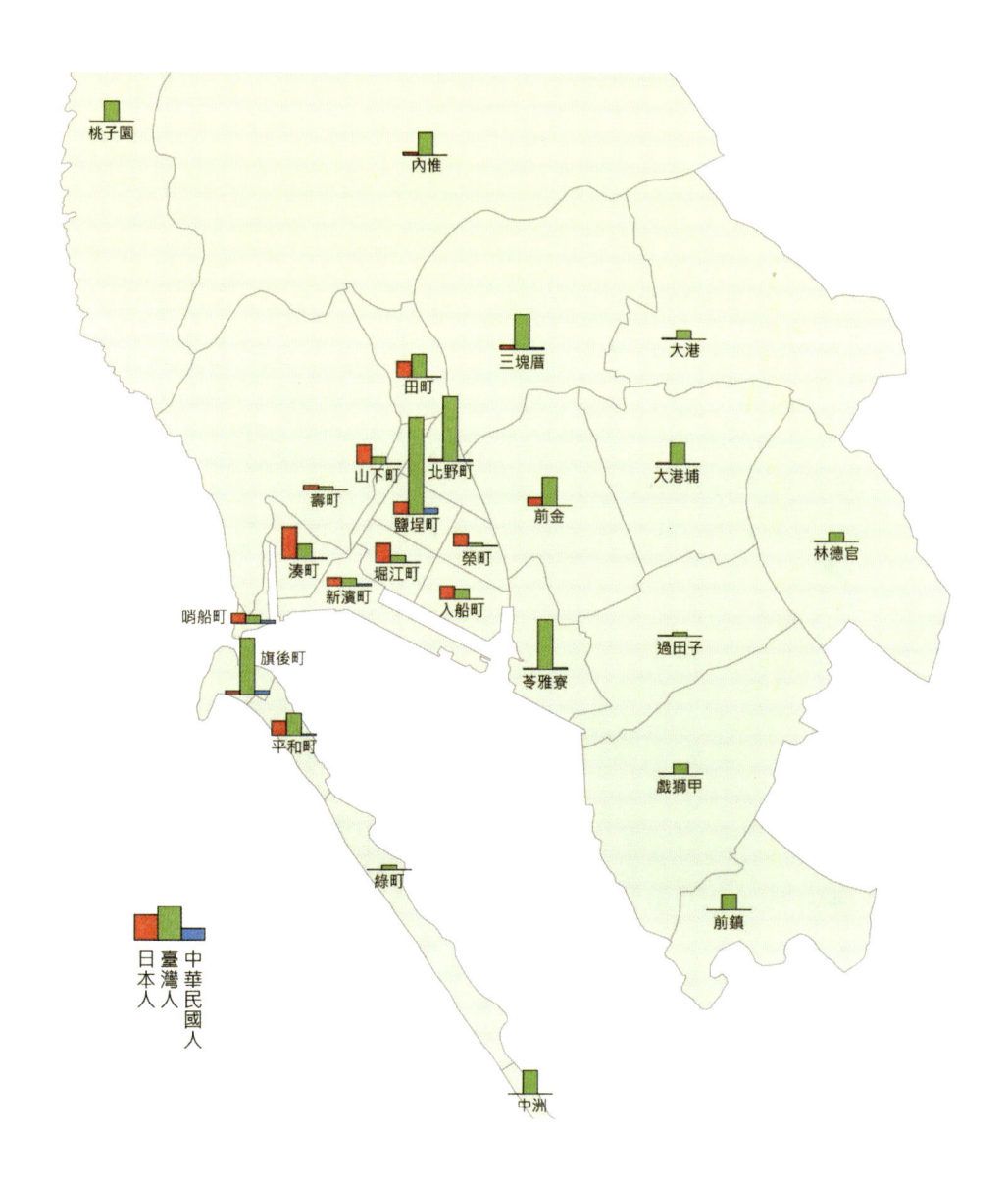

● 圖4：1935年高雄市人口組成

資料來源：《昭和十年國勢調查結果表》（臺灣總督府官房臨時國勢調查部，1937）。

Part III ｜ 高雄的人口變遷與移民構成（1920～2020）　　159

新濱町（臨海一路東、濱海一路南）、壽町（壽山公園一帶）、山下町（鼓山二路轉彎處以南）、堀江町（五福四路南、大勇路西）、入船町（五福四路南、大勇路東）、榮町（五福四路北、大勇路東）。除此之外，田町（鼓山二路轉彎處以北）、鹽埕町（富野路南、大勇路西、五福四路北）、平和町（旗津大關路以南）、前金等地也有很多日本人。

市區以外，日本人高度集中於行政中心（鳳山、岡山、旗山）與糖廠所在地（橋子頭、小港、旗尾）。按1935年普查，鳳山連同新庄子（鳳山車站一帶）計720人，岡山連同後紅（岡山車站一帶）計350人，旗山614人，橋子頭367人，小港510人，旗尾314人。除此之外，其他地點的日本人都沒有超過300人。

● 日治時期高雄山下町通（今鼓山一路一帶）

資料來源：高雄街道系列明信片，高雄市立歷史博物館典藏資料，登錄號：KH2003.008.151

● 日治時期旗尾糖廠人員合影

資料來源：旗尾糖廠人員合影（旗山），高雄市立歷史博物館典藏資料，登錄號：KH2013.002.029

● 日治時期苓雅寮廟前人潮

資料來源：苓雅寮廟前人潮，高雄市立歷史博物館典藏資料，登錄號：KH2015.005.495

　　1930年代，來自中華民國的居留者維持2千餘人，其中多數聚集在商業中心的鹽埕町與港口的旗後町、哨船町（圖4），明顯與貿易活動相關。按1935年普查，鹽埕町662人，旗後町461人，哨船町311人。

　　高雄市的人口成長，更多來自於臺灣其他地方的移民。這些人多數聚集於鹽埕町、北野町（富野路以北）。可惜的是，日治時期的人口統計並未揭露他們來自何方。從戰後初期的本籍分布來研判，最初的移民應以臺南人與澎湖人為主。另一方面，大約2千名客家人於1920-1935年間移入高雄市及其周邊。關於客家移民的更多細節留待後文展開。

四 戰後移民的來源

人口統計分為動態與靜態。動態統計呈現某段期間內的「流量」，包括各項流入、流出與增減（類似損益表中的收入、支出與盈虧）；靜態統計呈現某個時間點的「存量」（類似資產負債表中的金額）。人口遷移本身是一種流量，不過早期的「本籍」制度讓我們可以掌握各地移入者的存量。

(一) 本籍分布

1992年（民國81年）《戶籍法》修正之前，人們即使在高雄市辦理遷入登記，仍然保留原鄉的本籍。而且，移民後代即使在高雄市出生，仍然繼承上一代的本籍。[8]雖然本籍可以變更（有些人在高雄市久居之後可能申請轉籍為高雄市籍），但仍可捕捉很大一部分移入者的來源。

最早一份本籍分布資料來自於1956年（民國45年）人口普查，反映更早之前人口移入的成果。如表3所示，當年高雄市（高雄四範圍）的人口有22.8%為外省籍、26.9%為外縣市籍，非本地籍幾乎占了一半。表3未計入44,468名駐紮於高雄市的無戶籍軍人，其中多數為外省人，因此外省籍占比有所低估。[9]不意外的是，左營區有將近一半人口為外省籍。另外，公營事業集中的前鎮區也有高達41%人口為外省籍。[10]關於外省籍的來源留待後文進一步分析，這裡先聚焦於外縣市籍的來源。

1956年以前，移入高雄市的外縣市人口主要來自臺南縣、澎湖縣。其中，臺南縣籍占全市人口7.3%，且除了左營、楠梓、旗津以外的各區，占比皆超過5%。澎湖縣籍占全市人口5.1%，尤其集中於市中心的鹽埕、鼓山、新興、前金、旗津等區。此時，來自嘉義縣、高雄縣、屏東縣的移民還不算突出。

表3：1956年高雄市與周邊之非本地籍占比

| | 人口 | 外省 % | 外縣市 % | 外縣市再細分 % |||||
				嘉義縣	臺南縣	高雄縣	屏東縣	澎湖縣
高雄市	365,159	22.8	26.9	1.9	7.3	3.8	1.6	5.1
鹽埕區	55,142	16.2	35.8	2.8	7.1	4.9	1.9	6.7
鼓山區	53,778	18.7	30.2	1.1	10.3	2.6	1.5	8.1
左營區	50,710	48.2	7.0	0.4	1.2	1.6	0.7	1.2
楠梓區	23,473	11.6	13.3	1.0	3.7	4.2	1.1	0.5
三民區	30,528	8.6	26.6	1.5	5.7	4.0	1.8	4.4
新興區	36,966	19.4	42.9	2.6	13.3	4.4	2.6	9.3
前金區	34,100	21.6	36.2	2.1	9.9	5.1	2.1	6.8
苓雅區	29,619	16.0	32.6	4.3	11.0	4.7	2.0	2.1
前鎮區	31,025	41.0	22.9	3.1	7.4	5.0	1.5	1.3
旗津區	19,818	12.8	12.6	0.3	0.7	2.0	1.0	7.6
小港鄉	31,998	14.2	4.5	0.3	1.5	-	0.8	0.6
鳳山鎮	47,019	25.2	13.0	1.3	3.9	-	1.5	0.7

● 註：未計入44,468名駐紮於高雄市的無戶籍軍人。
資料來源：《中華民國戶口普查報告書》（臺灣省戶口普查處，1959）。

表4：1966年高雄市與周邊之非本地籍占比

| | 人口 | 外省 % | 外縣市 % | 外縣市再細分 % |||||
				嘉義縣	臺南縣	高雄縣	屏東縣	澎湖縣
高雄市	672,188	24.8	37.5	3.8	10.0	6.3	2.5	4.0
鹽埕區	64,718	15.2	43.5	4.9	9.6	6.9	2.0	5.8
鼓山區	82,037	21.0	40.4	2.3	14.2	4.8	2.2	7.5
左營區	108,505	52.0	20.9	1.5	2.6	3.1	1.8	1.0
楠梓區	37,733	19.5	21.5	1.6	5.1	7.5	2.0	0.6
三民區	77,300	12.2	44.7	3.7	11.9	8.0	3.1	4.4
新興區	81,416	18.6	49.5	4.6	15.0	7.6	3.4	6.0
前金區	56,915	19.3	42.4	3.5	11.0	7.2	3.0	4.8
苓雅區	69,947	20.7	43.2	6.1	13.3	6.9	2.9	2.6
前鎮區	61,859	32.3	39.1	8.0	11.7	8.4	2.8	1.1
旗津區	31,758	18.8	20.6	0.8	1.5	5.1	1.5	7.4
小港鄉	44,556	16.4	7.4	0.7	1.6	-	0.8	0.4
鳳山鎮	87,119	37.6	18.4	2.4	5.2	-	2.2	0.5

資料來源：《中華民國五十五年臺閩地區戶口及住宅普查報告書》（臺灣省戶口普查處，1969）。

表5：1980年高雄市與周邊之非本地籍占比

| | 人口 | 外省 % | 外縣市 % | 外縣市再細分 % |||||
				嘉義縣	臺南縣	高雄縣	屏東縣	澎湖縣
高雄市	1,219,589	17.2	45.6	6.5	12.1	6.8	4.5	3.8
鹽埕區	44,130	14.3	42.5	5.6	9.3	6.6	2.7	4.5
鼓山區	99,294	16.6	41.5	3.9	13.2	4.7	3.1	8.0
左營區	113,548	47.2	19.7	2.1	4.4	4.0	2.4	1.4
楠梓區	85,530	23.2	34.8	3.5	7.3	10.5	3.9	1.3
三民區	240,227	8.1	57.6	6.3	16.2	9.4	5.5	4.1
新興區	80,702	13.4	48.2	5.2	13.4	6.5	4.8	3.9
前金區	46,663	15.5	40.1	3.5	10.5	6.0	3.8	4.6
苓雅區	188,394	15.9	51.9	7.3	13.7	7.4	5.6	4.3
前鎮區	201,792	14.4	60.0	14.2	16.6	6.9	5.6	3.4
旗津區	36,309	15.5	19.1	1.7	1.6	2.0	2.2	8.7
小港區	83,000	13.3	26.8	4.4	6.0	2.7	4.2	1.3
鳳山市	222,817	23.5	43.8	7.3	11.2	-	6.1	2.8

資料來源：《中華民國六十九年臺閩地區戶口及住宅普查報告》（行政院戶口普查處，1982）。

表6：1990年高雄市與周邊之非本地籍占比

| | 人口 | 外省 % | 外縣市 % | 外縣市再細分 % |||||
				嘉義縣	臺南縣	高雄縣	屏東縣	澎湖縣
高雄市	1,380,115	15.4	51.6	6.6	12.1	8.6	6.2	3.9
鹽埕區	35,286	13.7	45.9	5.6	9.6	7.5	3.8	4.8
鼓山區	113,526	19.7	44.9	4.1	11.8	5.1	4.2	7.8
左營區	129,937	34.5	36.3	3.1	5.8	5.4	4.0	1.6
楠梓區	113,133	21.3	42.8	4.1	8.5	13.9	5.0	1.5
三民區	316,203	8.2	62.4	6.8	16.0	11.8	7.4	3.9
新興區	69,267	13.6	51.7	5.2	12.3	8.6	6.2	3.3
前金區	36,852	15.5	44.6	4.1	10.0	7.3	5.3	4.0
苓雅區	214,231	15.0	55.6	7.1	13.0	8.5	7.4	4.2
前鎮區	198,896	13.0	61.9	13.1	15.9	7.7	7.3	4.2
旗津區	32,459	11.5	23.6	2.1	1.9	3.1	2.4	9.6
小港區	120,325	10.7	41.7	6.2	8.1	5.8	7.0	2.0
鳳山市	296,460	18.0	52.0	8.1	11.8	-	8.0	2.0

● 註：嘉義市已於1982年獨立，為了保持資料連貫性，本表仍算進嘉義縣中。

資料來源：《中華民國七十九年臺閩地區戶口及住宅普查報告》（行政院戶口普查處，1992）。

表4呈現1966年（民國55年）人口普查的數據。當年高雄市（高雄四範圍）的人口有24.8%為外省籍、37.5%為外縣市籍，非本地籍已超過六成。這份普查資料納入現役在營軍人，因此外省籍占比相較於表3有所提高。最明顯的地方是陸軍駐紮的鳳山鎮，其外省籍占比提高至37.6%。反之，原有超過四成人口為外省籍的前鎮區，隨著大量外縣市人口移入，外省籍占比稀釋為32.3%。

　　臺南縣籍的移入數量原已最多，10年之間又增加最多。1966年時，臺南縣籍達到全市人口的10%；除了左營與旗津的數量較少，臺南人遍布各區。高雄縣籍也明顯崛起，達到全市人口的6.3%，且分布相當均勻。此外，來自嘉義縣（含嘉義市）的移民開始在前鎮區與苓雅區大量聚集。另一方面，澎湖人雖然來得早，但因原鄉人口規模小，供應量比不過本島南部縣市，人口占比被稀釋為4.0%。不過在市中心的鹽埕、鼓山、新興、旗津等區，澎湖人仍頗具分量。

　　時間來到1980年（民國69年，表5）。隨著外縣市人口持續湧入（高雄五範圍），此時外縣市籍的占比提高至45.6%，而外省籍的占比稀釋為17.2%。臺南縣籍仍持續增加，達到全市人口的12.1%。唯過去14年人口增加最多的籍別是嘉義縣（含嘉義市），其占比提高為6.5%。嘉義人尤其集中於前鎮區，占了當地人口14.2%，可能與加工出口區的就業有關；而新發展的三民區、苓雅區、鳳山市也有很多嘉義人移入。此外，屏東縣籍崛起，占比提高為4.5%，大多分布於郊區（三民、苓雅、前鎮、鳳山）。來自高雄縣的移入流量雖然最多（詳見後文），但存量只微幅增加至6.8%，反映這些人來來去去。另一方面，澎湖籍的占比進一步稀釋成3.8%，唯在鼓山區與旗津區仍頗具分量。

　　到了1990年（民國79年，表6），外縣市籍的占比繼續提高至51.6%，而外省籍的占比進一步稀釋為15.4%；總計有超過三分之二的人

口非本地籍。過去10年增加最多的籍別主要來自高雄縣與屏東縣，新移民多數移入新發展的楠梓、三民、小港等區。兩年後，政府以「解決省籍問題」為由將本籍制度廢除，因此以後就沒有關於本籍分布的資料了。

(二) 外省籍來源

　　高雄的外省人有一大特點：山東人最多。原因不外乎青島系海軍來臺之後，以左營軍港為大本營。山東人以外，來自沿海的江蘇、浙江、福建、廣東等省人數排入前五名。這五大省籍合力貢獻過半的外省籍人口。表7列出排行前20名的省籍，已涵蓋96%外省籍人口。

　　早期住在軍營外的軍官擁有戶籍，但軍營內的低階軍人沒有戶籍。1956年（民國45年）人口普查未計入軍營內的無戶籍軍人。從解密檔案得知，當時有44,468人駐紮於高雄市（高雄四範圍）、37,870人駐紮於高雄縣。[12] 這些人大多來自中國大陸，但具體省籍不得而知。1966年（民國55年）人口普查始計入所有現役軍人。我們可以從兩次普查數據的變化，推敲那些無戶籍的低階軍人主要來自哪些省分。增加幅度愈大的省籍，意味有愈多人於1956年時未計入，到了1966年時才計入。觀察表7可知，山東、湖南、河南、四川、江西等省籍的增加幅度特別大。尤其來自內陸的湖南、河南、四川、江西等省人口，應該有很大一部分是從軍來臺。

　　表8進一步列出1956年時五大省籍於高雄市各區的分布；高雄縣的小港、鳳山、岡山、燕巢等鄉鎮聚集大量外省籍人口，也一併列出。此外，南京籍與四川籍的分布極具特色，因此特地列出。

　　首先，我們可以發現山東籍在左營區與小港鄉特別多，明顯與海軍基地有關。而左營區除了山東籍以外，江蘇籍與福建籍也不少，反映當地海軍不是只有青島系（山東），也有電雷系（江蘇）與馬尾系（福建）。所

表7：1956、1966年外省籍人口

	1956 高雄市	1956 大高雄	1966 高雄市	1966 大高雄	增率 高雄市	增率 大高雄
外省籍	83,339	124,582	166,845	276,992	100%	122%
山東省	12,079	16,797	25,794	38,555	114%	130%
福建省	10,519	14,433	19,911	28,471	89%	97%
浙江省	8,480	14,949	16,137	26,991	90%	81%
廣東省	7,303	11,681	14,167	26,335	94%	125%
江蘇省	8,906	12,259	16,928	26,266	90%	114%
湖南省	4,102	6,926	9,583	18,779	134%	171%
安徽省	5,200	7,118	9,861	15,484	90%	118%
河南省	3,490	5,491	8,063	14,914	131%	172%
四川省	1,922	4,578	6,000	13,675	212%	199%
湖北省	4,531	6,141	8,299	13,350	83%	117%
江西省	2,241	3,492	6,173	12,203	175%	249%
河北省	3,294	4,908	5,678	9,169	72%	87%
南京市	2,360	2,793	3,418	4,162	45%	49%
廣西省	559	1,250	1,488	3,692	166%	195%
遼寧省	1,527	2,041	2,269	3,413	49%	67%
上海市	1,664	1,909	2,409	2,997	45%	57%
青島市	878	1,217	1,908	2,648	117%	118%
雲南省	222	576	805	2,316	263%	302%
貴州省	219	424	854	2,277	290%	437%
陝西省	349	697	930	2,058	166%	195%

● 註：1956年未計入44,468名駐紮於高雄市、37,870名駐紮於高雄縣的無戶籍軍人。

資料來源：《中華民國戶口普查報告書》（臺灣省戶口普查處，1959）；《中華民國五十五年臺閩地區戶口及住宅普查報告書》（臺灣省戶口普查處，1969）。

表8：1956年高雄市與周邊之外省籍占比

	人口	外省%	外省再細分%						
			山東	江蘇	浙江	南京	福建	廣東	四川
大高雄	899,828	13.8	1.9	1.4	1.7	0.3	1.6	1.3	0.5
高雄市	365,159	22.8	3.3	2.4	2.3	0.6	2.9	2.0	0.5
鹽埕區	55,142	16.2	1.5	1.8	2.8	0.2	3.1	1.9	0.3
鼓山區	53,778	18.7	2.5	1.5	1.8	0.3	3.0	2.5	0.4
左營區	50,710	48.2	12.1	4.6	2.8	0.8	5.2	2.7	1.3
楠梓區	23,473	11.6	1.4	1.1	1.0	0.1	2.5	0.9	0.2
三民區	30,528	8.6	1.1	1.2	0.7	0.1	1.4	0.9	0.3
新興區	36,966	19.4	2.1	1.8	2.3	0.3	2.2	2.4	0.4
前金區	34,100	21.6	2.1	2.4	2.1	0.4	3.2	2.6	0.6
苓雅區	29,619	16.0	1.6	1.5	1.6	0.1	2.2	2.0	0.5
前鎮區	31,025	41.0	2.1	6.1	4.7	4.3	1.7	2.1	0.7
旗津區	19,818	12.8	2.1	1.4	3.1	0.1	2.6	0.4	0.1
小港鄉	31,998	14.2	6.9	1.0	0.4	0.1	0.5	1.0	0.3
鳳山鎮	47,019	25.2	2.4	2.8	2.4	0.4	3.3	2.3	0.9
岡山鎮	42,929	29.3	1.8	2.3	3.0	0.4	1.6	3.2	3.7
燕巢鄉	17,064	11.4	1.1	0.8	0.6	0.0	1.0	1.6	1.2

● 註：未計入44,468名駐紮於高雄市、37,870名駐紮於高雄縣的無戶籍軍人。
資料來源：《中華民國戶口普查報告書》（臺灣省戶口普查處，1959）。

謂「四海一家」，指的就是海軍四個派系融為一體。除了上述三個派系，另一個是廣東的黃埔系。從人數來看，山東籍是海軍主幹；江蘇籍與福建籍有一定分量，但加起來沒有山東籍多；廣東籍最少。第三，江浙集團（江蘇、浙江、南京）特別聚集在前鎮區，很可能掌控當地龐大的公營事業。第四，四川籍在岡山鎮特別突出，應與當地的空軍基地有關。四川人也將家鄉的食譜帶來岡山，發展出著名的「岡山豆瓣醬」。

● 半屏山下的陸戰隊軍營

資料來源：高雄紹介明信片，高雄市立歷史博物館典藏資料，登錄號：KH2017.018.091

　　遺憾的是，1966年人口普查未提供各區（鄉鎮）的省籍統計。我們只能從外省籍的總數來觀察，鳳山鎮、大寮鄉增加特別多，仁武鄉也增加不少，反映當地有大量無戶籍軍人駐紮。前文已指出，湖南、河南、四川、江西等省籍有很大一部分是軍人。由此推敲，這些省籍在鳳山鎮、大寮鄉為數不少。

(三) 遷移流量

　　人口普查屬於靜態統計，原本不調查人口遷移。1966年（民國55年）普查首開先例，調查「一年前之居住地」，可算出1965-1966年縣市對縣市的遷移流量。圖5根據這份資料，以淨遷移數（移入數減移出數）呈現當時人口移動的大方向。整體而言，雲林以北的移出者多數往臺北縣市

移動；嘉義的移出者一半往北、一半往南；南部人口則向高雄市集中。在這一年期間移入高雄市者，來源地前四名分別為：高雄縣7,263人、臺南縣5,532人、屏東縣3,502人、嘉義縣（含嘉義市）3,378人。若扣除移出者，則淨遷移的前四名分別為：臺南縣3,695人、高雄縣3,363人、嘉義縣2,574人、屏東縣2,149人。

1980年（民國69年）普查改為調查「五年前之居住地」，可算出1975-1980年縣市對縣市的遷移流量。如圖6所示，當時臺北縣市的吸引力進一步強化，吸收範圍擴及全島；而高雄市尚能吸收南部人口淨移入。在這五年期間移入高雄市者，來源地前四名分別為：高雄縣37,813人、臺南縣20,771人、屏東縣18,668人、嘉義縣（含嘉義市）12,805人。若扣除移出者，則淨遷移的前四名分別為：臺南縣16,124人、屏東縣13,034人、嘉義縣10,617人、澎湖縣5,054人。值得注意的是，雖然來自高雄縣的移入者最多，但高雄市也向高雄縣輸出52,995人。這反映高雄市的發展已溢出邊界，出現郊區化現象。

1990年（民國79年）普查繼續調查「五年前之居住地」，可算出1985-1990年縣市對縣市的遷移流量。如圖7所示，當時臺灣已演變為單極發展模式：人口往北部集中，高雄失去吸引力。這也呼應圖3呈現的圖像：1980年代以後，高雄市的人口比重逐漸下滑。在1985-1990年期間，只剩下屏東縣還能幫高雄市「輸血」，淨移入8,882人；而高雄市人口則持續向高雄縣外溢。

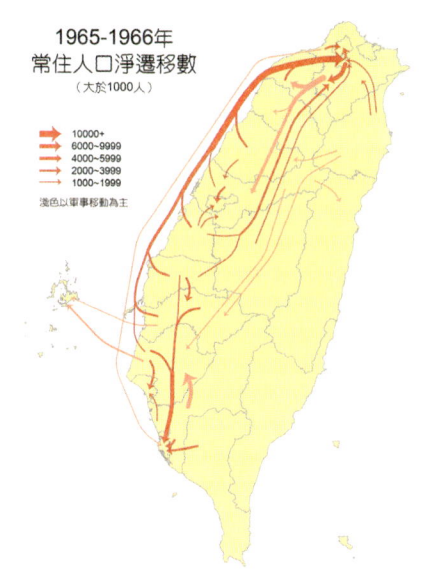

● 圖5：1965-1966年常住人口淨遷移

資料來源：《中華民國五十五年臺閩地區戶口及住宅普查報告書》（臺灣省戶口普查處，1969）。

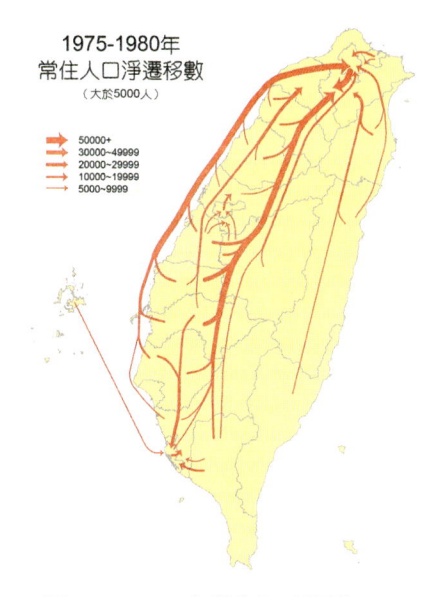

● 圖6：1975-1980年常住人口淨遷移

資料來源：根據主計總處提供之1980年人口普查原始資料計算。

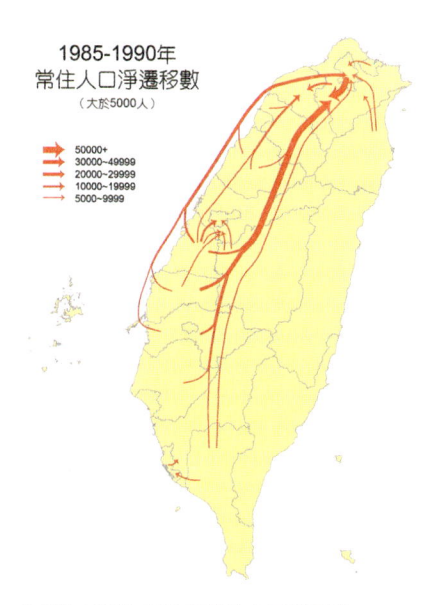

● 圖7：1985-1995年常住人口淨遷移

資料來源：根據主計總處提供之1990年人口普查原始資料計算。

五 少數群體

客家人、都市原住民、新住民與外籍人口雖為少數群體，但也共同譜寫移居高雄市的史詩。因此，本節特別關注這些少數群體的來源或分布。

(一) 客家人

高雄市區原本罕見客家人。1920年（大正9年）時，高雄四範圍內只有90名客家人。1925年（大正14年）以後，客家人開始明顯增加，其中多數移入愛河上游至澄清湖之間的平原，包括三塊厝、大港、灣子內、覆鼎金、赤山、山子腳等地（表9）。前三個大字構成今日三民區的一部分；而覆鼎金以愛河為界，西部位於今日左營區，東部位於今日三民區。由於覆鼎金的聚落幾乎都在東部，其人口可以算在三民區。赤山西部（獅頭）於1940年（昭和15年）編入高雄市，也位於今日三民區。不過赤山的聚落幾乎都在東部，位於今日的鳳山區。另外，山子腳位於今日的鳥松區。上述區域不僅客家人數量持續增加，其占比也節節高昇。1930年（昭和5年）以後，灣子內甚至「反客為主」，客家移民成為當地多數。[12]

1935年（昭和10年）時，三民區範圍約有1千餘名客家人，約占當地人口15%。此後直到1956年（民國45年）才有相關資料。21年間，三民區客家人數量翻為4倍，人口占比維持在13.8%。再過10年，三民區客家人增加至6,561人，不過占比稀釋為8.5%。順帶一提，比鄰的鳥松鄉為5.4%、鳳山鎮3.0%。

往後歷次人口普查，再也沒有調查客家人。近年來，客家委員會委託民調公司以電話抽樣調查客家人口。歷次調查中，三民區居民單一自

我認定客家人的比例多為10%上下。其中樣本最大的一次（2008年訪問384人），正好是10%。[13] 這個比例應該可以相信。

表9：高雄市與周邊之客家人數量與占比

年	高雄四	三民區	三塊厝	大港	灣子內	覆鼎金	赤山	山子腳
1920	90 (0.2)	*14 (0.5)	7 (0.4)	5 (1.2)	2 (2.0)	0 (0)	28 (3.2)	0 (0)
1925	378 (0.6)	*195 (5.2)	68 (3.0)	60 (11.5)	40 (23.1)	27 (3.7)	120 (10.4)	51 (17.3)
1930	1,014 (1.2)	*599 (11.4)	124 (3.8)	195 (24.9)	199 (51.4)	81 (10.1)	177 (13.1)	118 (33.2)
1935	2,154 (1.9)	*1,053 (15.1)	251 (5.7)	304 (28.5)	345 (59.6)	153 (16.2)	275 (17.1)	233 (45.5)
1956	11,382 (3.1)	4,211 (13.8)						
1966	19,765 (2.9)	6,561 (8.5)						

● 註：(1) 括弧內為占比。(2) 日治時期稱廣東人；1956、1966年普查稱祖籍廣東。(3) *三塊厝、大港、灣子內、覆鼎金合計。(4) 赤山位於今日鳳山區，山子腳位於今日鳥松區。

資料來源：同表1。

（二）非原鄉原住民

直到1966年（民國55年），原住民移居非原鄉地區的人數還很少；高雄五範圍內僅有632人，高雄縣扣除原鄉後僅有258人。此後34年間都沒有族別統計資料。2000年，高雄市的都市原住民已激增為8,644人，其中近半數為阿美族，次為排灣族（表10）。高雄縣扣除原鄉後有7,010人，其中排灣族最多，次為阿美族與布農族。

進入21世紀後，非原鄉地區的原住民持續增加。其中一部分從原鄉移入，包括2009年（民國98年）莫拉克風災後，許多原鄉災民被迫遷移

表10：高雄非原鄉原住民數量

	年	原住民	阿美族	排灣族	布農族	泰雅族	魯凱族
高雄五	1956	*135	51	47	9	22	2
	1966	632	454	50	18	41	13
	2000	8,644	4,200	1,685	708	719	683
	2010	**11,812	5,640	3,083	1,094	620	533
	2020	**14,634	6,520	4,134	1,447	783	560
高雄縣非原鄉	1956	*143	15	50	72	4	0
	1966	258	82	95	29	26	3
	2000	7,010	1,649	1,958	1,608	639	517
	2010	**8,554	2,334	3,309	1,321	435	390
	2020	**12,663	3,483	4,720	2,228	597	531

● 註：(1) 2010、2020年人口普查資料未區分族別，故列出戶籍人口。(2) 非原鄉指茂林、桃源、那瑪夏（三民）等三鄉除外。(3) * 九族合計。(4) ** 按2010年人口普查，高雄五常住人口為14,002，高雄縣非原鄉常住人口為10,567；按2020年人口普查，高雄五常住人口為17,481，高雄縣非原鄉常住人口為17,469。

資料來源：1956、1966、2000年同表1。2010、2020年由原住民族委員會提供。

至杉林區的永久屋基地。但也有部分原因是2001年制訂的《原住民身分法》放寬身分標準，使許多非原住民成為原住民。[14]近年來，排灣族增加的速度比阿美族快（表10）。

非原鄉原住民的居住地相當分散，唯在都會區邊緣相對密集。小港區的數量最多，人口占比也最高。按2020年人口普查，3,948名原住民常住於小港區，占當地人口2.6%。

(三) 新住民與外籍人口

21世紀以來，新住民與外籍人口的增加讓人很有感。根據2010年人口普查，大高雄有31,515名外籍配偶（包括取得本國籍與定居證者），人數已經比原住民還多。其中，來自中國或港澳者19,172人，來自東南亞者11,386人。到了2020年（民國109年），常住的外籍配偶微幅增加為32,553人。有意思的是，來自中國或港澳者減少為16,824人，來自東南亞者增加為14,105人。

外籍人口（包含移工）的數量比婚姻移民更多，增加速度也更快。1990年（民國79年）時，大高雄僅有2,943名外籍人士常住；2000年激增為34,521人，2010年增加至52,959人，2020年達到84,827人（表11）。進一步細分國籍，中國籍人數於2010年達到顛峰，但2020年減半。泰國籍曾於2000年超過1萬人，但後來人數銳減。目前，外籍人口主要來自印尼、越南、菲律賓。

表11：大高雄外籍人口來源

年	總計	中國	印尼	泰國	菲律賓	越南
1990	2,943					
2000	34,521	1,899	5,596	10,241	10,683	2,372
2010	52,959	12,379	14,965	3,853	7,954	8,804
2020	84,827	5,982	29,063	3,631	16,372	23,537

● 註：中國含香港、澳門。

資料來源：同表1。

六 結論

本文回顧1920-2020年高雄之人口變遷，以及移入者的來源與分布。主要觀察可歸納為下列五點。

(1) 高雄市的人口成長自1935年起加速；戰後雖因大批日本人離開而人口銳減，但很快重啟高速成長，吸引大量外地人口移入。唯1980年代開始，高雄市對外來人口逐漸失去吸引力，使人口成長趨於停滯。

(2) 日本人在高雄市的第一波崛起過程中扮演重要角色。日治時期，日本人占高雄市人口兩成以上，主要聚集於愛河以西、壽山山腳一帶。

(3) 日本人離開後，外省人遞補，也占高雄市人口兩成以上。這些人過半來自沿海的山東、江蘇、浙江、福建、廣東等五省，尤以山東人最多。來自內陸的湖南、河南、四川、江西等省籍則有很大一部分是底層軍人。值得注意的是，左營區的海軍基地以山東人為主幹，江蘇人、福建人也有一定分量；江浙集團特別聚集於擁有龐大公營事業的前鎮區。但隨著外縣市人口持續移入，外省籍人口占比逐漸稀釋。

(4) 外縣市移民主要來自南部的嘉義、臺南、高雄、屏東、澎湖等五縣。其中，臺南人、澎湖人最早來；隨後高雄縣民與嘉義人加入；1980年代以後屏東人成為移民主力。值得注意的是，澎湖人聚集於老市區（旗津、鼓山、鹽埕）；嘉義人特別聚集於前鎮區及其周邊。

(5) 客家人雖為少數，但1930年代開始在三民區取得一席之地。都市原住民以阿美族、排灣族、布農族居多，最聚集的地方在小港區。近年來，外籍居民快速增加，以印尼、越南、菲律賓等國籍為主力。

註釋 Notes

一
01. 1920年8月10日府令第48號。
02. 此五街庄已先於1912年9月21日合併為「打狗」(1912年9月21日府令第22號)，後於1920年改名高雄。
03. 1924年12月25日府令第90號。
04. 1932年11月10日府令第52、53號。
05. 1939年3月30日府令第31號。
06. 1940年9月22日府令第123、124號。
07. 1943年9月22日府令第212、213號。

四
08. 原則上繼承父親，唯父為贅夫或不可考時繼承母親。
09. 葉高華，〈從解密檔案重估二戰後移入臺灣的外省籍人數〉，《臺灣史研究》，28（3）（2021年9月），頁211-229。
10. 關於前鎮區的公營事業，可參考：王御風，《舊港新灣：打狗港濱戲獅甲》（高雄市政府都市發展局、遠足文化，2018）。

11. 葉高華，〈從解密檔案重估二戰後移入臺灣的外省籍人數〉。

五
12. 關於北部客家人移入高雄的情形，可參考：林秀昭，《臺灣北客南遷研究》（文津出版社，2009）。
13. 客家委員會委託、典通股份有限公司執行，《97年度臺閩地區客家人口推估及客家認同委託研究成果》(2008)，附錄一頁4。
14. 父非原住民、母為原住民的子女，原先很少取得原住民身分。《原住民身分法》開放這些人經由從母姓或取用原住民族傳統名字的方式，取得原住民身分。

淺山地區聚落變動

從旗山郡到旗山區：
高雄沿山聚落的歷史演變與發展

王和安

一 前言

今日我們提到高雄市的旗山地區，一般泛指大高雄市行政區域東北方的旗美九區，分別為內門、旗山、美濃、杉林、甲仙、六龜、那瑪夏、桃源、茂林等九區。[1]旗山在清代時稱為「蕃薯寮」，單就從地名的演變來看，很難讓人聯想「蕃薯寮」是指今日的旗美九區；也就是說，「蕃薯寮」這個名稱很難成為旗美九區的總稱。不過，到了日治時期，臺灣總督府設立旗山郡之後，「旗山郡」這三個字卻可以讓我們聯想到今天的旗美九區。換言之，「旗山郡」的建置與其所代表之意涵，確實耐人尋味！

如果將旗美九區的歷史放在2010年（民國99年）高雄縣市合併後的「大高雄市」的發展脈絡來看的話，今高雄市共有38區，旗美9區卻佔了整個高雄市約一半左右的土地面積，但是人口數卻不足高雄市的一半。也就是說，旗美9區雖然佔有高雄市土地面積的一半，但人口卻相對的稀少。以上的諸多問題，需要一個通論性或更宏觀性的視野來做討論。許淑娟曾就旗山區沿

● 蕃薯藔市街

蕃薯藔市街一景，石拱圈亭仔腳為旗山區街屋騎樓獨有的建築風貌。
資料來源：臺灣蕃薯藔市街，高雄市立歷史博物館典藏資料，登錄號：KH2011.009.030

山鄉街的特色，將其置於區域發展的脈絡中，討論旗山地區做為沿山鄉街角色的變動性，不能忽視國家在旗山都市發展歷程中所扮演的角色，必須考量「國家」對沿山地區的管理機制，可以做為提供理解沿山聚落發展的深度。[2]

對於高雄市日治時代的城市發展研究，前人研究多強調其國防軍事工業城市定位，推崇其偉大宏觀仿歐式的都市計畫，以彰顯高雄市在臺灣及世界的獨特地位。值得深思的是，高雄市在當時畢竟是殖民地，為日本在建設現代化國家歷程中的都市計畫實驗場。[3]莊淑姿曾針對旗山的香蕉產業經濟有其深入研究，莊氏就臺灣香蕉產業發展與產銷制度變遷，以及香蕉產業與旗山發展等層面，探究香蕉產業的興起為旗山帶來了繁榮，促進交通運輸、人口快速增加，金融發展完整，產業多元發展及機能完善；不過，香蕉產業的衰微造成了旗山的光華不再，使其失去成為功能中心的優勢。她認為這種

看似自然消長的鄉村社會變遷，反映出政府在發展經濟的背後，以農業為發展基礎，注重工商發展，卻漠視地方，未能對鄉村地區提出適當的規劃；在近年臺灣社會的變遷中，旗山從一個農業和商業取向的鄉村中心，如何詮釋上述關係，並從歷史敘事的角度加以掌握，正是筆者長期以來關注的核心課題。[4]

李文環則跳脫地方史或區域發展的既有論述框架，以文化資產為核心概念，也就是結合高密度的歷史空間文本，並強調旗山地區從清代蕃薯寮街，歷經日治設置街庄制度，以及戰後改制為旗山鎮的歷史過程；李氏運用旗山各文化資產做為歷史敘事對象，以空間文本的概念來討論，旗山歷史文化中的空間特質，涉及旗山地區整體性的歷史變遷與文化意涵。[5] 1920年代臺灣街庄改正制度實施，高雄州旗山郡建立後，使當時的「旗山」即成為今日「旗美九區」的行政前身。本文藉由旗山地區在高雄沿山地區的聚落發展特色為例，進而探討日本帝國對臺灣的行政區劃，是如何影響著臺灣聚落發展與變動的歷史過程。當然，若要進一步理解旗美九區在今天是可以視為一個「生活單位」，必須追溯到旗山郡的建置，及其後續的發展情形。

2002年（民國91年）起，筆者從事有關日治時期甲仙、六龜的樟腦業與新竹州客家人之間的關係，當時筆者要先從高雄車站搭高雄客運民生號到旗山，再從旗山到甲仙；當筆者要前往六龜時，必須回到旗山，再從旗山轉往六龜。由於從甲仙到六龜之間並沒有大眾運輸系統直接往返，也因此旗山站的轉運特性，便成為筆者南下田調時，需要列入考量的因素。有時為了交通往返的安排與方便，旗山便成為有住宿需要時的首選地點。今日的旗山可說是高雄市東北九區（內門、旗山、美濃、杉林、甲仙、六龜、那瑪夏、桃源、茂林）重要的產業經濟、人文活動、交通網絡的重要樞紐。由旗山往杉林，沿楠梓仙溪往上至甲仙可到那瑪夏；從旗山往美濃，沿荖濃溪至六龜可通桃源、茂林。這樣的交通連結，其實反映出旗山轉運功能的特性，也代表著由旗山、美濃等九區他們彼此之間的交通產業、人群移動與社會網絡的密切。因此，如何詮釋上述關係，並從歷史敘事的角度加以掌握，正是筆者

長期以來關注的核心課題。本文將從旗山郡建置的歷史過程，就沿山聚落的發展與邊區社會的關係，旗山東北九區的交通網絡與產業經濟，以及聚落發展下的人文活動等面向，來討論從「旗山郡」到「旗山區」，以及旗美九區彼此之間的連結關係。

二、高雄州旗山郡的建置

(一) 地方制度改正

　　1920年（大正9年）臺灣總督府頒布實施臺灣地方制度改正中，最主要關鍵人物首推第八任總督田健治郎，也是臺灣首任文官總督。[6]地方制度改正實施，州、廳、市、街、庄等具有公法人的地方自治團體之創設。[7]臺灣總督府將行政區域劃分為五州、二廳、三市、四十七郡，郡之下設有260個街、庄，二廳之下設有三街、庄、十八區，未設市、街、庄、區之地方則稱為「蕃地」；[8]有關地方官署行政制度之梗概如下：

　　　　州及廳為地方行政組織之第一級行政官署，置知事或廳

● 旗山街蕃薯寮廳旗山郡役所

資料來源：旗山街蕃薯寮廳旗山郡役所，高雄市立歷史博物館典藏資料，登錄號：KH2011.009.087

長,均為專任職,承臺灣總督之指揮監督執行法令,並管理轄內行政業務。知事或廳長為維持轄內安寧,需要兵力協助時,得以書面向臺灣總督提出請求,但遇有緊急變故時,得直接向當地陸、海軍司令官,請求使用兵力。

州,除設知事官房(秘書處)外,設總務、產業及警察等三部。在郡與市,分別置郡守及市長,均以地方理事官擔任之,視為郡、市之行政官署。

郡守及市長,承知事或廳長之指揮監督,執行法令,掌理轄內行政業務及指揮監督所屬之官吏。

街置街長、庄置庄長,屬奏(荐)任官或判(委)任官之待遇,街、庄長承長官之指揮監督,輔助長官執行街、庄內之行政業務。[9]

日本領臺之際治安未靖,無暇顧及地方建設,臺灣施政經費全由日本國庫負擔,在1898年(明治31年)「臺灣地方稅則」頒訂後,設地租附加稅、家屋稅、營業稅、雜稅等地方稅後,地方稅務逐漸歸臺灣總督府所管轄;地方制度改正實施後,州廳地方費,市街庄成為獨立之經濟主體,自行經理財政。[10]綜觀日本治臺50年,地方一級行政區域調整歷經縣制時期、廳制時期、州制時期,誠如第七任總督明石元二郎在1918年(大正7年)七月上任時之訓示,「殖民地統治方針,本來常有變更,此乃視其時代情形而定」。[11]

1920年(大正9年)10月1日,田健治郎總督諭告:

> 本總督深鑑時運之進轉。本島民眾之實狀。謹仰聖裁。曩改正地方官々制。今復新制定公布州制及市制街庄制。正以本日。見其實施。新制度初認地方公共團體之成立。以確立自治

之基礎。其結果為地方分權。為文治的施設。處務簡捷其在公共團體。則為法定人格。為鄰保協同之主體。為公共事業之自營。官民分治之畛域克明。藉以伸暢〔張〕公益。宣敷教化。開增進社會安寧。民眾福祉之途。抑地方公共團體。為國家組織一分子也。故得遂夫健全鞏固之發達與否。直於國運之隆昌。富強之消長。有至大關係。(節錄)[12]

新制度實施後，有不少臺灣人擔任街、庄長。此時期的臺灣社會與日本領臺前期相比，較為開放、多元，臺灣人也逐漸擁有一些參政機會，田總督身為文官出身，其諭告所強調者，即為「確立地方自治之基礎」這一統治理想。

(二) 旗山郡的建置

高雄州初設時，其轄區主要整併自原阿緱廳、臺南廳與澎湖廳三地；1920年（大正9年）共有高雄郡、岡山郡、鳳山郡、旗山郡、屏東郡、潮州郡、東港郡、恆春郡、澎湖郡等九郡。[13]初代的高雄州廳設置在打狗公館（今鼓山區），1930年代再移至今天前金區的愛河一帶。

1920年代的旗山郡共轄有旗山街、美濃庄、杉林庄、甲仙庄、內門庄、田寮庄及山區的「蕃地」。[14]旗山郡設置之初，大多承襲了自1901年（明治31年）11月「廢縣置廳」以來，蕃薯寮廳建置後的行政區域版圖；1909年（明治42年）10月的廢廳整併下，蕃薯寮廳被併入阿緱廳，設置蕃薯寮支廳，持續到1920年（大正9年）9月；同年10月，地方制度改正實施後，旗山郡領有一街五庄的管轄區域，郡役所設置於旗山街；1932年（昭和7年）行政區域變更，田寮庄被併入岡山郡，原屬於屏東郡的六龜庄則被編入旗山郡，旗山郡確立轄有旗山街、美濃庄、內門庄、杉林庄、甲仙庄、六龜庄。[15]

● 旗山街

資料來源：旗山街，高雄市立歷史博物館典藏資料，登錄號：KH2011.009.068

● 日治時期高雄州廳

資料來源：高雄州編纂，《高雄州要覽》大正十一年，照片頁。

表1：昭和8年（1933）旗山郡街庄大字聚落表

街庄名	大字名
旗山街	旗山、北勢、溪洲、磅碡坑、圓潭子、旗尾、手巾寮
美濃庄	美濃、中壇、竹頭角、龍肚、金瓜寮、吉洋
六龜庄	六龜、新威、土壠灣、新開、荖濃
杉林庄	杉林、月眉、新庄、十張犁、茄苳湖
甲仙庄	東阿里關、東大邱園
內門庄	內埔、木柵、觀音亭、東勢埔、中埔、腳帛寮、萊子坑、溝坪

資料來源：旗山郡役所，《旗山郡要覽昭和八年》（臺北：印刷工場，昭和8年[1933]），頁11。

一般有所謂「高雄三山」之分區慣例，主要沿襲至日治時期「郡」的劃分，為戰後設置高雄縣行政區所轄範圍內之岡山區、鳳山區、旗山區，即日治之岡山郡、鳳山郡、旗山郡。[16] 這種沿用日治行政體制的區域，不僅影響戰後高雄地方行政區的規劃，也同時塑造人們對地理區塊的空間記憶與社會認同。三大區域雖在地理條件與發展路徑上各有差異，但由於日治時期的行政制度與郡役所設置，使得各區逐漸形成以「郡」為單位的行政結構，並在戰後延續至地方治理與居民認同之中。

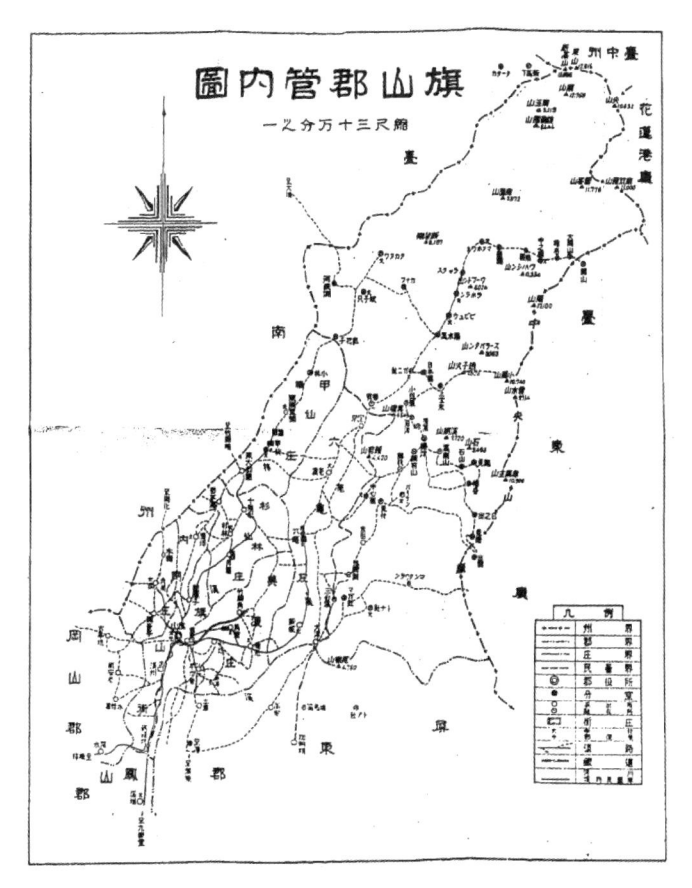

● 昭和12年（1937）旗山郡管內圖

資料來源：旗山郡役所，《旗山郡要覽昭和十二年》，圖版頁。

● 旗山郡役所

資料來源：「旗山郡役所」明信片，高雄市立歷史博物館典藏資料，登錄號：KH2022.019.0048

三 沿山聚落的發展與邊區社會

　　以有關漢人拓墾高雄地區與聚落建立的歷史來看，吳進喜的研究曾指出，漢人勢力在高雄一帶的發展，具史載最早區域為二仁溪流域一帶，即今日高雄市與臺南市的交界處地域，不過，漢人最早開發的優勢，對於二仁溪聚落的發展並未帶來有力的影響。[17] 吳氏的論述點出有關大高雄地區移墾史或發展史的研究取向。

　　早期臺灣史研究大多從移墾史的角度，強調由地方社會的角度來討論臺灣的區域發展史，而研究區域的界定，多半受到當代行政區劃的影響。[18] 換言之，如果以「旗山郡」做為一個歷史敘事的單位時，旗山郡的

轄區在日治時期包含一街五庄以及「蕃地」，生活在蕃地的人們，主要為高山原住民，包含今天的桃源區、茂林區、那瑪夏區等三個原住民鄉鎮，涉及的族群有布農族、魯凱族、卡那卡那富族、拉阿魯哇族、排灣族等，族群關係相當多元複雜。

清代的旗山街稱為「蕃薯寮」，位於邊界地區，是國家勢力的末端，在政府控管力薄弱的情況下，邊區常為社會治安浮動地帶，羅漢外門地區位在府城東郊山嶺外，在蕃薯寮街本地呈現東西向的番界從中間劃過，屬於清代國家勢力所及的邊緣區。[19]臺灣南部山區在清前期尚屬於「化外之區」，而國家力量的進入，必須溯源到1874年（同治13年）牡丹社事件發生後，清廷對於臺灣番界的重視，始有「開山撫番」之舉。[20]也就是說，日治時期旗山郡的「蕃地」都位在番界外，在1683年（康熙22年）到1874年（同治13年）之間，並不屬於大清帝國的版圖。

有關「邊區社會」的議題，向來為清代臺灣史研究之重心所在。洪麗完曾以清代嘉南平原為例，論述臺灣南北部邊區社會之特性，討論宗教信仰與族群關係在嘉義沿山地區交互影響的過程。[21]陳志豪則以新竹頭前溪上游地區為例，指出漢人如何因應土地制度的變遷，在「番界外」的禁墾之地，逐步建立起合法的「邊區」社會；[22]陳氏提出清代「表面上」番界代表拓墾與稅收的最前線，但在番界以外卻還有一個與清帝國產生連結的空間，這樣的界外空間，應該可以被視為「邊區」。[23]清代蕃薯寮街因附近沿山地與平原交會的位置，發展為沿山地帶的交易據點，不過也受限於沿山附近的社會浮動，難以穩定發展。[24]此外，蕃薯寮的地理位置、行政區域、族群特色，因此其邊區社會性質有其特殊性。

處於邊區社會的蕃薯寮街位於臺灣縣與鳳山縣之交界，吏治不彰、閩客衝突，於是環境、國家、社會等作用帶來的影響與空間隔閡，限制了蕃薯寮街的發展。因自然環境、族群社會、國家行政之特性，在附近

平原山野劃下各種空間界線，使得清代蕃薯寮街腹地難以發展。[25]當時代推移，對於近代國家力量在山區領土的宣示，而南部山區長久以來並非漢人勢力所及之地，在國家透過資源的開發下，所呈現的意涵即為，臺灣土地利用的轉變，反映在資源的獲取和開發上，進而影響著山區地方社會聚落的建立。[26]隨著晚清到日治國家力量不斷地進入此區，「蕃薯寮街」在日治時期被更名為「旗山街」後，也就是旗山郡設置之後，郡役所設置在旗山街，此時旗山街角色卻成為東北方地區的行政、交通中心，與清代的聚落性質大相逕庭。

所以，當日治時期旗山郡設立後，並且將蕃地納入帝國的行政治理體系下，國家力量的進駐，對於山區社會所帶來的轉變相當外顯，首先就是移民的進入與行政區域的調整，表示一種國家權力的展現，或是主權的宣示；一種外在情勢的改變，而導致山區或地域環境的變化，無論是對於地表、當地住民、國家體系、地方社會等，都有其關聯性的影響。[27]1920年代旗山建郡之際，田健治郎總督推動臺灣地方制度改正的主要目的之一，是希望日本對臺灣的殖民統治有別於歐美國家，能夠有地方自治之性質。

四 交通網絡與產業經濟

自荷蘭時代起，歷經鄭氏時期直到晚清以前，南臺灣的開發是以臺南府城為中心的西部濱海地區為主，府城與其鄰近地區產生一種經濟供需關係，旗山是經由內門往府城。[28]清代的旗山位處交通輻輳路線，因而發展出中途休憩、物產交換的服務機能，成為府城（今臺南市）以東的內山丘陵區中的一個沿山鄉街。[29]

許淑娟曾指出，清代蕃薯寮庄沿楠梓仙溪谷即可進入山地，為漢人

入山樵採的必經之地，並與熟番交換生活用品之所；漢人多入山抽藤、採樟、燒炭、交易番產，熟番以鹿皮、山產交換生活用品，充分反映出蕃薯寮的沿山地區開墾據點與交換日常生活用品之特色。[30]

1907年（明治40年）打狗往西至九曲堂間的鐵道開通，來自屏東、鳳山、旗山、大樹等地區的米、糖、香蕉等物產，經鐵路運至打狗港，銷售至日本、中國等地。[31]旗山鎮街是一個以農業為發展基礎的鄉鎮，日治初期是一個只有一條長約200公尺的主要街道，人口約300戶的村落。其何時開始有香蕉的種植已難以考證，但在1932年（昭和7年）已有500餘甲的植蕉面積，1939年（昭和14年）植蕉面積已增至1,100餘甲。[32]

在1895年至1923年高雄市最初的發展階段，高雄的基礎工程的大型建設陸續完工及動工，如1908年（明治41年）縱貫鐵路通車，高雄築港，以及新式製糖會社的發展等，外來的日資佔有重要地位。[33]此時期正值旗山建郡的過程，新式製糖業在旗山、美濃一帶發展，也影響著旗山郡至下各街庄的交通建設、產業活動與外來人口之經濟性移民等。[34]

製糖業為旗山郡的重要產業，臺灣製糖株式會社所屬的旗尾製糖所前身為1909年（明治42年）5月創立的高砂製糖株式會社，1910年（明治43年）11月被鹽水港製糖株式會社合併，鹽水港會社經營18年後，在1927年（昭和2年）12月31日被臺灣製糖株式會社併購後持續經營，其工場的甘蔗壓榨能力可達1200英噸。[35]另外，經營大旗山地區製糖業的尚有位於美濃中壇、吉洋一帶的南隆農場，農場管理者為白石喜代治，熊本縣人，於1895年（明治28年）7月4日渡臺。[36]臺灣糖業在日本政府的深厚保護、獎勵之下，急速發展，實際的經營者則為日本資本家，日方資本以甲午戰爭、日俄戰爭及第一次世界大戰為跳板而大為積蓄，促使臺灣糖業成為資本家的大企業。[37]

總督府在臺灣推動製糖業中，實施「原料採收區域制度」，也使得糖

● 旗尾製糖所

資料來源：臺灣製糖株式會社旗尾製糖所，高雄市立歷史博物館典藏資料，登錄號：KH2018.017.183

廠與地方農產的關係更為依賴與緊密，此種情形是國家強制執行下所產生的狀況，而導致的結果就是一般蔗農生產的甘蔗只能賣給指定糖廠，不可能跨區販賣。在國家運作資本主義制度的背景下，活生生的把蔗農與土地緊綁在一起。蔗農所經營的甘蔗雖然看似被納入所謂的資本主義市場中，但是又必須服從國家所制訂的制度，而形成所謂的「殖民地經濟」。

1926年（大正15年）3月，張麗俊（1868-1941）[38]的《水竹居主人日記》曾載有：

> 晴天，坐五時分南行急行車往高雄州遊玩，……又坐十二時轉潮州線列車往屏東，經三塊厝、鳳山、後庄、九曲堂、六塊厝，過五驛抵屏東下車，略遊市街，仍坐車回九曲堂，轉坐三時二十分發五分車入旗山，經大樹、溪埔、嶺口、溪洲四驛，至旗山近六時矣。[39]

當時南隆各聚落的農產運送路線，則以「小火車」為主，聯繫南隆各聚落，旗尾站（前旗山火車站）則為主要集散地，而旗山今日為高雄入山重要的轉運站，旗山聚落與交通地位的成形，有其歷史源由；由張麗俊的行程路線，即行經九曲堂至旗山的過程，南隆各部落的農產品至旗山後，再轉往高雄市，再運往內地或分售其他各地。[40]

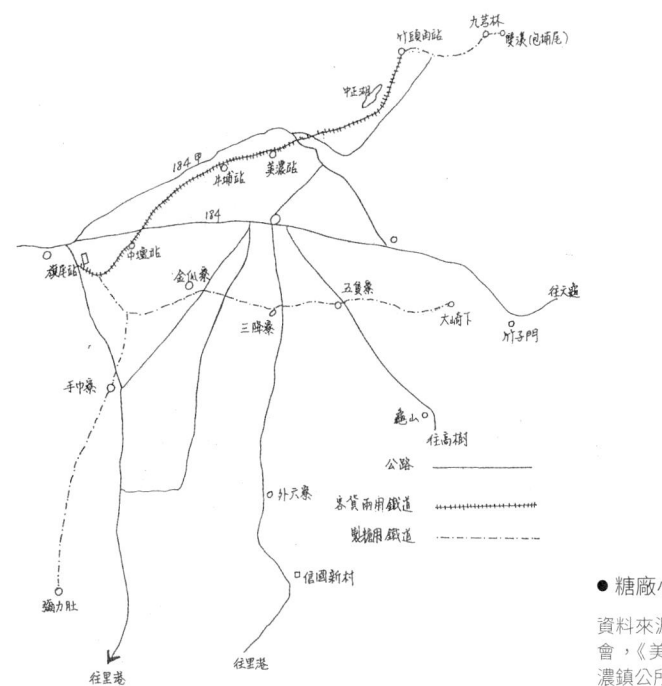

● 糖廠小火車線路分佈圖

資料來源：美濃鎮誌編纂委員會，《美濃鎮誌》（高雄：美濃鎮公所，1997），頁783。

吳進喜以岡山地區為例，1920年，臺灣廢廳行州郡後，「高雄州」與「岡山郡」兩個新地名，伴隨行政區域重劃出現在臺灣南部，而岡山地區的空間範圍，在「郡」的轄區內逐漸明確化。[41]「旗山郡」與「旗山地區」的發展也類似於「岡山郡」之於「岡山地區」的例子。不過，隨著日治時期產業活動的發展關係，旗山郡之所轄各街庄與旗山街有其密切關連，而旗山街做為旗山郡的行政中心，又與高雄市街的往來互動極為頻繁。

● 高雄州岡山郡廳舍
資料來源：高雄州岡山郡廳舍，高雄市立歷史博物館典藏資料，登錄號：KH2011.009.039

五 聚落發展下的人文活動

(一) 鼓山公園與聚落地景改變

　　1926年（大正15年）3月1日，《水竹居主人日記》的張麗俊曾遊歷高雄州與旗山，寫下旅遊詩句：

遊高雄州
雄州霧列屋雲連，石磴高登上極巔，西望鯤洋羅海岸，幾同精衛日啣滇。

遊旗山

旗鼓山名㝡不虛，南遊到此暫停車，觀風問俗雲深處，羨殺同人擇里居。

獨遊

窮盡山巔與水湄，同遊伴侶賦歸期，車窗獨對無聊奈，欲索枯腸覓句遲。⁴²

日治時期臺灣島內的旅遊與觀光其實已相當盛行，在1920年代曾擔任過豐原街協議會員的張麗俊，為著名的櫟社成員之一。張麗俊在1926年（大正15年）2月底時，從臺中搭火車南下遊歷，⁴³ 3月1日拜訪旗山友人林氏，並接受招待。3月2日，張同友人「遂率予上鼓山遊玩公園，又下山遊市街」。⁴⁴

● 高雄全州景勝交通鳥瞰圖

吉田初三郎所繪之高雄全州景勝交通鳥瞰圖「其二」主要顯示高雄州高雄、岡山、旗山、甲仙等範圍，並畫出與標註此區知名景點、地名等資訊。

資料來源：高雄全州景勝交通鳥瞰圖明信片組，高雄市立歷史博物館典藏資料，登錄號：KH2022.019.0060

張麗俊等人遊玩的鼓山公園，就是今日旗山區的鼓山公園，按1912年（大正元年）的「鼓山公園記」紀念碑文提及命名為，「其形似鼓，故名」。[45]不過，該紀念碑的命運，在戰後遭水泥塗覆，後棄之荒野，今則立於鼓山公園入口臺階處，可見此文物受到讚頌與唾棄的極端對待，其背後也似乎承載著臺灣歷史發展的國族矛盾現象。[46]鼓山公園仍留存不同歷史時期留下的石碑，見證旗山歷史重要事件和關鍵時刻，饒富時代意義。[47]戰後，鼓山公園被更名為「中山公園」，2012年（民國101年）時，高雄市府整建公園，又易名為「鼓山公園」，公園更名的過程，反映了政權更迭下的歷史詮釋與時代特色。

　　近代公園始於19世紀中葉，歐美社會因產業結構的進展大幅地改變了都市的結構，也加速聚落發展，而開啟規劃都市內部設施的必要性；休閒公園的興建隨著日本殖民統治而進入臺灣。[48]由鼓山公園的例子可知，一個公園承載著歷史文化的今昔過往，也反映出大旗山地區的聚落變遷與歷史人文。

● 1930年代的鼓山公園

資料來源：太田猛編輯，《臺灣大觀》（臺南：臺南新報社，昭和10年[1935]），頁309。

● 旗山鼓山公園解說介紹
資料來源：王和安拍攝（2017年10月10日）

● 鼓山公園與1912年（大正元年）8月立的鼓山公園記
資料來源：王和安拍攝（2023年4月9日）

　　1904年（明治37年），鼓山在成為近代化公園以前原是公共墓地，其後在地方政府蕃薯寮廳長石橋亨的積極作為下，地方人士集資支持開始興建鼓山，化墓地為公園。[49] 日治時期鼓山的地景可說是徹底的改頭換面，大致在1900年代以前，鼓山屬於旗山地區的公共墓地，化身為公園後，也代表著旗山地區聚落型態的轉變，走向近代化的城鎮地景面貌。

　　依照郭肇立對聚落的定義：「一個社會的、空間的、生態的，與擁有文化自明性的生活共同體；聚落是有意義的集體居住單元，關係著認同感與地域文化的發展，在此生活共同體中，漸次建立起溝通與符號、社會倫理、相互維繫的情感機制」。聚落一詞在觀念上，可以是一種人類生

活的共同體,並無須尺度上大小的差異;可係指是一個城市,亦可是一個鄉鎮,或更簡單的鄰里。[50]

(二)誰是「旗山人」?

1934年(昭和9年)底統計,高雄州治下總戶數為129,820戶,人口共718,491人,較前一年增加戶數3,538戶,人口增加24,090人;旗山郡總戶數則為13,680戶,人口72,651人。[51]

旗山地區在清代是分屬不同縣治(臺灣縣、鳳山縣)的邊區,於日治時期逐漸歸於同一個行政區,也就是旗山郡。[52]從1920年(大正9年)實施地方改正制度,一向被總督府視為臺灣地方自治上的一大進步,殖民當局對於臺灣人的政治思想、自治思想要有漸次進步,方能符合與適應所謂的「地方自治」;1935年(昭和10年),在第16任總督中川健藏時,為發達地方行政之健全,又調整改正地方制度,包含自治權擴充、議決機關創設、協議會半數採公選,以反映民意,促進地方團體發達,增進公共福祉等;此時期的高雄州轄有七郡、二市(高雄市、屏東市)。[53]

施添福在探討日治時期臺灣地域社會的發展機制,反思「地域社會的建立如何成為可能?」藉以理解日治時期的臺灣社會,在傳統的血緣化、原鄉化之外的地域化構成原理。[54]從旗山郡到旗美九區的過程,其族群與人文活動涉及高山族、平埔族、閩南人、客家人,顯示出其超越傳統漢人社會血緣與原鄉化的構成方式。如果延伸施氏的見解,來觀察旗美九區形成到今天的歷史過程,日治時期高雄州旗山郡建置後,雖然將九區的地理環境整合在同一個行政體制之下;不過,當時九區相互往來或產業活動對所謂「國家」的依賴非常外顯,在九區人們經過長時間的互動往來,才逐漸形成如施氏所觀察的整體地域化之過程。要解釋旗美九區在

今天是可以視為一個「生活單位」，必須追溯到旗山郡的建置，及其後續的發展情形。

陳淑滿曾從地名的角度，來討論「旗山人」的文化傳承問題，包含建築、經濟、文學等層面討論旗山人的意涵，[55]陳氏另外提及：「在文化的保存上，新一代的旗山人結合了他們愛鄉上的共識，盡己之力，為維護旗山的文物而扛起承先啟後的重責大任。」[56]陳氏主要從高雄市旗山區的行政區域來界定所謂的旗山人，偏向強調旗山的特色，從行政區的概念來論述旗山人，定義明確且聚焦。

李文環曾針對「旗山人」概念有其明確之討論，李氏指出當1920年（大正9年）旗山名稱出現時，郡治與街庄的行政單位同在一處，它的空間意涵可分為三個層次，第一就是旗山郡，第二為旗山街（今旗山區），第三為今日的鎮街空間，也就是「旗山老街」；廣義而言，旗山郡治下住民皆可稱為「旗山人」。[57]因此，所謂的旗山人，有其時代與地域之差異，歷史變遷的過程，也會影響到人們對於地方的認同，甚至是自我的認同。

2010年（民國99年），高雄縣市正式合併成為大高雄市。戴寶村則針對高雄長期以來的歷史發展，討論何謂高雄人；[58]戴氏強調「高雄縣市合併可使長期因行政區域分劃而有所分隔的縣市民融合成為同一市的市民」，[59]換言之，區域與行政區調整確實會影響到住民對於地方或地域的認同與歸屬。另外，戴氏認為：「以時間為縱軸，敘述不同族群在各該時段的發展狀況，希望藉此歷史論述強化新的大高雄市民的共同歷史記憶，培養新的市民意識。」[60]綜合上述，可說是「入高雄者，則高雄人之」。

六 結論

　　1920年代臺灣街庄改正制度實施，高雄州旗山郡建立後，當時的「旗山」所代表的就是今日的旗美九區。本文藉由高雄沿山地區的聚落發展為例，進而探討日本帝國對臺灣的行政區劃，是如何影響著臺灣聚落發展與變動的歷史過程。1934年（昭和9年）出版的《旗山郡要覽》有不少景點介紹，如從今日觀光旅遊的觀點來看，類似於昭和年間的旅遊手冊。一部要覽也是透過文本來形塑了區域的界定與呈現。

　　當然，要解釋旗美九區在今天是可以視為一個「生活單位」，必須追溯到旗山郡的建置，及其後續的發展情形。如果將旗美九區的歷史置於2010年（民國99年）高雄縣市合併後的「大高雄市」的發展脈絡下，今高雄市共有38區，旗美九區卻佔了整個高雄市約一半左右的土地面積，但是人口數卻不足高雄市的一半。也就是說，旗美九區雖然佔有高雄市土地面積的一半，但人口卻相對稀少。以上的諸多問題，需要一個通論性或更宏觀性的視野以進行探討。或許旗山地區誠如前述許淑娟之研究，清代的蕃薯寮街因為「國家」的關係，發展有其侷限性，隨著時間推移，到了日治時期，旗山的市街功能，也在「國家」的機制之下，有了不一樣的面貌，成為高雄東北方九區的主要門戶。

　　另外，就日治時期外來移民移入大旗山地區的情形來看，可以反映出全島體系之建立。這樣的關係也表示出，國家對於整個臺灣地權的掌握程度臻於成熟，亦能從交通的建設表現出臺灣全島體系確立的另一層面向。國家統治力與臺灣全島體系建立之關係，這一種國家力量在背後支持的統治力，可視為統治政權殖民治理性的一種展現。

註釋 Notes

一

01. 許淑娟，〈日治時代旗山地區的行政區演變與區域整合〉，《白沙歷史地理學報》，4（2007年10月），頁45。
02. 許淑娟，〈國家與地方：旗山鄉街的時空發展過程（1700s-1945）〉（臺北：國立臺灣師範大學地理研究所博士論文，2004），頁1-4。
03. 吳文彥，〈重新解讀日治時代大高雄市都市計畫（1895-1945）〉，《高雄文獻》，8（3）（2018年11月），頁70。
04. 莊淑姿，〈香蕉產業與旗山經濟發展〉，《高雄文獻》，1（2）（2011年9月），頁28-61。
05. 李文環，《空間與歷史：旗山文化資產之歷史論述》（高雄：麗文文化，2012）。

二

06. 陳文松，〈1920年臺灣地方制度改正〉，《臺灣學通訊》，117（2020年5月），頁4。
07. 臺灣總督府內務局，《改正臺灣地方制度實施概要》（臺北：臺灣總督府內務局地方課，昭和11年[1936]），頁213。
08. 臺灣總督府編纂，山本壽賀子、曾培堂譯，《臺灣統治概要》（臺中：大社會文化事業出版社，1999），頁24。
09. 臺灣總督府編纂，山本壽賀子、曾培堂譯，《臺灣統治概要》，頁27-30。
10. 井出季和太著、郭輝編譯，《日據下之臺政》【卷一】（臺北：海峽學術出版，2003），頁122。
11. 井出季和太著、郭輝編譯，《日據下之臺政》【卷一】，頁594。
12. 吳文星等主編，《臺灣總督田健治郎日記（上）》（臺北：中央研究院臺灣史研究所，2001），頁468。
13. 高雄州編纂，《高雄州要覽》大正十一年（高雄：高雄州，1922），頁1、14-19。
14. 高雄州編纂，《高雄州要覽》大正十一年，頁16。
15. 旗山郡役所，《旗山郡要覽昭和十二年》（臺北：南報商事社，1937），頁6-7。
16. 吳進喜，〈岡山地區的區域性〉，《高雄文獻》，1（2）（2011年9月），頁64。

三

17. 吳進喜，〈二仁溪流域的環境變遷與聚落發展〉，《臺灣文獻》，62（2）（2011年6月），頁67、97-98。
18. 以行政區界定研究區域，確實有利於研究聚焦；不過，也需注意該行政區與鄰近行政區的連結與關係。
19. 許淑娟，〈清代蕃薯寮街發展〉，《環境與世界》，12（2005年12月），頁14。
20. 王和安，〈高雄東北山區的治理與發展（1880-1920）〉，《逢甲人文社會學報》，47（2023年12月），頁107。
21. 洪麗完，〈嘉南平原沿山地區之族群關係：以「阿里山番租」為例〉，《臺灣史研究》，18（1）（2011年03月），頁41-101。
22. 「邊區」一詞在清代臺灣史的研究中，通常用於指涉清代臺灣番界沿線的地區，其地理空間約為平原與山脈交會的淺山丘陵，是清代漢人、熟番、生番族群交錯的居住空間，清代文獻稱為「內山」。也有學者認為「內山」或適合用於北臺灣，卻未必適合南臺灣，因為南臺灣的邊區主要仍是指涉乾隆時期番界以外的墾區。詳見陳志豪：《清代北臺灣的移墾與「邊區」社會（1790-1895）》（臺北：南天書局，2019），頁1。
23. 陳志豪：《清代北臺灣的移墾與「邊區」社會（1790-1895）》，頁19-20。
24. 許淑娟，〈清代蕃薯寮街發展〉，頁18。
25. 許淑娟，〈清代蕃薯寮街發展〉，頁28。
26. 王和安，〈高雄東北山區的治理與發展（1880-1920）〉，頁110。
27. 王和安，〈高雄東北山區的治理與發展（1880-1920）〉，頁109。

四

28. 簡炯仁，〈導論〉，《高雄縣旗山地區的開發與族群關係》（高雄：高雄縣立文化中心，2004），無頁碼。
29. 許淑娟，〈清代蕃薯寮街發展〉，頁12。

30. 許淑娟,〈清代蕃薯寮街發展〉,頁12。
31. 謝濬澤,〈從打狗到高雄：日治時期高雄港的興築與管理（1895-1945）〉,《臺灣文獻》,62（2）（2011年6月）,頁218。
32. 莊淑姿,〈香蕉產業與旗山經濟發展〉,頁31。
33. 王御風,〈陳中和家族與日治高雄市產業的發展〉,《臺灣文獻》,62（4）（2011年12月）,頁395-396。
34. 有關經濟性移民的課題,可參考：王和安,〈日治時期南臺灣的山區開發與人口結構：以甲仙六龜為例〉（中壢：國立中央大學歷史所碩士論文,2007）；王和安,〈移民與地方社會：以南臺灣新竹州客家移民為中心（1895-1945）〉（臺南：國立成功大學歷史學系博士論文,2016）。
35. 旗山郡役所,《旗山郡要覽昭和九年》,頁4。
36. 岩佐卯三郎,《始政三十年臺灣紀念名鑑》（臺北：臺灣刊行會,1926）,頁290。
37. 矢內原忠雄著,周憲文譯,《日本帝國主義下之臺灣》（臺北：海峽學術出版社,2003）,頁255。
38. 張麗俊,字升三,號南村,臺中豐原人。少時從李瀾章、謝道隆等秀才受書。日本治臺後,於1899年任下南坑第一保保正,至1918年因官司纏身始卸任。1926年擔任豐原街協議會員,共連任3次,計6年之久。除在公職外,又先後擔任：葫蘆墩興產信用組合常任理事、富春信託株式會社常務理事、豐原水利組合組合員。張氏一生最重要的貢獻在於擔任當地慈濟宮之修繕會總理。1907年7月8日加入櫟社,此外,亦曾多次參與吳子瑜的東山吟會,以及以當地文人為主的豐原吟社。生平著有〈南村詩草〉一帙（未梓）,編撰〈清河堂張氏族譜〉。引文自：臺灣日記知識庫,https://taco.ith.sinica.edu.tw/tdk/水竹居主人日記。查詢日期：2024年8月31日。
39. 張麗俊作；許雪姬等編纂、解讀。「水竹居主人日記/1926-03-01」,中央研究院臺灣史研究所臺灣日記知識庫,http://taco.ith.sinica.edu.tw/tdk/水竹居主人日記/1926-03-01。查詢日期：2024年8月31日。
40. 王和安,〈移民與地方社會：以南臺灣新竹州客家移民為中心（1895-1945）〉,頁126。

41. 吳進喜,〈岡山地區的區域性〉,《高雄文獻》,1（2）（2011年9月）,頁89。
42. 「水竹居主人日記/1926-03-01」,臺灣日記知識庫,http://taco.ith.sinica.edu.tw/tdk/水竹居主人日記/1926-03-01。查詢日期：2024年8月28日。
43. 「水竹居主人日記/1926-03-01」,臺灣日記知識庫,http://taco.ith.sinica.edu.tw/tdk/水竹居主人日記/1926-03-01。查詢日期：2024年8月31日。
44. 「水竹居主人日記/1926-03-02」,臺灣日記知識庫,https://taco.ith.sinica.edu.tw/tdk/水竹居主人日記/1926-03-02。查詢日期：2024年8月31日。
45. 碑文參考自：莊淑姿,〈旗山區鼓山公園歷史石碑之文本分析〉,《高雄文獻》,12（2）（2022年12月）,頁127。
46. 李文環,《空間與歷史：旗山文化資產之歷史論述》,頁200-201。
47. 莊淑姿,〈旗山區鼓山公園歷史石碑之文本分析〉,頁112。
48. 李文環,《空間與歷史：旗山文化資產之歷史論述》,頁201、206。
49. 李文環,《空間與歷史：旗山文化資產之歷史論述》,頁204-205。
50. 這個生活共同體,基本上包含四個部份：第一,是這群人建立的活動交往關係。例如,社交關係、親屬關係、經濟關係、宗教關係、政治關係等,以及建立以上各種關係的溝通系統、符號或語言。第二,是此生活共同體所需具備的實質空間。例如,建築、城市等場所得以棲息、社交、並思考自我的存在。第三,是以上實質空間與生態環境的平衡,與有機共生的問題,讓人造環境納入大自然的生態環境。第四,是整體價值觀和文化上的意義。因為人是歷史性的動物,有記憶的；同時也是文化性的動物,有差異的、自明性的、有情感的社群。詳見：郭肇立,〈傳統聚落空間研究方法〉,收於郭肇立主編：《聚落與社會》（臺北：田園城市文化,1998）,頁8。
51. 太田猛編輯,《臺灣大觀》,頁295、309。
52. 許淑娟,〈日治時代旗山地區的行政區演變與區域整合〉,頁43。
53. 太田猛編輯,《臺灣大觀》,頁17-18、20。

54. 施添福,〈日治時代臺灣地域社會的空間結構及其發展機制——以民雄地方為例〉,《臺灣史研究》,8(1)(2001年6月),頁1-3。
55. 陳淑滿,〈「旗山」地名沿革與其文化傳承〉,《高雄文化研究》,2006年刊(2006年7月),頁115-117、129-131。
56. 陳淑滿,〈「旗山」地名沿革與其文化傳承〉,頁131。
57. 李文環,《空間與歷史：旗山文化資產之歷史論述》,頁1-2。
58. 戴寶村,〈大高雄市人群之歷史形塑發展〉,《高雄文獻》,1(1)(2011年6月),頁8-56。
59. 戴寶村,〈大高雄市人群之歷史形塑發展〉,頁9。
60. 戴寶村,〈大高雄市人群之歷史形塑發展〉,頁10。

原住民與正名

高雄市原住民族群歷史遷徙

劉正元

　　臺灣官方正式認定的原住民族群有16族，高雄市境內主要居住的原住民族群計有：(一) 拉阿魯哇族、卡那卡那富族及晚近遷入的布農族：主要分布於桃源區、那瑪夏區；(二) 魯凱族下三社：分為茂林、萬山和多納三群，居住於茂林區，與東、西魯凱群的語言文化差異不小，各部落之間語言的語彙、腔調也有很大的差別；(三) 大武壠族群：18世紀60年代中末期，當大武壠熟番面臨漢人與嘉南平原熟番的侵入、擠壓其生活空間時，便移往番界以東的楠梓仙溪、荖濃溪流域的廣大林野，主要居住在現在六龜區、甲仙區、杉林區一帶。茲分述如下：

一　拉阿魯哇族

　　官方正式認定的原住民族群中，第15族及第16族分別是拉阿魯哇族及卡那卡那富族：主要族群人口分別為位於今天的高雄桃源區及那瑪

夏區。拉阿魯哇族主要居住於桃源區高中里、桃源里一帶，部分族人也居住在那瑪夏區瑪雅里山區。依據文獻的記載：拉阿魯哇族原有四個社群：分別是排剪（Paiciana）、美瓏（Vilanganu）、塔蠟祫（Talicia）、雁爾（Hlihlala）四個社，主要聚居在高雄市桃源區高中里、桃源里（圖1）。塔蠟祫社目前已經不存在，新增的拉爾瓦社是由美瓏社分出，現居住在那瑪夏瑪雅里。2014年6月拉阿魯哇族（Hla' alua）正式被官方核定為臺灣原住民第15個族群。拉阿魯哇為該族自稱，其原始意義族人表示已經不可考。[1] 截至113年7月底止，該族族群人口數目約有374人。[2]

荷蘭時代的文獻就出現關於Hla' alua舊社名的記載。清領時期的方志中，Hla' alua以內幽社、美籠社、邦鵙社等社名（《諸羅縣志卷一》）、內幽、內優、美瓏社（《諸羅縣志卷六》），以及內優六社中的米籠社、邦尉社（《重修臺灣府志》）；後來陸續出現四社番、四社生番、Lha' alua、沙阿魯阿等名稱，目前官方正式書寫的族名為拉阿魯哇族（表1）。

Hla' alua族居住地古稱為sisiyara。Kanakanavu（卡那卡那富族）稱拉阿魯哇族為na' alua；Takopulan稱本族為lalunganu；南方的calisian族（魯凱族）則稱之為taiman或saiman；北cou（阿里山鄒族）稱之為ya' azuonu；清領時期的漢人稱之為內優（rairoa）；日本人稱為「上四社番」或單稱「四社（生）番」，因為本族在十九世紀前是由四個主要的社所組成。本名稱乃用以區隔居住在荖濃溪下游的三個社（今日之魯凱族下三社），彼此對稱。可是平埔族也有四社（熟）番，但是指十九世紀以來散佈在自噍吧哖移居到甲仙和六龜的大武壠族，兩者有所區隔。

依據佐山融吉的調查：Hla' alua族居住在荖濃溪上游兩岸，歷史文獻上記載由以下四社所組成。[3] 四個舊社的地理位置分別如下（見圖1）：

表 1：文獻中 Hla'alua 人的分類稱謂對照表

稱謂	出處
內幽、內優、美隴社	陳夢林，〈諸羅縣志卷六〉《臺灣方志》，1717年。
內憂、大武壠、屯社、網社、美瓏	黃叔璥，《臺海使槎錄》，1724年。
大武壠山（內社九：大離蚌、礁吧年、萬打聲、內幽、美壟）	《諸羅縣志》〈封域志〉，1917年。
四社番	《安平縣雜記》，1892年。
四社生番（美壟社、排剪社、塔蠟裌社、雁爾社）	伊能嘉矩《臺灣文化志》、《臺灣番政志》、《臺灣踏查日記》，1996年（遠流出版社）。
Rairoa 或 Raiyu，自稱 Saaloa	森丑之助《生番行腳》，1917年。
美壟社、排剪社、塔蠟裌社、雁爾社	佐山融吉《番族調查報告書》，1915年。
Lha'alua	小島由道《番族慣習調查報告書》，1918年。
Saaroa	小川尚義，1935年。
Sa'aarua	淺井惠淪，1935年。
沙阿魯阿	劉斌雄〈沙阿魯阿的社會組織〉，1969年。
Hla'alua	林曜同〈鄒族〉，2004年。

資料來源：郭基鼎，〈Hla'alua 人的社會生活、文化生活與族群意識：以桃源鄉高中村為例〉（臺東大學南島文化研究所碩士論文，2008），頁10。

（1）雁爾社（Hlihlala）散居於荖濃溪上游兩岸，距六龜里支廳東北方約八里半。

（2）排剪社（Paiciana）散居於荖濃溪上游右岸之地。亦即位於雁爾社（kaluvunga）的西南下游之地，距六龜里支廳東北方約五里二十町。

（3）塔蠟裪社（Talicia）位於荖濃溪上游右岸，亦即排剪社（Paiciana）的西方，距六龜里支廳東北方約六里半。

（4）美瓏社（Vilanganu）位在荖濃溪上游左岸之地，隔溪與排剪社（Paiciana）相對，距六龜里支廳東北方約五里二十町。

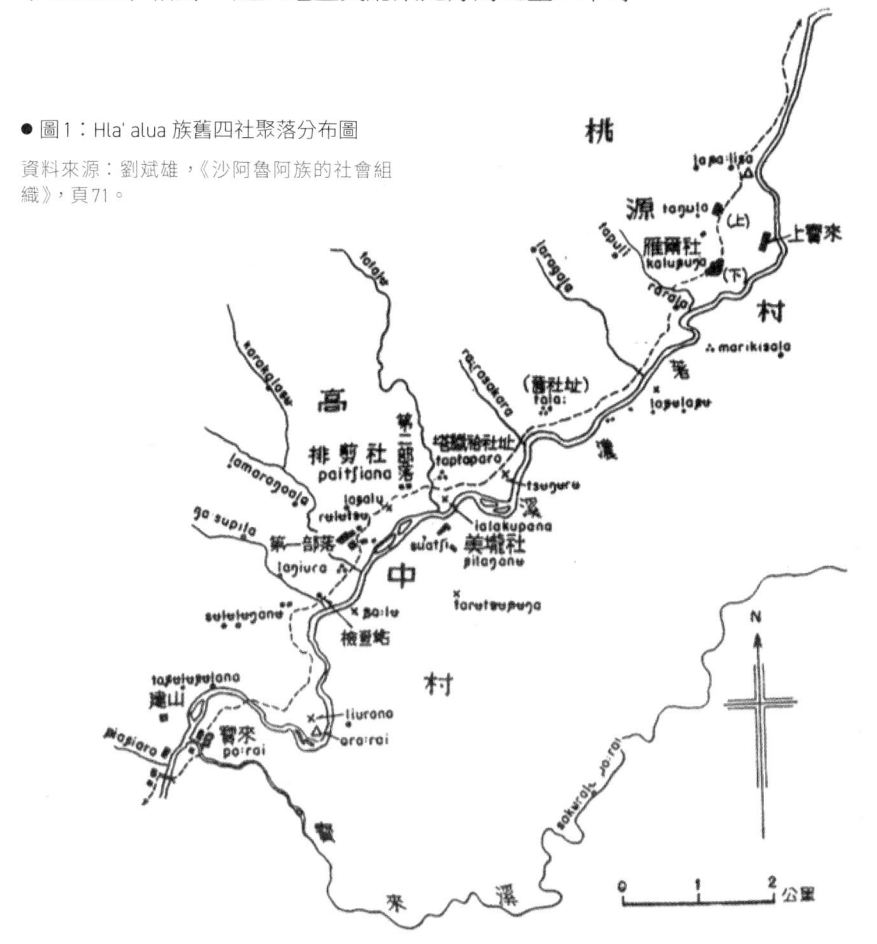

● 圖1：Hla'alua族舊四社聚落分布圖

資料來源：劉斌雄，《沙阿魯阿族的社會組織》，頁71。

聖貝祭為拉阿魯哇族最盛大的祭典，有別於其他原住民族群的各重要祭典，聖貝祭儀式並非依據一個特定具體的歷史事件，而是源自一個本族祖先遷移及矮人互動的神話傳說。聖貝祭族語稱為M iatungusu，文獻上也被稱為「大祭」或「二年祭」。依照小島由道記載：拉阿魯哇族族祖先從前居住在Hlasunga時，貝殼即成為該族的標記。後來拉阿魯哇族的祖先由該地分出時，貝殼由三社（美瓏社、排剪社、雁爾社）分別持有。拉阿魯哇族人相信祖先的祖靈於貝殼中，每年祭祀一次，並供以酒肉。戰後學者衛惠林（1950）、劉斌雄（1969）、謝繼昌（2002）、林曜同（2010）等均曾提及這個儀式。至於舉行的時間：Miatungusu是農作（小米、稻米）收穫過後之、二年或三年間所舉行的一次大祭，儀式主要在祭拜takiaru（貝殼、貝神）。日治以來僅在1951年（民國40年）間舉辦過一次，直到1993年後才又恢復，但已有所改變。2016年起各社不定期辦理聖貝祭典：美瓏社與排剪社合辦，規模最大；雁爾社舉行地點在四社部落；居住在拉爾瓦社則不定期舉辦。

二 卡那卡那富族

卡那卡那富族傳統聚落分布在今日高雄市那瑪夏區瑪雅里、達卡努瓦里一帶，是最早遷移並定居楠梓仙溪上游的原住民，布農族是晚近才從南投移居而來，目前那瑪夏區布農族在人口已經遠超過卡那卡那富族，成為優勢族群。卡那卡那富族於2014年6月被官方正式正名為臺灣第十六個原住民族族群。自清代中葉之後，卡那卡那富族與鄰近的拉阿魯哇族、阿里山鄒族、布農族與大武壠社熟番之間一直維持緊密的通婚關係與社會互動。

卡那卡那富族很早就出現在荷蘭語、漢語和日語等文獻中。荷蘭時期的熱蘭遮城日誌記載為：cannacannavo，1647年荷領的番社戶口表出現「簡仔霧社」，當時登記有37戶157人。族內長老曾分別在1648年、1650年、1654年、1655年參加北區地方會議，並與周邊的鄒族達邦社與布農族等互有來往。清代史料臺海使槎錄翻譯為「簡仔霧社」及「干仔霧社」。日治時期佐山融吉蕃族調查報告書仍沿用清朝的用法，稱為「簡仔霧蕃」。戰後被官方一直隸屬在鄒族的族群分類中，一直到2014年後才正式正名為卡那卡那富族。在文獻中曾出現的中文譯音分別有：「簡仔霧蕃」、「阿里山蕃（番）簡仔霧社」、或「干仔霧（霧）社」、「卡那布族」、「卡那卡那布」、「堪卡那福」等。日治時期的小島由道及學者林曜同的研究指出：「阿里山蕃（番）」實則包括 Luhuto、Imucu、Tfuya、Tapangu、Takopulang、卡那卡那富族、及拉阿魯哇族等七個群體。

族人孔岳中曾提及：Kanakanavu 一詞裡面有「麻竹」的詞根（kanavu），他推測有可能是當初形成聚落的時候，附近山林的環境多是麻竹林區，所以祖先就自稱 kanavu。我們的語言習慣，當要表達複數的時候，就會使用重疊詞，所以就有了 Kanakanavu 的說法，轉譯中文則為卡那卡那富族。

依據學者林曜同（2007）的研究：關於卡那卡那富族祖先的原居地在何處有至少有兩種不同的說法，按照其地理位置分成兩大類：第一大類是「東來說」。第二大類則為「西來說」。

第一大類是「東來說」。一版本是先祖是從東邊稱為 Nacunga 的地方輾轉向西遷移而來。始祖從 Nacunga 出外去狩獵，在行經藤苞山附近時，同行的獵犬因懷孕生子。狩獵結束之後，他們把那隻母狗及小狗帶回 Nacunga，但是母狗卻又自行帶著小狗跑到藤苞山，狗主人只好去將牠們帶回 Nacunga。Nacunga 就是現在的藤苞山，族人於是在藤苞山

附近就地定居，因此後來藤苞山便成為族人的聖山。另一版本的傳說則與洪水有關：卡那卡那富族與拉阿魯哇族昔日同住在 Nacunga，後來遭遇大洪水侵襲，前者逃往 Tanungincu，後者逃往 Nausulana。待洪水退後，卡那卡那富族再下山至 Natanasa（即現在的瑪雅里）。此一傳說指出了卡那卡那富族與拉阿魯哇族緊密的關係。今日兩族分別居住於桃源區及那瑪夏區，彼此往來密切，長期以來保持和睦的族群關係。

另根據佐山融吉、陳英杰、周如萍（2016）等的研究指出：久遠時代以來，不只是卡那卡那富族，現今排剪、美瓏、塔蠟袷、雁爾，甚至包含達邦等各社的人都曾居住在 Nacunga 這個地方，這也是東來說的另一個版本。

第二類則為「西來說」。耆老提及卡那卡那富族的祖先原本住在嘉南平原一帶，後來因野獸數量漸少之故，族人逐步往東邊山區及楠仔仙溪上游一帶建立聚落。在遷移的路途上，走臺南楠西一帶時，今日拉阿魯哇族的祖先與卡那卡那富族的祖先分手而往旗山溪的方向走去。另一說法則是指卡那卡那富族的祖先原本住在臺南附近，與同住平原的其它人群和諧相處，後來受荷蘭人逼迫才遷往山區，這期間在臺南的西拉雅等平埔族也與卡那卡那富族彼此通婚。

本族稱呼「人」為 Cau，自稱 Kanakanavu，主要人口集中在高雄市那瑪夏區的達卡努瓦里及瑪雅里，根據官方人口的正式統計資料，截至113年7月底止，僅有340人（表2）。[4] 本族居住地理位置位於楠梓仙溪兩側，海拔約在500-900公尺之間，以農耕燒墾和漁獵生活為主，傳統作物有小米、旱稻、糯稻、番薯、芋頭、玉米等。狩獵為男性為主，狩獵期間為每年秋季至隔年春季之間，另外捕魚有刺、網、釣、毒、圍渠等方式。

表2：高雄市那瑪夏區人口統計

村里名稱	戶數	男性	女性	總數
達卡努瓦里	454	888	840	1,728
瑪雅里	238	405	401	806
南沙魯里	193	315	297	612
總計	885	1,608	1,538	3,146

資料來源：高雄市那瑪夏區戶政事務所，https://cishan-house.kcg.gov.tw/Content_List.aspx?n=A488FD7A8D2F5AAB，截至113年7月底止人口統計資料。

Cakuru（男子聚會所）是族人重要集會及祭儀場所，主要作為族人祭祀、政事、軍事、教育集會等公共用途，過去嚴禁女性進入，目前在瑪雅里及達卡努瓦里都各有一座cakuru。服飾方面：男性服飾包含獸皮帽、大紅上衣、胸袋、腰裙、背心、皮披肩、皮套袖、皮革鞋、獵囊等，一般族人皮帽上插上老鷹羽毛及藍腹鷴羽毛1-4根，長老即可以插5-8根，具有鑑別社會階級功能；女性則有耳飾、頸飾、腕飾、胸鏈珠、頭巾、帽子、上衣、腰裙、膝褲等。

傳統男性名字有Akori、Avia、Una等17種；女性則有Akuan、Kai、Vanau等16種；目前漢姓有蕭／鄭／翁／彭／江／楊／鍾／王／余／蔡／孔／范／藍／施／陳／金／謝等17個家族，傳統以長老會議為最高權力組織。

卡那卡那富族傳統信仰有tinaravai靈界說，其中在右肩者為善靈incu；左肩者為'ucu惡靈。祭儀部分分為三類：分別是與小米有關的祭儀；其次是獵祭、敵首祭；最後是以家族為單位的河祭及嬰兒祭。現在族人每年舉行米貢祭（Mikong）及河祭（Pasika' arai）。

三 布農族

　　目前居住在高雄市那瑪夏區、桃源區的布農族移民雖可上溯到19世紀末期，但主要移入時間是日治時期之後日人強制移居後才開始，主要是從中部、東部移居過來。1923年（大正12年）至昭和年間，布農族被日本人集體自 balisan（今桃源寶山一帶）遷移過來那瑪夏，大約同時有一些布農族人也零星自梅山、樟山及寶來溪上游 topia 等地遷徙過來。在布農族人遷徙之前，那瑪夏地區原本主要是卡那卡那富族人居住。當時日本人將所有布農族人集中於現民生國小上方稱為 takanuwa 地方，即舊民生部落。1958年（民國47年）八七水災後，舊部落地基沖毀，居民分散於兩個部落，形成民生一村（民生聚落）與民生二村（大光聚落）：前者為布農族與卡那卡那富族混居，後者則是以布農族為主的聚落。兩個族群透過通婚等因素，維繫和睦的族群關係。

　　根據馬淵東一的調查：布農族人進入高雄地區可溯自1870年左右開始，由新武路溪流域向拉克斯溪、寶來溪、邦腹溪流域移動。最早到達寶來溪上游 topia 社的布農族社群從拉阿魯哇族手中取得土地得以在該處居住。之後有一群布農族族人，自利稻、霧鹿方面由內本鹿向濁口溪上游的 balisan 溪流域移動，形成與鄰近族群，包含鄒族、魯凱族等族群間複雜的領域爭奪與族群關係。在桃源地區，原居的拉阿魯哇族人原本擁有廣大的土地，但因疾病傳染及布農族勢力的開展，自日治中期後也逐漸失去荖濃溪東岸到中央山脈的土地。之後拉阿魯哇族大致在荖濃溪左岸的桃源里、高中里一帶活動，荖濃溪右岸的美瓏社則一直未遷移至今，目前拉阿魯哇族主要居住在桃源里、高中里一帶。桃源區其他部落，包含梅山、樟山、梅蘭、復興、勤和、桃源、建山、寶山等地則多為布農族居住區域。

● 高雄縣雅你鄉寶山村模範部落新建房屋全景

寶山村地處山區，現為高雄縣桃源區寶山里，海拔約1500公尺，住民九成以上為布農族，以農業經營為主要謀生方式。里中有寶山國小，為日治時期的中心俞蕃童教育所，戰後1945年（民國34年）改為桃源國民學校寶山分班，1948年（民國37年）獨立為寶山國民學校，獨立成校也象徵著部落人口的增長。

資料來源：高雄縣雅你鄉寶山村模範部落新建房屋全景，高雄市立歷史博物館典藏資料，登錄號：KH2015.005.301

四 魯凱族下三社（茂林、萬山、多納）

根據原民會官方資料，魯凱族總人口數約有13,465人。[5]因其分布地區的不同內部又可再細分為西魯凱群、東魯凱群及下三社群。而其中下三社位於高雄市境內，分為茂林、萬山和多納三群，與東、西魯凱群的語言文化差異不小，各部落之間語言的辭彙、腔調也有很大的差別。

目前原住民族委員會官方認定的魯凱族分為東魯凱群、西魯凱群與下三社群。東魯凱群位於臺東卑南大南溪上游，部落為臺東縣卑南鄉東興新村。西魯凱群居住在屏東霧臺隘寮溪流域，屏東縣霧臺鄉境內包括：好茶、阿禮、吉露、霧臺、神山、大武、佳暮、谷川八個部落，

以及三地門鄉青葉、德文、瑪家鄉三和美園與臺東縣金鋒鄉等部落。下三社群則集中在高雄茂林濁口溪流域，部落有高雄市茂林區多納里、萬山里與茂林里。[6]

根據上述原民會官方網站資料顯示：魯凱（Ngudradrekai，簡稱Rukai）一詞的來源有三種不同的說法。一種說法認為Rukai是魯凱族人的自稱，係指「住在高冷山上的人」之意；第二種說法是Rukai轉化自排灣族語詞中，有東方、上游、深山等意，意指的是魯凱族居住地；第三種則是從卑南族語詞的Rukai而來，指稱緊鄰山腳的聚落。魯凱族關於人類創生的神話有三種，一種是東魯凱群所傳承的外來說，相傳祖先是由海外登陸東海岸後，落腳在中央山脈東、西兩側；另一種流傳在西魯凱群中，認為先祖是由太陽、陶壺或石頭創生；高雄茂林下三社的口述歷史，則認為祖先發源在茂林區大、小鬼湖地區。

● 高雄茂林多納村盛妝的原住民夫婦

盛妝的原住民夫婦在自家石版屋前屈膝聊天。（說明由陳福全先生提供）

資料來源：原住民生活-5，高雄市立歷史博物館典藏資料，登錄號：KH2016.009.056

對於排灣族，魯凱族自稱Ngudradrekai，意指山上的人、住在山上的人，即居住在寒冷冰涼地帶的族群之意。現今分類所採用的Rukai（魯凱），在研究文獻上可能是擷取Ngudradrekai的drekai，因發音誤差drekai變成Rukai。一般而言，西魯凱人用國語自稱族群名稱時會用魯凱族，用母語自稱時而是用「Ngudradrekai」，東魯凱人則自稱為「Taromak」。下三社群則以三個村各聚落的名稱自稱，分別是：Teledreka（茂林里）、'Oponoho（萬山里）和Kungadavane（多納里），這名稱也是各部落間最基本的認同。

王美青（2004）曾針對日籍學者針對「魯凱族」族群名稱的認定與建構過程進行研究，研究歸納出大致分為四個階段並加以說明，整理如表3：

表3：「魯凱族」族別分類階段演進表[7]

階段	學者（年份）	分類情形
一	伊能嘉矩、粟野傳之丞（1900）	依風俗和語言，率先將Raval、Butsul、Rukai和下三社歸為一類，並統稱為「Tsarisen」。
二	森丑之助（1912）、佐山融吉（1921）、小島由道（1920）	因「Tsarisen」與「Paiwan」族服飾、風俗極為相似，彼此間又往來密切，乃將「Tsarisen」併入「Paiwan」中。
三	移川子之藏等（1935）、以及小川尚義和淺井惠倫（1935）	依系譜和語言將「Rukai」自「Paiwan」獨立出來，並將「Rukai」和下三社合併為「Rukai族」。
四	鹿野忠雄（1939）、陳奇祿（1955）	依照地理分佈、族群意識將「Rukai」分為三群：「東魯凱群（大南群）」、「西魯凱群（隘寮群）」、及「下三社群（濁口群）」。

　　日治時期學者對臺灣原住民之族群區分主要乃是依照體質、習俗、語言、地理分佈和系譜關係等要素為依據。例如，伊能嘉矩和粟野傳之丞（1900）依風俗習慣和語言，森丑之助（1912）依體質、歷史、語言、和風俗習慣，佐山融吉（1921）依物質文化和生活習慣，小島由道等（1920）依社會組織和親屬關係，鹿野忠雄（1939）依語言、風俗、和體質等，而確定「魯凱（Rukai）族」之族群地域和人群的文獻《臺灣高砂族系統所屬研究》（移川子之藏等1935），也是依語言、習俗，以及追溯各聚落間之系譜關係等客觀標準來建立族群分類系統。「下三社群」和其他魯凱族聚落之間並無系譜關係，語言亦不同，但基於其文化習俗與周遭的族群如：南鄒、布農相比，和魯凱族最為相近，因此移川等勉強將其歸入「魯凱族」之中，而這樣的分類，便一直為後來的國民政府沿用至今。

　　從上述的文獻中我們可以發現，日本學者對於臺灣境內的原住民族

● 魯凱族男子長袖短上衣

魯凱族的繡片圖案及技法繁多，此種男子上衣也見於屏東縣三地門鄉及瑪家鄉等地之北部排灣族，由於魯凱與北排灣地緣相近彼此多有交流、交易或通婚等緣故，因此服飾形制和裝飾圖案漸趨融合、多有通用。

此種形制之服飾由於衣身較短，因此穿著時會裸露出腹部。通常下身穿著單片式短裙，盛裝加穿後敞褲並披戴披肩、佩刀，頭戴獸皮製頭環或帽子。

資料來源：魯凱族男子長袖短上衣，高雄市立歷史博物館典藏資料，登錄號：KH2005.014.068

分類仍多採以所謂「客觀」的角度，從文化物質、社會階層、風俗習慣等可觀察到的特質進行分類，因此文化相近的兩族群「魯凱」、「排灣」中，也常出現將「魯凱族」併入「排灣族」或稱為「排灣亞族」的分類出現。其次，即便學者對於將下三社群納入「魯凱族」中仍有諸多的疑慮，但為了自身分類與研究上的便利，而忽略茂林、萬山、多納之間的語言文化差異及各聚落成員自身的主觀認同。

五 大武壠族群

　　荷蘭東印度公司開始陸續舉辦地方集會（Landdag），來深植其政治勢力，當時的大武壠社群歸於北部地方集會區。荷蘭統治臺灣人民，為了避免不必要的摩擦，於是舉用荷蘭改革教會的傳教師、說教師為政務員，讓他們前往各地傳教，並學習當地的語言和習慣。[8]根據中村孝志

〈荷蘭時代的臺灣番社戶口表〉，當時 Tevorangh 村落人口數資料如下（請見表4）。[9]

表4：Tevorangh 村落人口數資料（括弧內為戶數，括弧外為人口數）

1647	1648	1650	1654	1655	1656
1,004（221）	1,004（273）	971（236）	792（207）	785（201）	639（164）

根據口述傳統：四社平埔人（四社熟番）稱他們原居於「臺窩灣」（Taivoan，即今日之臺南安平），後來進入臺南新化，建立「大目降社」及「大嘩社」（今稱嘩口社），後因受新港人的壓迫，就分兩路遷徙：一路由大坑尾入山，經過左鎮的岡子林，在睦光村結社，成立「木岡社」；另外一條遷徙路線，經過新化的羊仔林、那拔林，在隙仔口建立「隙仔口社」。後又因新港社人的壓迫，便沿著曾文溪溯上，在大內頭社建立頭一個 Taivoan 族（臺窩灣族）的平埔社，遂命名為「頭社」（Nounamou）。後來，大內的頭社又被西拉雅族四大社（包括新港、蕭壠、麻豆、灣裡等社）侵入，再度遷移，於今臺南市大內區二溪里建立「大匏崙社」，最後遷至玉井建立「大武壠頭社」及其分社（即所謂的二社）：芒仔芒社、蕭兒社、茄拔社等。[10]

根據洪麗完的說法：18世紀60年代中末期，當大武壠熟番面臨漢人與嘉南平原熟番的侵入、擠壓其生活空間時，便移往番界以東的楠梓仙溪、荖濃溪流域的廣大林野。[11]其中玉井之芒仔芒社後為新港社人所得，原居「芒仔芒社」的平埔族，後多移居高雄六龜、杉林等地。部分族人則因客家族群爭奪田地，亦有移居臺東、屏東及花蓮。[12]玉井之「宵兒社」（蕭兒社）現改為豐里，清代時，係在「善化里西堡」的範圍內，日治時期稱為「口宵里」，包括「口宵內里」（內宵里）、「宵里」（外宵里）、「灣潭」等地。「宵兒社」該地之前住民為卡那卡那富族，四社平埔以實物為

代價（諸如：米穀、酒、豬、羊等），向卡那卡那富族交涉讓出土地，每年向頭目繳納食糧、獻酒。也有另一說法，每年雙方約定時日，卡那卡那富族攜家帶眷，到「宵兒社」作客，平埔社民設宴款待他們。[13] 楠西之「茄拔社」又作「茄茇社」，該地區有一條道路命名為「茄拔路」，以紀念古平埔地名。[14]

　　荷蘭治臺期間在臺南平原進行討伐，以及明鄭時期進行屯墾，造成西拉雅「四大社」向內陸遷徙，進而壓迫到四社平埔社群。當新港四大社系移入今臺南市左鎮、南化等區；麻豆、蕭壠、目加溜灣等移入今臺南市大內區，造成大武壠社人遷徙，一則向東往楠梓仙溪、荖濃溪（今旗山溪）中游，進入內優（亦稱內幽、內攸、內悠）六社的生活領域；一則溯灣裡溪（今曾文溪）上游北上，往哆囉嘓社域移動。[15] 余文儀《續修福建臺灣府志》已將內優社細分為內優社、米籠（即美瓏）社、邦尉社、簀社、望社、墩社等六社，稱為「內優六社」，為諸羅縣的「歸化生番」。[16]

　　四社平埔原居地烏山山脈西麓，有頭社、芒仔芒、茄拔、霄裡四社，於乾隆年間遷入楠仔仙溪及荖濃溪流域，分布於今之高雄市之甲仙區、杉林區、六龜區等地。頭社的舊址，為哆囉嘓社所侵占；茄拔社舊址為 Vakkaruwan 所據；霄裡社為西拉雅支族 Tapaui 社佔據；芒仔芒社為漢人侵占。[17] 根據日治時期總督府的檔案記載，蕃薯寮廳平埔調查：「轄區內現住之熟蕃人，係新港、卓猴、大傑巔、頭社、茄拔、芒仔芒、宵里七社之蕃族，於康熙、乾隆時代，由臺南、鳳山、鹽水港等三廳的管轄區內移居至本地。頭社、茄拔、芒仔芒、宵里之四社有一總稱，即所謂之四社熟番。新港及卓猴社蕃，散居在羅漢內外門里；大傑巔社蕃族，散居在羅漢外門里的一部份地區；頭社、茄拔、芒仔芒、宵里的四社蕃族，散居在楠梓仙溪東里的全區域內。各社蕃人的戶口如表5（其中新港、卓猴兩個蕃族因雜居，很難區分）：[18]

表5：蕃薯寮廳平埔調查

番社	戶數	人口
新港、卓猴	568	2,824
大傑顛	185	802
芒仔芒	536	2,618
宵里	217	1,102
茄拔	240	1,265
頭社	107	588

依照《安平縣雜記》四社番所管理的村莊共40個，記錄如下：（並將四社平埔所建村莊與今日的行政區域對照表製成表6）

四社番所轄之莊大小共四十莊，所有莊名，詳列於下。山杉林、糞箕湖、杉林角、新厝仔、枋寮、中莊仔、十張犁、八張犁、飽仔寮、甲仙埔、姜黃埔、阿里關、四社營、頂公館、下公館、大坵園、蜈蜞潭、茄苳湖、木主仔、紅毛山、白水際、平林溪東、竹仔坑、坑內莊、桃仔園、柚仔腳、田仔頂、新莊、際丁寮、舊匠寮、老濃莊、塚仔埔、獅額頭、大苦苓、六篙里、舊莊、狗寮、中莊仔、尾莊仔、土籠灣。[19]

表6：四社平埔所建村莊與今日的行政區域對照表

行政區域	村里對照
高雄市甲仙區	甲仙埔、姜黃埔、阿里關、四社營、頂公館、下公館、大坵園、飽仔寮
高雄市杉林區	山杉林、糞箕湖、杉林角、新厝仔、枋寮、中莊仔、十張犁、八張犁、蜈蜞潭、茄苳湖、木主仔、紅毛山、白水際、田仔頂、新莊、際丁寮、竹仔坑、坑內莊
高雄市六龜區	舊匠寮、老濃莊、塚仔埔、獅額頭、大苦苓、六篙里、舊莊、狗寮、中莊仔、尾莊仔、土籠灣
臺南縣南化區[20]	平林溪東、桃仔園、柚仔腳

資料來源：王和安，〈日治時期南臺灣的山區開發與人口結構：以甲仙六龜為例〉（桃園：國立中央大學歷史研究所碩士論文，2007），頁29-30；簡炯仁，〈大武壠社群開發高雄縣甲仙、杉林及六龜等鄉的情形〉，收錄於簡文敏總編輯，《大高雄地區開發論文研討會論文集》（高雄：高雄縣自然史教育館，2001），頁35；陳漢光，〈六龜鄉荖濃村平埔族信仰調查〉《高雄文獻》，11（1991），頁19-27；陳漢光，〈甲仙鄉飽仔寮平埔族宗教信仰調查〉《高雄文獻》，11（1991），頁29-37；陳漢光，〈高雄縣阿里關及附近平埔族宗教信仰和習慣調查〉《臺灣文獻》，14：1（1963），頁159-168。

六 結語

　　高雄市境內有若干特有文化之族群，例如拉阿魯哇族、卡那卡那富族、魯凱族下三社，包含茂林、萬山、多納群，形成獨特的族群歷史文化景觀。拉阿魯哇族、卡那卡那富族兩族族群人口數合計約在800人左右，族群人口數雖少但絲毫無損於文化獨特性，兩族在2014年均被官方正名為臺灣原住民第15族及16族。日治時期移川子之藏等學者勉強將其歸入「魯凱族」之中，而這樣的分類，便一直為後來的國民政府沿用至今。下三社與東、西魯凱群的語言文化差異不小，各部落之間語言的辭彙、腔調也有很大的差別，迄須有更多的學術關注與研究。另外，自荷蘭時代即存在於文獻上的大武壠族群，歷經多次遷徙，目前也多居住在高雄六龜、甲仙、杉林一帶。2024年8月22日，由臺南六重溪，高雄阿里關、小林、大田、寶隆、杉林、木梓、金興、新和、荖濃、新開、新發、六龜，花蓮大庄等大武壠族部落在地組織與族人，齊聚杉林區日光小林社區，正式遞送民族認定申請書給原住民族委員會，希望日後能夠被官方正式正名為大武壠族。

　　綜上所述，高雄市擁有多元、豐富且獨特的族群，他們分別擁有自己獨特的語言文化內涵，值得全體市民及國人珍視。

註釋 Notes

一

01. 行政院原住民族網站：拉阿魯哇族簡介：http://www.apc.gov.tw/portal/docList.html?CID=786B260E9D63A127。瀏覽日期：2024年5月1日。
02. 高雄市民政局原住民族人口統計：https://cabu.kcg.gov.tw/Stat/StatRpts/StatRptC.aspx，截至2024年7月底止人口統計資料。瀏覽日期：2024年8月15日。
03. 根據大正三年（1914）戶口調查：四社番共計53戶，共計275人。資料來源：佐山融吉，《蕃族調查報告書——第四卷鄒族曹族》（臺北：中央研究院民族學研究所編譯，2015[1918]），頁121。
04. 高雄市民政局原住民族人口統計：https://cabu.kcg.gov.tw/Stat/StatRpts/StatRptC.aspx，截至2024年7月底止人口統計資料，其中包含男性178名，女性162名。瀏覽日期：2024年8月15日。

四

05. https://www.cip.gov.tw/index.html#tab_6。瀏覽日期：2024年8月30日。
06. https://www.cip.gov.tw/portal/index.html，原住民族委員會。瀏覽日期：2024年8月30日。
07. 整理自王美青，〈魯凱族群研究〉，《臺灣原住民數位博物館計畫》（臺東：史前博物2004）。

五

08. 中村孝志，〈荷蘭時代的臺灣番社戶口表〉，頁41。
09. 中村孝志，〈荷蘭時代的臺灣番社戶口表〉，頁4、11。
10. 楊森富，《臺南縣平埔地名誌》，頁119-120、151-152。
11. 洪麗完，〈清代楠梓仙溪、荖濃溪中游之生、熟番族群關係（1760-1888）：以「撫番租」為中心〉，頁31。
12. 荷蘭人稱該社為 Voungo Voungor，請參閱張耀錡，《臺灣平埔族社名研究》，頁96-97。楊森富將芒仔芒社 Vongavon 或 Vonga-Vongo 譯作「頭社之頭」，平埔語 Vonga 及 Vongo，均作「頭」解，指「芒仔芒社」居「大武壠頭之頭」。按大武壠祖居地是「臺窩灣社」，後遷入「大目降社」，如自大目降社沿菜寮溪溯上，「芒仔芒社」確居「大武壠頭之頭」。參見楊森富，《臺南縣平埔地名誌》，頁126。
13. 「宵兒社」（Siauli 或 Siauri），又稱霄輋、蕭里，原係大武壠社的分社之一，其平埔語譯作「遷移之地」。楊森富，《臺南縣平埔地名誌》，頁127。
14. 「茄拔社」（kapat 或 kapas），原係大武壠社的分社之一，其平埔語譯作「木棉花」或「班芝花」，故該社為「木棉社」之義。楊森富，《臺南縣平埔地名誌》，頁140。
15. 洪麗完，〈族群互動與遷徙、擴散：以清代哆囉嘓社人遷徙白水溪流域為中心〉，《臺灣史研究》，18（4）（2011），頁4-5。
16. 余文儀，《續修臺灣府志》，頁80-81。
17. 劉斌雄，〈臺灣南部地區平埔族的阿立祖信仰〉，《臺灣風物》，37（3）（1987），頁40-47；陳漢光，〈高雄縣阿里關及附近平埔族宗教信仰和習慣調查〉，《臺灣文獻》，14（1）（1963），頁159-168；陳漢光，〈甲仙鄉匏仔寮平埔族宗教信仰調查〉，《高雄文獻》，11（1991），頁29-37；陳漢光，〈六龜鄉荖濃村平埔族信仰調查〉，《高雄文獻》，11（1991），頁19-27；溫振華，《高雄縣土地開墾史》（高雄縣鳳山市：高雄縣政府，1997），頁83-84；溫振華，《高雄縣平埔族史》（高雄縣鳳山市：高雄縣政府，1997），頁55。
18. 劉澤民、陳文添、顏義芳編譯，《臺灣總督府檔案平埔關係文獻選輯》（南投：臺灣省文獻委員會，2001），頁74。
19. 臺灣銀行經濟研究室編，《安平縣雜記》，頁64。
20. 臺南市南化區儘管地瘠貧困，窮鄉僻壤，但是在內山平埔族群遷徙上，卻扮演了重要的折衝位置，北邊和東邊古道或山道接通了玉井盆地大武壠社群遷往高雄市楠梓仙溪流域的孔道，而南邊銜接左鎮、新化的段丘與惡地地形，引導了新港社群遷往內門之路。請參閱潘英海，〈「文化系」、「文化叢」與「文化圈」：有關「壺的信仰叢結」分佈與西拉雅族群遷徙的思考〉，頁181-182。

客家與移民

月光山麓與愛河畔的高雄客家運動

洪馨蘭

一 從六堆客庄到當代客庄運動

　　美濃位於玉山餘脈月光山系[1]南麓，為清代客籍粵人武裝鄉團「六堆」[2]中最北的聚落群，亦是「右堆」的防禦和動員中心。[3]清代時，美濃隸屬鳳山縣港西里，其名稱最早於地圖中以「瀰濃庄」出現，其中「瀰」字為弓部而非水部。進入日治初期，美濃隸屬阿猴廳蕃薯寮支廳港西上里，當時「瀰濃」為地方的大聚落名稱，此名稱仍沿用至今，為「瀰濃里」，即美濃區最早庄頭的行政里名稱。「美濃」一名稱始見於1920年（大正9年）街庄改制時，隸屬旗山郡，其範圍涵蓋龍肚、竹頭角、中壇、金瓜寮、吉洋等聚落。戰後，「美濃」成為鄉鎮名，前述聚落亦悉數劃入美濃鎮，構成高雄縣內規模最大的傳統客家聚落群。2010年（民國99年）高雄縣市合併後，美濃改制為高雄市美濃區，成為本市客家人口最為集中的地區，且在全臺各鄉鎮市區中，客家人口密度排名第三。[4]

● 旗山郡管內圖

資料來源：《旗山郡要覽》，高雄市立歷史博物館典藏資料，登錄號：KH2003.008.384

美濃的客家族群主要來自清代廣東嘉應州的移民，另有少部分族群集中於南隆地區，為20世紀初期隨著日資農場開墾荖濃溪北岸溪埔地，從北部新竹州（今桃竹苗地區）南遷的移民。這些移民在百年前形成若干被稱為「臺北客」的再移民村莊，並透過共同信仰維繫其「北客」意識，進一步強化其文化與社會連結。[5]

美濃反水庫運動發生於20世紀末的1990年代，是廣義臺灣新興社會運動的一部分，涵蓋水資源保護與客庄保衛等議題。其起因於當地居民對水庫興建計畫的完全不知情而引發的抗議行動。1992年（民國81年），美濃居民首次前往立法院外進行政治請願。同時，美濃的社會結構已開始出現變化，面臨青年世代在常住人口中比例逐漸下降的挑戰。此外，自日治末期大規模推廣的菸草契作制度，隨著臺灣省菸酒公賣局逐步推行廢耕政策與裁減種植許可面積，逐漸動搖了美濃人對從事農業的信心。[6]

美濃水庫計畫最早由經濟部於1960年代提出，但直至1992年底，行政院開始核准此項計畫，並核定總工程經費539億元，預計展開為期近十年的工程。然而，美濃居民直到此時才知曉此計畫的存在，並對長達20多年的不透明決策表達強烈不滿。最早得知訊息的地方仕紳與青年隨即發起抗議行動，在三年內兩度大規模動員，集結美濃居民漏夜搭乘巴士，

清晨至立法院外請願，聲援反對水庫興建。此舉在剛解嚴的臺灣社會引發廣泛關注，並吸引媒體深入報導。於此同時，參與群體透過書寫與出版展現對議題詮釋權的掌握能力，進一步推動社會對這場水資源運動的理解與支持。[7]

在抗議的過程中，美濃居民深入研究多達18冊的水庫環評報告，並積極透過電子郵件與國際非營利組織聯繫，尋求支援與專業意見。即使政府持續核編經費進行遊說和民調，仍無法說服大多數美濃民眾接受水庫計畫。1999年經濟部再度將美濃水庫計畫送交立法院審議，美濃居民隨即發起第三波請願運動。此次行動規模更為龐大，參與者包括更多的美濃年輕學子，並引起國際環境運動學者的關注。

最終，立法院經濟委員會決議暫緩美濃水庫主體工程的預算審議，但同時通過編列2億元，用於河道整治等美濃水庫周邊工程及辦理進一步評估檢討。換言之，美濃水庫計畫並未真正終止，而是被持續列為備案。

自反對興建美濃水庫以來，美濃的民間力量以「滾動式」的方式持續累積與集結。為了延續這股動員能量，運動策畫群體於1995年立案成立「高雄縣美濃鎮愛鄉協進會」，並承接美濃鎮公所委託的《美濃鎮誌》撰寫工作。[8]此舉不僅為運動注入深化地方文史的推動力量，也成為凝聚地方認同的另一開展契機。

同時，美濃的返鄉教師組成了「八色鳥工作室」，致力於在學校與社區中推動環境意識與生態教育。1998年八色鳥工作室參與中華民國社區營造學會主辦的「大家來寫村史：民眾參與式社區史種籽村建立計畫」，並邀請美濃東部極富歷史與特色的龍肚庄加入成為臺灣十個種籽村之一。他們延續《鎮誌》精神，透過跨世代合作與分工，完成了一本記錄龍肚傳說與文化的「村史」。[9]

從社會運動到返鄉紮根，美濃人成功將農村社會「組織起來」[10]，其關注的議題已不再侷限於反對水庫興建，而是透過常態性與非常態性的行動，維繫農村社會的活力與文化生命力。這些行動培育出一批留鄉深耕的「草根專家」，[11] 他們積極參與文化紀錄保存、鄉野生態調查與社會議題串聯，並在水庫預定地定期舉辦「美濃黃蝶祭」[12]，以及美濃客家文物館[13]的調查規劃等多項工作。

這些努力並非各自為政，而是相互協力、分進合擊，共同將這場社會運動轉化為一場綿密而持續的農村社區運動。運動一方面向內深耕地方意識，另一方面努力向外展開多元對話，和臺灣社會各地的社運議題進行串聯，探索農村與城市間的互動可能性。正如參與者所自許，這是一場「始於反水庫卻永無止境的社區運動」，表達了他們持續不懈地經營與實踐美濃與臺灣農村的未來願景。[14]

二、美濃反水庫運動作為臺灣政治運動的典範之一

美濃反水庫運動不僅凝聚了地方居民，也吸引了社會各界的參與和關注，形成了一個龐大的「關係人」網絡。在這些參與者中，選擇放棄都市生活而返鄉的年輕人尤其引人注目，成為媒體與學術界報導與探討的焦點。1990年代，「社區總體營造」政策的推行更加鼓勵了臺灣民間力量的興起。《新故鄉雜誌》於1999年（民國88年）以〈小鎮敵國〉為標題，對美濃反水庫運動進行專題報導，聚焦於這場在當時已長達八年的抗爭如何與返鄉青年推動的「回到社區」實踐相結合。[15] 在報導中所記錄下的青年自述中，「鄉愁」是一個核心的動力來源。

地理上，美濃處在月光山南麓，而水庫預定地正位於月光山系與茶頂山系的交界處——美濃溪上游的喇叭口地形地帶。水庫計畫中的水源預定透過越域引水工程，將荖濃溪的水引入雙溪熱帶母樹林園（居民習稱黃蝶翠谷），一個美濃居民深具情感認同且生態豐富的自然景點，成為居民抗爭的重要動力之一。

從經濟與文化的角度而言，美濃北方與東方的丘陵地區曾是薪柴供應與樹薯種植的重要來源，而這片山系在地方文化中亦具有深刻的象徵意涵。美濃居民對山系中的各個山頭皆有獨特的命名，並賦予其地理與文化上的特殊意義。早期瀰濃庄的各姓氏家族在建造祖堂時，常將祖堂的中軸線指向雙峰山，[16]藉此祈求地脈相應與家族的平安興旺。由此可見，月光山系不僅是美濃農業經濟的支柱之一，更是文化地理認同的核心。此外，這片山系也承載了美濃人世代相傳的故事與傳說，並成為地方集體記憶的重要載體。當地流傳的諺語——「行上行下毋當瀰濃山下」（走遍四方，仍不及美濃山腳下）——進一步突顯了這片土地在美濃子弟心目中的特殊地位。這種深植於地景的文化情感，成為美濃居民鄉愁的重要來源，也構築了他們對家鄉的深厚依戀。[17]正因如此，美濃水庫計畫所可能帶來的生態破壞與地景改變，不僅威脅到地方經濟的基礎，更被視為對集體鄉愁依據的侵害。這種對鄉愁依據被破壞的恐懼，不僅深刻激發了居民對家鄉的捍衛意識，也成為抗爭行動得以持續推進的重要心理動力來源。

在社會層面，早期返鄉的美濃青年在其學位論文中多次探討鄉愁與社會運動的互動關係。[18]正是這種因離散經驗而生的鄉愁，使他們更加深刻地感受到美濃作為農村及客家聚落的邊緣性地位。2010年5月8日，英國《金融時報》（Financial Times）刊登名為"In Place of Globalization"（另立全球化）的報導，由記者Harry Eyres撰寫。他評論道：「正是反對

● 高雄美濃上庄洗衫褲

婦女清晨到東門前的美濃溪洗衣。照片中的婦女們站在溪中，面向溪岸洗衣，據說是由於早年族群間械鬥頻繁，為能隨時觀看岸上情形，以求自保，才發展出此與閩南人及其他地區客家人不同的獨特方式。

資料來源：高雄美濃上庄洗衫褲，高雄市立歷史博物館典藏資料，登錄號：KH2015.003.108

● 蹉田（除田草）

除田草，客家話為「蹉田」。大太陽下，農家婦女一手撐傘遮陽，一手杖著竹桿平衡，雙腳輪流除田草。這是美濃鄉村農田裡的獨特景象。攝於1951年（民國40年）。

資料來源：蹉田（除田草），高雄市立歷史博物館典藏資料，登錄號：KH2015.005.403

美濃水庫興建的這個過程，讓這個小鎮得以迎接挑戰全球化的契機。」[19]

社會學者莊雅仲認為，美濃反水庫運動已成為臺灣政治運動的典範之一。他指出，這場運動由地域、經濟與族群因素交織而成，其動力構成了臺灣客家運動的重要主軸，並深刻影響了客家族群在臺灣社會中「被看見」與「被承認」的過程。運動更吸引了來自不同地區的客家人加入，拓展了社會改造的視野與行動規模。[20]

美濃反水庫運動帶動的「被看見與被承認」，是一個長期而動態的成果。透過運動成員的集體書寫與組織實踐，美濃彰顯了其在臺灣族群地理中的邊緣性與客家性。[21]這些特質不僅重塑了美濃社會對自身的詮釋，也促成了對參與運動者的反身性思考。同時，這些能量催化了美濃的文化再生產，並推動了農村社會的內在持續更新。[22]

經歷多年抗爭的第一線運動者，在留鄉過程中籌組了多個非政府組織與非營利組織。彼此積極串聯來自不同領域的社會網絡，成為這些網絡中具有行動力的串聯節點 (node)。這些網絡涵蓋在地學校、地方農會、全國與村里層級的社團組織，以及跨地區跨族群跨領域的各類平臺，[23] 形成一個持續運作的社會動員體系，繼續為美濃農村社會注入活力與希望。

三 依山護庄
集村客家之群性與社會運動

從街頭請願到社區經營，美濃社會運動發展下的社區團隊，逐漸發展出全鎮規劃的能力，展現出一個農村經歷二十年轉型後所形成的「公民性」。這種公民性的出現值得探討，尤其是在文化視野下，如何理解這一轉型過程中的偶然性與必然性？

自戰後土地改革政策實施以來，臺灣社會分層呈現多樣化的變遷模式，整體社會結構迅速轉型。[24] 美濃農村在臺灣經濟政策的推動下，經歷了一系列重大挑戰與改變。從一個以農村生產為主的鄉村社會，逐步轉變為國道 10 號開通後的高雄都會區郊區，這一過程對美濃的社會文化層

● 高雄美濃反水庫運動
「反水庫」的旗幟在美濃鎮上高舉，這是台灣社會運動史的新頁。
資料來源：高雄美濃反水庫運動-1，高雄市立歷史博物館典藏資料，登錄號：KH2015.003.157

● 高雄美濃反水庫運動

「反水庫」行動車隊載著傳統廟會使用的鑼鼓搭配著喇叭放送，車上的男男女女頭綁布條在美濃街頭宣揚反水庫理念，路旁的小孩則好奇地觀看著民主時代的歷史現場。

資料來源：高雄美濃反水庫運動-2，高雄市立歷史博物館典藏資料，登錄號：KH2015.003.158

面產生諸多影響，包括家庭結構、宗族活動、農業生產模式與娛樂形式的變化。

美籍人類學者 Myron L. Cohen（孔邁隆）在1960年代末開始關注並記錄菸作極盛時期的美濃菸草聚落。他指出，菸作的高勞動需求促使美濃的大家庭（聯合家庭）傾向延遲分家，以維持生產效率。[25] 而在1980年代中期，澳洲人類學者 Irene Bain（白愛蓮）記錄了在國家發展主義影響下的美濃農村。她指出，政府以提升農村經濟為號召，但實際上促使農家轉為依賴城市收入的「兼業農」，人口流動導致家庭結構與文化的變遷，並削弱農村家庭的永續性。[26] 這些變遷雖與臺灣其他農村的「現代化」趨勢一致，但美濃仍能在社會運動中展現出強烈的民間社會力，成為外界關注的焦點，其傳統客庄基於結構底蘊所形成的「社會文法」，可能是這種韌性與創造力得以展現的重要因素，[27] 使美濃在社會運動後發展出從鄉民到公民的轉型特質，既充滿創造性又具有延續性。

從歷史研究的角度看，Myron L. Cohen 曾研究清代美濃的家族社會，指出其高度商品化的土地契約與人身契約，顯示美濃已具備前資本主義的發展特徵。[28] 而同期另一位美籍人類學者 Burton Pasternak（巴博敦）則以日治時期美濃龍肚的社會人口資料進行分析，認為美濃及六堆地區的族群組織模式重視地域性跨姓氏聯合，遠勝於建立龐大宗族的族群

● 高雄美濃大崎下菸草

茁壯成長的菸草,是菸城美濃最醒目的風景。
資料來源:高雄美濃大崎下本圍管理-6,高雄市立歷史博物館典藏資料,登錄號:KH2015.003.047

意識。[29]這種地域聯合性格在美濃呈現在活躍的聯庄宗教活動與祖先崇拜風俗中,例如「婚俗──敬外祖」傳統透過跨世代姻親關係的強化來鞏固不同家族之間的緊密連結。[30]

　　六堆地區的嘗會組織帶有強烈的「求團結一致」特徵,[31]而這種精神在美濃反水庫運動中得以延續。[32]「團結一致」的訴求,回應了當時客家族群在臺灣處於相對弱勢的處境,成為捍衛家園的動員力量。

　　美濃反水庫運動的經驗顯示,從歷史延續而來的地域團結精神,不僅是一場社會運動的文化背景,也是在轉型過程中重塑鄉民公民性的核

心基礎。這一過程的偶然性與必然性，不僅來自經濟政策與文化背景的交織，也來自於農村居民在地網絡與公共參與的實踐。

四 高雄都會區客家移住者的歷史考察

清代的高雄市尚為一座規模不大的臨海漁港，漢人聚落集中於新舊兩座鳳山縣城周邊，較早形成的聚落包括鹽埕和楠梓右昌。這些地區出現了粵東移民的地方信仰——三山國王廟。[33] 儘管現今的研究尚無法確定這些廟宇是由潮州人或客家人所建，但粵東移民在鳳山縣城一帶的聚集已有明確的證據支持。[34]

高雄市都會區的客家人移入歷程可分為三個階段：北客最早，約在日治初期；其次為中部客家人，約於日治中葉；最後為六堆客，集中於日治後期與戰後。六堆客家人因行政區域橫跨高雄與屏東，所以在高雄市的客家人形成了四個以原籍地為基礎的同鄉會組織，俗稱「四大庄頭」。這四個組織依成立時間分別為高雄市新桃苗同鄉會、高雄市屏東客屬同鄉會、高雄市客屬美濃同鄉會以及高雄市臺中地區旅高客屬同鄉會。高雄市新桃苗同鄉會的會員資格不限於客籍人士，而其他三個同鄉會則明確針對設籍高雄市的客家人。[35]

日治時期是高雄市客家人首次大規模遷入的關鍵時期。移民的主要原因包括原居地的自然環境惡劣，如土地貧瘠、農作物產量低，以及糧食供應不足，導致生活困難而促使外移。同時，南部平原稻作的高產潛力、糖業加工的興盛，以及交通建設與軍事工程的勞動力需求成為吸引客家人移入的重要誘因。自1908年（明治41年）縱貫線鐵路通車起，來自新竹州桃竹苗地區的客家人陸續遷入當時稱為打狗的南部沿海埔地，至1930年代達到移民高峰。隨著鐵路延伸至屏東，部分客家人在屏東糖廠周邊及

萬年溪沿岸聚居，並逐漸發展在地信仰與新的「北客認同」。部分從新竹義民信仰圈南遷的客家人，又與南遷至高雄市的「北客」藉義民信仰維繫鄉土情誼與族群認同。[36]

在高雄都會區域，北客主要於日治時期移入三民區至大貝湖（今澄清湖）一帶，歷史可追溯近一個世紀。中部客家人則於日治中葉以後南下發展，而來自屏東縣及舊高雄縣六堆地區的客家人，主要於日治末期與戰後遷入高雄市區，從事公職、教職或碼頭工人等職業，分布於全市各地。[37]

根據客家委員會的抽樣調查推估，高雄市客家人口占全市總人口的13.35%，[38]略低於全臺（含金門、馬祖）19.82%的平均比例。[39]相對其他五個直轄市，[40]高雄市客家人口比例高於臺南市，但低於桃園市、臺北市、新北市及臺中市。高雄市共有美濃、六龜、杉林及甲仙被列為客家文化重點發展區，[41]然而在高雄都會區，客家人口主要集中於鳳山區（17.1%）與三民區（16.8%）。相較於美濃等傳統客家聚落，高雄都會區的客家人因多投入工商業，文化特徵較不明顯，客語使用頻率降低，語言能力亦逐漸弱化。

根據《110年全國客家人口暨語言基礎資料調查研究》，高雄市符合《客家基本法》定義的客家人口約為407,262人，占全市人口的14.72%，較2016年度的12.63%略有提升。這一增長可能反映了中央與地方客家事務委員會透過政策提升客家文化形象的成效，激勵更多客家人於人口調查中表明自身的族群認同。[42]

五 來自愛河畔的居住生態與移民拉力

愛河[43]寶珠溝一帶是高雄都會區客家人早期聚居的重要區域，範圍向東延伸至現今的鳥松區。位於三民區的高雄褒忠義民廟，前身為戰後初期1946年（民國35年）設於高雄火車站前的「褒忠亭」，為南遷北客群體

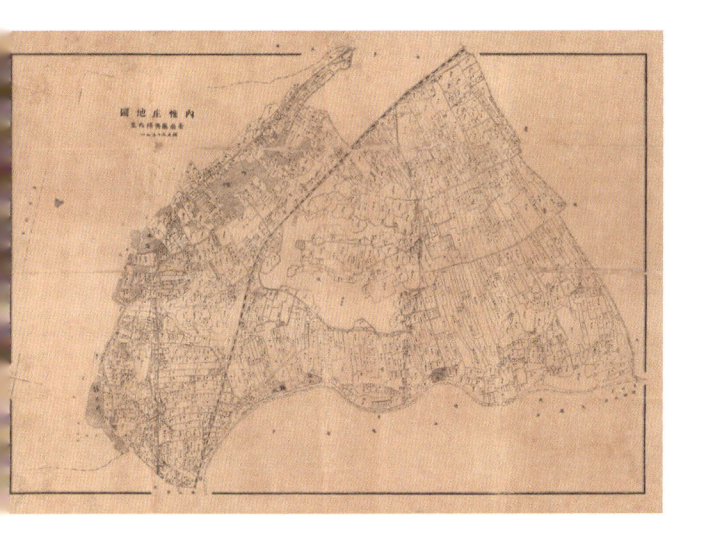

● 內惟庄地圖

凹仔底地勢低窪且鄰近內惟埤。戰後，凹仔底納入鼓山區，行政名改為龍子里。

資料來源：內惟庄地圖，高雄市立歷史博物館典藏資料，登錄號：KH2001.013.011

● 鳳山手繪古地圖

此手繪古圖右上方，標記有「此鳳山縣之舊圖也，今建新城於大竹里並遷衙署、治所於新城內，故今舊城已廢也」等文字。而地圖上除詳載當時位於新蓋好之鳳山縣城（左營舊城）內的各式廟宇、官衙、營房等建築物外，對於城外地半屏山、漯底山、旗後山、打鼓山、赤山、觀音山、大滾水山、小滾水山等空間資訊，也有描繪。

資料來源：鳳山手繪古地圖，高雄市立歷史博物館典藏資料，登錄號：KH2006.012.006

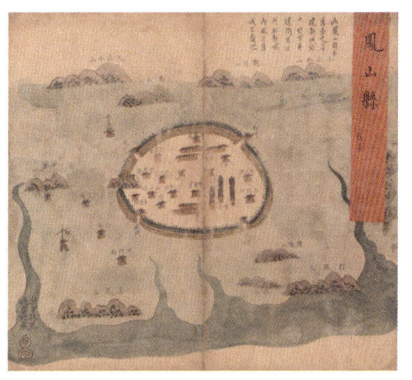

的義民信仰中心。褒忠亭於1973年遷至現址後改名，並於1977年竣工，每年舉辦盛大的義民祭典，延續至今。高雄的臺中客家移民主要來自東勢，使用大埔腔客語，雖然人數較少，但在交通運輸業與木材業方面有顯著貢獻。六堆南客移入時間較晚，頗多從事軍公教職業或投入商業。

寶珠溝作為客家人聚居區之一，其地名與水利設施有關，[44]最早見於清光緒20年（1894）《鳳山縣采訪冊》。此前之前的1786年（乾隆51年），林爽文事件中莊大田部隊焚毀鳳山縣署（1684年設縣，1722年建城），導致縣治於1788年遷至大竹里下埤頭街（今鳳山），形成新城與舊城（今左

營）並存的格局。新舊城之間的交通以三條道路連接，[45]其中「大路」最為重要，寶珠溝正位於大路沿線，顯示其早期的發展基礎。日治1907年（明治40年）建立的三寶宮，可能為寶珠溝客家人聚居的早期南來蹤跡。[46]

初期移居寶珠溝的客家人多從事佃耕，以寮屋為居所，呈現散居形態。至1950年代，城市開始發展，農田景觀逐漸被黃氏地主進行市地重劃所取代，吸引更多移民，聚落規模逐漸擴大。1980年代，市政府整治寶珠溝陂，進行截彎取直及加蓋工程，部分居民因土地徵收或地價上漲被迫遷移，另有經濟條件較佳者另購土地重建。[47]隨著土地整治與公共設施的完善，寶珠溝地區吸引更多移住者，合院與獨棟房舍逐漸被集合式住宅取代，呈現都市化樣貌。此過程中，客家子弟多轉向工商業發展，與農村世代逐漸產生語言與身分認同的差異。

凹子底（原名漯仔底）位於愛河畔，清代時可能是雙城古道南路的一個渡口，[48]地勢低窪且鄰近內惟埤。[49]日治時期，「凹子底」成為地籍圖中的地段名稱，並設置龍子町內會，統轄龍水與凹子底村落。戰後，這個地區改名為龍子里，但舊名「凹子底」仍沿用於高雄捷運 R13 站名稱。

凹子底的北客社群以玉皇大帝信仰為核心。[50]根據一篇回憶錄《緬懷先賢凹子底墾荒暨龍子天公廟成立緣由》，日治時期的北客移民在河岸竹林與林投樹環繞的環境中拓荒，以農業為主，輔以漁業維生，[51]呈現「半農半漁」的聚落特徵。

1960年代到1980年代，高雄港成為木材進出口的重要基地，愛河沿岸的木材加工業蓬勃發展。包括高雄林商號與亞洲合板公司在內的企業，利用河道運輸木材至加工廠，但長期的浸水作業釋放大量腐植質，污染河水並影響生態。[52]這一工業活動直接衝擊沿岸居民的生活環境，凹子底的客家人也受到影響。

凹子底的客家文物保存與都市化並行。戰後，凹仔底納入鼓山區，

● 愛河托運原木

愛河是多家木材行、合板廠,如林商號、亞洲、新亞等運輸進口原木的主要管道,運送原木的方法:一艘船拉著由鐵索串聯的原木,原木上站著拿長竹桿的工人隨行照顧原木,從高雄港往上游行向目的地的儲水池。約1970年代仍可見原木托運。
資料來源:六十年代高雄愛河上原木托運情景猶然可見,高雄市立歷史博物館典藏資料,登錄號:KH2015.004.244

行政名改為龍子里。猶如大隱於市的鄉村聚落就在經過半世紀後,1990年代周邊開始都市重劃,密集興建住宅區與商辦大樓。原本客家人聚居的傳統合院村落,逐漸被擠壓成愛河邊角的都市角落。凹子底的客家居民在社區中自主成立了文物館,將逐漸因改建房舍或因離開而留下的客家文物予以匯集蒐藏。1998年高雄市政府於愛河畔興建高雄市客家文物館,與凹子底北客聚落隔河相望,成為當地歷史記憶的重要象徵。雖然都市化對傳統聚落造成壓力,但文物館的設立某方面來說呈現了市府對客家文化保存的重視。

六 傍水建館
從「再移民社會」到「都會客家」

自1951年（民國40年）以來陸續成立的四大同鄉會，客家社群內部又稱「四大庄頭」，相互聯結非常緊密，更共同創立了高雄市客家青年會。客家青年會的前身為世界客屬總會高雄市分會青年委員會。1984年世界客屬總會高雄市分會成立，翌年籌組青年委員會，旨在聯合四大同鄉會的年輕人，透過參與會務運作及實務訓練，提升高雄市客家青年的組織能力，並期望其未來能回到各自同鄉會承擔傳承職責。1999年客家青年會向政府正式申請立案。[53]

高雄市的客家同鄉會在都會區相當活躍，並積極參與公共事務，特別是在地方選舉中發揮影響力。選舉結束後，這些同鄉會進一步對選舉承諾持續監督，高雄市客家文物館的興建便是一例。文物館建於臺灣尚未成立中央客家委員會的時代，當時地方政府也未設立專責處理客家文化事務的單位。1995年時任高雄市長吳敦義（1994年高雄市升格為直轄市後的首任民選市長），[54] 在市內客家界的推動下成立「高雄市客家文物館興建促進委員會」，[55] 並邀請時任總統府資政吳伯雄[56]擔任榮譽主委，推舉原籍屏東的謝王水[57]擔任主任委員，同時四大同鄉會則各派一名代表擔任副主委。[58]

促進委員會積極向市府提出訴求，要求兌現選舉承諾，逐步形塑建立客家文物館的具體計畫。透過多次與市長及市府相關部門的溝通，委員會成功爭取到經費編列，並參與館址評估。[59] 在館舍規劃過程中，委員會亦主張增建地下室以增加公共活動空間，這一提議最終獲得市府接受。經過11次會議討論後，臺灣第一座位於都市區的客家文物館於1998年11月竣工啟用。

1998年市府依地方自治精神制定「高雄市客家文化事務基金會設置自

治條例」，經議會審議通過後，由時任市長謝長廷[60]撥款新臺幣三千萬元成立財團法人高雄市客家文化事務基金會。在高雄市客委會成立之前，基金會作為專責推動客家文化事務並管理客家文物館的非營利組織。基金會初期由28位董事及監事組成，首屆董事長為宋國榮，其後由四大同鄉會輪流擔任董事長。基金會與促進委員會成員多有重疊，並與世界客屬總會高雄市分會緊密合作，甚至共同舉辦會員大會。[61]

然而，隨著社會變遷，同鄉會面臨世代交替的挑戰日益嚴峻。2022年基金會改制為由市府主管的非營利組織，高雄市客家文物館的管理業務回歸高雄市客委會。改制後，董事長由市長兼任，象徵客家文化事務推動模式的轉變，即從原先政府與民間分工合作，改為由市府扛起主導。透過編列更充裕的預算，市府得以聘用專職人員，進一步致力於培育新一代客家青年，促進客家文化的永續發展。

七 結論
客家族群運動在高雄市的能動性特色

筆者長期關注客家運動的發展，透過文獻回顧，勾勒出高雄市客家族群旺盛且強韌的生命力，並探討鄉村客庄與都會客家在面臨不同議題時，如何透過族群動員展現其能動性。

農村客庄美濃自18世紀以來，即發展為一個活躍的契約社會，內部擁有大量家族蒸嘗與神明會，並作為清代六堆中「右堆」的統御中心。堆內各大庄頭展現高度的合作精神，而堆際間則能透過行動整合與資源共享發揮支援功能。

進入20世紀後，隨著高雄市區的發展與吸力，具有移動能力的客家人，開始陸續從各地移至愛河畔，尋求新的發展機會。在這一過程中，

原本各自的行動，基於語言親近性以及作為「客屬」的凝聚性，在高雄市區逐漸形成以原籍地為認同基礎的「庄頭」集結體系，並透過成立同鄉會進一步將旅高鄉親組織起來，展現互助精神，也經由組織力量，逐步推動成立高雄市客家文物館及其後續管理經營。

高雄市客家文物館不僅是一個旅高客屬「客家聯合會館」的象徵，更成為客家族群文化與歷史記憶的重要載體，除了常設展之外，也開放地下室空間辦理藝文活動或客語教學課程。為了確保文物館的永續管理與運作，旅高同鄉會共同催生並組成專責的基金會，同時創立青年會，致力於培養新一代的客家公共事務參與者。而許多客家領袖前輩畢生致力推動客家意識的凝聚與深化，促進族群內部的互助合作，也為高雄客家族群累積了深厚且珍貴的精神資產。[62]

1990年代美濃反水庫運動期間，高雄的都會客家人積極參與，加入保衛農村客庄的行列。值得注意的是，1995年高雄市客家文物館的籌建工作，正值美濃反水庫運動從街頭回歸社區並成立美濃愛鄉協進會的隔一年。在「美濃有難、客家支援」的濃厚氛圍中，來自屏東、長期於高雄都會區從事醫療服務並推動社會運動的曾貴海醫師，帶頭挑戰高雄市水資源政策，積極聲援反對興建美濃水庫的行動。[63]換言之，美濃反水庫運動促成了鄉村客庄與都會客家人的相互支援與合作，充分展現了族群認同的實踐與多面性強化。

客家族群作為高雄市文化多樣性的重要代表之一，迄今仍保留許多具有獨特性與珍稀性的有形、無形文化資產，[64]成為彰顯高雄市多元文化的重要象徵。曾北倚月光山（美濃山）、側傍高雄川（愛河）而繁衍的高雄客家人，在20世紀下半葉的各項權益爭取過程中，不僅成功強化了族群認同，亦發起了一系列具有深遠影響的社會運動。無庸置疑，我們相信這些運動中所產生的口述歷史、文件記錄、旗幟與影像等，已成為高雄市珍貴的客家文化資產與歷史見證。

註釋 Notes

01. 月光山系在清代地圖中曾以「彌濃山」或「旗尾山」的名稱出現，然其命名並不統一。

02. 關於清代「六堆」的歷史學研究甚多，而歷史地理學的觀點對筆者有許多啟發性。詳見施雅軒，《戰爭、空間、六堆客家：另一臺灣歷史地理學的展演》（第二版，高雄：麗文，2017）。

03. 高雄市美濃國小校址曾為清代「右堆」統領林氏兄弟家族的伙房（客家祖堂式合院）舊址，並用作收租公館。日本明治 33 年（1900 年），部分伙房被拆除以作為「瀰濃公學校」校地。現址僅存一截原在位置不明的建築礎柱，原先散落於校園一隅。近年，美濃國小將其重置於校園的植栽景觀區，並於 1998 年由地方社團設立解說牌，以「清六堆之右堆統御中心」為題加以識別。

04. 根據《110 年全國客家人口暨與語言基礎資料調查研究》附表 A-3（附錄第 45 頁），高雄市美濃區依《客家基本法》定義推估的常住客家人口比例為 86.47%，在全臺各鄉鎮市區中排名第三，僅次於苗栗縣頭屋鄉（90.99%）及大湖鄉（87.96%），也遠高於高雄市客家人口比例排名第二的杉林鄉（53.78%）。

05. 關於南隆農場的移民與信仰，可參見張二文，《美濃南隆農場的開發與輔天五穀宮之研究》（105 年客家委員會獎助客家學術研究成果報告書）。

06. 有關美濃人在 1990 年代面臨的菸葉種植困境，詳見洪馨蘭，《菸草美濃：美濃地區客家文化與菸作經濟》（臺北：唐山，1999）。

07. 上述報導多刊載於《臺灣時報》副刊，並由時任主編王家祥每月安排 8,000 字的供稿。鍾永豐集結參與反水庫運動的美濃人及各界人士，自 1992 年至 1994 年間陸續撰寫。另可參見美濃愛鄉協進會，《重返美濃》（臺中：晨星，1994）。

08. 社會學者趙剛認為，《美濃鎮誌》的編纂過程本身即是一場社會運動。詳見趙剛，〈鎮誌作為一種社會運動：我讀《美濃鎮誌》的感想〉，《客家》，96（臺北：客家雜誌社 1998），頁 31-33。另可參考《美濃鎮誌》編輯委員會召集人徐正光在書中撰寫的序文，見《美濃鎮誌》（高雄：美濃鎮公所，1997），頁 3-5。

09. 當時選定編纂村史的龍肚社區在結案後申請 ISBN，並正式出版。詳見八色鳥協會大家來寫龍肚庄誌編輯委員會主編，《大家來寫龍肚庄誌》（南投：行政院文化建設委員會中部辦公室，1999）。

10. 有學者指出，臺灣的社會運動自 1990 年代後期開始強調草根力量的重要性，「回到社區」成為與國際社會運動接軌的新階段。詳見莊雅仲，〈社會運動作為一種志業：1990 年代臺灣社會運動網絡的形成〉，收錄於廖炳惠等編，《重建想像共同體——國家、族群、敘述》（臺北：行政院文化建設委員會，2004），頁 99-139。

11. 反水庫運動的背景涉及龐大的美濃水庫計畫，其牽涉到技術政治及對科學、經濟、文化等價值的不同理解，溝通障礙亦因此而生。相關分析可參見張高傑，《美濃反水庫運動中的技術政治》（新竹：國立清華大學社會學研究所碩士論文，2001）。

12. 洪馨蘭的研究指出，記憶地景的動態生成對客庄保存與社區營造具有重要意義。詳見洪馨蘭，〈記憶地景作為客庄保存與社區營造的動態生成：以「美濃黃蝶祭」為例的討論〉，《高雄文獻》2（1）（2012），頁 6-31。另關於美濃黃蝶祭逐漸轉向民眾參與策展的趨勢，可參見劉逸姿，《里山倡議的生態家園實踐：2014 年美濃黃蝶祭策展計畫》（高雄：國立高雄師範大學跨領域藝術研究所碩士論文，2015）。

13. 美濃客家文物館由謝英俊建築師設計，其建築理念入圍第二屆遠東建築傑出建築設計獎（2001）。詳見《建築師》雜誌 2002 年 1+2 月號，頁 56，或洪馨蘭對謝英俊的專訪記錄，

Part III ｜ 月光山麓與愛河畔的高雄客家運動　237

收錄於《戀戀客鄉情在美濃——八十八年高雄縣文化節成果專輯》（高雄：高雄縣立文化中心，1999）。

14. 參見洪馨蘭，〈一場起於反水庫卻永無止境的社區運動：美濃在地的培力團隊——美濃愛鄉協進會〉，收錄於《客家文化研究通訊》，第4期，頁186-193。洪馨蘭，〈批判、詮釋與再現：客家研究與美濃社會運動的對話〉，收錄於張維安、徐正光、羅烈師主編，《多元族群與客家：臺灣客家運動20年》（新竹：臺灣客家研究學會；臺北：南天出版社，2008），頁183-203。而從反對運動到接觸社區實務，返鄉青年直接面對農村中既存的地方派系政治，也無法迴避涉及資源爭取與分配的內部潛在衝突，進而形成所謂的「兩個政治」。見星純子，〈挑戰「兩個政治」：現代臺灣社會運動、社區總體營造與地方社會〉，收錄於若林正丈、松永正義、薛化元主編，《跨域青年學者臺灣史研究續集》（2009），頁405-445。亦參見洪馨蘭，〈從鄉民到公民：臺灣農村新社會運動的見證與詮釋〉，發表於國立臺灣大學人類學系主辦之「『重讀臺灣：人類學的視野』：百年人類學回顧與前瞻學術研討會」（2011年11月18至19日，國立臺灣大學文學院）；洪馨蘭，〈臺灣客庄保存運動的新回合——社區與國家一場「共同治理」之夢〉，科技部補助專題研究計畫成果報告（MOST103-2410-H-017-012）。

15. 民國88年（1999）5月，美濃水庫預算曾在立法院委員會遭強行通過，美濃人於立法院前宣示返回社區，誓死保衛家園。隔年，由中華民國社區營造學會發行的《新故鄉雜誌》以〈小鎮敵國：從美濃出發的衛土護水戰爭〉為標題，報導1991年至1999年間美濃反水庫運動的全貌。

16. 李允斐，《清末至日治時期美濃聚落人為環境之研究》（中壢：中原大學建築工程研究所碩士論文，1989）。

17. 洪馨蘭，〈首先是人，然後是山：「美濃山」地景意義研究〉。收錄於《以美濃為方法：社區實踐觀點的客家論述》（高雄：麗文文化，2015），頁167-203。

18. Chung Yung-Fung（鍾永豐）, Sociology and Activism: The Meinung Anti-Dam Movement, 1992 to 1994. Master dissertation, Department of Sociology, University of Florida, 1996. 黃鴻松，《全球化衝擊化鄉土教育深化之研究：一個美濃社區教師的詮釋》（高雄：樹德科技大學建築與古蹟維護系碩士論文，2005）。Chung Hsiu-Mei（鍾秀梅）, Retracting the Meinung Anti-Dam Movement in Taiwan. Ph.D. dissertation, University of Sydney, 2006。張正揚，《小農的地方知識與變遷適應：旗美社區大學「有機」實踐之敘事分析》（高雄：國立高雄師範大學客家文化研究所碩士論文，2010）。

19. 洪馨蘭，〈從耕讀傳家到反向遷移：一個臺灣客家小鎮的「另立全球化」選擇〉。收錄於劉石吉、孫小玉、王儀君、楊雅惠、劉文強主編《遷徙與記憶》（高雄：國立中山大學人文研究中心、中山大學文學院，2013），頁133-148。

20. 莊雅仲，〈有「夢」最美：族群認同與承認政治〉，《臺灣人類學刊》，8（2）（2010），頁21。

21. 洪馨蘭，〈批判、詮釋與再現：客家研究與美濃社會運動的對話〉。收錄於張維安、徐正光、羅烈師主編《多元族群與客家：臺灣客家運動20年》（新竹：臺灣客家研究學會；臺北：南天，2008），頁183-203。

22. 在美濃社會運動的文化再生產中，最知名的莫過於鍾永豐與林生祥的音樂創作。他們合作的第一張專輯《我等就來唱山歌》，最初由串聯有聲出版的版本封面上，即印有「美濃反水庫運動音樂紀實」的字樣。他們選擇在美濃的菸樓進行錄音，此舉同樣帶有社會實踐的動機；隨後，他們更關注農村勞動力與社會結構的議題，可參見相關作品。

23. 例如，民國89年（2000）成立的全臺第28所社區大學——高雄縣旗美社區大學（今高雄市旗美社區大學），其服務的學區位於高雄市東北端，涵蓋原住民、客家、福佬等跨族群的九個行政區。

24. 胡台麗，〈消逝中的農業社區〉，《中央研究院民族學研究所集刊》，46（1979），頁79-111。

25. Cohen, L. Myron, House United, House Divided: The Chinese Family in Taiwan. New York: Columbia University Press, 1976.

26. Bain, Irene, Agricultural Reform in Taiwan: From Here to Modernity? Hong Kong: The Chinese University of Hong Kong Press, 1993.
27. 洪馨蘭，〈第九章　敬外祖與瀰濃社會運動的魔幻寫實〉，收錄於《敬外祖：臺灣南部客家美濃之姻親關係與地方社會》（中壢：中央大學出版中心；臺北：遠流，2015），頁285-315。
28. Cohen, L. Myron, Kinship, Contract, Community, and State: Anthropological Perspectives on China. Stanford: Stanford University Press, 2005.
29. Pasternak, Burton, Kinship and Community in Two Chinese Villages. Stanford: Stanford University Press, 1972.
30. 洪馨蘭，《敬外祖：臺灣南部客家美濃之姻親關係與地方社會》（中壢：中央大學出版中心；臺北：遠流，2015）。
31. 林正慧，《六堆客家與清代屏東平原》（臺北：遠流；臺北：曹永和文教基金會，2008），頁161。
32. 民國88年（1999）4月3日，客家意見領袖與美濃民眾約五百人於美濃廣善堂舉行「終結美濃水庫　恢復自然生態保護區授旗誓師大會」。會中宣示：「效法客家先祖對抗外敵的精神，團結一致，為終結美濃水庫奮鬥不懈，不達目的誓不罷休！」見鍾怡婷，《美濃反水庫運動與公共政策互動之研究》（高雄：國立中山大學公共事務管理研究所碩士論文，2003），表6-1，頁56。
33. 王御風，〈歷史篇：高雄市客家族群移民史〉，《高雄畫刊》，2（2002）。
34. 研究者已指出，三山國王為廣東潮州府人的普遍信仰。而潮州人根據不同縣份，又分為潮語區和客語區，因此三山國王的信眾未必一定是客家人。然而，為尋找臺灣客家移民的蹤跡，三山國王廟成為移民研究的重要線索之一。
35. 高雄市新桃苗同鄉會（1957年成立時原名高雄市新竹同鄉會，1999年改為現名）、高雄市屏東客屬同鄉會（1964年六堆人在高雄市成立中原客家聯誼會，1992年改制為現名）、高雄市客屬美濃同鄉會（1976年成立，2001年改名為高雄市高雄縣客屬同鄉會，2013年改為現名），以及高雄市臺中地區旅高客屬同鄉會（1987年成立時稱東勢同鄉聯誼會，2001年改為現名）。參見國立高雄師範大學，《建構愛河畔「客家文化走廊」——高雄市龍子里客家聚落資源調查研究計畫成果報告書》（104年度客家委員會客家文化生活環境營造補助計畫，2016）。
36. 這兩處位於萬年溪上游的北客社群，早期於元宵夜在田寮舉行拜天公儀式。之後，頭分埔社群建造以謝府元帥為主神的萬福宮，成為新的北客社群信仰中心。關於屏東市北客社群的相關內容，參見洪馨蘭、徐孝晴，〈臺灣屏東市頭分埔北客的聚落化過程及其能動性〉，《全球客家研究》，5（2015），頁35-84。
37. 林慶宏等，《高雄市客家族群史研究》（高雄：高雄市政府，2000）；簡炯仁等，《高雄市客家史》（高雄：高雄市文獻委員會，2009）。
38. 這個數據於同一份成果報告的〈110年全國客家人口暨語言基礎資料調查研究〉附表A-10中有不同統計結果。後者指出，110年高雄市推估常住客家人口百分比為13.35%，105年為12.55%，103年為11.36%。依據110年的資料，推估高雄市客家人口約為1/8。
39. 推估臺閩地區常住客家人口百分比，103年為18.00%、105年為19.31%、110年為19.82%。見〈110年全國客家人口暨語言基礎資料調查研究〉附表A-10。
40. 依據〈110年全國客家人口暨語言基礎資料調查研究〉附表A-10，六都中於110年統計數字推估常住客家人口百分比分別為：新北市13.78%、臺北市15.89%、桃園市37.74%、臺中市16.00%、臺南市5.31%、高雄市13.35%。
41. 客家文化重點發展區係依據《客家基本法》第6條規定：「客家人口達三分之一以上之鄉（鎮、市、區）應列為客家文化重點發展區」，並以「99年至100年全國客家人口基礎資料調查研究」之調查結果為基礎，於100年2月25日發布現行69個鄉（鎮、市、區）為客家文化重點發展區。
42. 當代客家人的「現身」趨勢，可參考洪馨蘭，《臺灣客家族群現身的當代景觀：持續轉變中的新客家性與族群關係》（新北：客家委員會；南投：國史館臺灣文獻館，2023）。

五
43. 「愛河」是戰後才開始使用的名稱。清代時稱為硫磺水，日治時期稱打狗川或高雄川，戰後改稱高雄河。1950 年代，因溪畔一遊船所的名稱透過新聞事件傳播，「愛河」逐漸成為民眾喜愛的名稱並被廣泛採用。
44. 其名稱由來與曹公新圳有關。曹公新圳於 1844 年（道光 24 年）完工，並於此處引圳水築陂後匯入愛河，稱為寶珠溝陂，因此寶珠溝也被視為愛河的支流。參考林綱偉，《愛河流域的景觀形塑與變遷》（高雄：國立高雄師範大學地理學系博士論文，2011），頁 113。
45. 參見林明漳，〈從古圖資推測清末鳳山縣雙城古道之位置〉，《環境與世界》，17（2008），頁 57-82。
46. 見林綱偉，《愛河流域的景觀形塑與變遷》，頁 110；以及劉淑麗，《現代廟宇的社會調適與因應——以高雄市寶珠溝地區三座廟祠為例》（高雄：國立高雄師範大學臺灣歷史文化及語言研究所碩士論文，2012），頁 46。
47. 參閱林秀昭的田野調查訪談。見林秀昭，《北客南遷高雄地區的開發與義民爺信仰之研究》（臺南：國立臺南大學臺灣文化研究所碩士論文，2007），頁 38-39。
48. 本文根據林明漳的論文做出推測。林明漳，〈從古圖資推測清末鳳山縣雙城古道之位置〉，《環境與世界》17（2008），頁 57-82。
49. 潘輝雄，《高雄市舊地名之研究》（高雄：前程，1984），頁 119；曾玉昆，《高雄市地名探源》（增訂版，高雄：高雄市文獻委員會，2004），頁 29。
50. 凹子底客家人因第二次世界大戰末期美軍對臺灣的空襲持續不斷，居民生活在恐懼之中。當地居民傳新華於元宵節召集村民共同向天公跪拜，祈求平安，並於冬至日答謝天公的庇佑。這一儀式在戰後延續，成為每年春天祈福與冬至酬謝的拜天公傳統。民國 79 年（1990），因龍子里民眾活動中心落成，傳新華之子傅有舜擔任里長，建議在活動中心頂樓興建天公廟。
51. 黃承忠，〈緬懷先賢凹子底墾荒暨龍子天公廟成立緣由〉，收錄於《龍子天公廟簡介》（2013）。
52. 葉茂榮等，《高雄市客家族群開拓史——心懷家園與慎終追遠（第二冊）》（高雄：高雄市政府客家事務委員會，2008），頁 62。

六
53. 首屆理事長為王豐勇，歷屆理事長包括李銘興、鄭傅順妹、華秋明、邱展興、林菊娣、劉立強及劉文貴。現任理事長為賴奕守。
54. 國民黨籍，於高雄院轄市時期任職兩屆（1990-1998）。
55. 「高雄市客家文物館興建促進委員會」主要由高雄市客家四大同鄉會成員組成。設有榮譽主任委員 1 位、主任委員 1 位、副主任委員 4 位及委員 37 位，共計 43 人。成員多為四大同鄉會的領導人物，亦是高雄客家界的核心力量。依所屬同鄉會劃分，高雄市屏東客屬同鄉會有 20 位、高雄市新桃苗同鄉會 8 位、高雄市客屬美濃同鄉會 8 位、高雄市臺中地區旅高客屬同鄉會 6 位；職業類別以商業人士居多，其次為政界、公教人員及醫師。見張佳雯，《高雄市客家文物館與客家社團之發展歷程研究（1995-2014）》（高雄：國立高雄師範大學客家文化研究所碩士論文，2016），頁 41-43。
56. 中壢客家人，非高雄在地人士，為國民黨籍。
57. 當時任高雄市銀董事長。
58. 副主委包括屏東籍的張貴金董事長、新桃苗籍的黃興招前市議員、臺中籍的鍾文梁董事長以及美濃籍的宋國榮董事長。
59. 張佳雯，《高雄市客家文物館與客家社團之發展歷程研究（1995-2014）》（高雄：國立高雄師範大學客家文化研究所碩士論文，2016），頁 41-43。
60. 民進黨籍，任高雄市長兩屆（1998-2005）。
61. 財團法人高雄市客家文化事務基金會，《財團法人高雄市客家文化事務基金會暨世界客屬總會高雄分會會員大會手冊》（高雄：財團法人高雄市客家文化事務基金會，2013），頁 3。

七
62. 為了保留這項精神資產，兩位高雄師範大學客家文化研究所畢業的碩士生，在父執輩牽線下撰寫祖父輩張貴金先生與李九郎先生的生命故事。張貴金與李九郎為兒女親家。見張佳雯、徐熔宜，《屏東旅高客家大人物：貴金公與九郎公的生命敘事》（高雄：春暉，2017）。本書於民國 106 年（2017）11 月

11 日在高雄市新客家文物館舉辦新書發表會，當時 96 歲高齡的李九郎先生親自出席並簽書。時任中央客委會主委李永得於書中〈序〉寫道：「貴金公與九郎公……犧牲享受、享受犧牲的行誼躍然紙上，令人折服，而其年少離家，遠赴他鄉打拚事業的精神，更體現我傳統客家人勤儉樸實、吃苦耐勞的風骨。尤其可貴的是，兩位大老對於客家語言文化的保存與傳揚，自始即懷抱著一股熱切的使命感，其捨私利、就公益的善行，以及甘為天下先的義舉，益發教人感佩。」見頁 7。

63. 蔡幸娥，《唯有堅持─曾貴海文學與社運及醫者之路》（苗栗銅鑼：客家委員會客家文化發展中心，2021），頁 139-146。另外，時任中央客委會主委楊長鎮，在書中〈主委序〉也以「客家參與公民社會的典範」為題寫道：「2017 年，曾貴海醫師榮獲第七屆客家終身貢獻獎，身為客家子弟，曾醫師不以客家族群身分為限，在行醫之餘，關注高雄環境議題，積極投入社會運動和環保運動，包括催生衛武營公園運動、保護高屏溪、高雄中央公園改造等，引領南臺灣綠色運動風潮。而對於客家事務，曾醫師常是責無旁貸，從美濃反水庫運動、搶救屏東宗聖公祠到保護佳冬楊氏宗祠及客庄社造運動，發揮其公民運動領袖之影響力，轉動社會文化美好與善的力量。」見頁 3。

64. 高雄市登錄的文化資產中，與客家文化相關的部分以「古蹟」類最多，目前共有九處，按公告年代依序分別為「瀰濃庄敬字亭」（美濃，1991）、「九芎林里社貞官伯公」（美濃，1998）、「瀰濃庄里社真官伯公」（美濃，1998）、「龍肚庄里社真官伯公」（美濃，1998）、「金瓜寮聖蹟亭」（美濃，2000）、「瀰濃東門樓」（美濃，2000）、「竹子門電廠」（美濃，國家級，2003）、「美濃水橋」（美濃，2006）及「龍肚鍾富郎派下夥房、伯公及菸樓」（美濃，2010）。此外，「歷史建築」部分共有四處，包括「美濃舊橋」（美濃，2005）、「美濃廣善堂」（美濃，2005）、「美濃警察分駐所」（美濃，2007）及「美濃南隆輔天五穀宮」（美濃，2010）。在「傳統表演藝術」類別中，有兩項文化資產，分別為「搓把戲」（美濃，2012）及「客家八音」（美濃，國家級，2016；市級，2006）。「民俗」類則包含三項：「新威勸善堂祭河江敬義塚祭典」（六龜，2016）、「美濃廣善堂送字紙灰祭典」（美濃，2016）以及「瀰濃永安庄伯公福廠入年駕祭典」（美濃，2018）。最後，在「古物」類中，則登錄了一項位於高雄市三民區的「客家傳統民居遺構」（三民區，2011）。

宗教與信仰

Part IV

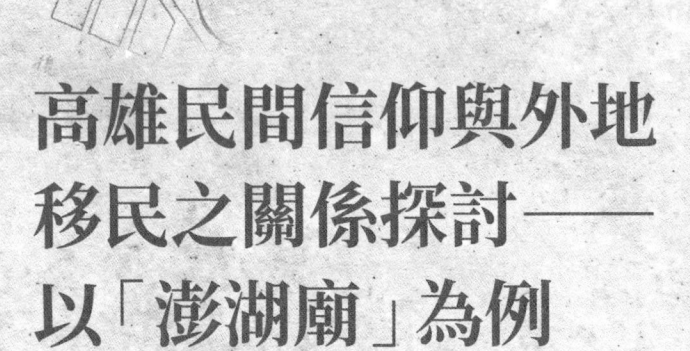

高雄民間信仰與外地移民之關係探討——以「澎湖廟」為例

謝貴文

一 前言

　　早在十七世紀初期，漢人民間信仰即隨閩南移民進入臺灣。初期先民為求渡海平安，常會攜帶原鄉的神明香火隨行，抵臺後先供奉在自宅，如有靈驗事蹟發生，則會吸引周邊的宗親或鄉親前來參拜，乃至為之建廟，成為地方共有的神明。隨著居住日久及聚落居民擴增，這些神明與廟宇又發揮整合的功能，將境內不同祖籍與血緣者凝聚成一共同體，建立對地方的歸屬感與認同感。又隨著全臺的開發、社會穩定及人口繁衍，島內移民情形日漸普遍，移民同樣會將故鄉的神明香火帶至移居地，造成民間信仰的傳播與擴展；而各地特有的生存環境及風俗習慣，也使民間信仰產生多元的面貌。高雄地區因開發甚早，漢人民間信仰頗為興盛，在清末已出現主祀王爺、媽祖、神農大帝、關聖帝君、觀音佛祖、玄天上帝、保生大帝等眾多廟宇，其中在原高雄市境內即有五十餘座。[1]尤其進入日治時期後，高雄因築港工

● 19世紀臺灣府澎湖廳海事圖

資料來源：19世紀臺灣府澎湖廳海事圖，高雄市立歷史博物館典藏資料，登錄號：KH2011.007.004

程、都市建設及各大工業、加工出口區、遠洋漁業的發展，吸引澎湖、臺南、嘉義乃至北部等大量外地人口來此就業及定居，也將故鄉神明迎請至此地供奉，成為辨識移民族群的重要標誌。這些外地移民所帶入的民間信仰，一方面仍保有原鄉的祭祀組織與儀式，並透過返回祖廟進香及交流活動，維繫對故鄉的連結與情感；另方面則會因應本地的現實環境，而調整經營運作的方式，以獲得在地人的接受與認同。它不僅使原鄉民間信仰得以向外擴展，也讓高雄民間信仰更加多元豐富。

有關高雄民間信仰與外地移民的關係，已有一些學者有所關注，如李文環探討哈瑪星的文龍宮、代天宮兩座移民廟，前者由安平移民所創建，主神來自原鄉的文朱殿，但兩者僅是兄弟廟的關係；各種祭儀也來自安平

傳統，但因較具內聚性格，而難以擴大社會效應，以致雖是當地最早建廟者，卻只能侷促一隅。後者則是蚵寮移民所創建，但因經費短缺，而透過漁貨流通業的職緣關係，將非蚵寮人納入，兩者分別主導祭祀、管理組織，主祀神亦來自蚵寮保安宮、南鯤鯓代天府，以此整合哈瑪星的多元移民。[2] 又如洪憶瑄藉由高馬北極殿、高南保安宮兩座高雄的「澎湖廟」，探討其社群的集體生活樣貌，指出前者對澎湖身分保持低調態度，轉而強調信仰秩序，並透過對地緣居民的公益行動與領域儀式，發展出潛藏的領域意識；後者則強調其澎湖身分，以澎湖特色經營廟宇，並以同鄉聚會為號召，但於所在社區扮演「好鄰居」角色；而不論兩廟對澎湖身分持何種態度，都明顯受澎湖秩序與價值觀的影響。[3]

由上述研究可知，這些高雄的移民廟皆保有原鄉的信仰特色，但也會因應移居地的現實環境而做出調整，且即使是同一地的移民廟，各自的保存與調整程度亦有所差異，實有必要就更多移民廟進行考察，方能掌握其整體狀況。有鑑於自日治初期起，即有大量澎湖人移居高雄，他們具有強烈的同鄉意識，也在聚居地興建許多奉祀故鄉神明的廟宇，表現出鮮明的鄉土特色，最能反映本地民間信仰與外地移民之關係。本文即以這些廟宇作為研究對象，主要是運用黃有興、高明宗對合併前高雄市境內54座「澎湖廟」的調查資料，[4] 從香火緣起與廟宇創建、內部組織與宗教服務、祭典活動與外部關係等三方面進行分析，著重瞭解其維持哪些原鄉的作法與特色？與故鄉及祖廟如何維繫關係？在移居地有何調整與轉變？與本地廟宇及信眾的互動如何？又產生何種影響？期待能藉此對高雄的民間信仰有更全面地觀察，也能為移民的信仰研究提供更多參考案例與思考方向。

二 香火緣起與廟宇創建

根據人類學者 M.Strathern 對 Elmodn 村的研究，發現從外地移居而來的現有居民並不認同當地，反而從當地移居他處的民眾，以認同象徵來保持跟當地的關係。因此，一個人對地方的認同不再是具體的地域範圍，而是建立在由原有社會關係或信仰所轉換的想像或象徵上。張珣則運用此一論點，解釋大甲移民熱衷參與故鄉進香活動的原因。她指出一個人與出生的土地之間有一種神秘的連結，每個人的「人觀」成分中有一部分是出生地。一個人與出生土地之連結有一個重要指標，即是與村廟主神之間的權利義務關係。村民一出生即屬於村廟主神的信徒，信徒資格由父傳子，代代相傳，一個人終其一生均屬於該神明保祐的對象，即使遷居外地仍會以分香、分靈來取得與家鄉的連結。因此，移民能感受到家鄉神明的神蹟與保祐，即證明他仍是該神明管轄的人口，仍是家鄉的一分子。[5]

同樣的，自日治初期大量澎湖人移居高雄，雖然此地不乏奉祀各種神明的廟宇，但他們所認同的仍是故鄉，亦相信唯有當地神明才能給予庇佑。尤其早期澎湖移民多為同村人聚居一地，對村神有共同的情感，加上大多從事苦力工作，生活環境艱辛，更需要該神的支持與慰藉，因而常會透過分靈方式，將其迎請至遷居地供奉。例如鹽埕區大仁路的威靈宮，緣於日治時期此地有許多白沙鄉後寮村人聚居，因感於村神保生大帝靈感顯赫，乃由許善、許生業、方助等人發起設廟塑像奉祀，並開始「濟世」[6]治病。又如鹽埕區建國四路尾的吉貝武聖殿，緣於有許多吉貝鄉親在此聚居，形成一個「澎湖社」，又稱「吉貝嶼寮」，他們大多擔任碼頭工人，為庇佑工作順利及凝聚同鄉情感，乃返回故鄉吉貝武聖殿迎

請香火,並集資雕塑文衡聖帝金身供奉。[7]

即使因經濟或環境因素,無法在遷居之初即分靈,亦會在事業穩定或能力許可後,實現供奉故鄉神明的心願。例如澎湖湖西鄉成功村人,原聚居在鹽埕富野路一帶,至1953年(民國42年)鄉親吳保得、吳四福、蕭佛助等感於事業有成,皆是故鄉天軍殿恩主公之庇佑,乃分靈雕刻趙府元帥等神明供奉,後來在鼓山區現址建高雄天軍殿。[8]另有些移民最初僅供奉家神,但後來亦會分靈故鄉村廟主神,如新興區宸威殿,緣於日治時期澎湖西衛里民陳佑來高雄謀生,最初奉祀文衡聖帝鎮宅,1948年間因多次發爐,神明指示西衛宸威殿真武大帝駕臨高雄,要陳佑奉祀之,他乃返回該廟分靈。又如新興區文衡殿,緣於1923年(大正12年)白沙鄉長岸人林禎遷居高雄,奉請林氏宗祠的文衡聖帝前來供奉,因長岸在通梁、後寮兩村之間,彼此往來密切,乃又回兩村分靈村廟主神康府千歲、保生大帝前來合祀。[9]這些都說明人與故鄉神明的緊密連結,即使已遷居外地,仍要分靈祭拜之,並將自身成就歸功其庇佑。

這些分靈神明最初多供奉在民宅,或以簡陋小祠祀之,俟經濟條件許可或覓得永久廟地後,才會興建正式廟宇。建廟經費除旅高鄉親的捐助外,有不少原鄉祖廟亦會出力支持。例如高雄天軍殿在1988年(民國77年)重建,祖廟澎湖天軍殿還特別成立贊助興建委員,計有11位委員,另設高雄天軍殿董事會,協助建廟事宜,落成後即解散,信徒捐獻者多達三百餘人。鼓山區珠靈殿則在1988年重建及1993年落成時,祖廟馬公興仁里(雙頭掛)懋靈殿分別捐款12,000元及66,000元贊助。鼓山區大義宮1992年(民國81年)重建時,總經費約三千萬元,祖廟西嶼竹篙灣大義宮及境內各甲即募捐約九百萬元,顯見對旅高鄉親的支持。[10]這種祖廟贊助子廟興建經費的情形,在全臺各地常可見之,也呈現兩者之間的「擬親屬」關係,猶如父母出資幫助子女購屋一般,並不會因其遷居異

地，而稍減關愛之情。

當然，此一「擬親屬」關係是雙向的，這些「澎湖廟」除會返鄉謁祖進香及參加重大慶典外，也同樣會捐資協助祖廟重建。例如鹽埕區的北極泰靈殿，當2002年（民國91年）祖廟湖西東石泰靈殿拆除重建時，即協助募款並捐資重建。三民區高紅北極殿於2004年（民國93年）祖廟紅羅北極殿拆除重建時，亦號召旅高同鄉捐資贊助興建。三民區高南保安宮更是在1996年（民國85年）祖廟南寮保寧宮拆除重建時，號召旅高鄉親捐資一千八百萬元贊助之，顯見對祖廟感情之深厚。[11]而根據馬公案山北極殿的捐獻碑文記載，該廟在1998年（民國87年）重修時，鼓山區高案北極殿共有上百名鄉親，捐款贊助近兩百萬元。[12]這些「澎湖廟」的規模都不大，但經由其出面號召，仍帶動許多鄉親捐款支持。學者許嘉民、林美容在界定以共神信仰所形成地方組織「祭祀圈」的範圍時，都提到一項重要的指標，即居民對建廟與修廟有共同出資的義務。[13]雖然這些旅高鄉親已非祭祀圈內的居民，但對故鄉村廟的認同情感依然存在，也願意繼續承擔出資建廟或修廟的義務，而在高雄的分靈廟即於其中發揮連結祖廟與整合鄉親的重要功能。

● 神明看守的澎湖港灣

澎湖是個村村有漁港的地方，有時多到數百公尺內就有一個，全島共有漁港六十餘處，真可列為「漁港密度最高」的金氏世界紀錄；不只漁港多，根據統計，澎湖每千人擁有2.8座廟宇，也居全臺之冠，這人文特色盡在畫面中。

資料來源：神明看守的澎湖港灣，高雄市立歷史博物館典藏資料，登錄號：KH2015.002.014

高雄的「澎湖廟」與故鄉的連結，還表現在其廟名上。這些廟宇通常會沿用祖廟之名，再於前方加上「高」與故鄉村名首字，凸顯其為高雄分靈廟的身分，如高通保安宮、高案北極殿、高馬北極殿、高東大后宮、高合威揚宮、高尖顯濟殿、高紅北極殿、高西北極殿、高沙廣聖殿、高白玉聖殿等，都在標示其分別為通梁、案山、馬公、東衛、合界、尖山、紅羅、西溪、沙港、白坑等同名祖廟在高雄的分靈廟；其中高案北極殿原名「高雄北極殿」，2001年（民國90年）為表達分靈意義，而在眾信徒支持下改為今名，[14]充分展現對故鄉祖廟的情感。有的廟宇則未冠上地名，直接與祖廟同名，如威靈宮、大義宮、宸威殿等；甚至還有僅冠上故鄉村名者，如吉貝武聖殿，表現對原鄉最深的認同感。這種與祖廟同名的現象雖不少見，但大多會在前面冠以本地的地名，但「澎湖廟」刻意在廟名中呈現故鄉之名，且能堅持至今，[15]顯示其具有比其他移民族群更強的原鄉意識。

　　在高雄的「澎湖廟」中，除了由故鄉祖廟分靈或由本地再分靈者外，尚有兩種特殊的香火緣起類型：一是緣於澎湖特有的王爺信仰，當地除有在廟內作為主、副神的王爺外，尚有臨時被迎請至村廟奉祀一段時間再送走的王爺，屬於「客神」性質，一般被視為「代天巡狩」，有時在「送王」時，村民會請求王爺准予雕塑神像留廟祭拜。[16]如鹽埕區三聖殿即緣於故鄉菓葉聖帝廟請金、范、李三府千歲為客神，「送王」時有許多旅高鄉親返回參加。事後三千歲特來高雄答謝，鄉親乃向上天祈求，而獲准留在此供奉。後來金府千歲奉旨外差，上天派康府千歲前來代任，8年後金府差畢返回，康府理應返回天庭，三聖殿信眾又祈求上天准予其留下，而在前鎮區創建文聖宮供奉之。[17]這兩座廟雖非直接分靈菓葉聖帝廟而來，但仍視之為祖廟，彼此間保有密切互動。

二是緣於澎湖特有的神媒「查某佛」。當地公廟除有與法師配合「濟世」的乩童外，私壇中還常見稱為「查某佛」的女乩童，其附身神靈常是自家早夭的親人，且在降壇與問事時，並不需要法師的配合協助。[18]在鼓山區的文武城隍廟，即緣於婦女鄭林口有起乩現象，後來其夫才知是亡父鄭順活已升任城隍爺，選擇媳婦當代言人。鄭家乃在宿舍設壇濟世，後因問事者甚多，才正式建城隍廟，雖與故鄉通梁保安宮無香火關係，但與當地親戚仍有往來。而三民區進天宮則緣於澎湖望安人呂順情過世後，借乩向其妻表示已受封為神，後來又附身其女兒呂秋桂身上，且時常降駕，因而為其雕塑呂府千歲神像，並開始設壇濟世。該廟尚供奉水府城隍、小城隍及呂太子，皆是呂家親戚死後成神者，但亦有供奉故鄉望安東坪村蕭府廟的蕭府王爺，彼此間仍保持往來。[19]

由此可知，這些「澎湖廟」大多數香火來自原鄉，少數無直接香火關係者，亦皆具有澎湖的信仰特色，並多與故鄉村廟保持互動連結，鄉土意識與色彩仍甚鮮明。不過，隨著長久在高雄生根發展，這種澎湖社群特色亦遭遇內外在的挑戰，如有些廟宇雖以同鄉信徒為主，但仍會有理念不合或人事摩擦，最終導致內部分裂，如金東堂、威玄堂、保仁宮即分別從吉貝武聖殿、高案北極殿、高南保安宮分裂出去。所幸這些信徒雖另立門戶，仍多與澎湖祖廟保持互動，有的則保有原鄉的迎送王爺習俗，[20]並未造成鄉土色彩的弱化。

較大的衝擊是早期澎湖移民，大多是同鄉聚居一地，如旗後多七美人；鼓山區哨船頭多望安人；鹽埕區「吉貝嶼寮」多吉貝人；三民區「南興社」多馬公菜園人；前金區「澎湖社仔」多馬公山水、五德、鐵線人；前金區長城里多林投人。而且他們多從事相同職業，如湖西人為木匠、木材生意及土木建築業；七美人多在鐵工廠或造船廠工作；望安人多漁民；馬公人多從商；西嶼人經營中藥房。[21]在此地緣與職緣背景下所興建

的「澎湖廟」，自然具有最鮮明的鄉土色彩。然而，隨著都市化建設及人口流動，這種同鄉聚居現象已漸消失，加上許多廟宇都經過異地重建，原有的地緣關係更形破碎。尤其在早期澎湖移民日益凋零下，廟宇主事者的鄉土意識日益淡薄，與故鄉祖廟的互動也不如以往頻繁，確實造成一些具原鄉特色的信仰習俗正逐漸流失，值得正視與關注。

三 內部組織與宗教服務

一般廟宇內部有管理、祭祀兩大組織。管理組織負責日常廟務的運作，通常有三種類型：一是管理人，大多出現在早期興建、規模較小者，廟地由個人捐出，其一家世代即擔任管理人。二是管理委員會，乃目前最常見者，由信徒選出代表，次由信徒代表選出委員，再由委員選出主任委員，大多由地方有地位、財力又熱心公共事務者出任。三是財團法人，通常為規模較大、後期新建或強調公益目的者，大多由管理委員會轉型而來，須依《財團法人法》設立董監事會及監督管理財產。祭祀組織則負責推動廟宇的各種例行性祭典活動，主要為爐主與頭家，爐主要在神明聖誕時，代表居民準備「公牲禮」祭拜之，並負責收丁錢或募捐，頭家則協助其辦理各項祭典事務。

高雄的「澎湖廟」普遍規模不大，有不少僅設管理人，但仍以管理委員會居多，僅文武聖殿、大港埔祖師廟成立財團法人。從早期各廟的管理組織，可明顯看見與故鄉或祖廟的緊密關係，如鹽埕區保安宮乃白沙鄉通梁人所創建，也由村人鄭真達擔任管理人，他過世後未變更管理人，僅由同村廟祝繼續管理。2004年廟祝退休回澎，廟方為重振聲譽，乃回祖廟通梁保安宮擲筊選出新管理人洪國程，並辦理變更，洪氏亦為通梁人。前鎮區高澎內塹宮為西嶼鄉內垵人所創建，最初雖無寺廟

登記，但都由內垵人負責管理，甚至還曾由內垵村八甲頭各派一名代表參與廟務。高南保安宮最初採管理人制，兩任管理人趙清選、趙清河皆湖西南寮人，1988年（民國77年）在內部設管理委員會，故鄉南寮村長趙石徑還曾擔任過委員。而文澳人所創建的大港埔祖師廟，更是因為有信徒反對馬公人吳如意出任管理人，不願出資建廟，廟方才申請設立財團法人，充分反映其內部具有強烈的社群意識。[22]

當然，隨著廟宇所在環境的改變及人口遷移，信徒很難再侷限於澎湖人，甚至管理階層也可見非澎湖人，如同上述哈瑪星代天宮由非蚵寮人主導管理組織的現象。例如前鎮區玄德殿原由馬公五德人歐瑞賢創建，信徒也多為其鄉親，但1989年（民國78年）遷至現址後，管理人改為臺南人王慶雄，他積極與當地居民建立關係，參拜者已不再限於鄉親。不過，即便改由非澎湖人管理，通常仍會保有澎湖的特色，如苓雅區修福殿由澎湖人鄭德玲所建，1970年（民國59年）由臺南學甲人李川接任管理，但仍維持澎湖民間信仰的祭祀形式，包括請澎湖道士主持慶讚祝壽、請法師訓練「小法」等。又如苓雅區的高東天后宮，在1999年（民國88年）成立管理委員會，推選兩位非澎湖籍的里長擔任主任、監察委員，希望能加強在地的連結，但因其祀神方式與澎湖不同，無法配合推展，以致第二屆主委又改由東衛人擔任。[23]這些都說明管理組織成員雖會異動，但祭祀儀式卻不易改變，這也是迄今外界仍能辨識「澎湖廟」的關鍵所在。

在祭祀組織方面，澎湖民間信仰有一大特色，即各地方公廟均設有「鄉老」，又稱「老大」，通常由六十歲以上的老年人數人組成，排班輪流到廟裡祀神。[24]他們大多由村內各「甲頭」或大姓中選出，負責主持日常廟務及祭祀，包括每天早晚的上香敬茶、代表廟方接待友廟來訪、承邀參加友廟的重要祭典。而遇本廟有建醮或「請王」等重要祭典，則會以擲筊

● 澎湖白沙通梁漁港

資料來源：澎湖白沙通梁漁港，高雄市立歷史博物館典藏資料，登錄號：KH2021.018.0682

方式選出主辦的爐主與頭家；若認為人力與財力不足，會再成立專案委員會，選出正副主委、總幹事、各組組長，負責執行祭典的各項工作。[25]

不過，高雄的「澎湖廟」因為移民所建，普遍規模較小，內部並未有「甲頭」或大姓，自然亦未設立「鄉老」。廟內的祭祀組織主要為爐主與頭家，他們通常是在元宵節或神誕日擲筊選出，任期一年，負責準備全年主同祀神聖誕祭典及每月犒軍儀式的牲禮祭品，有時也會協助管理組織舉辦大型廟會活動。雖然爐主與頭家亦為界定「祭祀圈」的一項重要指標，但由於這些「澎湖廟」大多非地方公廟，並未形成「祭祀圈」，以致爐主與頭家的重要性大為降低，今約有半數廟宇將其廢除，改由管理組織負責祭祀工作。這種情形常出現在城市的廟宇中，反映其「去地域化」的現象，亦說明「祭祀圈模型」仍有侷限性。[26]

在「澎湖廟」的內部尚有設鸞堂、法師、乩童等，因其偏重以儀式與神明溝通，通常被歸為祭祀組織。鸞堂的前身為善堂，乃清末地方士紳結合宗教團體所成立，主要宗旨即在宣講善書，也會從事各種社會事業與慈善行為。澎湖在1853年（咸豐3年）成立全臺第一個善堂「普勸社」，

並獲准在各地廟宇「講解聖諭及勸善諸書」。[27] 善堂是以既成的善書宣講，後來又發展出自行扶乩著書，再以之宣講的組織，即是「鸞堂」。鸞堂以扶乩的方式著書，又稱為「扶鸞」，乃由乩手先經「請鸞」儀式，再進入神靈附體的恍惚狀態，以鸞筆在沙盤中寫字，由其旁的鸞生報出及記錄，即成為一篇乩文。累積到一定數量後，再將其集結成書，此即是善書。1887年（光緒13年）暫停運作的「普勸社」，即改成鸞堂性質的「一新社樂善堂」，不僅恢復宣講及推展公益善行，還著造全臺第一部善書《覺悟選新》。[28]

這種普遍附設於澎湖廟宇內的鸞堂組織，亦經由移民傳入高雄，出現在部分的「澎湖廟」中。這些廟宇設置鸞堂的主要目的在於「濟世」，亦即透過扶鸞儀式為信徒指點迷津、解決疑難，如鼓山區大義宮早在1939年（昭和14年）設立鸞堂，堂名「明國社救世堂」，鸞法傳自祖廟西嶼大義宮，僅有文壇扶鸞濟世，並未設武壇乩童。三民區的北極玄天壇，在1993年設立鸞堂「玄靈堂」，僅扶鸞濟世，未著造善書，通常是乩童無法前來，才由其開壇濟世。前鎮區文安殿則因乩童私自設壇，且常推諉不到，影響廟譽，乃由法師長提議設置「德修社思善堂」，農曆每月3、6、9日扶鸞濟世。[29]

除濟世之外，有的還會著造善書，如鹽埕區的威靈宮、保安宮、聖帝殿；鼓山區的天軍殿；新興區的文衡殿、大港埔祖師廟等皆有之。其中聖帝殿自1946年開設「集鄉社光榮堂」後，迄今共著造十九部善書，成果最為豐碩；而天軍殿於1965年設立「趙善社光明堂」後，除著造多本善書外，還曾於1973年（民國62年）著造靈籤與藥籤，頗具特色。有著造善書的鸞堂，通常也會對外宣講，如三民區的清水社祖師堂，即固定於農曆每月1、4、7日扶鸞濟世，2、5、8日宣講勸善，3、6、9著造善書。[30] 不過，由於扶鸞造書所需組織龐大，且耗時冗長，加上宣講已少有外來

聽眾,導致這兩項任務日益式微。時至今日,連鸞堂主要的濟世任務,亦因鸞生無法配合或後繼無人,而無法再提供服務,大多數鸞堂均已停止運作。

較特殊的是鹽埕區文武聖殿,雖無扶鸞著書,卻有宣講勸善。該廟自1925年(大正14年)成立「鼓善社修德宣講堂」,即以宣講聖諭、代天宣化、勸善禁惡為主要任務。1956年擴大為「勵善聖諭宣講部」,每年農曆3月6日舉行請旨大典,隨即開始宣講,至農曆10月20日舉行繳旨大典。由主講1名、副主講2名,分工合作完成當年宣講任務。宣講規制分成內、外部宣講,內部宣講於該廟前廣場設置宣講臺,其內容為宣講案證、經典義理、因果報應等真理鸞訓;外部宣講主要在高雄市各大寺廟舉行,並擴及臨近縣市鄉鎮,更遠赴澎湖縣各寺廟。因宣講活動已有百年左右,受到一定程度的社會群眾認同及參與,且保留傳統規制及澎湖移民文化,而獲登錄為高雄市無形文化資產的民俗。此外,該廟亦積極從事社會公益,舉辦社教與藝文活動,提供獎學金及急難救助,深獲各界好評,[31]亦體現澎湖傳統鸞堂的行善精神。

除鸞堂外,有更多的「澎湖廟」是以乩童濟世。乩童是由神明選召,以附身方式代傳神意,有些廟宇的創建即與之有關,如旗津的高通保安宮,乃因康府千歲常附身於林女,經其夫到神壇請示,得知該神有意在此濟世,而於1993年(民國82年)創設該廟。北極泰靈殿則緣於黃自尚雕刻故鄉神明池府王爺,在家中自行供奉,後來因該神常附其身,才正式設廟濟世。有的乩童則直接來自澎湖祖廟,如高南保安宮的乩童許秋水,原為祖廟南寮保寧宮保生大帝的乩身,後來遷居高雄,繼續為該廟神明所採用。前金區扶風殿原有乩童去世後,即未再採乩,遇有重大事情無法解決時,則由執事者返回祖廟請乩童降駕指示,或是請祖廟乩童來該廟降駕。而鹽埕區溫王廟的歷任乩童多達十名,此乃因其保有原鄉請送王爺的

● 乩童

通常廟宇中都有專屬的乩童（或稱童乩），在廟會時，會隨神輿步行遶境，或兩腳分立轎槓上；當神明附身時，他會拿手上的法器如鯊魚劍、刀劍或刺球，往身上操得鮮血淋漓，一旁會有一人口含符水噴向乩童的傷口上止血。在沒有廟會時，乩童會在廟中「降乩」，為人解答疑難或開藥方，這時會有一位「桌頭」在一旁擔任人神之間的通譯；這位「桌頭」不但會看「乩字」，也聽懂乩話。

資料來源：乩童-1，高雄市立歷史博物館典藏資料，登錄號：KH2006.014.001

● 乩童

臺灣廟宇每逢有祭典時，都會請道士請神祭神。道士分烏頭師（司）公及紅頭師（司）公兩種，前者以黑布包頭戴黑道冠，主掌葬祭之事；後者以紅布包頭戴紅道冠，負責加持祈禱事宜。乩童與尪（紅）姨即屬紅頭師公一派。

資料來源：乩童-2，高雄市立歷史博物館典藏資料，登錄號：KH2006.014.002

習俗，故除主神溫府王爺的乩童外，每科駐殿王爺亦多有之。[32]

雖然乩童在全臺各地皆有之，但澎湖乩童卻有一特殊處，即與法師的關係至為密切，訓練、濟世及各種儀式皆需其配合。澎湖的法師又稱福官、法官或小法，與乩童配合濟世時，則稱壇頭、桌頭。乩童受訓須在廟中閉關，俗稱「坐禁」，此時由法師授予符法、指法、咒語與步法，最後使其「開口」，以乩語傳達神意。乩童臨壇辦事時，先由法師誦唱神咒，並輔以鑼鼓之聲，神靈方能附身；神靈附身乩童所說語言，亦需要法師加以翻譯，旁人才能了解其意；乩童離廟代表神明遶境，或至各營頭鎮符時，法師亦需要在旁施法扶持及保護。如同民間俗諺「死童乩，活桌頭」，乩童常被視為法師操控的傀儡，澎湖人也對法師較為尊崇。[33]

在高雄的「澎湖廟」中，也可看見乩童與法師的密切關係，幾乎有乩童即有法師，僅上述高通保安宮的乩童林女，四次「坐禁」皆自己在廟內修練，並無法師指導，以致起乩亦由神明自然附身，不需法師請壇，是為特例。有的乩童是法師出現後，才開始有附身現象，如上述北極泰靈殿的乩童黃自尚，乃因鹽埕威靈宮法師長趙江波經過其家，知有故鄉神明在此供奉，此時神明即附身黃氏，後來由趙氏指導其成乩，並協助請壇辦事。有的乩童是由「小法」成員被神明選召而來，如鼓山區玄溫宮的張錫文、王進成；鼓山北極殿的呂永成、沈春和等乩童皆是。[34]而法師的地位確實在乩童之上，如上述文安殿的法師長李天賜，有感於乩童不聽節制，影響廟譽，而使其離開，改以設立鸞堂濟世。

澎湖法師除與乩童配合濟世外，自身也要精通符籙、咒語、指法等法術，通曉各種祀神儀式，同時訓練「小法」，並主持廟宇年中行事的法事事務，堪稱是最具在地特色的神職人員。法師的養成有一套程序，通常村中年齡最長、輩分最高、法力最強的法師為「法師長」，他每隔一段時間，即須召集村中八歲左右的孩童，授予請神降壇、犒軍、操營、結

界等簡單法術。這群「小法」學成後，即在村廟中服務，主要負責每月的犒軍儀式，神誕時的造橋過限、操營結界，或服侍乩童臨壇、遶境及鎮符等。至三、五年後又有新「小法」訓練成功，他們即可自由參加村廟的儀式活動，有的還能不斷的精進，而獲選為新的法師長。[35] 法師不一定要「坐禁」，但一般民眾認為法師「坐大禁」四十九天後，法術才會高強，因此其大多會利用訓練乩童之便，亦同時「坐禁」。[36]

由於法師是村廟中最重要的神職人員，又受到澎湖人的尊崇，故高雄的「澎湖廟」亦對其甚為重視，常會請故鄉祖廟派來支援或協助訓練。例如鹽埕區三聖殿雖曾由法師長訓練「小法」，但目前只會請壇、犒軍而已，重要法事仍要請祖廟菓葉聖帝廟的「小法」前來支援。高雄天軍殿的「小法」則是在故鄉祖廟學過者，後移居高雄前來效力；且為使該廟與祖廟的法師後繼有人，其還出資請祖廟訓練「小法」，遇有慶典再派來高雄協助。大港埔祖師廟訓練過五屆「小法」，皆由祖廟文澳祖師廟的法師長授法，但都未「坐禁」。高合威揚宮於1998年（民國87年）訓練過一屆「小法」，法師長均為故鄉合界村人，但由於招募小孩學習不易，故所招學員皆三十至四十歲間，且有興趣及正當職業者。[37] 由此可知，法師亦為「澎湖廟」與祖廟連結的重要元素，但因應高雄的社會環境，「小法」的成員資格與訓練方式已有所調整。

現今澎湖「小法」已出現傳承的問題，[38] 而高雄都市化的環境及生活型態，更使「小法」頻臨斷層與消失。所幸有少數人士仍堅持傳承此一澎湖民間信仰的特色，如大義宮主委謝有志感於「小法」有失傳危機，乃於2000年（民國89年）聘請澎湖蘇崇嶺法師長來該廟訓練「小法」，有中年人及學生八人參加。鼓山北極殿法師長洪瑞宏為傳承「小法」，並確保成員的品德，乃於2000年訓練其親族孩童七人來繼承。[39] 高南保安宮於2016年建廟完成後，即開始訓練濟世的乩童與小法，每周請故鄉南寮法

師飛高雄教學,並指導其「坐禁」。[40]這些都說明澎湖人對「小法」仍存在著情感,甚至是使命感,而會盡可能保存此一特色,此亦成為外界辨識「澎湖廟」的重要特徵。

四 祭典活動與外部關係

「澎湖廟」的祭典活動以主神聖誕期間居多,通常會聘請道士建醮祝壽,較講究者會多達五天,一般則為一天或半天。澎湖道士屬於烏頭道士,兼修度生與度死,主要工作即為廟宇神明建醮,另也為亡者做功德。[41]最簡單祝壽半天的科儀,流程為請聖真科、宣《玉樞寶經》、禮《北斗真經》、誦《三官妙經》、觀燈、賀壽金科。不過,因應高雄都市化的生活步調,有不少廟宇仍覺得這些科儀過於繁瑣,而改由廟方自行準備牲禮、鮮花、四果、壽龜、壽桃等祝壽[42],以求省時省事。

通常在主神聖誕日當晚,還會有交陪廟派執事持祝壽禮品前來賀壽,稱之為「泡茶」,由此亦可看見其外部關係。雖然這些廟宇在高雄生根日久,與不少本市乃至外縣市廟宇有所互動交流,但主要的交陪廟還是集中在其他的「澎湖廟」,同鄉意識甚為明顯。以高馬北極殿為例,雖然其對澎湖身分持低調態度,也逐漸增加與在地連結的外部行動,但有交陪關係者仍以本地的「澎湖廟」居多,包括文武聖殿、高紅北極殿、高案北極殿、高白玉聖殿等13間。這些廟宇的執事會帶著信徒與賀禮前來「泡茶」祝壽,在廟方人員熱情迎接下,先享用豐盛餐點,再依序入廟祝壽參拜,先對天祭拜後行四跪十二叩之禮,再對主神祭拜行三跪九叩之禮,並獻上香、花、水果、財帛、酒等賀禮。儀式結束後繼續享用餐點,再帶著回禮返回。[43]透過這種年復一年的「泡茶」祝壽,維繫「澎湖廟」之間的情誼,也讓同鄉意識得以延續下去。

有些「澎湖廟」會在特定年分擴大舉辦神誕活動,除既有的建醮、祝壽外,還增加遶境、祀筵及有關的民俗文化活動。如文武聖殿以每三年為一醮科,於農曆6月24日文衡聖帝聖誕,舉辦盛大的慶祝活動。2001年更與鹽埕區公所合作,擴大為文化季慶典活動,有意重現50年代與臺北迎城隍、北港迎媽祖齊名的高雄迎聖帝之盛況。在遶境時可看見十多間「澎湖廟」的神轎參與,連祖廟澎湖武聖廟亦跨海出轎相挺;另也舉辦澎湖特有的「祀筵」儀式,且是由禮生宣唱,分程進酒及進筵的「軟筵」,格外講究。鹽埕威靈宮則是在2002年農曆3月9日舉辦保生大帝出巡暨建

● 神輿遶境

早期廟宇每逢主神生日或得道升天之日,主神的神轎都會遶境慶祝,遶境時日、天數及路徑,都由乩童代為傳達的神旨決定,天數有一至三日不等,也有長達五日以上,遶境範圍有多達數鄉鎮,若像大甲媽祖至北港進香,則跨越數縣市鄉鎮,長達十餘日。所以神明遶境對多地而言,都是大事,沿途信眾擺上香案、供品頂禮膜拜,廟方和信眾也會聚資拚戲及大拜拜,所費不貲。另在瘟疫流行時,王爺廟等廟宇的神轎也會遶境祈求平安。日治時期以消除迷信、浪費,禁止神轎遶境,至光復後方才解禁。遶境時,陣頭中除乩童隨行外,還包括各種傳統技藝表演的陣頭,非常熱鬧。

資料來源:神輿遶境,高雄市立歷史博物館典藏資料,登錄號:KH2006.014.011

醮大典，祖廟後寮威靈宮也有兩頂神轎及執事、鄉老、「小法」數十人搭船前來參與，兩廟「小法」共同舉行操營、結界、造橋過限等法術，展現其香火與儀式的傳承關係。[44]

此外，有的廟宇會在主神聖誕前夕，前往澎湖祖廟進香。進香一方面是返回祖廟謁祖，表現兩者的「擬親屬」關係；另方面則是透過「刈火」儀式，分享祖廟神明的靈力。雖然全臺各地皆有此一活動，但因澎湖為一離島，要前往進香必須要搭船渡海，所需人力、時間與費用皆大幅增加，也更可看見其重視程度。如高合威揚宮於1998年、2004年（民國87、93年）皆曾返回祖廟進香三天，前者不僅有池府王爺的神轎，還有信徒320人參加，皆搭乘「臺華輪」往返。苓雅區的高尖顯濟宮則自1998年起，連續三年返回祖廟湖西尖山顯濟殿進香三天，進香團有開路車、鑼鼓車、神轎、布袋戲車等，除到祖廟拜謁神明外，也在尖山村內遶境。三民區壽山天后宮則曾於1984年（民國73年）農曆3月17日返回祖廟湖西天后宮進香三天，計有媽祖等四尊神明分乘四頂大轎，與八家將、

● 澎湖寺廟與海船

資料來源：澎湖寺廟與海船，高雄市立歷史博物館典藏資料，登錄號：KH2021.018.0671

● 1960年代廟會供品

廟會包括建醮、神明誕辰和普渡，是鄉間主要節慶。每逢廟會，鄉民們當做地方大事看待，出錢出力，全力以赴。廟會當天，一路上都是挑著供品赴廟會朝拜神明的人。在廟會現場，只見供桌上擺滿各種供品。

資料來源：廟會供品，高雄市立歷史博物館典藏資料，登錄號：KH2006.014.067

大鼓陣等陣頭及信徒約兩百人參加。[45]這些進香隊伍都頗為盛大，展現對祖廟的深厚情感，參加者有許多是高雄出生的澎湖人，也藉此尋根探源，找回對故鄉的情感與社群意識。

在「澎湖廟」的年度行事中，尚有兩項具原鄉特色的祭典活動，一是年底的平安醮，二為元宵的「乞龜」。平安醮是各廟在年終之前，為答謝眾神明全年的庇佑，而請道士主持的建醮科儀。如同上述的神誕醮祭，有些廟宇亦認為平安醮過於繁瑣，另有因經費考量，或是另有活動，[46]舉辦意願普遍偏低，目前僅有十多座廟宇還在辦理，大多啟建三天，僅高紅北極殿仍維持五天。建醮日期都在農曆十月，有的採固定日期，有的則擲筊決定。較特殊的是前金區扶風殿，會先請示祖廟湖西林投鳳凰殿，俟其優先建醮後，各分靈廟再擲筊決定建醮日期，且不會相互重疊，[47]顯示祖廟及各子廟間的倫理感與整體性。

澎湖人對元宵節至為重視，有「正月玩三天，上元玩三暝」之俗諺，而元宵特有的「乞龜」習俗，亦即讓信眾擲筊求取「平安龜」，來年加值奉還的活動，更是與「北天燈，南蜂炮、東寒單」齊名。高雄許多「澎湖廟」亦有元宵「乞龜」活動，較特殊的有三民區東安宮，原來最大的「平

安龜」為重達三千斤的「麵線龜」，但因乞求者儲放不易，而於2004年（民國93年）改為「黃金龜」。高澎內塹宮則會提供菸酒、水果、食品、「黃金龜」等供信徒乞求，2005年（民國94年）還增加機車、刺繡頭彩旗、池王金牌供乞求。前鎮區玄德殿亦準備各種「平安龜」供信徒乞求，歷年最高紀錄為一千斤的「白米龜」。[48] 此外，高馬北極殿的「平安龜」乃由其志工及董監事成員手工製作，不同於其他廟宇訂購現成的；而高南保安宮則於近年結合社區的元宵遊行活動，讓遊行的小朋友進到廟內體驗擲筊「乞龜」。[49] 這些都使「乞龜」在民俗意義外，被賦予凝聚內部社群、擴展社區關係之功能。

除這些每年固定的祭典活動外，澎湖廟宇還會在不特定日期舉辦大型活動，其中以迎送王爺最為盛大，亦最具地方特色。如上所述，澎湖當地除有在廟內作為主、副神的王爺外，尚有臨時被迎請至村廟奉祀一段時間再送走的王爺，屬於「客神」性質，一般被視為「代天巡狩」。這些「客神」王爺通常是緣於村廟主神的指示，由鄉老率眾到海邊設案恭請其登陸，再迎至廟內奉祀，此謂之「請王」。有異於臺灣「代天巡狩」大多僅停駐數天，澎湖則駐駕數年，甚至數十年，待其任滿決定起駕離境日期，廟方才開始建造王船，但亦有經濟條件較佳的村里，會提前建造王船備用，並供信徒參拜。王爺起駕離境前，會先出巡遶境，謂之「迎王」。遶境後舉行大型王醮，祀酒、犒軍等，最後再於海邊「化吉」燒王船，恭送王爺返回天庭，此謂之「送王」。[50]

這項在澎湖盛行的迎送王爺活動，因程序頗為冗長繁瑣，且耗費人力與財力過於龐大，故在高雄僅有四間「澎湖廟」曾舉辦過。其中溫王廟自1946年（民國35年）起舉辦過六屆，歷屆王爺駐駕為六至十年，流程依序為「請王」、建王船、進三界、打船醮、退三界、送水菜、「送王」，大致依澎湖之例，王船亦請澎湖師傅建造，稍有差異的是將「迎王」併入「送王」舉行。三民區保仁宮則自1980年起舉辦過三屆，歷屆王爺駐駕七

至八年,皆在旗津海邊進行「請王」及「送王」。高紅北極殿則舉行過一屆,1981年(民國70年)「送王」時遶境兩天,故鄉祖廟紅羅北極殿及其交陪廟白坑玉聖宮,皆跨海出轎助陣。[51] 這些廟宇的規模都不大,但仍願意大費周章來舉辦這項活動,不僅反映澎湖人對此王爺信仰的重視,也讓本地人得以看見此一特殊的迎送王儀式。

● 燒王船祭典
高雄永安廟會祭典盛況人潮湧現,人人爭先恐後觀看燒王船的景象。(說明由陳福全先生提供)
資料來源:燒王船祭典,高雄市立歷史博物館典藏資料,登錄號:KH2016.009.032

雖然高雄「澎湖廟」有迎送王爺者不多,但當祖廟舉辦此項活動時,仍會視之為一大盛事,而組團回澎助陣相挺。例如澎湖舊奎壁澳的南寮、北寮、湖東、白坑、湖西、紅羅等六村輪流辦埋「祭王」活動,起初舉辦年間不固定,自1976年(民國65年)改為每三年由一村主辦,通常於當年農曆四月「請王」,十月「送王」,「送王」前會先「迎王」繞境六村,各村廟皆會出轎及鑼鼓旗班隨行,十分熱鬧。[52]而在高雄的分靈廟有時也會組團參與,如鹽埕威靈宮、高紅北極殿、壽山天后宮等皆有之。[53]由此來看,澎湖村廟及其高雄分靈廟皆對此一祭典甚為重視,也藉此促進兩地廟宇的互動交流。

又對各廟而言,修建落成及入火安座亦為一大事,通常都會舉辦盛大的祭典活動,也是澎湖祖廟與高雄子廟交流情感的時機。如宸威殿於2002年(民國91年)重修落成,祖廟西衛宸威殿即派神轎、鄉老、信徒等六十人參與遶境活動,其「小法」還協助該廟舉行入火安座儀式;2003年(民國92年)祖廟重建落成,該廟亦組織四十餘人,並恭請神像回澎參加慶典。高白玉聖殿於1995年(民國84年)入火安座,即由祖廟法師長許天富率「小法」主持儀式;2004年(民國93年)祖廟白坑玉聖殿重建落成,該廟雖因經費無法聘請陣頭回澎,但仍派出神轎一頂及旅高鄉親、信徒數人前往參加。[54]此外,高合威揚宮、明聖殿、三聖殿、大港埔祖師廟、龍興宮等,亦都曾在祖廟落成時,特別組團回澎參加慶典。

高雄「澎湖廟」除與祖廟保持交流外,有的還會擴及祖廟的交陪廟,遇有重大活動同樣會回澎參與。如高紅北極殿除參加祖廟紅羅北極殿的重大活動外,當祖廟的交陪廟白坑玉聖殿重建落成時,亦組團前往參與慶典;而該廟與白坑玉聖殿在高雄的分靈廟高白玉聖殿,亦有交陪關係。高西北極殿除時常回澎參加祖廟西溪北極殿的慶典外,亦曾於1996年(民國85年)隨祖廟參加其交陪廟林投鳳凰殿的「迎王」與「送王」祭典。

前鎮區玄德殿由馬公五德威靈宮分靈而來,除參與祖廟的慶典外,也曾隨祖廟參與峙裡水仙宮的繞境活動。[55] 透過這種子廟與祖廟及其交陪廟、分靈廟所建立的網絡關係,使高澎兩地廟宇及「澎湖廟」之間有更多的互動與連結,也讓澎湖同鄉意識得以在移居地延續下去。

五 結語

　　本文以高雄境內的54座「澎湖廟」為例,就其香火緣起與廟宇創建、內部組織與宗教服務、祭典活動與外部關係進行分析,以瞭解本市民間信仰與外地移民之關係。研究發現自日治初期起,大量澎湖移民來高雄就業與定居,也將原鄉的神明香火帶入此地,進而共同出資建廟,不僅成為鄉親的信仰中心,亦是凝聚同鄉意識的重要象徵。這些廟宇透過冠以故鄉村名首字的廟名、與祖廟間的往來交流與互助相挺,維繫對故鄉的情感與記憶,也藉由與高澎兩地「澎湖廟」之交陪、保留原鄉的信仰特色與祭典儀式,建立身為澎湖人的向心力與認同感,這都是其他外地移民廟所少見的。不過,過於強烈的鄉土意識,也侷限這些「澎湖廟」的發展,以致其規模都不大,難以成為地方公廟及建立祭祀圈。

　　當然,隨著在高雄生根日久,城市化的環境空間與生活型態,使「澎湖廟」也不得不對原鄉的信仰方式有所調整,如因無自身的祭祀圈與「甲頭」,無法設立鄉老,爐主、頭家的功能亦弱化,而由管理組織來主導祭祀事宜;神誕醮、平安醮則因過於繁瑣,加上經費考量,而將其簡化或停辦;迎送王爺因程序冗長,且耗費人力、財力過大,亦僅有極少數廟宇仍有辦理。不過,對於澎湖民間信仰的重要元素,如在廟內設文武壇,以鸞堂、乩童、法師來濟世,仍被大多數廟宇視為必要的宗教服務,雖然鸞堂因組織運作較為複雜,而有逐漸式微之勢,但乩童與法師

仍常見於各廟，且會透過與祖廟的合作，積極保留或培訓「小法」，成為外界辨識「澎湖廟」的一大特徵。

又「澎湖廟」不論是主動或被動，都不可避免地會與周邊居民有所互動，亦會與本地其他廟宇有所交流，這些勢必也對高雄的民間信仰產生影響，如澎湖特有的元宵「乞龜」習俗，今已成為本市許多廟宇都會舉辦的活動。此外，像文武聖殿長期的對外宣講、溫王廟舉辦多屆「請王」與「送王」，及各廟的大型醮典、遶境「祀筵」、「小法」操演等，也都讓本地廟宇及民眾可以觀摩與體驗澎湖民間信仰的特色。雖然囿於「澎湖廟」的鄉土性、封閉性與保守性，這些特有的祭典儀式並不易為其他廟宇所吸納，其自身亦少有學習或融入他廟的作法，但也因此能保存原鄉的信仰特色，而使高雄民間信仰更加多元豐富。

註釋 Notes

一

01. 林曙光，《打狗搜神記》（高雄：春暉出版社，1994年），頁212-217。
02. 李文環、吳修賢，〈安平移民廟：高雄市哈瑪星文龍宮之研究〉，《高雄師大學報》，39期（2015年），頁57-84。李文環，〈蚵寮移民與哈瑪星代天宮之關係研究〉，《高雄師大學報》，40期（2016年），頁21-44。
03. 洪憶瑄，〈高雄澎湖廟社群的集體生活樣貌──以高馬北極殿社群與高南保安社群為例〉，臺南：成功大學建築所碩士論文，2019年。
04. 黃有興、高明宗，《澎湖廟在高雄市》（澎湖：澎湖縣政府，2005年）。該書對「澎湖廟」的定義為澎湖人或其後代及女婿等成員所創立的寺廟，所奉祀的主神或原祀主神係由故鄉澎湖的廟、祠、壇之主神或副神分靈而來，或由高雄的「澎湖廟」再分靈奉祀，或創建者雕刻其所信仰的神像奉祀等，而非分靈自臺灣本島其他廟宇。雖然這些「澎湖廟」僅局限於原高雄市境內，未涵蓋原高雄縣的範圍（高白玉聖殿原在高雄市的三民區，1993年遷至高雄縣內的仁武鄉），但因日治初期以來，澎湖人主要遷移至原高雄市就業定居，這些廟宇仍非常具有代表性，可據以分析高雄民間信仰與澎湖移民的關係。

二

05. 張珣，〈大甲社區的研究：以媽祖進香活動為例〉，陳文德、黃應貴編，《「社群」研究的省思》（臺北：中央研究院民族學研究所，2000年），頁279-286。
06. 澎湖人習慣的說法，指透過扶鸞的「文壇」，或乩童與法師的「武壇」來傳達神意，為信徒解決各種疑難問題，此亦為當地廟宇最主要的宗教服務。
07. 黃有興、高明宗，《澎湖廟在高雄市》，頁66、127。
08. 黃有興、高明宗，《澎湖廟在高雄市》，頁188。
09. 黃有興、高明宗，《澎湖廟在高雄市》，頁292、304。
10. 黃有興、高明宗，《澎湖廟在高雄市》，頁188-189、208、232。
11. 黃有興、高明宗，《澎湖廟在高雄市》，頁170、401、422。
12. 筆者於2024年5月4日在馬公案山北極殿調查所得。
13. 林美容，《祭祀圈與地方社會》（臺北：博揚文化，2008年），頁145-148。
14. 黃有興、高明宗，《澎湖廟在高雄市》，頁153。
15. 例如從臺南山上天后宮分靈的高雄新莊天后宮，1972年立廟命名為「高雄山上天后宮」，但至2008年改為今名，拿掉故鄉的「山上」，改以廟址所在的「新莊」，顯示對原鄉的認同情感已不復以往強烈。而山上天后宮分靈至麻豆、嘉義、虎尾、臺中、大里、八德、基隆等子廟，亦都僅在天后宮前冠以其廟址所在的地名。詳見許獻平，《尋找山仔頂風華》（臺南：山上村社區發展協會，2001年），頁24-53。
16. 黃有興，《澎湖的民間信仰》（臺北：臺原出版社，1997年），頁187、209-210。
17. 黃有興、高明宗，《澎湖廟在高雄市》，頁79-80、515-516。
18. 余光弘，臺灣區神媒的不同形態〉，《中央研究院民族學研究所集刊》，88期（1999年），頁93-95。
19. 黃有興、高明宗，《澎湖廟在高雄市》，頁216-218、466-468。
20. 黃有興、高明宗，《澎湖廟在高雄市》，頁160、478、485-487。
21. 蔡佳芸，〈高雄市境澎湖籍移民之研究〉（臺南：臺南師範學院臺灣文化研究所碩士論文，2004年），頁67-69。

三

22. 黃有興、高明宗，《澎湖廟在高雄市》，頁101、512、422、323。
23. 黃有興、高明宗，《澎湖廟在高雄市》，頁529-531、381、371。
24. 黃有興，《澎湖的民間信仰》，頁105-107。

25. 黃有興、高明宗,《澎湖廟在高雄市》,頁 544。
26. 詳見張珣,〈打破圈圈——「祭祀圈」研究的反省〉,收入《媽祖・信仰的追尋：張珣自選集》(臺北：博揚文化,2008 年),頁 240-268。
27. 轉引李世偉,〈諸惡末作、眾善奉行——清末日據時期　臺灣的宣講勸善〉,王見川、李世偉,《臺灣的宗教與文化》(新北：博揚文,1999年),頁 360-361。
28. 宋光宇,〈清末和日據初期臺灣的鸞堂與善書〉,《臺灣文獻》,49 卷 1 期 (1998 年),頁 1-5。
29. 黃有興、高明宗,《澎湖廟在高雄市》,頁 232、480、496。
30. 黃有興、高明宗,《澎湖廟在高雄市》,頁 180、190、451。
31. 黃有興、高明宗,《澎湖廟在高雄市》,頁 54-55。
32. 黃有興、高明宗,《澎湖廟在高雄市》,頁 24-25、168-169、423、350-315、109。
33. 余光弘,〈臺灣區神媒的不同形態〉,頁 93-94。
34. 黃有興、高明宗,《澎湖廟在高雄市》,頁 210、283。
35. 余光弘,〈臺灣區神媒的不同形態〉,頁 93。
36. 黃有興,《澎湖的民間信仰》,頁 93。
37. 黃有興、高明宗,《澎湖廟在高雄市》,頁 83、190、319-320、385。
38. 莊凱証,〈澎湖小法當前之傳承初探〉,《文化資產保存學刊》,59 期 (2022 年),頁 37-58。
39. 黃有興、高明宗,《澎湖廟在高雄市》,頁 233、283。
40. 洪憶瑄,〈高雄澎湖廟社群的集體生活樣貌——以高馬北極殿社群與高南保安宮社群為例〉,頁 134。
41. 黃有興,《澎湖的民間信仰》,頁 82。
42. 黃有興、高明宗,《澎湖廟在高雄市》,頁 548-549。
43. 洪憶瑄,〈高雄澎湖廟社群的集體生活樣貌——以高馬北極殿社群與高南保安宮社群為例〉,頁 57-58、67。
44. 黃有興、高明宗,《澎湖廟在高雄市》,頁 42-48、66。
45. 黃有興、高明宗,《澎湖廟在高雄市》,頁 383、390、460。
46. 如高馬北極殿自 1980 年代開始舉辦每年春秋兩次的「消災法會」,因擔心信徒負擔過重,故主神聖誕及年末皆未建醮。詳見洪憶瑄,〈高雄澎湖廟社群的集體生活樣貌——以高馬北極殿社群與高南保安宮社群為例〉,頁 79。
47. 黃有興、高明宗,《澎湖廟在高雄市》,頁 358。
48. 黃有興、高明宗,《澎湖廟在高雄市》,頁 416、513、529。
49. 洪憶瑄,〈高雄澎湖廟社群的集體生活樣貌——以高馬北極殿社群與高南保安宮社群為例〉,頁 72、141。
50. 詳見黃有興,《澎湖的民間信仰》,頁 185-248。
51. 黃有興、高明宗,《澎湖廟在高雄市》,頁 554、487、403。
52. 黃有興,《澎湖的民間信仰》,頁 216-248。
53. 黃有興、高明宗,《澎湖廟在高雄市》,頁 66、401、460。
54. 黃有興、高明宗,《澎湖廟在高雄市》,頁 293、579。
55. 黃有興、高明宗,《澎湖廟在高雄市》,頁 401、502、526。

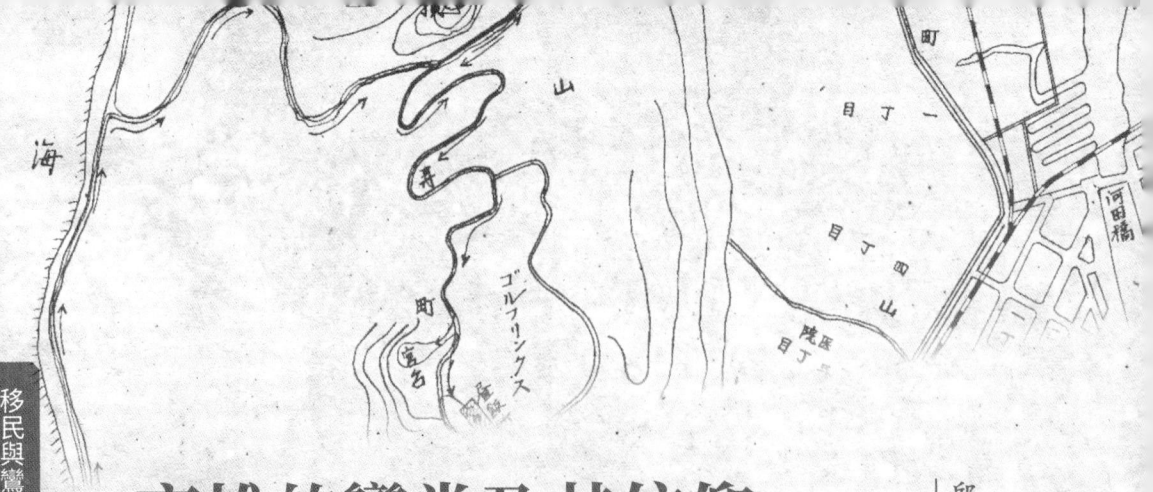

高雄的鸞堂及其信仰發展：從鸞務傳習與經懺交流談起

邱延洲

一 前言

　　鸞堂係一種以勸善作為信仰訴求的民間教派。具體而言，是扶鸞活動結社化、組織化的信仰團體。[1]所謂的「扶鸞」係鸞堂信仰的具體表徵，以往學者常認為扶鸞的原型可以追溯至唐代以前的「迎紫姑」。目前學界認為「紫姑神」最早的紀錄，出自南朝劉宋劉敬叔的《異苑》，據其所敘可知，南朝劉宋時期迎紫姑，以元宵為期，是日朝作其形，夜於廁間、豬欄迎之，神至時「捉者覺重，便是神來，奠設酒果，亦覺貌輝輝有色，即跳躑不住」，又云：「卜未來蠶桑，又善射鈎，好則大儛，惡便仰眠」。[2]雖紫姑能卜諸事，尤善蠶桑和猜度隱微難知之事，但其器不文，以跳躑、大儛示眾，故而不可視其為近世扶箕之源，惟宋代的紫姑信仰，發展出箕器示文，才能謂為近世箕術之濫觴。[3]

不過宋代的扶箕與臺灣的鸞堂卻非有直接的脈絡關係。事實上，臺灣的鸞堂信仰，在教派義理方面強調末劫論，而救劫的神祇則是關帝，這與宋代的扶箕發展有著不同理路，反而是清代中葉後，扶鸞活動新形態的展現，Philip Clart（柯若樸）稱為「新式鸞壇」。[4]臺灣則是從「新式鸞壇」的發展脈絡，發展出自成一格的鸞堂信仰。

　　過往研究者看待「鸞堂」如何傳入臺灣的課題時，常以「信仰隨先民入臺」的觀點，來理解和解釋。王世慶根據《臺灣總督府類纂》、《臺灣治績志》、《覺悟選新》等文獻，發現鸞堂傳入臺灣的時間，有「康熙40年代說」、「咸豐3年說」、「同治6、7年說」、「同治9年說」、「光緒19年說」5種說法，[5]其未敢擅斷何者為實，乃並陳呈現。由此時序可知，最晚於清領晚期，就有鸞堂設立。據此，臺灣鸞堂緣起的討論，從最早一元說，到目前多元論被學界的認同，顯示許多證據的提出，修正了鸞堂信仰進入臺灣單一的脈絡謬思。隨著新竹、彰化等地的鸞堂討論興起，逐漸被發現，其脈絡系統不同，而有多元說興起。[6]

　　有趣的是，這些研究成果和討論，並無將重鎮之一的高雄納入，導致高雄鸞堂的課題曾有一段時間乏人問津。然而，宋光宇於1994年（民國83年），業已注意到高

● 日治時期臺灣慣習研究會調查之鸞堂圖繪

資料來源：臺灣慣習研究會，《臺灣慣習記事》第六號，明治34年6月22日版，頁67-70，國立臺灣圖書館藏。

雄地區的鸞堂信仰，但如他所述：「臺南高雄地區的鸞堂系統不甚清楚」。[7] 顯然是礙於客觀環境，無法掌握其歷史，以及脈絡系統。較早對高雄鸞堂有所討論者，即為王見川。其撰〈略論陳中和家族的宗教信與勸善活動〉，主要藉由高雄意誠堂現存，由陳中和及其諸子共同捐獻的匾額，梳理陳中和家族與鸞堂信仰的關係，以及對於日治時期高雄的宣講活動之資源挹注和影響。[8]可惜的是，王見川撰文後並未有相關的後續研究，因此高雄的鸞堂研究有所消歇，直至 2000 年代中葉，才有較多的討論。

2000 年代中葉開始，鸞堂研究的議題有明顯轉變，由善書分析逐漸進入以「在地」為核心的討論架構，從張有志〈日治時期高雄地區鸞堂之研究〉，李淑芳〈清代以來臺灣宣講活動發展研究——以高雄地區鸞堂為例〉，李立涵〈高雄無極明善天道院的起源與發展〉等人的論著，即可發現高雄鸞堂的研究亦有如此趨勢。[9]此外，高雄近山地區如美濃、六龜、杉林一帶，也是鸞堂林立，張二文〈高雄縣客家鸞堂的起源——月眉樂善堂與其鸞書之研究〉，[10]王和安〈日治時期新竹州移民及其信仰傳布：美濃客家田野紀實〉，[11]既是「地方」議題，同樣也是客家的「族群性」討論，足見高雄的鸞堂研究豐富而多元。

值得一提的是，前述張有志的碩士論文從事了基礎性調研工作，將高雄創建於日治時期的鸞堂，幾近全數盤點整理，並且均有說明各鸞堂創建始末，2015 年（民國 104 年）改寫出版專書，更是補充相關史料進行討論，可以發現這些鸞堂在日治時期多少存在著互動關係，更可發現與臺南、澎湖等地的鸞堂有密切來往。[12]此外，張二文撰《臺灣六堆客家地區鸞堂與民間文化闡揚之研究》，雖然是以南部客家聚落（六堆）為範圍，卻也對右堆地區（美濃、六龜、杉林等地）之鸞堂，有著完整的討論。確切而言，對於整體的歷史脈絡，以及鸞堂分衍的傳習系統，作了清楚的呈現。[13]

邱延洲所撰《臺灣鳳邑儒教聯堂的飛鸞勸化與其社會網絡》，探討的對象為1961年（民國50年）以前，鳳山地區既有之11座鸞堂，論述其網絡互動的模式，指出鳳山有兩個主要的系統，且以「舉善堂」系統在鳳山地區的分衍最多。[14] 後續，其在博士論文中明確指出，舉善堂的母堂「旗後修善堂」的信眾多數是澎湖裔民，並藉由祭儀的討論，認為修善堂深受澎湖鸞堂之影響。[15]

綜上所述，高雄地區的鸞堂信仰，在個別的研究討論中，已能對個案的歷史有所掌握，但缺乏整體性之論述。換言之，臺灣信仰的形成實有必要探討，掌握明清降筆術的脈絡，有助於理解臺灣鸞堂信仰的建構，進而對鸞堂信仰在高雄發展更具概念化。因此，本文將從鸞務的傳習，以及經懺的交流作為論述核心，討論鸞堂信仰如何在高雄奠基和擴散，並且建構出具在地性的祭儀內容。

二 臺灣鸞堂的歷史脈絡

諸多臺灣的鸞堂研究者，溯及扶鸞的源頭和脈絡，均參考並引用許地山的論述，認為其緣起與「召迎紫姑」有密切關係。[16] 且國外學者，如 D. Overmyer（歐大年）和 D. Jordan（焦大衛），以及志賀市子等人亦有此看法。[17] 特別是三位學者都提到宋代是一個關鍵時期，D. Overmyer 與 D. Jordan 稱：「能夠寫字的女紫姑神已經成為扶乩傳統的中心」；[18] 志賀市子更直言：「扶乩的形態和從事者發生巨大變革是宋代以後的事」，[19] 他們認為變化的關鍵，在於文人的參與，以及科舉的影響。筆者亦有近似的觀點，不過較偏向「宋代的紫姑信仰發展出箕器示文，才能謂為近世箕術之濫觴」。[20] 然而，臺灣的扶鸞及其結社化的發展形態，則與晚明以後「降筆術」，以及仕紳投入慈善事業，兩條脈絡相互結合有密切關

係。確切而言，臺灣鸞堂信仰的建構，與清中葉後的「新式鸞壇」形成，有直接的關聯性。因此欲知臺灣鸞堂的歷史脈絡，以及其信仰之內涵，則必掌握明代以降「降筆術」的變遷，才能對臺灣鸞堂信仰有較完整的認識。

（一）明代以降「降筆術」的變遷與轉向

由於宋代的扶箕活動，走向文藝性，且諸多道派均藉此造經，促進扶箕風氣的擴散。元代雖國祚甚短，未及百載，卻仍見其風，元至正年間，陶宗儀（1316-？）《南村輟耕錄》即云：「懸箕扶鸞召仙，往往皆古名人高士，所作詩文，間有絕佳者」。[21] 明朝初始，因太祖本身經歷，熟知扶鸞的狀況，1370年（明洪武3年），乃透過《大明律》，〈禮律二‧禁止師巫邪術〉為規範，禁止「凡師巫，假降邪神、書符咒水、扶鸞禱聖」。[22] 再則，正一嗣教第43代掌教張宇初真人（1359-1410），亦響應朝廷政策，撰《道門十規》闡明：「圓光附體、降將附箕、扶鸞照水諸項邪說，行持正法之士所不宜道」。[23]

自此，請仙降筆隨著《大明律》與道教張天師的規律所禁，起了一些扼止的效果，但明中葉後，扶鸞活動又見興起之跡。誠如合山究所指，由於嘉靖帝篤信扶鸞，以致上好下靡。[24] 《明史》列傳〈佞倖〉，便載述嘉靖寵信方士藍道行，因其以扶乩得幸，[25] 後涉入嚴嵩與徐階黨爭，而下詔獄，死於獄中。值得留意的是，藍道行之案例，則意味扶鸞活動並非突然橫世，況且嘉靖寵信的召仙方士不只藍道行，於此之前更有陶仲文、邵元節，其後亦有田玉等人，顯然扶鸞請仙未曾滅跡。

如前所述，道書《天皇至道玉冊》，即反映正統年間（1436-1449）道門仍遭扶鸞之風，又陸粲（1494-1552）的《庚巳編》又記敘弘治末年，京師有人祈仙降筆。[26] 是故嘉靖朝前，社會仍有扶箕請仙之風氣。須留意，《明史》將藍道行列於〈佞倖〉，可知其歷史定位，致使扶鸞術在晚明的幾

部文集小說均是負面影射之描述,如抱甕老人輯《今古奇觀》、馮夢龍的《古今小說》、雷禮輯《國朝列卿紀》、徐昌治《昭代芳摹》等均得見之。[27]

有趣的是,扶鸞若為佞倖所為,知識菁英理應排斥,何以晚明諸多文人筆記,開始豐富載錄請仙降筆事蹟。萬曆初年書法家莫是龍(1537-1587),曾言:「近時有善召乩仙者,術甚奇。余偶過上海潘方伯家,以他事召仙而余適入座。然余衛有意求問也,方伯強余叩之」,[28]可見當時召仙活動已逐漸盛行,文人亦有所參與。此外,馮夢禎於其《快雪堂日記》,載之1599年(萬曆27年)4月,見聞乩請八仙,[29]萬曆末年錢希言的《獪園》更輯「乩仙」專則,蒐錄各地20則請仙降筆故事。[30]據此所察,明中葉後扶鸞降筆,真正的重興,則是於萬曆朝。

明萬曆年間大量「日用類書」流通,亦自此開始「類書」不再單以某一類門的資料彙編,而是將讀者設定為士、農、工、商四民,欲普及大眾生活。現仍留存明萬曆年間所刊行的幾部日用類書,如1597年(萬曆25年)書林閩建雲齋刊本《新鍥全補天下四民利用便觀五車拔錦》、1599年(萬曆27年)餘氏雙峰堂刊本《新刻天下四民便覽三臺萬用正宗》、1610年(萬曆38年)清白堂楊欽齋刊本《新刻全補士民備覽便用文林彙錦萬書淵海》、1612年(萬曆40年)建陽劉氏安正堂重刊本《新板全補天下便用文林紗錦萬寶全書》均特別收錄扶乩的方法。由於「日用類書」之性質,乃具民間性且方便庶民生活諸事有所參考,足見收錄降箕筆法有其市場需求考量。

除了日用類書的助益外,士人似乎也常向道士學習符咒乩術。南明東渡日本的高泉性敦(1633-1695)禪師,因日人好奇扶鸞而問,他特撰〈乩仙事蹟〉以作說明。[31]福建黃檗山在隱元隆琦禪師(1592-1676)重興後,其與門人高泉性敦等常行扶鸞。足見明清鼎革之際,扶鸞活動不僅是流行於道門、士大夫之間,亦融入了佛門僧眾之日常生活。

晚明以降，士人藉扶鸞請仙，除了是為與乩仙詩詞唱和、書畫、對弈，以及預告科舉功名，更有官銜者則是藉以詢問政務、針貶時弊、懲罰罪過與道德勸說。[32] 事實上，官紳寄託扶鸞不僅於上述等事，更有禱神扶乩，以助病、死之事，明末雲棲袾宏（1535-1615）則輯錄，1596 年（萬曆 24 年）雲南巡撫陳玉臺因妻子病，而請神扶乩，望能解內人病灶，[33] 明確揭櫫晚明的扶乩，已涉及了宗教層面的醫療行為。

　　清代藉由扶鸞所示的乩方層出不窮，有時也頗具療效，故引起醫家、藥家的關注，例如浙江的醫家陸以湉（1802-1865）於 1858 年（咸豐 8 年）指出「乩方之風，於今尤盛」。[34] 然而清中葉以前，請仙降筆雖可見強烈的宗教性，但並未形成一種具備核心內涵的教派義理，而是被視為表現文人信仰論述的一種機制。換言之，扶鸞充其量只是一種文人欲降神喻，以闡自身信仰和自我認同的宗教論述。清初，有篤信淨土法門的文人居士，便常藉扶鸞以宣揚修行之成果，如乾隆年間的彭紹升（1740-1796），又名際清，法名二林，蘇州人，是受有菩薩戒之居士，其將佛法與乩壇合併信仰，以倡淨土思想。[35] 另，蓮歸居士胡珽（1822-1861），於道光末年續編《淨土聖賢錄》，更能見到諸多以扶鸞宣揚淨土之案例，如陸士銓者，蘇州元和人，最早是學習扶鸞術，加入彭際清參與的「玉壇」，受此影響也習淨土法門，1787 年（乾隆 52 年）別世，隔年 5 月 15 日，其降壇示諸子：「唯有平生虔修淨業者，到時自見佛來接引」。[36] 又，如崑山方步瀛，其習扶鸞術後，神靈就教他誦念大悲咒，其遵從指示，每晨即課誦數十，後來遇到張爾擔勸他修淨土，才開始專心淨土修持。[37]

　　有趣的是，上述諸例均與蘇州玉壇有關，其最早是私人乩壇，1674 年（康熙 13 年）羅澄（生卒不詳）在自宅設立玉壇，以祀玉皇，1683 年（康熙 23 年）後，諸士子遂在蘇州府城內天心橋之西，建立公壇，由金淵鼎主持（生卒不詳），羅氏一派仍然參與其中，玉壇本師為玉光天尊，

其神雖道門弗稽，但整體來看，較偏向奉道為宗之教派，1784年（乾隆49年）因西方大士降壇，謂諸弟子宣揚淨土法門，自此玉壇吸納淨土信仰，漸成此壇及其門下文人教派義理之重要觀點。[38] 由此可知，扶鸞並非特定教派專屬，而是這些乩壇藉其以為神諭，形塑其教派性格，而教派內涵並非一成不變，仍然會從文人信仰的改變轉向。

（二）晚清的「新式鸞壇」與臺灣扶鸞結社

據 Vincent Goossaert（高萬桑）看法，他認為「扶乩」和「災劫」揉合的這套價值觀，在中國魏晉之際即已形成，南北朝之後也屢有道士受上天降示道經，亦不乏存有此思想，特別是清代初期開始，士人藉由扶鸞將「災劫觀」進化為「末世」、「末劫」等觀念，挽救末劫則需修身養德，反映了「三教合一」思想融合。[39]

晚明以後的乩壇，救劫觀的脈絡，應是溯於南宋飛鸞開化，乃此後之飛鸞所造經卷甚多，且涉「教化」內容，這套降示道經的思維體系也影響了明以降士人對「善」的實踐。清代中葉以前，乩壇的形式大抵是士、庶民專門信奉某位神祇而設立，最常見者，即呂祖、文帝、關帝等，並藉扶乩著作經典與善書。[40] 此外，亦有參與乩壇諸士人，以自身名義相繼投入自行編著「善書」，如袁了凡（1533-1606）、劉山英（1733-1806）、彭定求家族。[41]

清中葉是乩壇內涵轉化的關鍵時期，[42] Philip Clart（柯若樸）則以新、舊式鸞壇定義，稱「新式鸞壇」有別於清中葉以前，主要以「卜問」為核心的扶鸞團體，新式鸞壇則致力於「善書編寫」，即藉扶鸞撰文並集冊刊刻發行。Philip Clart 認為新式鸞壇肇起，與「庚子末劫（世）論」[43] 息息相關，此即學界所稱「清末鸞堂運動」，其思維因1840年（道光20年）四川定遠縣龍女寺聲稱關帝下降飛鸞以拯末劫。此後諸多鸞壇接受其

說法，並藉扶鸞編撰善書加以宣傳，依此形成晚清凡以扶乩為核心的民間宗教，並作為其重要的神學理論。準此，扶鸞文化至晚清後，成為民間宗教相當重要的表徵，甚至影響民國之後的宗教活動。迄今，扶鸞以成為具宗教層面的活動，有別於民間迎紫姑、召仙等問卜的風俗與慣習。

臺灣的鸞堂，即是 Philip Clart 所認為的「新式鸞壇」形態，而非1840年（道光20年）以前的舊式鸞壇。雖有王世慶提到鸞堂傳入臺灣時間的5種說法，其中之一為「康熙40年代說」，其餘「咸豐3年說」、「同治6、7年說」、「同治9年說」、「光緒19年說」5種說法，[44]則反映結社化的扶鸞活動，集中於1840年後出現於臺疆。

雖然，1719年（康熙58年）《鳳山縣志》記載，鳳山縣長治里（即今高雄湖內南部與路竹北部）前阿社，有一座鄉里民眾所建的仙堂，奉祀五文昌，而且有降乩的活動。[45]林文龍據此轉寫〈臺灣最早的鸞堂小考〉，認為此仙堂為臺灣最早之鸞堂。[46]然而，此種解讀恐怕仍有未周之虞。林文龍則據「五文昌」、「能降乩」等語，認定這座仙堂即為「鸞堂」。但林氏以為的兩項證據，尤以「降乩」恐怕仍須進一步理解，從清代諸方志對此詞的描述，概是圓光附體，類如乩童。[47]所幸，《鳳山縣志》輯錄福建

● 朱紅鎏金龍首桃乩

桃乩又稱鸞筆、桃枝柳筆，扶鸞儀式用的道具，用於神明降乩在正鸞手身上，揮鸞筆題字於砂盤，以傳達神明旨意。鸞筆以桃木或柳木製作而成，因古人認為桃、柳具有靈性，可避邪。此鸞筆取桃木三叉分枝製作而成，主幹雕刻龍首，兩端較長枝條為握柄，下方短枝條套鐵環。上朱漆，龍首眼睛凸出貼金裝飾，龍鬚與眉插入枝條，增加鸞筆的張力，龍身鱗片分明，上方有貼金太極紋，造型生動不呆板，龍頭神韻活靈活現。

資料來源：朱紅鎏金龍首桃乩，高雄市立歷史博物館典藏資料，登錄號：KH2006.011.001

惠安諸生何借宜（1662-1723）的詩作〈題前阿仙堂〉，乃提到「星聚一堂扶世運」，[48]可見所謂降乩應是「扶捧」乩器。由此，清領初期確實已見扶鸞，但仙堂是否就是乩壇，恐怕不能如此視之，即便略成結社之貌，亦不可直指與當代鸞堂有脈絡承傳。

1832年（道光12年）福建分巡興泉永海防兵備道周凱（？-1837）纂輯的《廈門志》，其〈風俗記〉即稱廈人俗尚「扶鸞」。[49]廈門則是福建平民渡臺之總路，各地欲渡者，多於此出發，再經他地輾轉入臺。[50]是故，扶鸞的確可能漸次隨先民入臺，然具明確結社的乩壇，恐怕不易立即在清領中期的臺灣扎根。須知，明清乩壇主要均由文人所組，扶鸞結社化必要前提，即參與者均具備一定教育水準，此際之前的臺灣，文風不足與原鄉比擬，況且背後也無穩健地方社會與家族運作為基礎，誠如梁其姿所言，明清的慈善組織須藉士紳的社會動員，組織善會行救濟之事，且地方有力家族的投入，亦可穩定救濟事業。[51]清領初期，臺灣家族組織未固，流民四竄，械鬥頻起，直至清咸、同年間械鬥逐漸消止，又加上科舉名額增加、取得功名者日增，方有助於社會的穩定。[52]

因此王世慶所列的5種鸞堂傳入說法，時序主要集中於清領中葉後的咸、同、光年間，即可說明臺灣此際文風已起、文治已開，方有利促進扶鸞之結社。故得見澎湖馬公的一新社樂善堂，宜蘭的新民堂、鑑民堂、喚醒堂等之設立，其關鍵便是推動者泰半為地方的文人、鄉紳和家族。此外，鸞堂傳入之說法，不只是時序和路線多寡問題。其所反映的是，臺灣在咸豐年間以後，各地陸續籌設鸞堂，乃晚清乩壇普遍流通「關帝救劫論」，進而受其影響，開辦鸞務。

三 鸞堂信仰在高雄的發展

如前所述，清康熙末年的鳳山縣，即今高雄市轄內，有座仙堂能請神降乩。然而，康熙末年的仙堂，似乎未能延續迄今，亦即我們在高雄所看到的當代鸞堂，與之並無脈絡關係。從張有志與張二文的研究成果來看，高雄地區較早創建的幾座鸞堂，均是創建於日治時期的明治年間，以及大正初年，[53]顯示高雄地區鸞堂信仰，在脈絡上與康熙末年的「仙堂」無關，反而是日治時期信仰需求，以及社會氛圍影響所致，紛紛創建鸞堂，形成該信仰傳入高雄的關鍵時期。因此該地鸞堂信仰的發展，及其歷史脈絡為本部分之旨趣。

（一）日治鸞務的指導與交流

明清乩壇得以迅速擴張，主要是因經典和善書的流通，欲使之傳佈，最終仍須依靠信仰者流動他處，與非信仰者進行交流。而臺灣鸞堂亦是如此，其首次大規模的跨地域性外溢，為1898年至1915年（明治31年至大正4年），全臺出現設立鸞堂之風潮。此乃「戒烟」運動所帶來的信仰擴張，由於各地有戒鴉片之需求，諸多鸞堂的堂主、正鸞紛紛投身奔走，為未有鸞堂之地方社會，協助設鸞，抑或指導他堂戒烟之療法。1915年後，受到西來庵事件，以及戒烟運動趨緩之影響，人員向外的流動與交流之性質發生改變，從原本對戒烟的需求，轉而邀聘賢達協助精進其鸞務。

所謂「鸞務」指的是，凡扶鸞、校正鸞文、著造善書、訓練正鸞，都是其範疇。日治初期，伴隨戒烟運動，各地蜂湧設鸞，但縱有鸞堂，並不代表均有素質良好之正鸞，故當時多數鸞堂常仰仗有名望之正鸞，為

● 高雄美濃龍肚敬義塚

前立者為龍肚廣化堂及龍崗山義塚創建人鍾才用。

資料來源：高雄美濃龍肚敬義塚-2，高雄市立歷史博物館典藏資料，登錄號：KH2015.003.084

其指導鸞務。楊福來即是日治時期頗具名望之正鸞，1899年（明治32年）開始於新竹飛鳳山扶鸞，[54] 雖然楊氏因為從事降筆會戒烟，而受日警監視，但他以扶鸞為人戒烟的成效不佳。[55] 然而據《降筆會ニ關スル書類綴（元臺北縣）》所載錄，楊福來相關之報告，僅1901年間（明治34年），便頻繁來往苗栗、臺中等地，若如王見川所言，扶鸞戒烟非他所擅長，其以扶鸞著書為專業。[56]

楊福來之所以能被各地鸞堂邀聘指導鸞務，乃因其為書房教員，且自1899-1902年（明治32-35年）期間，著有《慈心醒世新篇》、《渡世回生》、《覺世金篇》、《渡世歸真》、《善誘金篇》，[57] 故而聲名大噪。楊福來自1920年（大正9年）至1936年（昭和11年）期間，南下六堆地區指導鸞務，但真正受其協助的鸞堂僅有美濃廣善堂、旗山宣化堂、月眉樂善堂、龍肚廣化堂，以及內埔新化堂。由於楊氏對這些鸞堂援助鸞務的同時，亦從事經懺指導和教授。[58]

綜上所述，高雄市客家地區的鸞務有著明確的脈絡，業經楊福來南下的指導，在著造鸞書的工作頗有斬獲，同樣也藉助這樣的鸞務的指

導,彼此間的信仰系統有著明確關係。然而,據張有志的調查,福佬地區的鸞堂創建,比客家地區來得早些,他認為啟明堂(舊城)、修善堂(旗後)、意誠堂(苓仔寮)、善化堂(梓官)、警悟堂(岡山)等五座鸞堂,是高雄地區鸞堂發展史的開端。[59]

有趣的是,上述5座鸞堂並無明確鸞法脈絡關係,但卻存在鸞務的交流。例如啟明堂的首部善書《覺頑真編》(1906),便多篇鸞文,是由善化堂主席降述,且讚勉啟明堂鸞下創堂著書嘉行。[60]其實,鸞書內容常見鸞堂之間互有以神祇降筆,來表現其社會網絡之互動,因此我們可以從這些內容,視為善化堂與啟明堂有所來往的佐證。此外修善堂也與啟明堂有互動,例如在啟明堂的第二部鸞書《樂道新書》(1906),便有顯化天尊賜詩,賜予「修善堂李堂主有誥」。[61]而在張有志的討論中,同樣揭櫫意誠堂所著造《齊家準繩》(1930),乃由善化堂協助方得完竣。[62]由此可知,高雄地區較早設立的幾座鸞堂,其之間均有互動關係,更有鸞務之交流。

● 啟明堂廟埕

資料來源:啟明堂廟埕-1,高雄市立歷史博物館典藏資料,登錄號:KH2017.018.142

（二）戰後鸞堂運動的影響

王志宇認為戰後的鸞堂整合可以分為區域性和全國性兩個面向。[63]若從時間脈絡來觀察，可以發現區域性的整合主要落在1961年（民國50年）前後；全國性整合則是在1969年（民國58年）萌芽，至1980年代前後出現熱潮。亦即，臺灣戰後的鸞堂的整合運動大致在1961年乃揭開序幕，且係由區域性逐漸擴及到全國性型態，其中的轉折主要與當時國民黨專政下的政治氛圍有關。

1961年前後最為醒目，且具備組織性型態的鸞堂團體，一是成立於1961年農曆6月的「鳳邑儒教聯堂」；二是成立於1962年初設立的「埔里寺廟聯誼會」。

然而王氏將「鳳邑儒教聯堂」定位為「鸞堂整合」，甚至李世偉亦持相同觀點，[64]顯然與其發展情況有所落差。事實上，鳳山地區在1956年（民國45年）即有6個鸞堂（養靈、舉善、靈善、明善、樂善、啟善等堂）共同組成「宣講聯誼會」，按期往各堂和寺廟宣講。[65]1961年鳳邑儒教聯堂的組成乃以此為基礎而擴展，究其組織原始目的，僅是為著鸞書，而非從事整合工作。[66]即便鸞書著作完畢，組織性質和內涵也轉向以宣講、慈善，並且著重在各堂之間聯誼，尤以經懺活動支援為重心。故直至1979年以後才陸續有較明確的「正名整合運動」之推展。

觀察戰後整合運動的幾個組織，動能延續最久者，則是臺灣省聖教神明會和鳳邑儒教聯堂，兩個團體都曾面臨組織運作的困境，前者因為人事和財政短缺，乃將主導權往高雄轉移；後者在70年代中後期，產生部分初創鸞堂陸續退出（如舉善堂、明善堂等）造成某程度的連鎖效應。導致此二組織均必須進行改造，才有可能繼續運作，然改造的方式則是兩團體結盟，在保持各自組織結構的前提，採取共同合作、一同營運。只是，兩個組織在結盟前的聯繫情況，目前尚無法知悉。據查二者最晚

於1989年（民國78年）就已結盟，其中最為關鍵的角色，即時任聯堂主委的吳兆麟[67]，帶領當時聯堂各成員鸞堂的堂主，以個人名義加入聖教神明會成為會員。甚至1993年（民國82年）該會第6屆第1次會員大會選舉董監事時，聯堂諸多成員獲得聖教神明會董監事席次，15席的董事（含董事長、常務董事）計有4席，分別為常務董事吳兆麟（聯堂主委，仁武暘善堂主），董事邱清月（鳥松聖恩堂主）、林阿懋（鳥松振善堂主）、顏宗吉（鳥松合善堂主）；候補董、監事亦有兩席，為黃振來（候補董事，鳳山啟成堂主）、鄭客仁（候補監事，鳥松喜善堂主）。[68]吳兆麟運用此種方式挹注聖教神明會持續運作，同時突破鳳邑儒教聯堂原本僅是區域性組織的困境，得以藉由更多聯誼活動，與各地鸞堂保持互動關係。

整體而言，臺灣鸞堂運動的動能，鳳邑儒教聯堂扮演重要的關鍵，鳳邑儒教聯堂的核心，則是由鳳邑舉善堂及其分衍鸞堂所帶動。筆者曾指出，雖然在設立的時間序上，協善堂早於舉善堂，但僅以「鳳山」而言，舉善堂的影響層面是協善堂所不及的，其因在於舉善堂的分衍情況甚鉅。[69] 1961年（民國50年），鳳邑修心社靈善堂發起聯合著書活動，邀集鳳山鎮境內鸞堂參與，當時鎮內9座鸞堂全數參加，另鳥松鄉的喜善堂亦被邀請學習著書儀程，故稱「十一聯著」。有趣的是，11座鸞堂中，協善堂及其分衍堂僅兩座，亦即參與聯著善書，舉善堂本身及其分衍堂，計9座。[70]此次的十一聯著善書活動，同時也成立組織──「鳳邑儒教聯堂」，作為統籌著書工作之單位。該組織也被認為是臺灣戰後鸞堂整合運動，重要的一股地方力量。[71]

有關協善、舉善二堂，在日治時期所存留的資料不多（如善書、鸞章等），目前無法得知此二堂是時的活動能量，僅初步確定兩堂在當時的管理型態有異。協善堂的堂生來源係五甲庄民，主要以鄭、陳兩家族，[72]且堂所獨立，因此在面對太平洋戰爭過程中，雖然亦是轉入非公開性的活

動,然而因家族性經營,也影響協善堂的信仰能量較為單純,無明顯外擴的情況;相反地,舉善堂設鸞之初,家族性的參與較不明顯,再者無獨立堂所,乃寄祀地方公廟中,大戰期間則採取各堂生輪流提供處所方便扶鸞,直接影響到戰後初期(1950年代)鳳山地區鸞堂在時間上密集性的設立。經研究發現,這些鸞堂的設立原因和模式,可分為原地設鸞、回庄設鸞、其他等三種類型。[73]

整體而言,鸞堂在鳳山地區的發展是鼎盛的,甚至擴散至鄰近行政區,據筆者研究,僅舉善堂之分衍,便遍及鳥松、大寮、仁武等地,甚或屏東亦有其分衍鸞堂。相關的分衍系譜如圖1所示:

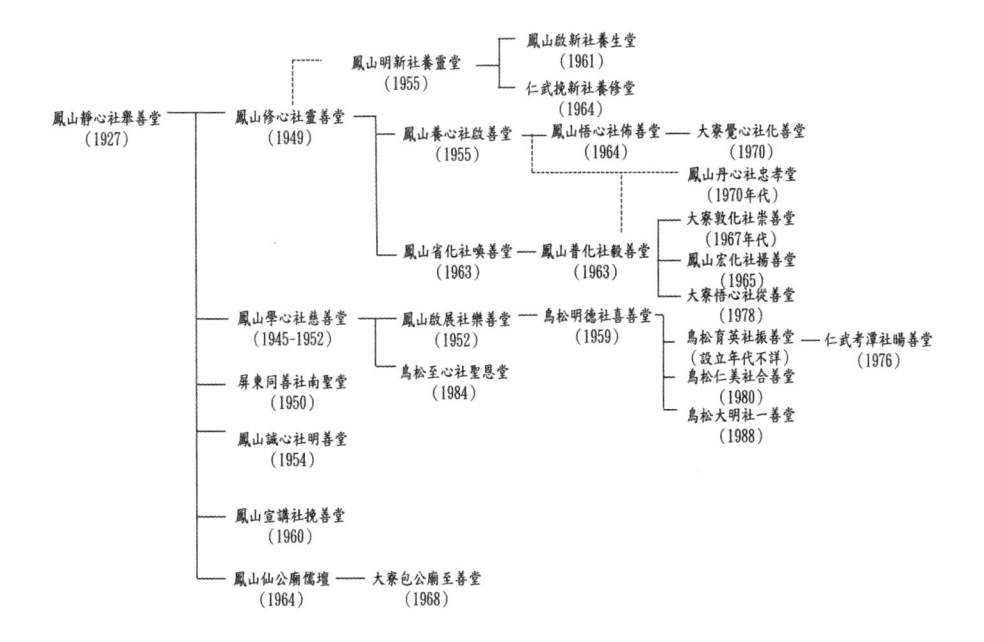

● 圖1:舉善堂之分衍

圖片來源:邱延洲,〈「飛鸞」與「科教」:臺灣鸞堂經懺之建構〉(國立成功大學歷史學系博士論文,2022),頁139。

表1：鳳山地區鸞堂概況一覽表

堂名	設鸞時間	地址	堂所型態	備註
靜心社舉善堂	1927	鳳山區五甲一路213巷37號	有獨立堂所	
五甲協善堂	1917	鳳山區五甲二路722號	有獨立堂所	
五甲啟成堂	不詳		原在五甲龍成宮內扶鸞	堂生四散，已不再扶鸞。
修心社靈善堂	1949	鳳山區興仁里安寧街250巷1號	有獨立堂所	
學心社慈善堂	1952前	鳳山區鳳明街68號	有獨立堂所	
啟展社樂善堂	1952	鳳山區文聖街70號	有獨立堂所	
誠心社明善堂	1954	鳳山區文殿街2號	鸞堂在赤山文衡殿內	
養心社啟善堂	1954	鳳山區鎮東2巷12之1號	有獨立堂所	
明新社養靈堂	1955	鳳山區立志街34號	有獨立堂所	目前完全無扶鸞活動。
宣講社挽善堂	1960	鳳山區三民路285-1號	鸞堂在鳳邑雙慈亭內	堂生四散，已不再扶鸞；雙慈亭現已拆除原空間。
省化社喚善堂	1963	鳳山區瑞興路180號	有獨立堂所	
普化社毅善堂	1963	鳳山區中山路229巷10號	鸞堂在鳳邑西園宮內	
啟新社養生堂	1963	鳳山區北辰街1號	鸞堂在牛潮埔北辰宮內	
悟心社佈善堂	1964	鳳山區鳳埤街60巷	有獨立堂所	
宏化社揚善堂	1966	鳳山區五甲一路732號	鸞堂在七老爺雷府大將廟內	
鎮南宮儒壇	1966	鳳山區國泰路一段220號	鸞堂在鳳邑鎮南宮（仙公廟）內	
丹心社忠孝堂	1970	鳳山區忠義街132號	鸞堂在鳳邑開漳聖王廟內	目前已無扶鸞活動，其空間變為開漳聖王廟文昌殿。

查圖1所示,舉善堂及其所分衍且座落於鳳山者,計有15間鸞堂,若再加上協善堂和啟成堂,戰後初期至民國80年代間,鳳山曾有17座鸞堂從事相關活動。而這17座鸞堂目前情況,以表1示之:

四 高雄鸞堂信仰活動的在地化

目前高雄市有3項民俗文化資產,其保存者即是鸞堂。分別為2016年(民國105年)登錄「美濃廣善堂送字紙灰祭典」、「新威勸善堂祭河江敬義塚祭典」,2020年(民國109年)登錄「鳳邑鸞堂扶鸞著書儀典」。前述兩者為客家地區的重要祭儀,而後者則是鳳山地區鸞堂最重視的儀典。有趣的是,送聖蹟和扶鸞著書,均是外地傳入,卻已發展為深厚在地性的信仰活動。因此本部分將嘗試討論在地化的演變。

(一)送聖蹟與經懺活動的交涉

一般而言,敬惜字紙被視為具儒教性格,抑或儒家意識的風俗,故而鸞堂對其重視,似乎不足為奇。然而,此種儒教禮制的投射,並非來自孔孟遺教,反而是科舉制度之遺緒。[74]臺灣最為顯著的敬字行為,以送字紙灰為顯,見清代諸方志所記,北起噶瑪蘭廳,南至恆春縣,全臺各地均有其俗。[75]送字紙灰活動約莫嘉慶初年,即現於臺灣,據《鳳山采訪冊》內輯〈敬字亭木牌〉曰:「敬字亭之設,始於嘉慶庚申歲,奮社諸同人釀金倡建。每歲傭工檢拾字紙,彙化於爐。正月之吉,乃送而投諸海焉」。[76]1800年(嘉慶5年),由文人結社之奮社,於每年的元月行送字紙灰。

鸞堂亦在日治中期後,開始推動送聖蹟,如鳳山五甲協善堂於1922

● 敬字亭

資料來源:《臺灣寫真帖》,高雄市立歷史博物館典藏資料,登錄號:KH2018.016.002

年(大正11年)於今址建築堂所後,由諸堂生發起興建焚字爐,收集鄰里家戶字紙焚化,太平洋戰爭期間,庄內男丁被徵召服役,耆老祝禱恩主,若使諸丁平安回歸,則以送字灰叩謝神恩。[77] 又如1920年(大正9年)高雄美濃地方士紳籌組「聖蹟會」,並始辦理送字紙灰,而瀰濃廣善堂亦扮演協助者之角色。據《擇善金篇》一則大正9年農曆2月26日,關興太子之降〈話〉載:「明日恭迎聖蹟,須要嚴謹……爾等不可不恭,明天派定職務,我等擁護,不可視為無關」。[78] 而聖蹟會送聖蹟於1946年(民國35年)後停辦,直至1951年(民國40年)才由廣善堂正式接續主辦。[79]

鸞堂成為日治中期以來推動送聖蹟的主力,與其所形塑的儒教認同有甚深關聯。雖然送字紙灰活動,源於文昌信仰的擴散,而明清儒生的實踐,及信仰滲入廟學體制,成為儒學的另一種傳統,誠如陳昭瑛所提出「庸俗化儒學(vulgar Confucianism)」和「真正的儒學(authentic

Confucianism)」兩種概念，前者乃儒生以文昌信仰為沽釣科名之具，亦是一種時代潮流；後者則以堅持孔孟道統，兩者之間互有相爭。[80]若從鸞堂本位之思考，即便送聖蹟的背後為文昌信仰，屬庸俗化儒學，仍然有其脈絡，亦有儒教性質，與真正的儒學並無扞格，猶如美濃廣善堂正式承接聖蹟會送聖蹟活動前，即「議本祀典必宜存在，務要繼續維持，不滅聖蹟，公決」。[81]足見鸞堂仍然視其為儒教祭典，甚或如高雄六龜新威庄勸善堂在送聖蹟時，奉祀「孔聖」牌位，[82]巧妙的將庸俗化儒學轉接於正統儒學之下，展現其象徵意涵。

值得關注的是，鸞堂從事送聖蹟祭典，除了彰顯其所認知的儒教標籤外，同時也於祭祀程序裡，滲入民間慣行的經懺元素。如五甲協善堂送字灰活動，相當仰仗經懺。據《醮刊》載：

> 以三年奉送字灰為一科期，懷尊神聖指定地點，放於高雄市中洲里之外海，每次與中洲漁民合作，在外海埔設置香壇請神，並演奏外經科儀。至中午時，聚眾善信人等，跪於海灘，叩謝上蒼製字鴻恩，然後曳竹筏、運字灰至海中放之。完畢，再演一段外經科儀，禮式隆重。奏罷，即回中洲廣濟宮休息……膳畢，重演叩謝慶祝科儀。嗣後，回歸五甲本里，繞境平安。[83]

由此可知，協善堂送字紙灰有別於傳統儒生、文社的祭典形式，以經懺演科最為祭祀的主要核心，共有三次誦經演科。

此外，美濃廣善堂舉行送聖蹟亦諷誦經儀。據攝影集《定格美濃・劉安明》蒐列1966年（民國55年）廣善堂送字紙灰影像，從照片中可見，經懺生在活動前，於堂前誦經請神，隊伍至美濃溪畔後，祭壇奉請「河伯水官香座位」，就定位後經懺生立即誦經（如圖2、3所示）。[84]依筆者所察，廣善堂送聖蹟，其經懺生所誦乃《放字跡、生法則》，為送字跡、放生兩法則之合輯。[85]

送字紙灰融入經懺活動，其動機不明，可能是惜字觀念的轉化，由敬字以為科名，逐漸演變成惜字以祈善報，經懺亦有懺悔、消災、祈冥福之作用。而協善堂與廣善堂之例，可發現鸞堂送聖蹟，以經懺活動為核心，乃有啟請尊神降臨「證盟功德」的思考。另外，亦有鸞堂將送字灰

● 圖2：美濃廣善堂送聖蹟，鸞下經生誦經請神。
圖片來源：《定格美濃・劉安明》，頁44。

● 圖3：美濃廣善堂送聖蹟壇場，鸞下經生誦經。
圖片來源：《定格美濃・劉安明》，頁49。

信俗轉化，賦予新的內涵，即鳳山舉善堂及其分衍堂所稱「送書灰」。此項祭儀就該系統鸞堂的觀點，並非一項獨立的祭典活動，而是著造善書之附屬祭儀，鳳山地區鸞堂著書之程序，乃請旨著書、接詔開著、完竣繳書、恭送書灰，據其所稱顧名思義，書灰內容為所造新書焚化繳旨後，須將灰燼裝匣，擇日投送入海。[86] 儘管「送書灰」的指稱與觀念已見轉變，卻不意味其與未承清代送聖蹟之遺緒，1983年（民國72年）農曆5月，鳳邑明善堂為《弘道》舉行繳書清醮，翌年農曆元月6日，該堂副主席降鸞指示，擇農曆2月23日巳時，於臺北關渡淡水河畔奉送《弘道》書灰。另亦言：

> 字灰一同送行，新舊字灰應分包，但可視其量而定，舊字灰者，弘道前所存留之字灰，新字灰者，集著弘道期間，抄錄、校正普練作廢文稿之字紙等，齊修、文修家中所存，包括在內收集，特定本元月十七日未時在堂前焚化。[87]

由此可見，送書灰之主體，雖以善書焚化之灰燼，但著書以前與著造過程相關抄錄、謄真、校正等作廢文稿，需焚化為灰，並與書灰分別裝匣，一同奉送，顯示送書灰之脈絡乃承襲敬惜字紙信俗。另，據筆者寓目，鳳山舉善堂「旨繳《諄誥纂述》暨70周年堂慶」紀錄影像，以及實際參與鳳山明善堂《誠一之道》和《正法》兩次送書灰，其祭儀中的經懺演科有二：首先是，送灰鸞堂至當地庄廟諷誦〈演淨科儀〉，稟祝此行來意，祈請神祇護佑祭典順利。

其次，奉送書灰登船出海，並於出海後，由經懺生諳誦《桃園明聖經》，啟請恩主及諸神降臨，護送書灰順利繳付水府以呈上蒼。[88]

高雄地區鸞堂的送字紙灰祭典，援引民間慣行的經懺元素，主要是敬惜字紙的價值思維，從一開始為科名而行，至晚清、日治鸞書所示，富含勸善果報之目的，故鸞堂送聖蹟而舉經懺，乃有啟請尊神「證盟功德」的思考。

(二)扶鸞著書儀典的重構

　　高雄地區鸞堂無論系統，均有著造鸞書之信仰活動，但形成醮典者僅舉善堂及其分衍之系統。而鳳山建繳書醮典之案例，首建於日治中晚期，《臺南新報》於1932年（昭和7年）5月6日，刊載〈舉善堂祭典並善書頒行式〉云：「既報鳳山街舉善堂頒行善書一節，自去廿七日起，在該堂裡演慶成清醮，至本月三日功完」。[89]當時舉善堂乃暫借今鳳邑開漳聖王廟，為其鸞堂處所，並在此舉行善書頒行儀式，雖然報導中未敘明其祭儀內容，但已說明此次祭典乃「慶成清醮」。所謂慶成一般通指寺廟新建或翻修後之落成祭典，故又稱「落成醮」，與平安、瘟、火等醮典，為臺灣需求性最多，亦最是普遍之醮祭。[90]由此，鸞書完著與寺廟竣工有著同樣的本質意義，所舉之醮儀均可稱之「慶成醮」。

　　礙於史料限制，無法確認日治的「慶成清醮」，與現今的「繳書醮」是否具備相同儀程，以及經懺內容。不過，從鳳山的耆老鸞生口碑中，均認為日治已有繳書醮。依此脈絡而言，慶成醮的重要內涵即是「繳書」。

　　事實上，繳書並非醮典的正式稱謂，而是鸞堂與鸞生據「繳呈鸞書以頒行」所產生之便宜簡稱。據相關文獻揭櫫，最遲於1962年（民國51年），鳳邑儒教聯堂舉辦《明道》醮典，已出現並使用「繳書」概念，按〈鳳邑儒教聯堂著造明道內容明細〉記錄，辛丑年（1961）桂月望日請旨上疏，菊月朔日玉帝賜旨開著，臘月十一日完著繳旨，然繳旨之後，玉帝亦賜旨「繳書頒行日期歲次壬寅年端月念六起念九寅時入醮」。[91]藉以籌備《明道》醮典時，聯堂主理王天君降話：「今特揮繳書醮期中應用手疏，以作後來藍本」。[92]意謂諸堂建醮頗具經驗，現僅訂定手疏範式。而從此語，亦足見繳書不再僅是便宜之稱，具體謂之「繳書醮」。

　　雖然繳書可視為慶成乙類，屬醮祭範疇，但所行經懺並非囑附道士而施，亦非道門之齋法。按鳳山鸞堂繳書儀程，醮典先奏通鼓以示肇

啟，必升通天旛以迎諸神，然此旛之義非僅用於迎神光臨道場，更重要的是揭櫫醮祭之內涵。以《明道》繳書為例，其旛文曰：「奉勅儒教聯堂旨請著造明道繳書頒行為建水陸清醮壇界內外清淨押煞去穢監君指令罡」。[93] 由此，鸞書呈繳帝闕，乃啟建水陸儀，作為清醮的經懺科程。

察繳書醮之儀程，主要由繳書儀和水陸儀所融攝構成，形成儀節與經懺一體之祭典。兩者源於不同脈絡，繳書儀可追溯於澎湖鸞堂的「繳旨盛典」，水陸儀並非直接來自叢林寺院，而是向齋堂取經。此二儀相融形成繳書醮，與鳳山舉善堂有莫大關係，且多涉及網絡與人員互動往來。繳書儀之核心，即是焚呈文疏與鸞書於帝闕，此儀雖澎湖與基隆均有，但儀式表現，鳳山與澎湖相近。最明確之處，為兩地鸞堂皆將鸞書以不同色紙封皮包裹，惟鳳山鸞堂不似澎湖，需焚呈至少4部鸞書，而是定制3部，分別以黃、赤、青三色，表呈天、地、水三界。鳳山襲得此儀，主要是舉善堂分衍於旗後修善堂之故。據修善堂沿革所記，1904年（明治37年）正式開堂扶鸞，此前有1900、1903年（明治33、36年）至今嘉義朴子迎請文衡聖帝黑令、令牌之說法。[94] 若依此敘，修善堂之鸞脈乃源自嘉義朴子，但如此觀點顯然忽略旗後地區，1908年（明治41年）高雄港第一期築港計畫前後，澎湖人陸續湧入高雄，並選擇於此定居之事實。[95] 況且修善堂設立之初，信徒泰半即為澎湖人，可徵修善堂與澎湖的鸞堂信仰有其淵源，以致從祀神上，修堂正主席龍虎山慈濟許真君，即澎湖鸞堂的太醫院許恩主。其次，察修善之鸞務運作，及其扶鸞形式，與澎湖高度一致。因此修善堂出現澎湖鸞書繳旨祭儀內容，即有合理解釋，隨著分衍出舉善堂，繳旨儀式傳播入鳳山。

水陸儀即是水陸法會，但舉善堂此儀軌並非向叢林所習，亦非修善堂所授，而是受齋友影響。日治時期，鳳山街居民普遍聘邀哪一類的經懺專家，礙於文獻不足無法徵得。但至少可以確定晚清時，即已存在王

家世業道壇。王家世居鳳山街大老衙（即鳳山雙慈亭附近），另據王明逢抄本《無上玉錄血湖太丹拔度文檢》，具署「大正6年丁巳孟春之月置，鳳山埤城內大廟口街成真壇」。[96] 由此，王氏道壇於日治中葉仍具活動力，道壇座落「大廟口街」即雙慈亭前方三民路位址。[97]

王家世業道壇似乎無法進入文人、仕紳之市場，1922年（大正11年），鳳山宣講社為慶祝4週年，以及倉頡聖人聖誕，乃舉行祭典，地方官紳俱臨席與會，而在這場祭典中，則是安排「齋友上獻供禮諷經，樂生奏樂」。[98] 事實上，宣講社自創社以來，即設於鳳山大廟雙慈亭內，王氏道壇與之毗鄰，又此次祭典州議員林靜觀[99]亦有參與，而林氏亦居大廟口街與王家道壇可謂鄰里，卻未引其為宣講社祭典演科，某種意義上，可視這些文人士紳乃慣習禮齋友誦經。此外，前論宣講社與舉善堂的互動緊密，人員亦有重疊，亦影響舉堂於戰後重新選址，乃擇定雙慈亭為闡教之所。由此，宣講社慣延聘齋友，進而亦影響舉善堂從齋友取經，以習水陸儀軌。綜合以上梳理，即知繳書醮的儀節各有其來源，經地緣影響，使之融合於舉善堂。然而，舉善堂融攝繳書儀與水陸儀時，並非全盤承接，反而有所調整或擴充。澎湖鸞書繳旨儀式之程序為誦讀經典→祝讀繳旨文疏→焚書，鳳山則據此結構，擴充為「發醮儀」、「奏表儀」、「焚書儀」。

五 結語

高雄作為一座移居的海港城市，諸多外來移民攜帶了原鄉信仰進入，並在此落地生根。惟鸞堂信仰如何傳入高雄，仍無法有清楚的掌握，藉助本文的討論，較明確高雄鸞堂系統有福佬、客家、澎湖等3類。而這3類中，客家系統的脈絡明確清晰，均可以指向楊福來南下指導鸞

務；而澎湖系統則是澎湖裔民將原鄉的鸞堂信仰和扶鸞活動帶入高雄。因此，這兩類相較於福佬系統，則明確許多。

　　福佬系統的五座鸞堂，於日治時期便有鸞務的交流和來往，張有志透過相關鸞書，梳理出啟明堂、意誠堂、善化堂、警悟堂的鸞法，可能是受到臺南意誠啟善堂，即西來庵內部人員的指導。[100] 只是，還未見有如楊福來南下指導鸞務，如此明確之史料，但筆者認為他的論述大方向有其可徵之處。

　　從祭儀活動來看，這些鸞堂系統業已建構和形成高雄特色之信仰活動，誠如1997年（民國86年）〈財團法人臺灣省聖教神明會第六屆第一次會員大會紀錄〉所載：「高屏地區，有鳳邑儒教聯堂之配合……尤其是大型慶典法會，經團、樂團均能相互支援」。[101] 亦即高雄地區鸞堂在送聖蹟、扶鸞著書等祭儀，融攝經懺活動，促使高雄地區鸞堂與其他縣市之鸞堂，明顯的差異，形成高雄市鸞堂信仰之特殊性。

註釋 Notes

一

01. 王見川，〈臺灣鸞堂研究的回顧與前瞻〉，收錄氏著《臺灣的齋教與鸞堂》（臺北：南天書局，1996），頁199。王志宇，〈從鸞堂到儒宗神教──論鸞堂在臺之發展與傳布〉，收錄於李豐楙、朱榮貴編，《儀式、廟會與社區──道教、民間信仰與民間文化》（臺北：中研院中國文哲研究所籌備處，1996），頁157。邱延洲，〈「飛鸞」與「科教」：臺灣鸞堂經懺之建構〉（國立成功大學歷史學系博士論文，2022），頁1。

02. 〔南朝〕劉敬叔，《異苑・卷五》，收錄《筆記小說大觀・十編》（臺北：新興書局，1975），頁40-41。

03. 邱延洲，〈「飛鸞」與「科教」：臺灣鸞堂經懺之建構〉，頁18-20。

04. Philip Clart 撰，毛鵬譯，曹新宇校，〈孔子與靈媒：「民間儒教」是否存在？〉，收錄曹新宇主編《新史學（第10卷）──激辯儒學：近世中國的宗教認同》（北京：中華書局，2019），頁3-31。

05. 康熙40年代的說法出自臺北辨務署士林支署長朝比奈金三郎的調查，他採訪轄區內的一位不具名文人的口碑；咸豐3年（1853）的說法與光緒19年的說法均出自澎湖一新社樂善堂著《覺悟選新》；同治6、7年乃《臺灣總督府公文類纂元臺北縣》（永久保存第46卷，第3門警察，高等警察，降筆會案卷）；同治9年（1870）出自井出季和太《臺灣治績志》。參見王世慶，〈日據初期臺灣之降筆會與戒烟運動〉，《臺灣文獻》，頁111-135。

06. 王志宇，〈從鸞堂到儒宗神教──論鸞堂在臺之發展與傳布〉，收錄於李豐楙、朱榮貴編《儀式、廟會與社區──道教、民間信仰與民間文化》，頁168-171。

07. 宋光宇，〈關於善書的研究及其展望〉，《新史學》，5（4）（1994年12月），頁191。

08. 王見川，〈略論陳中和家族的信仰與勸善活動〉，《臺北文獻直字》，119（1997年3月），頁141-142。

09. 張有志，〈日治時期高雄地區鸞堂之研究〉（臺南大學臺灣文化研究所碩士論文，2007）；李淑芳，〈清代以來臺灣宣講活動發展研究──以高雄地區鸞堂為例〉（高雄師範大學臺灣歷史研究所碩士論文，2010）；李立涵，〈高雄無極明善天道院的起源與發展〉（逢甲大學歷史與文物研究所，2010）。

10. 張二文，〈高雄縣客家鸞堂的起源──月眉樂善堂與其鸞書之研究〉，《臺灣學研究》，5（2008年6月），頁32-53。

11. 王和安，〈日治時期新竹州移民及其信仰傳布：美濃客家田野紀實〉，《高雄文獻》，3（4）（2013年12月），頁7-29。

12. 張有志，《日治時期高雄地區鸞堂之研究》（臺北：博揚文化，2015）。

13. 張二文，《臺灣六堆客家地區鸞堂與民間文化闡揚之研究》（臺北：博揚文化，2015），頁29-62。

14. 邱延洲，《臺灣鳳邑儒教聯堂的飛鸞勸化與其社會網絡》（高雄：高雄市立歷史博物館，2016）。

15. 邱延洲，〈「飛鸞」與「科教」：臺灣鸞堂經懺之建構〉，頁163-164。

二

16. 許地山，《扶箕迷信底研究》（臺北：臺灣商務出版社，1994），頁14。

17. D.K. Jordan, D.L. Overmyer 合著，周育民譯，宋光宇校正，《飛鸞──中國民間教派面面觀》（原書名：The Flying Phoenix-Aspect of Chinese Sectarianism in Taiwan，香港：中文大學出版社，2005），頁33。志賀市子著，宋軍譯，《香港道教與扶乩信仰：歷史與認同》（香港：中文大學出版社，2013），頁39。

18. D.K. Jordan, D.L. Overmyer 合著，周育民譯，宋光宇校正，《飛鸞──中國民間教派面面觀》，頁34。

19. 志賀市子著，宋軍譯，《香港道教與扶乩信仰：歷史與認同》，頁40。

20. 邱延洲，〈「飛鸞」與「科教」：臺灣鸞堂經懺之建構〉，頁18。

21. 〔元〕陶宗儀，〈箕仙詠史〉，《南村輟耕錄・卷20》（北京：中華書局，1997），頁245。

22. 〔明〕劉惟謙等撰，〈禁止師巫邪術〉，《大明律・禮律二》，收錄《續修四庫全書（第862冊）》（上海：上海古籍出版社，2002），頁488。

23. 〔明〕張宇初，《道門十規・第12》，收錄於《正統道藏（第54冊）・正一部》（臺北：新文豐出版公司，1977），頁231。

24. 合山究著，蕭燕婉譯注，〈第二章 明清文人與神秘性興趣〉，《明清時代的女性與文學》，頁312。
25. 楊家駱主編，〔清〕張廷玉等撰，《新校本明史並附編六種二》(臺北：鼎文書局，1975)，頁7899。
26. 〔明〕陸粲，《庚巳編》(北京：中華書局，1997)，頁28。
27. 〔明〕抱甕老人輯，《今古奇觀》，收錄《古本小說集成(4)》(上海：上海古籍出版社，1994)，頁508-509；〔明〕馮夢龍編，《古今小說》(江蘇：江蘇古籍出版社，1991)，頁638；〔明〕雷禮輯，《國朝列卿紀》，收錄《續修四庫全書(第522冊)》(上海：上海古籍出版社，2002)，頁244；〔明〕徐昌治，《昭代芳摹》，收錄《四庫禁燬叢刊(第43冊)》(北京：北京出版社，2000)，頁483-484。
28. 〔明〕莫是龍，《筆塵》，《叢書集成新編(第88冊)》(臺北：新文豐出版公司，1985)，頁203。
29. 〔明〕馮夢禎著，丁小明點校，《快雪堂日記》，卷11 (上海：鳳凰出版社，2010)，頁113-134。
30. 〔明〕錢希言，《獪園》第四 (北京：文物出版社，2014)，頁101-109。
31. 〔明〕高泉性敦，〈乩仙事蹟〉，收錄〔日〕藤原韶光編，《桃蘂編(中)》(東京：日本國會圖書館藏，NDL書目編號：000007310317，1705)，無頁碼。
32. 魏曉虹，〈論《閱微草堂筆記》中扶乩與文人士大夫生活〉，《太原師範學院學報(社會科學版)》，頁69-74；溫艷，〈文人遊戲與道德說教——論《閱微草堂筆記》的扶乩文化〉，《潮州師範學院學報》，頁28-31。
33. 〔明〕雲棲袾宏，(日)荒木見悟解題，〈趙定宇作閒王〉，《竹窗隨筆》(京都：中文出版社，1984)，頁5685-5686。
34. 〔清〕陸以湉，〈慎藥〉，《冷廬醫話》，收錄《續修四庫全書(第1029冊)》(上海：上海古籍出版社，2002)，頁302。
35. 范純武，〈近現代中國佛教與扶乩〉，《圓光佛學學報》，3 (1999年2月)，頁265-266。
36. 〔清〕胡珽，〈往生王臣第三〉，《淨土聖賢錄續編卷二》，《卍續藏(第78冊)》，檢索資料庫：「CBETA 漢文大藏經」，檢索網址：http://tripitaka.cbeta.org/X78n1550_002。檢索日期：2020年8月27日。
37. 〔清〕胡珽，〈往生王臣第四之二〉，《淨土聖賢錄續編卷三》，《卍續藏(第78冊)》，檢索資料庫：「CBETA 漢文大藏經」，檢索網址：http://tripitaka.cbeta.org/X78n1550_003。檢索日期：2020年8月27日。
38. 丁培仁、楊璐，〈蘇州玉壇扶乩中的西方淨土信仰〉，《學術論壇》，246 (2011)，頁26-30。
39. Vincent Goossaert 撰，曹新宇譯，〈扶乩與清代士人的救劫觀〉，收錄曹新宇主編《新史學(第10卷)——激辯儒學：近世中國的宗教認同》(北京：中華書局，2019)，頁51-70。
40. 游子安，〈敷化與內：清代以來關帝善書及其信仰傳播〉，《中國文化研究所學報》，50 (2010年1月)，頁219-253；黎志添，〈明清道教呂祖降乩信仰的發展及文人乩壇研究〉，《中國文化研究所學報》，65 (2017年7月)，頁139-179；Vincent Goossaert (高萬桑)，Luo Yang譯，〈關帝乩文的經典化〉，《道教學刊》，3 (2019)，頁77-91。
41. 游子安，《勸化金箴：清代善書研究》(天津：天津人民出版社，1999)，頁48-60、87-98。
42. Philip Clart 撰，毛鵬譯，曹新宇校，〈孔子與靈媒：「民間儒教」是否存在？〉，收錄曹新宇主編《新史學(第10卷)——激辯儒學：近世中國的宗教認同》(北京：中華書局，2019)，頁3-31。
43. 「庚子末劫論」指的是道光20年 (1840) 重慶附近有座龍女寺，其內設有乩壇，透過扶乩傳佈末劫觀，並闡述關帝為挽救末劫的主要神祇。而王見川更指出道光20年後，有許多的扶鸞善書普遍刊載關帝於道光庚子救劫的陳述。而現存幾部咸、同年間的扶鸞善書，如《救生船》(1860)、《返性圖》(1855)、《了然集》(1866)，均申關帝下降龍女寺救劫，而這些善書所著造的鸞壇的源頭均為龍女寺。參見王見川，〈近代中國扶乩團體的慈善與著書：從《印光法師文鈔》談起〉，收錄曹新宇主編《新史學(第10卷)——激辯儒學：近世中國的宗教認同》(北京：中華書局，2019)，頁113-114。
44. 康熙40年代的說法出自臺北辨務署士林支署長朝比奈金三郎之調查，他採訪轄區內的一位不具名文人的口碑；咸豐3年 (1853) 的說法與光緒19年的說法均出自澎湖一新社樂善堂著《覺悟選新》；同治6、7年乃《臺灣總督府公文類纂元臺北縣》(永久保存第46卷，第3門警察，高等警察，降筆會案卷)；同治9年 (1870) 出自井出季和太《臺灣治績志》。參見王世慶，〈日據初期臺灣之降筆會與戒烟運動〉，《臺灣文獻》，頁111-135。

45. 〔清〕陳文達,《鳳山縣志》(臺北:臺灣銀行經濟研究室,1961),頁162。
46. 林文龍,〈臺灣最早鸞堂小考〉,《聖德雜誌》,82(1984),頁21-22。
47. 降乩一詞在清代臺灣諸方志多有所載,大抵上均不是描述扶鸞降筆之意,如〈鹿溪新建鳳山寺碑記〉云:「由是奉香火以東渡,塑神像於鹿溪,降乩治病,起死回生」,參見《臺灣中部碑文集成》(臺北:臺灣銀行經濟研究室,1962),頁36。又如林豪,〈大甲城守〉云:「二十六日,鎮瀾宮神降乩云:『今夜大難』,隨當空書符以壓之」,參見〔清〕林豪,《東瀛紀事》(臺北:臺灣銀行經濟研究室,1957),頁22。再如黃清淵〈茅港尾紀略〉曰:「天后宮聖母每夜降乩臥於香案桌下,慟哭之聲出於肺腑」,參見《臺灣輿地彙鈔》(臺北:臺灣銀行經濟研究室,1965),頁135。以上所述的降乩均是附乩,即乩童。
48. 〔清〕陳文達,《鳳山縣志》,頁154-155。
49. 〔清〕周凱,《廈門志》(臺北:臺灣銀行經濟研究室,1961),頁653。
50. John R. Shepherd,林偉盛等譯,《臺灣的邊疆的治理與政治經濟(1600-1800)》(臺北:臺大出版中心,2016),頁197-201;林玉茹《清代臺灣港口的空間結構》(臺北:知書房,1996);陳孔立,〈清代前期福建平民偷渡臺灣〉,《臺灣研究集刊》,74(2001年12月),頁19。
51. 梁其姿,《施善與教化:明清時期的慈善組織》(北京:北京師範大學出版社,2013),頁38。
52. John R. Shepherd,林偉盛等譯,《臺灣的邊疆的治理與政治經濟(1600-1800)》,頁289-291、485。
53. 張有志,《日治時期高雄地區鸞堂之研究》,頁19-20;張二文,《臺灣六堆客家地區鸞堂與民間文化闡揚之研究》,頁125-144。
54. 王見川,〈新竹飛鳳山代勸堂、楊福來與臺灣客家地區鸞堂(1899-1936)〉,《臺北城市科技大學通識學報》,6(2017年3月),頁223;鄭寶珍,《日治時期客家地區鸞堂發展:新竹九芎林飛鳳山代勸堂為例》,頁37。
55. 《降筆會ニ關スル書類綴(元臺北縣)》,收錄《臺灣總督府公文類纂》,典藏號:00009141001,掃描號:000091410010125-000091410010126,檢索資料庫:「國史館臺灣文獻館館藏史料查詢系統」。檢索日期:2022年1月22日。

56. 王見川,〈新竹飛鳳山代勸堂、楊福來與臺灣客家地區鸞堂(1899-1936)〉,《臺北城市科技大學通識學報》,頁228-229。
57. 王見川,〈新竹飛鳳山代勸堂、楊福來與臺灣客家地區鸞堂(1899-1936)〉,《臺北城市科技大學通識學報》,頁229。
58. 邱延洲,〈「飛鸞」與「科教」:臺灣鸞堂經懺之建構〉,頁137。
59. 張有志,《日治時期高雄地區鸞堂之研究》,頁21。
60. 張有志,《日治時期高雄地區鸞堂之研究》,頁29。
61. 啟明堂著,《樂道新書》收錄王見川等編,《民間私藏臺灣宗教資料彙編:民間信仰‧民間文化第一輯(第13冊)》(臺北:博揚文化,2009),頁665-666。
62. 張有志,《日治時期高雄地區鸞堂之研究》,頁46。
63. 王志宇,《臺灣的恩主公信仰:儒宗神教與飛鸞勸化》,頁61-64。
64. 李世偉,〈儒教會緣起〉,收錄《中國儒教會會志》(屏東:睿煜出版社,2008),頁8。
65. 邱延洲,《臺灣鳳邑儒教聯堂的飛鸞勸化與其社會網絡》,頁38。
66. 邱延洲,〈「鳳邑儒教聯堂」與臺灣南部鸞堂運動的開展〉,《高雄文獻》,5(3)(2015年12月),頁124-129。
67. 吳兆麟為鳳邑考賢社暘善堂主,於民國68年擔任鳳邑儒教聯堂總幹事,後擔任主任委員。
68. 財團法人臺灣聖教神明會編,〈財團法人臺灣聖教神明會第六屆董監事名冊〉,收錄《中國儒教會會志》,頁98-99。
69. 邱延洲,〈「鳳邑儒教聯堂」與臺灣南部鸞堂運動的開展〉,《高雄文獻》,5(3)(2015年12月),108-134。
70. 邱延洲,《臺灣鳳邑儒教聯堂的飛鸞勸化與其社會網絡》(高雄:行政法人高雄市立歷史博物館,2016),頁25。
71. 王志宇,《臺灣的恩主公信仰:儒宗神教與飛鸞勸化》(臺北:文津出版社,1997),頁61-64。
72. 五甲庄鄭家為鄭頭、鄭榮生家族;陳家為陳有良、陳規直家族,今協善堂的管理組織,仍以此二姓為重。
73. 相關二例討論,參見邱延洲,〈「鳳邑儒教聯堂」與臺灣南部鸞堂運動的開展〉,《高雄文獻》,頁108-134。

74. 森田憲司,〈文昌帝君の成立——地方神から科舉の神へ〉,收入梅原郁編,《中國近世の都市と文化》,頁389-418。
75. 吳煬和,《文教、信仰與文化建構：臺灣六堆敬字風俗研究》(高雄：麗文文化,2011),頁17-38。
76. 〔清〕盧德嘉,〈敬字亭木碑〉,《鳳山縣采訪冊》(臺北：臺灣銀行經濟研究室,1960),頁345。
77. 五甲協善心德堂編,〈跋二〉,《醮刊》,頁7；邱延洲,〈鳳山地區送書灰儀式的初步考察〉,《高雄文獻》,3（3）（2013年9月）,頁114。
78. 瀰濃庄廣善堂著,《擇善金篇（卷首凡部）》(高雄：瀰濃庄廣善堂,1921),頁40。
79. 林茂賢主編,邱延洲、劉嘉雯撰,《過化存神‧幽冥得度：送字紙灰、祭合江與敬義塚》(高雄：高雄市立歷史博物館,2019),頁23-24。
80. 陳昭瑛,〈臺灣的文昌帝君信仰與儒家道統意識〉,《國立臺灣大學文史哲學報》,頁190。
81. 不著撰人,《瀰濃庄聖蹟會記錄簿》(1951),無頁碼。
82. 林茂賢主編,邱延洲、劉嘉雯撰,《過化存神‧幽冥得度：送字紙灰、祭合江與敬義塚》,頁63。
83. 五甲協善心德堂編,〈跋二〉,《醮刊》,頁7。
84. 2012年,行政院客家委員會客家文化發展中心出版了《定格美濃‧劉安明》,是集為攝影師劉安明作品,其中展示15幅1966年美濃廣善堂送聖蹟影像。見劉安明攝影,黃智偉撰文,《定格美濃‧劉安明》(苗栗：客委會客發中心,2012),頁40-53。
85. 不著撰人,《放字跡、生法則》(美濃：美濃廣善堂,未出版,年代不詳)。
86. 邱延洲,《臺灣鳳邑儒教聯堂的飛鸞勸化與其社會網絡》,頁87-89。
87. 不著撰人,〈甲子73年元月初六日副主席降示〉(高雄：鳳邑誠心社明善堂,1984),未刊稿。
88. 民國86年鳳山舉善堂舉行《諄詁纂述》繳書,其送書灰祭儀過程,筆者業已轉化文字敘述,見邱延洲,〈鳳山地區送書灰儀式的初步考察〉,《高雄文獻》,頁114。另,筆者於民國103年、108年參與明善堂送書灰,從事全程觀察。
89. 不著撰人,〈舉善堂祭典並善書頒行式〉,《臺南新報》(1932年5月6日),第8版。
90. 劉枝萬,《臺灣の道教と民間信仰》(東京：風響社,1994),頁38-39。
91. 不著撰人,〈鳳邑儒教聯堂著造明道內容明細〉,收錄鳳邑儒教聯堂編,《鳳邑儒教聯堂概況繳書建醮各種疏文藍本》,頁69。
92. 不著撰人,〈鳳邑儒教聯堂著造明道內容明細〉,收錄鳳邑儒教聯堂編,《鳳邑儒教聯堂概況繳書建醮各種疏文藍本》,頁69。
93. 不著撰人,〈鳳邑儒教聯堂著造明道內容明細〉,收錄鳳邑儒教聯堂編,《鳳邑儒教聯堂概況繳書建醮各種疏文藍本》,頁69。
94. 旗後修善堂有兩座,一則名謂「明心社修善堂」,另一稱「開基明心社修善堂」。兩堂均敘明治37年（1904）於旗後天后宮奉旨開鸞設鸞,此前之記述雖皆言道至嘉義朴子迎請文衡聖帝,但前者所迎者為黑令,後者則是令牌。然據筆者考察,此二堂於日治時期實為一堂,至民國39年堂生出現衝突,產生分裂。舉善堂及其分衍則認「開基明心社修善堂」為母堂。參見邱延洲,《臺灣鳳邑儒教聯堂的飛鸞勸化與其社會網絡》,頁29-31。
95. 林署光,〈澎湖人對開發打狗的貢獻〉,《打狗滄桑》(高雄：春暉出版社,1985),頁170；尹建中,〈澎湖人移居臺灣本島的研究〉,《硓𥑮石》(第1期1998年6月),頁56。
96. 謝聰輝,《追尋道法——從臺灣到福建道壇調查與研究》,頁168。
97. 施添福總編纂,吳進喜等撰述,《臺灣地名辭書（卷5）：高雄縣第二冊（上）》(南投：臺灣文獻館,2008),頁339-340。
98. 不著撰人,〈宣講社祭典〉,《臺南新報》(1922年5月3日),第6版。
99. 林靜觀（生卒不詳）,光緒11年（1885）秀才,日治後曾任鳳山辨務署參事,明治32年（1899）受佩紳章,後任鳳山區長,大正9年（1920）始任高雄州協議會員。另據相關資料所示,林氏於日治曾擔任鳳山天公廟管理人,並與林朝木、陳岸溪等組織鳳山雙慈亭委員會。簡炯仁總編纂,《鳳山市志》(高雄：鳳山市公所,2004),頁772；林美容,《高雄縣民間信仰》(高雄：高雄縣政府,1997),頁238-239。
100. 張有志,《日治時期高雄地區鸞堂之研究》,頁99-100。
101. 李吉田紀錄,〈財團法人臺灣省聖教神明會第六屆第一次會員大會紀錄〉,收錄中國儒教會編,《中國儒教會會志》,頁99。

移民與基督教信仰

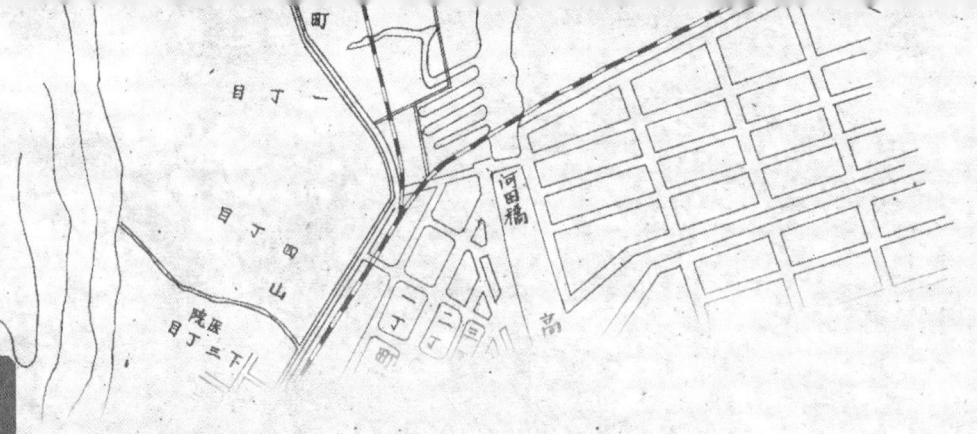

百年來的高雄市基督宗教發展

盧啟明

一 引言

在多元與豐富的臺灣宗教景觀中，基督宗教（包括天主教、基督教及東正教等的總稱）於高雄擁有其獨特且影響深遠的歷史。從荷蘭時期到清末開港；自日本統治到戰後發展，高雄的基督宗教社群不僅在數量上成長，更在文化、教育和社會服務等多層面，對地方社會作出了重要貢獻。基督宗教在高雄的軌跡，源遠流長地影響當地的社會結構和文化身分。

二 清末開港與基督宗教的傳入
（1863-1895）

17世紀中葉的荷據時期，基督教就隨著殖民勢力傳入臺灣南部，以新港（今新市）為中心。在此地設立教堂，以羅馬字拼平埔族語言翻譯聖經，

並且創立學校，教育兒童。影響範圍南至鳳山，北至鹿港。主要的傳教對象為西拉雅族，受洗的人有六千多人，傳教成績可觀。不過，高雄雖在荷人傳教區之內，但是有關當時的教務活動情形，缺乏史料可考。

天主教的傳入溯及1626年西班牙人佔領北臺之時，有神父隨行，先後在雞籠（基隆）、滬尾（淡水）、金包里（金山）、宜蘭等地傳教，但1642年即被荷蘭人趕走，為期很短，僅在和平島一帶留下修道院的遺跡。

1662年（永曆16年）鄭成功驅荷之後，則是嚴禁西方宗教，以致中斷200多年。直到1858年（咸豐8年）清廷分別與英、法簽訂天津條約後，打狗（高雄）開港，政府始允許西方宗教入境自由傳佈。以下乃逐一分述。

（一）天主教

1859年（咸豐9年）西班牙屬菲律賓的道明會（Dominican Order，又稱聖多明各會／多明我會）玫瑰省之會士郭德剛（又稱桑英士 Fernando Sainz）和神父洪保祿（Angel Bufurull）自廈門抵臺宣教。天主教初傳高雄時，一度遭到官府及本地人民之排斥和阻撓。到1859年底才稍有進展，當時以龍銀62圓建立臨時教堂（今五福三路高雄橋畔）。後經1860（咸豐10年）和1862年（同治元年）兩次改建，正式命名為「玫瑰聖母堂」，其傳教的範圍擴及內惟、鼓山、五塊厝等地。1862年創建露德聖母堂（鼓山三路15-1號）；1881年（光緒7年）肇造聖味增德堂（今苓雅區五塊厝附近）。上述三個天主堂到1895年（光緒21年）為止，信徒共約800人。

天主教以高雄為中心，一面向屏東發展，一面沿著海岸向北發展，在今天的南、嘉、雲、彰等縣市設立教堂，並且在1887年（光緒13年）由神父何安慈（Celedonio Arranz）於臺北大稻埕、和尚洲（蘆洲）建堂。1889年（光緒15年）何安慈在淡水傳教時，因基督教的馬偕牧師已經先一步設立據點，因此有些對立。之後乃轉往基隆發展，於1893年（光緒19年）於張文禮宅設教堂傳教。清代，天主教雖然在臺灣全島各地設有據點，但是信徒人數偏少。[1]

● 玫瑰聖母堂
資料來源：愛河、高雄百貨公司、高雄市政府、高雄車站、台灣銀行、玫瑰聖母堂、陸軍服務社、市女中、加油站，高雄市立歷史博物館典藏資料，登錄號：KH2002.013.008

● 愛河與玫瑰聖母堂
資料來源：愛河、高雄百貨公司、高雄市政府、高雄車站、台灣銀行、玫瑰聖母堂、陸軍服務社、市女中、加油站，高雄市立歷史博物館典藏資料，登錄號：KH2002.013.008

（二）基督教

　　清領時期的臺灣，起初仍採禁教政策。一直到1858年（咸豐8年）中英法天津條約，規定臺灣必須開放雞籠、滬尾、安平、打狗（高雄）為通商口岸，並允許「在租界內自由傳教」，始讓基督宗教再度傳入。1863年（同治2年）打狗（Takao高雄）試行開港，1864年（同治3年）正式設關啟徵。

　　基督教傳入高雄是在1865年（同治4年），5月28日英格蘭長老教會的首任臺灣宣教師／醫師馬雅各（James Laidlaw Maxwell，蘇格蘭人）自廈門啟程，在旗後上岸。經打狗海關官員馬威廉（William Maxwell）的介紹，於同年6月16日前往府城醫療宣教。由於民眾排外心態高漲，乃投石阻撓，迫使馬雅各於7月9日重返打狗。在旗後建堂，租屋行醫傳道。這就是基督教長老教會在高雄佈教的開端。此後，長老教會以旗後為根

據地,向南部各地展開傳教工作。[2]

1867年(同治6年),牧師李庥(Hugh Richie)夫婦來打狗協助馬雅各。翌年,馬雅各轉往府城。旗後在李庥夫婦的努力下傳道的範圍逐漸向附近地區擴展,遠至里港。到1869年(同治8年)為止,受洗的人數計有里港23人、埤頭(今鳳山)22人、打狗8人,[3]該年李庥也在打狗創立傳道養成班(Students' Class)。1884年(光緒10年)清法戰爭爆發,民眾排外情緒高漲,紛紛焚燒各地的教堂,傳道工作一度受阻。過兩年,情勢方才平靖,教堂獲得重建,但是民眾排外的心理在短時間內難以消除。[4]

值得感念的是,馬雅各以醫療服務開啟南部教會的首頁。在1864-1871年間,他寫了49封書信給海外宣道會的同仁,詳細報告宣教區的概況。在馬雅各的這批早期書信裡面,有四個主題,其一是位於旗津的打狗據點之購地建屋;其二是位於鳳山的埤頭教案之來龍去脈;其三是位於內門的木柵教會之開拓擴展。他的宣教歷程,從府城退到打狗,原本以為相對穩妥,沒想到初代信徒高長被囚、莊清風遭害以及後來的安平砲擊事件,又造成民心起伏;其四,儘管木柵、拔馬(左鎮)等教會的成長令人刮目相看,他仍不時煩惱府城和大社的人手不足,以及領事館是否裁撤,對宣教事務帶來的衝擊。此外,言談之中他還注意到臺語羅馬字(白話字)對於教育啟蒙之巨大效用。[5]

綜上所述,從普世與本土的角度觀之,近代西方宗教的宣教運動實與政治社會密切相關。歐美於19世紀展開大規模海外宣教運動,足跡遍及亞、非、南美洲;接著清廷被迫簽訂不平等條約,基督宗教被視為「蕃仔教」,是殖民勢力的一部份,草創時期歷經不少困境,甚至被視為帝國主義的「同夥人」。[6]

三 日治時期高雄設市與教會組織（1895-1945）

1895年（明治28年）日本統治臺灣，1920年（大正9年）將地名「打狗」改為「高雄」州，下設高雄郡高雄街，1924年（大正13年）廢郡並改街為市，1940年（昭和15年）已是全臺第二大城，南北雙中心態勢逐漸成型。行政區劃的改變與人口結構、教會組織等息息相關，值得探究。

（一）天主教

日治時期，高雄地區天主教的事務稍有成長，1913年（大正2年）道明會有信徒630人，並由福建南部之廈門宗座代牧區獨立出來，成為宗座監牧區，歷任監牧為林啟明（Clement Fernandez，任期1913-1920）、楊多默（Tomas de la Hoz，任期1920-1942）、里脅淺次郎（日籍，任期1942-1945），事務日益擴展。1932年（昭和7年），道明會在左營建立舊城傳道所（聖女小德蘭堂）。此為日據時期唯一增加的教會。雖然教會增加不多，可是信徒人數則大有增加。1940年（昭和15年），轄區內共有高雄天主堂、五塊厝天主公教會、山下天主公教會（露德聖母小堂）、舊城傳道所（聖女小德蘭堂）這四處及高雄孤兒院一個慈善機構，信徒人數計有1,841人。日據時期臺灣之天主教，除道明會之外，還有1914年（大正3年）傳入之日本哈里斯特正教會。但是該會的活動甚少，並無大規模活動的記錄。

1895-1940年，道明會共有49位神父在臺服務，大多數是西班牙籍，少數是中國、越南或日籍，僅涂敏正為臺籍。神職人員邊學語言邊傳教，已不再穿唐裝、戴辮子假髮，而以洋服、西裝短髮出現，顯示在地化的特色。

1928年（昭和3年）以降，道明會時而舉行佈道大會，一連數天傳講信息，雖然人山人海，但初期效果有限，入信人數不多。後來1936年（昭和11年）在山仔腳、舊城等地，影響漸漸顯著，曾吸引4,000名群眾，多人因此受洗。

　　再者，前金的孤兒院繼續經營，改由修女主持，1902-1940年的主事者有費沙羅（Fosepha）、可羅利（Gloria）及坂本小須磨等人，經費來源由母會支持為主，政府補助為輔。收養人數至1940年（昭和15年）為止共有1,163名。院生接受日文、漢文、算術、裁縫、工藝等課程，對社會的安定帶來一定的貢獻。[7]

　　傳道師訓練班方面，1909年（明治42年）在前金招收本地的女學生，畢業後返鄉服務；1925和1926年（大正14和15年）則共有20餘人訓練完成。道明會之所以培養女性，係因當時兩性授受不親，神父不便直接對婦女傳教，乃希望透過結訓者投入地方教務。

　　值得注意的是，道明會玫瑰省在臺灣的傳教，可以視為墨西哥、菲律賓、中國三地傳教的結合體，其中以菲律賓傳教模式的複製最為明顯，在日治前期呈現穩健進步的態勢。然而，儘管道明會玫瑰省與政治總是保持距離，無太頻繁的接觸或抵抗，但是臺灣總督府仍在在統治末期意圖控制天主教，要求其協力日本政府的對外侵略，呈現戰時體制的氛圍。[8]

● 天主教道明會成立的道明中學

位於臺灣高雄市苓雅區的道明中學1955年（民國44年）建校，是由天主教道明會成立的教會學校，在聯考時代該校的升學率令人印象深刻，因此入學甄試也格外嚴格。

資料來源：，高雄市立歷史博物館典藏資料，登錄號：KH2011.009.065

Part IV ｜ 百年來的高雄市基督宗教發展　307

（二）基督教

　　日治時期，南部長老教會進入組織時期，1896年（明治29年）成立中會（Presbytery，可理解為中型的教區）。1915年（大正4年）教會自治的聲浪逐漸高漲。1924年（大正13年）高雄州轄下的教會更以油印方式發行基督教報紙，極力提倡教會自治。同時，日本政府准許成立高雄州教務局。1930年（昭和5年）南部劃分為高雄、臺南、嘉義、臺中四個中會，結合成立大會（Synod，可理解為廣域的教區），呈現組織發展的概況。

　　日治時期，高雄的長老教會持續拓展，1904年（明治37年）在舊城（今左營）設點，最初隸屬楠梓的支會，至1931年（昭和6年）升格為堂會；1921年（大正10年）成立鹽埕教會，讓週邊信徒就近參與，教務日盛，1931年升格為堂會；1938年（昭和13年）又創立前金傳道所（新興教會前身），信徒大部分來自前鎮五甲、苓雅寮等地。1941年（昭和16年）升格為堂會。高雄中會另派牧師許水露等人在苓雅開拓。其餘高雄境內還有茇濃、旗山、大林蒲、林園、海埔、中路、岡山等教會，也是在日治時期創立。

　　1895年以降，英格蘭長老教會共有宣教師男性20位、女性37位，

● **高雄市臺灣基督長老教會鹽埕教會合影**

此張拍攝地點為臺灣基督長老教會鹽埕教會禮拜堂建築前，此地點位於高雄市鹽埕區瀨南街與瀨南街56巷交叉口處。

資料來源：高雄市臺灣基督長老教會鹽埕教會合照，高雄市立歷史博物館典藏資料，登錄號：KH2012.008.024

包括牧師、老師及醫師護士。與高雄較直接相關的有三位，其一為醫師安彼得（Peter Anderson）1901年（明治34年）因醫師萬巴德（Patrick Manson）離開，乃轉往打狗醫館繼任之，1910年（明治43年）退休返英，前後在臺21年，貢獻醫療宣教相當卓著。其二為醫師馬雅各二世（James L. Maxwell Jr.）於1901年來臺，兼任打狗洋行醫師，之後轉任臺南新樓醫院。其三是牧師廉德烈（Andrew B. Neilson），1895年（明治28年）來臺曾任長老教中學校長、神學院長等職。海埔教會和埤頭教會的建築，係在他建議之下肇造。本地牧師方面，則從日治時期開始正式封立，共85人。其中許多人是鳳山縣出身，例如劉茂坤、吳希榮、汪培英等，顯見組織發展頗為順利。[9]

至於日本人教會方面，1908年（明治41年）在湊町（今鼓山區渡船場附近）成立日本基督教會高雄教會，主要向日人傳教，至1944年（昭和19年）有信徒52名。1934年（昭和9年），於山下町（今鼓山區高雄看守所附近）成立救世軍高雄小隊，有日人10餘名。1931年（昭和6年）傳入了東洋宣教會日本荷里寧斯教會（音譯Holiness Church），於當時高雄堀江町（今鹽埕國小附近）設立高雄聖潔會，至1934年時有日人信徒35名。

綜合以上所記，在1934年（昭和9年）時，高雄市內的基督徒人數，包括臺灣基督長老教會608人，以及日人信徒97人，合計共705人。

日治末期，總督府推行皇民化運動，長老教會也受到影響，1940年（昭和15年）長老教會被迫加入日本基督教聯盟。1942年（昭和17年），與在臺的日本基督教合組「臺灣基督教奉公會」，目的在於協助推行日語，以促使臺灣與日本國內一體化。1943年（昭和18年）2月25日，南北長老教會於彰化成立總會，劃分北、中、南、高、東部五個教區，次年，臺灣基督長老教會總會又與日本基督教團臺灣教區、日本聖公會臺灣傳道區合併，成立「日本基督教臺灣教團」，但因為戰爭的關係，實際上並無多少作為。[10]

● 高雄基督教會保育園

此照片係1940年（昭和15年）3月2日，高雄市北野町高雄基督教會（今鹽埕教會）保育園師生之合影。此乃基督教會在兒童教育方面所作的貢獻資料。

資料來源：高雄基督教會保育園，高雄市立歷史博物館典藏資料，登錄號：KH2003.008.006

四 戰後到當代的教會活動復甦（1945-2020）

　　1945年（民國34年）日本投降，臺灣脫離殖民統治；1947年（民國36年）「二二八事件」爆發；1949年（民國38年）中華民國中央政府在國共內戰中敗退，超過百萬的軍民逃難到臺灣，這些巨大的變化都在這段時期發生，使臺灣整個社會承受極大的衝突。1965年（民國54年）終戰20年後，新的世代強調「多角宣教」，鼓勵農村、山地宣教，關懷特定的社群和偏遠的社區，提供多元的宣教方式，以回應工業社會的衝擊，協助教會面對城鄉人口的流動，避免會友的流失。2000年（民國89年）以降的當代，則一方面注重學生、青少等年輕族群，一方面則是面對高齡化社會的挑戰。以下分節敘述之。

（一）戰後基督宗教在高雄的復興（1945-1965）

1. 天主教

　　天主教方面，1945年（民國34年）二次大戰結束初期，教務未能擴張。迨至1949年（民國38年）政府遷臺，中國各教區之教友、教士大批

跟隨政府來臺,以致教務有所發展。1949年底,教廷將臺灣省劃為北、高兩個監牧區,以南部為天主教之重心。1952年(民國41年)臺灣為總教區、中國第21教省。1961年(民國50年),高雄升格為主教區,轄區包括高屏三縣市。在這期間,堂會和信徒人數都呈現大幅增加的現象。從1929年至1979年,高雄已有天主堂22所。信徒人數在1963年(民國52年)時達到頂峰,超過一萬人。之後則略為停滯,到1991年(民國80年)《高雄市教會概況》有天主堂34所。以下簡介幾個修會的發展。

道明會:1949年(民國38年)創立樂仁醫院(今聖功醫院),1950年代大量分發麵粉、救濟品給民眾,藉以吸引人們到入信。1957年(民國46年)開創道明中、小學,並陸續分設鳳山的耶穌君王堂和耶穌善牧堂、大寮的聖十字架堂、橋頭的聖若瑟堂、六龜的聖女瑪達肋納堂等。仁武的聖母升天堂、路竹的聖若瑟堂及桃源天主堂等。

遣使會:1949年(民國38年)中國籍的齊佐漢來臺,1954年(民國43年)美籍華克施(Fox)和司密斯來臺,1955年(民國44年)創立「善導週刊社」。在高雄出入的主要是美國西省的會士,以岡山、燕巢為中心。

重整奧思會:以修會改革和重整會規為主要訴求,1963年(民國52年)來到高雄傳教,以大寮和林園為中心。[11]

● 1959年雅靜安樞機主教參觀道明中學

資料來源:雅靜安參觀聖母堂、左營教堂修道會動土、道明中學,高雄市立歷史博物館典藏資料,登錄號:KH2002.012.141

2. 基督教

　　基督教方面，1945年（民國34年）終戰，日本基督教臺灣教團正式宣布解散，所佔用的機關和資產還歸原主。日人教會也因其被遣送回國而關閉。此時，長老教會南北兩個大會各自為政，戰後初期高雄只設立鼓山、前金、路竹三間教會。前兩者濱臨港埠，人口密集，延續日治時代繁榮的基礎。

　　戰後，除長老教會外，另有許多其它的基督教宗派從中國、歐美等地接踵傳入。從前在中國活動的各宗派到其人力財力移轉來臺灣，傳入高雄之教派包括：基督教浸禮聖經會、中國神召會臺灣區議會、基督教救恩會、中華循理會、中國基督教長老教會、基督徒聚會所、臺灣省基督教會、地方教會國語禮拜堂、韓國基督教會、基督復臨安息日會、基督教浸信會臺灣省聯會、基督教中華宣道會、臺灣聖公會、福音會、臺灣聖教會、臺灣信義會、中華基督教衛理公會、真耶穌教會、耶穌基督末世聖徒教會、基督教靈修世界佈道會、其他獨立教會等。

　　在本階段的長老教會，由於美援之故，加上民眾對新的信仰並不排斥，乃帶來有利的客觀環境，1954年（民國43年）由高雄的全體長老教會提出「倍加運動」，1955年（民國44年）由總會接納為全國運動，希望在十年之間，亦即設教百週年時，信徒和教會的數量都倍增。由於切合大環境，倍加運動果真達標，全臺教會來到466所，信徒十萬餘人。

　　由於高雄中會正是「倍加運動」的發起地，對於宣教開拓非常積極，在本階段也有著倍加的成果。由於原本的教勢就領先其他中會，倍加以後，成果益形突顯，高雄中會除屏東、澎湖，增加教會32所，成效斐然。[12]

　　1950年代，高雄方面的教勢發展，有明顯的成長。1953年（民國42年）時，已有教會31所、支會7所。1956年（民國45年）時增至36所，信

● 高中女宣道部研究會於鹽埕教會

1962年（民國51年）2月19日至20日攝於鹽埕教會前，乃高雄中會女宣道部春季研究會之合影紀念，此為基督教長老會高雄中會之相關影像及紀錄。

資料來源：高中女宣道部研究會於鹽埕教會，高雄市立歷史博物館典藏資料，登錄號：KH2003.008.015

徒25,784人。當南北教會合一之後，教務更有組織，教勢更形擴展。至1964年（民國53年），高雄的長老教會增至85所，信徒27,263人。

高雄中會此時是全臺11個中會裡面最龐大的，等於北部四個中會的總數，顯見「倍加運動」帶來極大的進展。[13] 倍加運動的十年之間，增設了很多教會，例如右昌的信徒原本都步行到左營舊城教會，後來與援中港、蚵子寮、河堤、茄典等地都陸續建堂。到了1970年代則有臺灣宣道會的右昌堂、翠屏堂及內惟堂等設立。[14]

（二）各教派在地方的角色和影響（1965-2000）

整體而言，至1965年（民國54年），各宗派在高雄一共設立了47所教會，以長老教會、信義會居多，獨立教會次之。1979年（民國68年）高雄有23個宗派，教會93所，1990年（民國79年）增為41個宗派，129所教會，[15] 可見在教派分化上趨於多元。

1965年（民國54年）距離終戰已經20年，基督宗教必須面對新時代的挑戰與社會變遷。1966年（民國55年）「高雄加工出口區」設立，臺灣產業起飛，輕重加工業大為興起，鄰近地區的加工廠也相繼設廠，數萬勞動人口從鄰近鄉村湧入都會地區，形成高雄地區基督宗教傳教的有利

環境，教會吸收這些外來人口，迅速設立新的據點。

天主教的瑪利諾會於1975年（民國64年）顧倫神父從臺中南下，開始在鳳山傳佈。白冷外方傳教會於1975年有教友從東部到高雄謀生，因此瑞士籍神父郝道永（F. Hort）亦前來租屋傳教，接管桃源、三民（今那瑪夏）、六龜等山地教會。宗座外方傳教會於1990年代由神父施安東（A. Sergianni）接管旗山的聖若瑟堂，和高雄國際海星海員服務中心。[16]

基督教方面，在倍加運動之後，全臺反而呈現一段停滯的時期。隨著工業化的進展，鄉村人口流失，都市信徒則未能兼顧，神職人員也培育不及，造成教勢衰退。值得注目的是，高雄地區反而異軍突起，1966年（民國55年）分設了「屏東中會」，1972年（民國61年）以新興為首的24間教會，因理念不同，由原屬的「高雄中會」分裂而出，另行設立「壽山中會」，雙雙在拓展據點上較勁，產生競爭，共開設20所教會，原高雄中會則闢建12所教會。到1984年（民國73年）時，高雄的長老教會有104

● 旗山聖若瑟天主堂塔樓與立面一景

此教堂為天主教道明會天主堂，道明會在旗山傳教始於1956年（民國45年），由當時剛結束高雄玫瑰堂本堂工作的道明會玫瑰省會士戴剛德神父在旗山租屋傳教，並持續往美濃、六龜等地宣教。1957年（民國46年）於旗山建立小聖堂，1959年（民國48年）由道明會長宋趙神父補助、王朝騰承造興建此座天主堂（王朝騰另承建大寮聖尼各老堂、五塊厝聖味增德堂），並委由戴剛德神父設計。天主堂於1959年（民國48年）6月21日落成，原始設計一樓是由道明傳教修女會負責的醫療所，二樓則為聖堂空間。
資料來源：旗山聖若瑟天主堂塔樓與立面一景，高雄市立歷史博物館典藏資料，登錄號：KH2023.009.0007

所（含支會和佈道所），成人會員13,730人、小兒會員6,077人、慕道友6,687人。[17]

不過，分設中會原本是好事，代表教勢擴展，但因對立而分裂，從而引發諸多爭議，讓不少熱心的信徒頗為憂慮，畢竟兩個中會在同一區域，地方教會似乎隨著「派系」而任意選擇中會，彼此教勢互有消長，長遠來看仍有隱憂。所幸，近年來兩個中會多有連結，互相合作，自2004年首次舉行聯合禮拜起始，彼此共謀方針，展現合一心志，或許未來能徹底解決歷史因素的困擾。[18]

（三）基督宗教的成長與擴展舉隅（2000-2024）

高雄地區工廠林立，工商人口密集，社會急劇變遷所產生的後遺症時有所聞。教會為了在這個變遷急劇的社會中傳道，也作了適時的調整，特別建立一些專門性的團契，如勞工階層的「工業福音團契」、受刑人的「更生團契」、醫療宣教的「路加傳道會」，學生的「校園團契」、文字傳道的「宇宙光傳播中心」等，努力地向不同的族群傳福音，並且關心前來聽道的「慕道友」，使他們成為教會的一員。

本階段在高雄設立的長老教會有53間，數量可觀。不過值得觀察的是，教會數的增加並不代表禮拜人數的增加，顯然原有的信徒有逐漸流失的現象，教會需要求新求變。同時，在現代社會中，人們希望就近參與教會，並期待加入支持性團體，因此都市內的中小型教會不斷設立，還有外勞教會、楠梓國際教會及日語教會等，也頗有特色。此外，原本在市區宗教團體，例如新興長老教會則成立「工商人服務中心」，關心工商業和服務業的信徒生活。[19]

高雄浸信會則是該教派在臺灣的第一間自建教堂。早期，美南浸信會差派柏瑞德（Clifford Barratt）、陸愛蓮（Olive Lawton）二位女宣教師

前往中國，1950年（民國39年）10月因政治局勢變化轉往臺灣，1951年（民國40年）2月成立高雄浸信會，由牧師柯理培（Charles L. Culpepper）負責講道。1952年（民國41年）8月購地獻堂，是為因應戰後嬰兒潮，於1962-1999年（民國51-88年）辦理幼稚園，服務社區民眾，1965年（民國54年）第二棟新堂落成。歷年來，高雄浸信會開拓據點不遺餘力，曾支援六龜、美濃、旗山、嶺口等事務，並配合美南差會及中華基督教浸信會聯會（浸聯會）設立和平、文化、澎湖等佈道事工，還自力開設小港、五甲、新生、民利等佈道所。該會一直自許成為「市中心的屬靈花園、愛的先行者」。[20]

福氣教會成立於1999年（民國88年），牧師楊錫儒原本是飯店業的經理人員，對服務業瞭若指掌。該會的目標是向社區廣傳福音，成立一間「以佈道為導向」的教會，要對社區完全開放，創造接觸點，讓人感受到愛與服務的熱誠，同時研究如何將「福音」融入在社區服務中。該會最為人所知的，是改編韓國的「雙翼養育系統」，以關係為導向的個人佈道策略。因而被認為是後現代人際疏離下的一種友誼式的佈道策略，而信徒也頗能領略所謂「大使命：去使萬民作主門徒」，最後則是對於「關係」的重新再探，是影響幸福小組成敗的主因。[21]

近年新成立的教會還有FIGHT.K，取名Fight for Kingdom／Kaohsiung，由牧師張蒙恩建立。該會於2015年（民國104年）12月19日進行首次聚集；橋頭區青埔站旁的覓蜜基地園區則於2017年（民國106年）4月1日開園，2018年（民國107年）1月聚會人數3,500多人，會友平均年齡相當年輕，教會訴求是「回到天父的家」，以小組聚會為主要模式，是北高雄的大型教會（Mega Church）。

跨教派的組織方面，2017年（民國106年）10月高雄基督教福音聯盟（高福盟）成立，在疫情當中發揮互通有無的平臺機制，也曾邀請市長、

議員等政治人物前來參加,期待施政帶有宗教的關懷。[22]而2023年(民國112年)3月的高雄城市祈禱會則聚焦「活力高雄‧幸福城市」盼望從市府首長到基層人民,在全球疫情、國際戰爭及通貨膨脹的世界裡,得以在信仰的引領下,尋求社會真正的福音(good news)。[23]

五 社會運動與服務參與

(一)美麗島事件

戒嚴體制下的民主運動。戒嚴時期黨國控制民眾的思想;限制言論自由。而黨外人士就以其他的方式來發聲,宣揚人權、自由等理念。1979年6月2日《美麗島》雜誌社在臺北正式成立,社長許信良,副社長呂秀蓮、黃天福。總編輯張俊宏,總經理施明德,並廣納各派黨外人士,包括黃信介、康寧祥等。

1979年(民國68年)12月9日,人權日的前一天,兩名雜誌社人員,駕車行駛在高市街頭進行宣傳,在發傳單告示次日活動時,於鼓山分局附近遭逮捕、扣車並沒收文宣。雜誌社人員在得知消息後立即前往警局要求放人,群眾聚集,警察緊急封鎖陸橋,避免更多民眾進入,直到次日凌晨才釋放兩人。然而,事件引起公憤,黨外領袖發表一份〈告全國同胞書〉,情勢更加緊張。

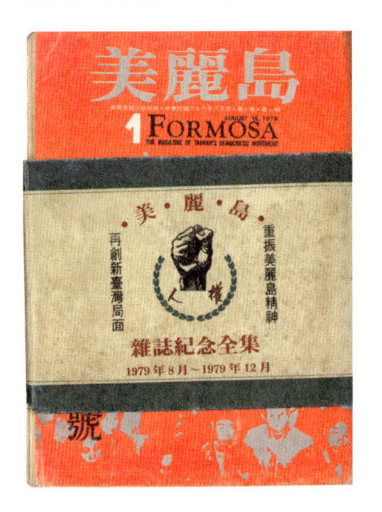

●《美麗島雜誌紀念全集》

資料來源:《美麗島雜誌紀念全集》(共4冊有封套),高雄市立歷史博物館典藏資料,登錄號:KH2000.011.541

12月10日雜誌社的幹部結合黨外人士，擬在高雄舉辦「世界人權日」紀念大會及遊行活動，並向當局申請許可，但一直都未獲批准。在多次嘗試失敗後，黨外人士決定依原定計畫在高雄舉行遊行。當天晚上，群眾舉著象徵民主自由的火把，身批紅、綠、黃三色彩帶，遊行至今新興分局前中山一路與中正四路交叉的大圓環靜坐，遭憲警重重包圍，形成對峙。晚間10時左右，遊行民眾與憲警發生激烈的衝突，造成不少人受傷，直至半夜民眾才逐漸解散，恢復平靜。事後，執政當局大舉逮捕雜誌社的幹部和黨外人士，交付軍法審判，並查封雜誌社，以叛亂罪對黃信介等人處以重刑，史稱「美麗島事件」或「高雄事件」。

　　事件中，教會多人參與美麗島大遊行，並有林弘宣、許天賢、高俊明、趙振貳、吳文、林文珍、施瑞雲等被捕入獄，教會則積極向國際組織尋求援助，並以家庭禮拜、祈禱會等聲援。在普世教會的關懷下，使黨外運動與教會的靈性和信仰運動結合起來，成為近代臺灣民主政治發展的特色。教會人士的關切，從1971年（民國60年）國是聲明、1975年（民國64年）我們的呼籲、1977年（民國66年）人權宣言，到1979年（民國68年）美麗島事件，使信念落實在行動中，喚起大眾投入各種街頭抗爭與社會運動，促進臺灣的民主化。教會方面則認為實踐「釘根本土、認同所有住民，通過愛與受苦，成為盼望的記號」之信念。[24]

　　高雄是美麗島事件的中心點，也成為臺灣社會從封閉到開放的關鍵，深化了自由和民主的思想。事件後，臺灣擺脫黨國獨大的局面，爾後解除戒嚴、黨禁、報禁，以及國會議員全面改選到總統直選。民主、人權、自由和主權的價值成儼然成為臺灣人民前仆後繼努力的目標，臺灣也從威權獨裁的白色恐怖時代，邁向民主化時代。[25]

● 美麗島事件大逮捕

文中詳細記錄美麗島事件後,在 12月12日,警備總司令汪敬煦下令拘捕高雄事件的相關嫌犯及人士,隨即在 12月13日清晨,軍警與情治人員展開全島同步大逮捕,政府陸續追捕黨外人士之逮捕經過。
資料來源:大逮捕(美麗島事件),高雄市立歷史博物館典藏資料,登錄號:KH2000.013.049

(二)社福、教育文化與工業職域

高雄市社會福利發展史可追溯自1945年底(民國34年)市府成立時,將「社會業務」置於民政科起,本諸「以人為本,弱勢優先」之施政理念,透過「自助互助」、「機會創造」、「夥伴關係」及「充權自立」的福利服務策略,積極藉由公私協力合作機制,啟發個人潛在能量,開創福利生產事業。除原已針對兒童少年、婦女、長者、無障礙環境等規劃個別需求之服務方案,並積極創新福利服務。例如急難救助、長青學苑、脫貧助學等,都有基督教參與的身影。[26] 基督教服務性質的社團方面,1970

● 基督福音新村落成後景觀

美國衛理公會出資、宣教牧師許可領策畫、建築師貝聿銘及陳其寬設計興建，位於前鎮區民權路與廣西路口。1963年（民國52年）10月22日，基督教福音新村舉行落成典禮活動。

資料來源：基督福音新村落成，芮理查會督夫人剪綵，高雄市立歷史博物館典藏資料，登錄號：KH2002.012.489

年代前後有基督教青年會／女青年會先後成立，1989年（民國78年）以降從基督教協進會開始，如雨後春筍一般成立許多協會，包括地方教會、戒毒團體、長者關懷等，呼應1990年代的社區總體營造的大背景。這類的人民團體，主要從事教育文化、技藝體育、福利服務等推廣工作，宗教色彩相對淡薄，因之政府的限制也相對的減少，大多是採民間自發性的發展方式，展現宗教信仰的社會責任。[27]

然而，因社會持續變遷，機構團體也必須面對少子化、個人主義及消費文化等挑戰。就統計數據觀之，近十年來2011-2022年（民國100-111年）變化最大之處是文教和慈善機構，尤其是學前教育。教會幼兒園從43所剩下9所；公益機構例如安養院、輔導院、基金會、社福中心等，天

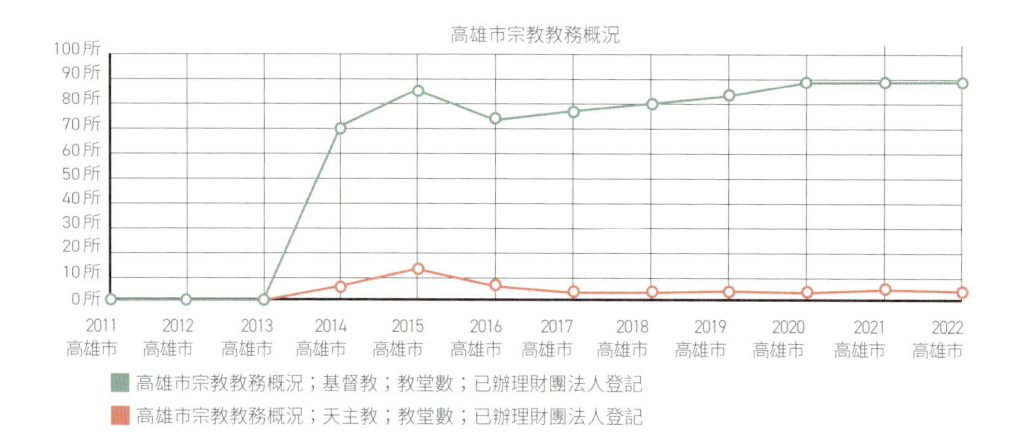

高雄市宗教教務概況

■ 高雄市宗教教務概況；基督教；教堂數；已辦理財團法人登記
■ 高雄市宗教教務概況；天主教；教堂數；已辦理財團法人登記

主教從16所減為4所,基督教則反而從2所增為8所,或許因長老教會的「平安基金會」在高雄設立宣教中心,主要負責社會福利事業有關。[28]

(三)災害時期的關顧與社區援助

在當代,基督宗教因應多元社會與快速變遷,乃是現實生活的議題。這不僅是所謂心靈生活的更新和造就,並需要積極推動多元的觸角宣教,促使基督宗教能在本土結出果實。在急難救助方面,宗教團體特別能展現柔韌的力量,一方面組織救災團隊投入前線的援助,例如發放物資、提供收容、家屋重建等;一方面展開長期的陪伴與關顧,特別是心靈的撫慰,經常觸動人心。以下乃以近十餘年來的例子為說明。

1. 八八水災

2009年(民國98年)8月6日至8月10日,莫拉克颱風侵襲臺灣,對中南部帶來極為嚴重的災情。由於8月8日破紀錄的雨勢,許多地方二天的降雨相當於一整年的量,為1959年(民國48年)八七水災以來最嚴重的澇情。當時,臺灣多處發生淹水、山崩,其中以位於高雄縣甲仙鄉小林村的部落被土石流毀滅的事件最為嚴重,造成474人活埋喪生。據政府統計,此次水災共造成681人死亡、18人失蹤。行政院宣佈8月22日至24日全國為死難者降半旗致哀。

災害發生時,長老教會的泰雅、嘉義中會以及國際飢餓對策協會的人士,徒步登上阿里山送物資入部落,臺東各中會則以流籠送物資到太麻里溪對岸;各中會迅速組隊支援救災,提供臨時住宿、餐食服事等。

救災的過程依據三級制教會體系,由總會、中會、地方教會建立分工合作的模式。期程分為救援、安置與重建三階段,在2010年(民國99

年)時再加上「宣教轉型」階段，目的是面對世代變遷之後極端天氣劇烈變動，教會體系能發揮救災的能力。經過八八水災四年重建的努力，如排灣、魯凱中會和鄒族區會等，都建立天災的救助體系。[29]

2. 石化氣爆

2014年（民國103年）8月1日晚間，高雄市前鎮區與苓雅區發生多起石化氣爆事件。失火前，已有民眾通報疑似瓦斯洩漏。幾小時後該區域發生連環爆炸，造成32人死亡、321人受傷，周邊店家也因為爆炸破壞而造成重大損失。事後經調查認定為四吋管線遭不當包覆於排水箱涵內，致管壁由外向內腐蝕，而無法負荷輸送管內之壓力而破損，致運送中原先作為化工原料之液態丙烯外洩，引起本件爆炸事故。災區包括三多、凱旋、一心等多條重要道路嚴重損壞，經過將近半年的施工，才於12月20日完全修復，是為高雄近年最嚴重的公共安全事件。

悲劇誠然慘痛，災區的教會乃積極進入社區關心居民。例如高雄一心恩典教會著力於探訪工作，成立長者健康促進關懷活動：旺得福（Wonderful），讓長者可以來到教會量血壓、作健康操、共同用餐；高雄會幕堂則透過舉辦聖誕晚會及各種特別聚會，傳遞平安的訊息，也使社區能夠進一步認識教會。2015年初在救助協會的幫助下，開始進行服務老人事工。顯然地，教會是以陪伴、關心的角度，先與其建立關係、主動關心，使社區能感受教會的投入。[30]

3. 社會關顧

若以近年登上《臺灣教會公報》「特色教會」版面的幾個長老教會為例，可知社會關顧的層面相當廣泛。壽山中會方面，大順教會從開拓到以「健康七指標」聞名；手語教會旨在「廣傳聽障福音」；德生教會同時注

重松年與青年的組織再造；鳳山教會重視成人主日學和讚美操；大湖教會發展兒童營事工、五甲教會以愛鄰關懷協會來參與村里總體營造。高雄中會方面，九曲堂教會以「點心擔」的精神服務社區；旗後教會以悠久的歷史與文化對話；小港教會關心弱勢且扶老攜幼；潮寮教會有街道清潔打掃資源回收等環保工作。[31]

此外，市府頒贈的績優宗教團體固然以民間宗教居多，但是基督宗教的表現堪稱亮眼，例如2022年（民國111年）上榜的就有「財團法人天主教會高雄教區」和「財團法人臺灣基督長老教會壽山中會」，參與的服務事項有愛心捐款資助、監獄牧靈工作、弱勢兒少課後輔導和家庭支持照顧、急難救助和獨居照護、家庭暴力防治宣導、婚姻諮商暨婚前輔導、性別公義相關議題及監護訪視系列講座、長者送餐服務等。這些服務都是很好的典範。[32]

● 旗後長老教會愛兒園開園式

愛兒園是旗後教會的附設幼稚園，當時是在任牧師為許水露牧師。照片中即1933年（民國22年）4月3日愛兒園開園典禮，多位長老與兒童們一起在旗後教會門前留下的紀念合影。
資料來源：旗後長老教會愛兒園開園式，高雄市立歷史博物館典藏資料，登錄號：KH2015.004.294

六 結論
現代挑戰與機遇

根據學者研究，在田野調查中，基督宗教的信徒之移動，與臺灣人口之自然增減、社會增減有密切的關係；產業的變遷也帶來直接的影響。然而，各地雖然已經十字架林立，但宗教信仰要真正落實，還是需要在生活當中有所見證，尤其是原住民與漢人傳統等等的「福音與文化」議題，乃歷代所重視。[33]

高雄的顯著變遷，肇造於近代的都市計劃，聚落文化也一直在解構與建構。教會雖然不如民間宗教廣泛，但對於社會的現代化、醫療體系、語言教育、知識傳播的貢獻不容忽視。自歷史脈絡中得知，現代城市以供給為導向制定計畫範圍，由主政者決定範圍大小，其共同特徵是以人口為計算單位，因此人是城市的主體。傳統西方的教會系統，以教區為單位劃分行政範圍，教會在城市紋理中具有一席之地。高雄的城市的中心不一定是基督宗教，仍然朝向點線面的發展，成為都市機能的一部份，提供穩定人心、社會救濟和促進社會安全的功能依然存在，並不因為空間紋理或是空間秩序的變化而失去焦點。[34]

就歷史而言，改制前的高雄縣、市，原先都是同一行政區域，原本就是密不可分。1945年（民國34年）行政區劃改制分開，1950年（民國39年）高雄縣又分出屏東縣。直到2010年（民國99年）12月25日高雄的縣市合併成為今日六都當中的高雄市。此舉有利於國土規劃，平衡區域發展，為市民帶來更多的福祉。高雄市擁有國際的海、空港和便捷的陸運，在金融、物流、產業等條件齊備。縣市合併後，腹地拓展、人口提升，城市競爭力大幅增加。[35]

然而，經濟的繁榮使得物質生活得到相當的提升，卻也帶來某些後

遺症，尤其在心靈方面並不因為物質、金錢的豐富而得到真正的滿足和平靜，過度追求財富、地位，仍然發現心靈的空虛，因此產生對宗教的渴求，盼望得到心靈的慰藉；此外工業化、都市化所帶來的急劇變遷，導致嚴重的失調，人際關係上的疏離感，以及適應的不良，都是教會需要參與服務之處。縣市合併與新興基督宗教脈動息息相關。

　　基督宗教已經存續超過一個半世紀，經過不同的政權，在每個時代都發展出不同的面貌，藉著各時代的宗教熱忱，使教會不斷擴增。在這一百多年當中，基督宗教對於臺灣的社會、文化有著相當大的影響，其中以醫療、教育最為顯著。儘管當初宣教師醫治患者或教育信徒的行為是為引人入信的最終目的，但對於提升臺灣的社會和文化進入現代化，卻是不爭的事實。隨著時代的變遷，基督宗教的傳道方式也隨之改變，近年來以社會服務、關懷弱勢團體等方式與社會中各族群產生互動，藉由各項社會服務事工與民眾建立更親密的關係而關懷人心。[36]

　　當前，社會中的宗教相當細膩，是民間生活不可或缺的一部分，且包括宗教，行政、輔導等。宗教團體不只是信仰的層面，更涉及設立與變更、土地建物是否合法化、業務的積極性、組織章程與法規、宗教地景與樂活等。[37]高雄市的宗教文化資產相當豐富，例如玫瑰聖母堂是臺灣極富裝飾藝術的教堂、楠梓長老教會則是日式建築的代表。[38]基督宗教在高雄帶來不容忽視的社會道德及精神價值的貢獻。

　　近代以來，臺灣教會和國外母會逐漸轉為「伙伴關係」，開始建構本土化的神學，強調鄉土、自決及身分認同的落實。如本地教會在1970-1990年代參與社會運動，以及針對原住民族語言的聖經翻譯等，即為一例。在國際交流之際，音樂、禮儀及藝術等層面的本土化相當重要。易言之，透過「普世」與「本土」的交互影響，使本地的宗教信仰呈現實況化（contextualization）的特色，不再是一個外來宗教的面貌，進而成為

世界一家的成員。

1982年（民國71年）普世教會協會（World Council of Churches, WCC）的《宣教與傳道》指出，當前的實況絕然背離聖經應許的新天新地，然而教會需要坦然地對人類所關心的議題表達看法。[39] 一個世代後2012年WCC的文告《一同邁向生命》則再次強調，整個世界包括宗教、政治、社會、經濟、人文的面貌，而宣教總是跟實況關連！[40]

長期以來，普世合一運動（Ecumenical Movement）已獲致不少成果，包括教會合作和相互了解，還有在人權自決、和平公義、宗教對話等進展。吾人若分析臺灣基督宗教的歷史變遷，乃是逐漸展現與社會互動的精神，形成堅持本土化的信仰認同。基督宗教在高雄，乃是引進「民主自由」與「多元包容」之普世人權價值的縮時攝影，此為重要的社會參與。從某個角度來說，「西方宗教」也已經落地生根，成為在地文化之一。[41]

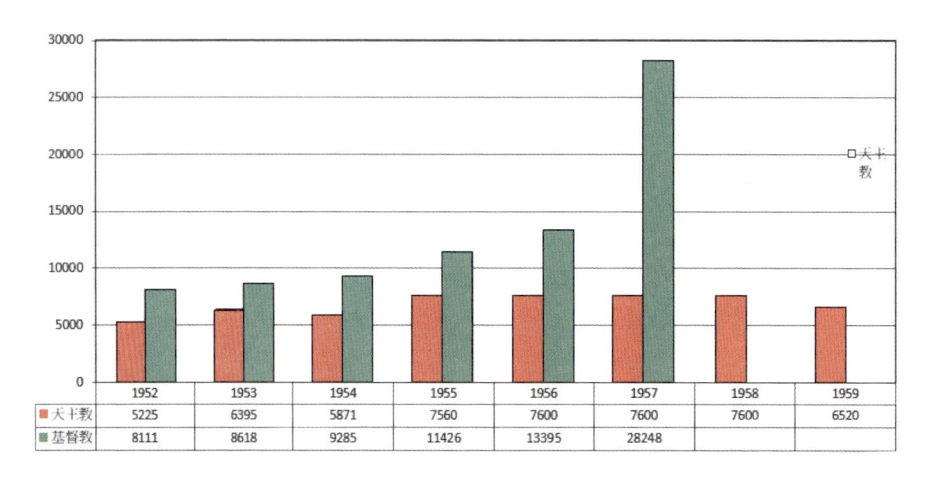

	1952	1953	1954	1955	1956	1957	1958	1959
天主教	5225	6395	5871	7560	7600	7600	7600	6520
基督教	8111	8618	9285	11426	13395	28248		

● 圖1：高雄市基督宗教歷年信徒人數1952-1970。

資料來源：高雄市統計資訊服務網。 HYPERLINK "https://kcgdg.kcg.gov.tw/"https://kcgdg.kcg.gov.tw/；許桂霖等，《重修高雄市志・卷二民政志（下）》（高雄：高市文獻會，1990），頁384-385、387-388。

註釋 Notes

一
01. 黃麟翔等,《續修高雄市志・卷八社會志宗教篇》(高雄：高雄市政府,1995),頁46。
02. 黃麟翔等,《續修高雄市志・卷八社會志宗教篇》,頁46。
03. 李汝和、王世慶,《臺灣省通志・卷二人民志宗教篇》(臺北：臺灣省文獻會,1971),頁138。
04. 黃麟翔等,《續修高雄市志・卷八社會志宗教篇》,頁47。
05. 盧啟明,〈醫療宣教師馬雅各書信中的打狗與相關史事〉,《開港160週年：打狗回望・高雄啟航——歷史與海洋文化國際研討會論文集》(高雄：高科大、高史博,2024)。
06. 鄭仰恩,〈臺灣基督教發展綜述〉,《臺灣大百科全書》(臺北：文化部國家文化記憶庫,2009)。

二
07. 陳梅卿,《高雄縣基督教發展史》(高雄：高雄縣政府,1997),頁26-28。
08. 楊嘉欽,《從歐洲到臺灣：道明會玫瑰省臺灣傳教研究》(新北：花木蘭,2014),頁iv。
09. 陳梅卿,《高雄縣基督教發展史》,頁28-34。
10. 黃麟翔等,《續修高雄市志・卷八社會志宗教篇》,頁47-48。

三
11. 陳梅卿,《高雄縣基督教發展史》,頁44-45。
12. 蔡重陽,〈新興都會區教會研究：以高雄市「新興基督長老教會」之傳道與社會服務為例(1938-2000)〉,頁41-42。
13. 高雄中會庶務部編輯部,《設教壹百週年高雄中會教會簡史》(高雄：該會,1965),頁II。
14. 江錂萍,〈右昌地區宗教發展初探〉,《高雄文獻》1(3／4)(2011年12月),頁85-89。
15. 黃麟翔等,《續修高雄市志・卷八社會志宗教篇》,頁49。
16. 陳梅卿,《高雄縣基督教發展史》,頁44-82。
17. 王梓超、林信堅、董俊蘭等編,〈1983-1984平地教會統計概況表〉,《臺灣基督長老教會設教120週年年鑑》(臺北：該會,1985),頁10。
18. 盧啟明,〈中會主義的承繼與變遷〉,文收鄭仰恩等編著,《修剪・更新・成長：從吳威牧師的宣教,看今日臺灣基督長老教會組織體制的更新與再造》(臺北：雙連教會,2013),頁139-193、180-181。
19. 蔡重陽,〈新興都會區教會研究：以高雄市「新興基督長老教會」之傳道與社會服務為例(1938-2000)〉(臺南：國立臺南師範學院鄉土文化研究所碩士論文,2003),頁43-44。

四
20. 林子騫,〈高雄浸信會70週年慶主日禮拜〉,《基督教今日報》(2021年2月21日),https://reurl.cc/VMpqvR。存取時間：2024年7月19日。
21. 唐瑋,〈雙翼養育系統幸福小組佈道策略之研究：以新竹浸信會、高雄福氣教會為例〉(臺北：基督教臺灣浸信神學院基督教神學研究所碩士論文,2017),頁66-69。
22. 謝宜彤,〈高福盟盼推城市福音化 市長：治理秘訣就是神的愛〉,《基督教今日報》(2023年11月15日)。https://reurl.cc/oyzGdQ。存取時間：2024年7月19日。
23. 林子騫,〈政府＋議會＋教會合辦「高雄城市祈禱會」！市長自嘲鐵齒直到親見奇蹟〉,《基督教今日報》(2023年3月18日)。https://reurl.cc/kyNAOK。存取時間：2024年7月19日。

五
24. 張立夫等編,《臺灣基督長老教會與美麗島事件：20週年紀念文集》(臺北：該會,1999年12月),頁III-IV。

25. 黃森濤,《高雄文明史：歷史篇》(高雄：高雄市政府教育局, 2012), 頁90。
26. 洪富峰、劉信如、李建寧,〈高雄市社會福利發展史〉,《社區發展季刊》, 109（2005年3月）, 頁358-367。
27. 邱綱伶,〈戰後高雄市的社團發展〉(臺北：國立臺灣師範大學歷史學系在職進修碩士班碩士論文, 2004), 頁103-104。
28. 高雄市統計資訊服務網：統計資料庫——高雄市宗教社會服務概況 https://reurl.cc/ey5KWm。
29. 林偉聯主編,《公義行在前頭：臺灣基督長老教會八八水災重建紀念專刊第一冊》(臺北：該會, 2016), 頁4-12、130-133。救援重建中心 https://typhoon.pct.org.tw/。
30. 商可瑩,〈高雄氣爆週年 危機變轉機 教會投入關懷社區〉,《國度復興報》, 678（2015年8月15日）, 頁2。
31. 臺灣基督長老教會特色教會專頁 https://tcnn.org.tw/archives/tag/16。存取時間：2024年7月19日。
32. 高雄市政府民政局,《111年度宗教團體捐資興辦公益或慈善事業表揚專輯》(高雄：該局, 2012), 頁42、188。
33. 陳梅卿,《臺灣基督教傳教史：以高雄縣、宜蘭縣為例》(臺南：文山, 1995), 頁97。
34. 蔡旻珉,〈基督信仰的傳教足跡與都市空間構成研究——以高雄市為例〉(高雄：國立高雄大學創意設計與建築學系碩士班碩士論文, 2020), 頁106-109。
35. 黃森濤,《高雄文明史：歷史篇》, 頁6。
36. 蔡重陽,〈新興都會區教會研究：以高雄市「新興基督長老教會」之傳道與社會服務為例（1938-2000）〉, 頁43-44。
37. 高雄市政府民政局宗教禮俗科。https://reurl.cc/ZVaL6M。存取時間：2024年7月19日。
38. 臺灣宗教百景。https://taiwangods.moi.gov.tw/。存取時間：2024年7月19日。
39. World Council of Churches, Mission and Evangelism: An Ecumenical Affirmation (Geneva: WCC, 1982.3).
40. Jooseop Keum ed., Together towards Life: Mission and Evangelism in Changing Landscapes-with a Practical Guide (Geneva: WCC, 2012.9).
41. 盧啟明,〈基督宗教〉, 顏綠芬主編,《臺灣文化關鍵詞101》(新北：國立臺灣圖書館, 2023年12月), 頁184。

文化與書寫

Part V

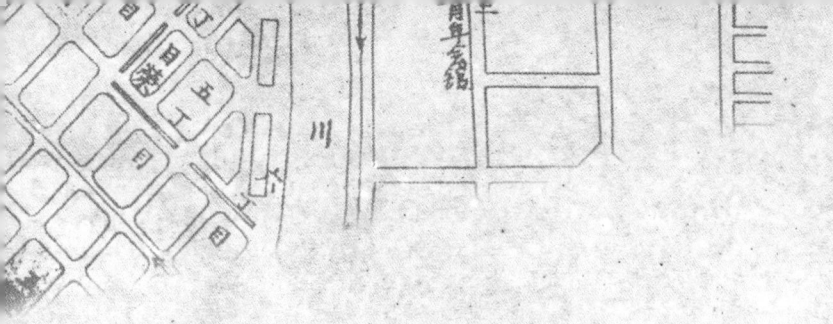

設市百年之文化與創意觀光探查

蘇明如

一 前言

(一) 研究背景

　　文化與創意觀光在當代全球城市日趨成長，文化創意產業藉由其特色，展現其吸引力，帶動城市觀光產業發展，而城市觀光則扮演文創產業推力，推廣城市文化特色，攸關「創意城市」之文化經濟與文化認同，成為城市治理方向。王俐容梳理各家學說，針對文化政策與都市發展的關係製表如下：

表1：文化政策與都市發展

面向	文化面向	經濟面向	社會面向
相關內涵	文化認同的建立與維持 藝術活動的生產 藝術活動的消費 文化資本的提升 文化藝術象徵符號與論述的再現 文化多樣性的維持	吸引藝術贊助 更新都市形象 刺激觀光 吸引創意階級入駐 吸引外資投入 發展文化創意產業	地方認同的凝聚 社區活化 公共參與及意識的提升 社會融合 公民權概念的擴充 生活品味的轉變

● 圖1：文化與創意觀光在當代全球關係緊密，圖為駁二大港橋可遠眺高雄海洋與流行音樂中心水岸城市風景。（作者攝影）

若以此檢視高雄，其進一步提到「臺灣長期重北輕南的政策，使得高雄市的藝文發展相較於臺北市起步晚，相關資源也高度不足；因此，高雄往往被視為是一處『文化沙漠』」，這種批評對高雄人來說，是一種自尊心的壓抑。……然而近年來，文化藝術方案似乎慢慢受到重視……高雄市政府開始以『行銷高雄』為核心任務，辦理許多挖掘高雄人文故事、展現在地特色的活動，並致力推動高雄文化重建、高雄自尊再造，和行銷高雄價值、創造利益共享的結合，而成為一種都市建設的策略。」[1]

刺激觀光、發展文化創意產業、更新都市形象、文化認同的建立與維持、文化資本的提升、文化多樣性的維持、生活品味的轉變等，皆是文化政策與都市發展關注議題。

1924年（大正13年），廢高雄郡、街，改依臺灣市制，設立高雄市，為高雄設市之始。2024年適逢高雄設市百年，本文於此時機進行梳理，以文化治理為主，連結文化觀光、創意觀光、創意城市等議題考察，城市文化展演如何帶動觀光？期能省思城市治理與文化、創意觀光之緊密關連，此為研究背景與動機。

(二)研究方法：田野調查與文獻編碼

本文以質性研究紮根理論為主，分田野調查與文獻編碼進行。田野調查包含發掘理論線索，蒐集各面向資料，延伸與其他文化與創意觀光施政互動，包括蒐集學術文獻、官方文獻、政策宣示、相關活動、大眾媒體報導與討論。透過選擇性譯碼（selective coding），即選擇核心範疇，把它有系統的其他範疇予以聯繫，驗證其間的關係，並把概念化尚未發展全備的範疇補充整齊的過程。[2]透過選繹編碼此一統整與精鍊範疇的歷程，連結各主要範疇，對資料與先前符號掃瞄瀏覽，選擇性查閱彰顯主題的文化與創意觀光個案，進行比較對照，逐漸成為論述。

二 文獻探討

(一) 文化觀光與創意觀光

何謂「文化觀光（Cultural Tourism）」？聯合國世界觀光組織（World Tourism Organization）將「文化觀光」闡述為：人們基於滿足某些文化之動機，實際從事受文化的激勵引導，而進行或研究，如何觀賞表演藝術、觀看節慶及祭典等嘉年華會、造訪某些歷史遺產或紀念景點，或去旅行學習自然、觀賞自然地景、參觀民俗藝術，以及朝聖等觀光活動的文化旅程。[3]

可知「文化觀光」係因一特定的文化動機，而從事觀光行為，滿足人類對「多樣性」的需求，並試圖藉由新知識、經驗與體驗中深化文化素養。文化觀光涵蓋了諸如博物館觀光（Museum Tourism）、歷史觀光（Historical Tourism）、族群觀光（Ethnic Tourism）、藝術觀光（Arts

Tourism)等,而發展文化觀光之關鍵議題正在於,文化治理與觀光治理的結合。

而「創意觀光」,為文化觀光下一環,UNESCO 視「創意觀光」為:「直接參與和體驗真實的旅行,透過參與性的學習藝術、遺產或是地點的獨特角色,其提供一個與當地居民的連結,創造其居住文化。」創意觀光是一個體驗形式的觀光,強調參與(participate)和互動(interaction),讓觀光客在文化體驗中,得以發展創意潛能和技巧的真實經驗(authentic experience)。[4]可以說,創意觀光提倡從生活體驗風格,旅遊即是體驗的延伸版,體驗在地生活之真實感受,可以提供讓觀光客學習更多當地技術、專業、傳統和地方特質相關活動。觀光客轉為創意消費者,經由這些互動學習體驗,有助於自我發展和創造,而不僅是一般傳統文化觀光遊客。

吾人觀察,「創意觀光(creative tourism)」在全球觀光旅遊業日趨成長,其發展部分原因和全球對「文化創意產業」的重視有相關。以臺灣而言,2010年施行之《文化創意產業發展法》第3條:「本法所稱文化創意產業,指源自創意或文化積累,透過智慧財產之形成及運用,具有創造財富與就業機會之潛力,並促進全民美學素養,使國民生活環境提升之下列產業。」共計15＋1項範疇。值得一提的是,「文化觀光」此一範疇,被聯合國教科文組織研究建議列入文創推動範疇之類別,然而,即或文化觀光在臺灣甚受注目[5],卻未選列於臺灣15＋1項文創範疇中,回顧梳理文獻,係因早在2002年「挑戰2008國家重點發展計畫[6]」中,已有另一大項「觀光客倍增計畫」[7],故未將觀光列入文創產業範疇,而另單獨列一大項,有其時空背景因素,然而,文化觀光與文化創意產業之密切連結,實為國際重視趨勢。

●圖2：創意城市需塑造愉悅環境，圖為元宵燈會期間高雄市以港灣文創優勢，吸引旅客來訪。（作者攝影）

（二）創意城市與網絡計畫

何謂「創意城市」？Richard Florida 認為，當一座城市的經濟發展是透過聚集創意人才與高科技產業來達成，同時也具備開放多元的生活空間，便可稱之為「創意城市」，其提出了「創意資本理論（Creative Capital Theory）」[8]，主要是描述創意階級會在具備「4T」的地區發生群聚，「創意經濟發展的四T」為科技（Technology）、人才（Talent）、寬容（Tolerance）與愉悅環境（Territorial Assets），這些地方將會成為最高競爭力的城市。

Andy C. Pratt 則認為，創意城市是富有吸引力的城市，它吸引創意階級或是高科技產業之工作者前往居住，創意城市是專業的購物中心，是被修正過的宜居城市。[9]Peter Hall 認為創意城市是國際化、會吸引人才前往，並且富有創造性，可以包容外人進入，創意城市具有吸引優秀人才的特點，歡迎他地人且能多元兼融。[10]John Hawkins 闡述「創意」如何與環境條件息息相關，「創意無關乎什麼出類拔萃的藝術天賦或文化財富，而是一些生態因素的豐富組合，主要是多樣性、改變、學習與適應。只有在生態條件許可下，創意才能存在，而且可經由有效率的適應而更見蓬勃。」[11]提出「多樣性」、「改變」、「學習」與「適應」四個因

子，說明可以供創意者盡情發揮的生態區位。吾人觀察，現代城市競爭優勢，已從地理位置、天然資源蘊藏，轉變成城市公民的創意能量。

根據「聯合國教科文組織創意城市網絡 (The UNESCO Creative Cities Network)」，至2024年已有來自330個成員城市構成，涵蓋手工藝與民間藝術、設計、電影、美食、文學、媒體藝術和音樂七個領域。[12] 各項創意城市入選的指標皆需與該項主題相關條件資格。本研究梳理發現，其最初起源於聯合國教科文組織全球文化多樣性聯盟的倡議，開展「文化多樣性」，正是「創意城市網絡」計畫之首要關注，亦可視為「創意觀光」發展重點之一。多樣性與包容性可打造創意觀光環境，豐富傳統文化旅遊模式，正是「創意觀光」的概念及策略，為此網絡城市努力目標之一，創意觀光是透過主動參與，使旅客和一地的文化建立密切關係，「創意城市網絡」強調讓網絡中的城市，以自己的創意優勢，吸引創意旅客。

三 高雄城市文化治理脈絡觀察

(一) 2010年高雄縣市合併前

針對2010年高雄縣市合併前之文化治理，筆者前已藉文化資產文獻史料分析，本文進而重新梳理製表如下：[13]

表2：2010年縣市合併前高雄城市文化治理脈絡

年代	分期	記事
史前—1895	平原屯墾・漁村開港：史前、荷據、明鄭、清領	官方文獻《高雄市志》有言：「清代的打狗，由於人口無多，文教不興，文化事業幾乎一片空白。」[14] 此時期清朝政府未對文化建設有特別著墨。

年代	分期	記事
1895 — 1945	帝國高雄・南進基地：日本殖民統治時期	日本殖民統治時期兩項重大建設：一是1908年日人高雄港的擴建工程，另一則是同年縱貫線鐵路的開通。至此之後，鐵路與港口海陸聯運，南臺灣蔗糖等物資，由高雄港運往世界，帶動繁榮。1920年將「打狗」改名為「高雄」。1924年12月25日，因應高雄街人口超過四萬人，達到設「市」標準，臺灣總督府廢高雄郡改設高雄市。「1933年高雄市役所委託日人畫家小澤秋成將高雄之港都建設、街道景觀、城市榮華等景像繪成一系列介紹高雄風光的風景繪葉書，將日人心目中著名高雄景點：埠頭建物、壽山步道、旗後、西子灣、高雄港夕景、春天的湊町、渡船場、棧橋……等描繪逐漸定型的都市樣貌。」[15]高雄風光開始作為觀光景點呈現。
1945 — 1979	重化產業・經濟奇蹟：省轄市治理時期	二次戰後國民政府接收臺灣，1945年（民國34年）省轄高雄市政府成立，奠定重化工業基礎關鍵產業，皆設置高雄，為臺灣經濟締造作出貢獻，然這些重化工業加速高雄市繁榮，但均具污染性質，環保事件層出不窮，而在文化施政上，官方較少著墨，要待下一時期相關機構成立，方有進展。
1980s — 1990s	工業大城的文化點綴	1981年正式啟用「高雄市中正文化中心」，成立後成為高雄文化藝術推廣的首要之地，而高雄市立美術館於1994年正式開館，成為高雄藝術指標殿堂。此外，因舊市府遷移，規劃再生高雄市立歷史博物館，為臺灣第一座由地方政府經營的城市歷史博物館。
1998 — 2010	空間解嚴・城市美學再造	而在城市活動上，1990年代，由地方政府回應中央計畫如全國文藝季等施政，將愛河、柴山、高雄港、左營、旗津做為主題，然此時期僅有短暫文化活動，仍無整體性擘劃。

年代	分期	記事
		1998年第二任民選高雄市長選舉，由原在野的民進黨市長候選人謝長廷當選，高雄市自此之後展現明顯將文化作為城市形象改造重要環節之企圖，城市治理包括：城市光廊公園圍籬撤除，空間解嚴成為城市地標，成為其他縣市觀摩典範；文化愛河流域親水空間打造，以及如貨櫃、鋼雕藝術節等城市藝術節慶皆在此時提出，尤其重視親港親水空間美學改造。在機構上，高雄市政府文化局與高雄市政府觀光局相繼在高雄市政府組織變革中修編成立，有效促進城市的文化發展與觀光資源的利用與管理。歷任市長與市府團隊持續進行城市空間解嚴與城市美學提升。

從上表可發現官方文化治理直到1789年高雄市升格院轄市後，方有顯著之文化機構設立，與藝文活動的官方施政，而所設置專責單位高雄市政府文化局與高雄市政府觀光局，主管進行文化創意產業與觀光之推動。

(二) 高雄市公部門施政融入城市策展概念

上述為2010年高雄縣市合併前脈絡觀察，近年，高雄市政府更積極著力在城市文化與創意觀光治理，施政上亦融入「策展」概念，可以說高雄市政府擔任城市「策展人」角色。

何為「策展人 (Curator)」？一般以為，「策展」是借用自藝術博物館界的說法，原是博物館保存文物的管理者維護者，或展覽研究的專業人士，是一個文化藝術的「守護者」，從1979年後，指的是一個藝術展覽活動的規劃及推動，做這件事的就是「策展人」。然而，若是更追溯到1979年之前，要理解這個被擴充延伸的詞彙，我們可以先從字根源流來理解，根據《線上詞源詞典 (Online Etymology Dictionary)》，可以找到詞彙源流：

curator（n.）

「一個守護者；一個對某事物負責或監督的人」，14世紀末，指的是 curatour「一個教區牧師」，源自拉丁語 curator「監督者，經理，守護者」。指負責博物館、圖書館等的官員的意思來自於1660年代。[16]

curation（n.）

14世紀晚期，curacioun,「治療疾病，恢復健康」，來自古法語 curacion「治療疾病」，源自拉丁語 curationem（主格 curatio），「照顧、關注、管理」，尤指「醫療關注」。從1769年開始作為「管理、監護」。[17]

從上述可知，策展人 curator（n.）與策展 curation（n.），其拉丁字源，意義指向 care／cure，治療／療癒。而時至今日，一般使用的「策展」這個詞彙，主要指涉兩種意義：

其一，與藝術博物館相關的，專指藝術領域的「藝術策展」（Curating），藝術策展人思考藝術作品脈絡的連結，並藉由策劃展覽來表現。

其二，擴大延伸至領域更廣泛的「內容策展」（Content Curation）。包含媒體、編輯、行銷等領域，由內容策展人針對龐大的內容進行彙整，透過挑選、組織，來增加內容的價值，並以此呈現。

前述兩者都包括篩選、重組資訊、再呈現、傳遞訊息給觀眾，達到溝通。當下，策展人一詞更衍生詮釋為具有某些整合特質的規劃者或風潮引領者，在專業領域有特有的主張風格。

在此一趨勢下，吾人觀察，高雄市認知到策展的時代，「串聯」的資訊革命已經開始，如佐佐木俊尚將這個詞衍生詮釋，在二十一世紀，「策展人」過濾訊息、給予解釋、賦予意義，除了選擇展品之外，更費心安排

展覽、撰寫材料、傳達理念，為一則訊息、作品或商品，提出看法、重組價值、分享串聯。[18]

故高雄市公部門以文化施政為主軸，帶動創意觀光，進行城市策展，更呼應了 Toby Miller& George Yudice 在《文化政策(Cultural Policy)》有言：「政府成為品味的仲裁者，我們或可說，品味的形成就是文化政策。」[19]

四 城市策展文化與創意觀光案例分析

近20年前，高雄打掉港與市之間的圍牆，揭開了城市翻轉的序幕。高雄經驗的特色，就是以「價值導向的公共工程」，重塑一座城市的故事。[20]配合時代風潮，高雄市政府在城市文化治理上擔任策展人的角色，在近年施政可觀察其脈絡，舉三項較鮮明的城市策展案例，分析如下：

(一) 駁二藝術特區自營自策展成為創意觀光標的

駁二藝術特區是個臨高雄港舊倉庫群的聚落式藝術空間，高雄市政府文化局媒合中央政府「閒置空間再利用計畫」，利用位在高雄港駁二碼頭邊的舊倉庫群，在藝術家以及文史工作者推動之下，跨足視覺藝術、音樂、戲劇、影視等展演領域，而發展藝術觀光，為其主要目的之一。

● 圖3：駁二區史館「舊事倉庫」展示駁二大事紀（作者攝影）

　　若從區史館「舊事倉庫」大事記，可觀察其經營方式轉變，駁二先由民間單位經營、再轉手學術單位，最後由高雄市政府文化局收回自營與自策展。2010年縣市合併後，文化局組織調整，成立「駁二營運管理中心」，積極經營駁二，倉庫群從原先的大勇倉庫群，新增了蓬萊倉庫群、大義倉庫群，2014年起進入大駁二時代。「負責營運管理的公部門與天馬行空的藝術家，雖然各自擁抱夢想，但在這個場域裡相互協調步伐，修整方向，一起邁向共同的理想。在行政與藝術的衝突間，磨合成緊密的夥伴，建構駁二在每個人心中的形象。」[21]

　　大駁二時代至今十餘年，其自營自策展方式，連結相關資源，如交通建設發展向來是促進觀光最主要的原因，駁二交通建設包含：高雄捷運橘線鹽埕埔、西子灣站，西臨港線自行車道與自行車租用站點、文化遊艇、水陸兩用車，尤其環狀輕軌在駁二設置三個站點，分別為哈瑪星站、駁二蓬萊站、駁二大義站，使旅客容易到達，有效增長駁二到訪人數。

　　此外，駁二的「開放式」展演空間：使藝術創作得以更活潑的方式呈現，駁二的藝術氛圍，從外部的空間配置就顯現出獨特性，角落裡處處保留了鹽埕區舊時代風韻氣氛，推動更多體驗互動，也讓駁二一直受到市民與旅客歡迎。市府將創意觀光之體驗式概念運用在駁二園區內，乘

坐哈瑪星小火車之體驗式活動，融入當地鐵道歷史的文化背景，和旁邊哈瑪星鐵道故事館相呼應；並結合知名品牌，如在微熱山丘喝茶吃鳳梨酥、誠品書店看書，體驗品牌與駁二融合的文創氛圍。

值得關注的是，駁二文創產業群聚並影響高雄觀光型態。駁二藝術特區一開始定位為年輕世代的藝術交流平臺，後為因應參訪者需求，開始招商行銷，文創與商業結合、產業群聚效應，集結成文創潮流百貨，促使許多年輕族群在駁二創業，在年輕族群快速反應市場喜好之下，逐漸帶動駁二與週邊的觀光發展。以往高雄市觀光型態為，參訪固定知名景點：愛河、85大樓、旗山、旗津等等，未將太多文化場域納入行程中，但駁二發展後，許多旅客開始造訪駁二，產業也紛紛進駐駁二週邊，使得鹽埕區再次興盛繁榮，並影響高雄觀光型態，朝向文化與創意觀光。

十數個年頭的耕耘，駁二藝術特區點亮了藝文場域的未來，這個全臺唯一的臨海藝文特區，從卸載貨物到載卸創意，各種類型的活動在這裡遍地開花，也因此在天下雜誌，2013、2014年的調查，連續以「走入人群，駁二藝術抓住你心」的原因獲得全國藝文特區類第1名；2014年的全臺服務跨行服務業評比也躋進前10強。來自民意的肯定直接反映在年年攀高的參觀人數，2008年只有16萬、2011年破百萬、2012年起每年都成長百萬，吸引的遊客族群也慢慢由在地市民、臺灣民眾向國際旅客延伸。[22]

駁二藝術特區是公部門自行營運與策展，文創設計、獨立音樂、戶外市集、藝文教育、公共藝術、鋼雕創作、藝術講座、國際展覽、動漫展演，服務民眾各種藝文需求，帶動文化與創意觀光的指標案例，而後高雄市政府文化局，管轄之許多空間諸多採取此一模式自營運與自策展。

(二)文創展演與演唱會經濟帶動城市觀光新浪潮

　　從大駁二擴大高雄港碼頭開放展演模式，高雄市近年強調文創、觀光的宜居城市訴求，以連結港灣親水城市的城市治理為施政趨勢，跨局處規劃城市策展，如2013年與2023年分別辦理「黃色小鴨遊高雄」大型城市文創會展，地點皆在市府規劃之市政重點高雄經貿園區的核心區「亞洲新灣區」碼頭區域。

● 圖4：高雄輕軌（左上）、高雄展覽館（右上）、旅運中心（左下）皆為「亞洲新灣區」建設，高雄市政府文化局文化遊艇（右下）可一覽海港城市景觀（作者攝影）

從早期高雄市與港空間嚴格管制，中央政府長期著眼於開發高雄市工具性利益，民眾對純經濟掠奪式政策的不滿，港口與城市衝突一直存在，如行政院「海洋與流行音樂中心」設於港務局碼頭所引發的多次異動，此外，2014年7月31日，高雄市區發生石化連環氣爆工安事故，更凸顯高雄市做為臺灣重工業大城的城市產業結構。

值得關注的是，港口解嚴親港空間的開放，藝術與文化的介入更成為城市行銷的重要環節，如「高雄國際貨櫃藝術節」的舉辦，市府爭取中央政府開放碼頭合作，讓市民有了親港空間與相應帶來的文創觀光展演。如前述駁二藝術特區「開放式」展演經驗擴大，連結市府推動亞洲新灣區，成為大型文創展演的空間。

2013年《高雄畫刊》第19期「高雄創世代」篇中，〈黃色小鴨　歡樂奇蹟高雄製造〉有專文介紹：黃色小鴨首站高雄，帶給高雄市民、臺灣人民滿滿的幸福喜悅，整個展期吸引超過390萬人次參觀，免費接駁車次達5千趟，除創造10億元以上觀光產值外，並讓亞洲新灣區高度曝光。[23]

● 圖5：圖為2023年小鴨重遊景觀（作者攝影）

十年之後，高雄市政府規劃黃色小鴨重返高雄，凸顯的是城市治理造成城市景觀的變化。

從駁二藝術特區到高雄流行音樂中心、高雄港埠旅運中心，3公里路程，高樓市景、遼闊海景分落兩側。黃色小鴨年初再訪高雄，許多人比對港邊十年來的天際線變化，驚覺，「高雄港變美了。」過去被批「文化沙漠」的高雄，內外氣質皆早已不同。大港開唱打響名號，許多世界級演出過往只在臺北，現在無數臺北人得搶票到衛武營國家藝術文化中心聽歌劇、國家體育場擠演唱會。高雄去年觀光人次超過6,000萬，創史上新高。[24]

吾人觀察，黃色小鴨兩次來訪的十年間，前述歷經異動波折的高雄流行音樂與海洋文化中心已於2021年啟用，位於愛河與高雄港海域的交會地帶愛河灣，以音樂濃縮旅人對高雄「海港」城市印象，更進而應用臺灣燈會時，進行愛河灣整體施作之燈光展演設計裝置，近年每每搭配高雄市府策辦活動，如節慶、演唱會或是彰顯議題，呈現不同顏色，精心打造成為高雄城市展演策展視覺主意象，整座城市都在策展範圍。

● 圖6（由上至下）：
現代感十足的高雄流行音樂中心
高雄流行音樂中心海音館內
彰顯多樣性搭配「國際不再恐同日」彩虹燈光
「法國生活節」搭配法國國旗藍白紅燈光（作者攝影）

● 圖7：人生的音樂祭「大港開唱」兩大主題「音樂」與「人生」，
已成為臺灣指標音樂祭（作者攝影）

　　不只如高流大型硬體文化建設造成城市景觀的改變，軟體活動上，知名臺灣音樂祭「大港開唱」自2006首屆舉辦以來，歷經停辦等風波，至今（2025年）已舉辦第16屆。每年三月在高雄港邊，獨特的海港地景和人文風情，打造近十個大小戶外室內舞臺，也匯集了許多全臺美食、選物攤位，以及NGO議題等。從南霸天、海龍王、女神龍、海波浪、出頭天，有碼頭有綠地，是高雄港灣無可取代的人生音樂祭。

　　而後，高雄市公部門進而結合各區域資源，使觀光人潮從港岸的旗津、鹽埕、鼓山，擴大了至舉辦大型演唱會之座落於左營之世運主場館，更打開城市文化與創意觀光知名度，吸引了更多遊客。

　　去年從各縣市、海外，到高雄參加大大小小演唱會的人潮，近140萬人次。高雄市政府統計，演出檔期創造的觀光產值共約45億元；住宿及餐飲業全年營業額達929億元，創歷史新高。這波「演唱會經濟」颳起的旋風，連舉辦演唱會習以為常的臺北也想取經。不僅BlackPink，短短一年內，英國天團酷玩樂團（Coldplay）、紅髮艾德（Ed Sheeran），以及韓國最大有線電視臺JTBC旗下Studio JAMM主辦的韓國拼盤演唱會，

● 圖8：高雄港史館（作者攝影）

陸續唱進高雄。綠建築大場館，國際天團最愛高雄打破國際巨星在臺舉辦演唱會首選臺北的慣例，成為新興演唱會之都。[25]

　　本研究觀察，高雄市政府活絡演唱會經濟與夜經濟，因相較於臺北，高雄的夜生活較少，進而跨局處規劃，透過夜市商圈、餐酒館、酒吧等場域形塑「夜經濟」，包含夜市經濟，搭配商圈夜市券，讓在地商圈、市場更多商家都受惠，並吸引更多港市合作，轉型投資公共建設，並吸引民間資源投入，如多家旅宿逐步到位。經田野調查，包含上述演唱會「加食延暢」的政策，皆是市府積極跨局處協調策劃，不只是單一局

處施政。「高雄之所以能成為天團首選,場館規模和市府團隊執行力才是箇中關鍵。」「高雄可說是少數積極協助主辦單位解決問題的城市,技術會議幾乎都是秘書長層級的代表主持,跨局處協調所有問題。」[26] 這些大型展演,可觀察高雄市政府主動積極以策展人姿態,試圖朝向文化與創意觀光結合之城市治理邁進。

(三)「雄冬好玩」行銷影片文創觀光位居要角

承上,臺灣羽球天后戴資穎於2020年底受邀擔任高雄秋冬旅遊觀光大使。[27] 高雄市政府觀光局表示「你看的出來,小戴去哪裡了嗎?」影片沒標註景點是個行銷手法。旅行高雄要玩什麼?在公部門的宣傳影片中是怎樣被設計呢?

本研究進而分析影片中出現景點並歸類,可發現景點集中在高雄市區,且多數為與文化創意產業範疇相關。[28] 製表如下:

表3:雄冬好玩行銷影片景點與文創範疇之關連

觀光類別	影片出現之景點與活動	是否為文化創意產業法中文創範疇
文化資產觀光	市定古蹟高雄市立歷史博物館 歷史建築再利用舊三和銀行活化再生為新濱驛前咖啡館	是。屬「文化資產應用及展演設施產業」。
博物館觀光	高雄市立歷史博物館大高雄影音常設廳	是。屬「文化資產應用及展演設施產業」。
藝術觀光	視覺:駁二藝術特區體驗金工DIY、駁二假日市集、椅子樂譜公共藝術 聽覺:海洋與流行音樂中心（鯨魚堤岸）	是。屬「文化資產應用及展演設施產業」與「流行音樂及文化內容產業」,並與「創意生活產業」與相關設計產業皆有關。

觀光類別	影片出現之景點與活動	是否為文化創意產業法中文創範疇
數位觀光	智崴資訊科技 i-Ride 5D 飛行劇院 高雄市立歷史博物館大高雄影音常設廳 以影音互動為主	是。屬「數位內容產業」。另高雄市立歷史博物館屬「文化資產應用及展演設施產業」。
圖書館觀光	高雄市立圖書館總館	是。屬「出版產業」。
地標觀光	愛河愛之船、壽山動物園、壽山情人觀景臺、大港橋、棧二庫碼頭旋轉木馬、高雄輕軌、高雄觀光雙層巴士等	否。較屬搭配之交通建設、景點與其他。
會展觀光	包含高雄展覽館在內的亞洲新灣區	否。較屬搭配之會展建設、景點與其他。
飲食觀光	鹽埕區大啖第二公有市場美食、大溝頂、奶茶、米糕、八寶冰、饅頭等、高流鯨魚堤岸吃野餐。	否。較屬搭配之飲食、景點與其他。
運動觀光	打羽球。高雄市陳其邁市長也入鏡和戴資穎喝下午茶、打羽毛球，最後還向戴資穎請教如何才能消小腹？小戴教的撇步就是多運動。	否。較屬搭配之運動、飲食、景點與其他。

資料來源：本研究整理

承上表，在「雄冬好玩」短短一分鐘影片中，針對文化與創意觀光，可有兩項觀察：

其一，善用數位呈現結合歷史特色，影片中如高雄市立歷史博物館《大高雄歷史常設展》作為數位應用技術實證場域，常設展中「水系、海港、鐵道」三大主題展廳，透過5G與XR技術演繹符合時代背景與主題的情境動畫，讓來訪觀眾產生更高興趣與共鳴。結合各區歷史文化背景，真實感受當地生活體驗，打造創意與在地文化強烈之連結性。

吾人觀察，20世紀初為改善港埠貨物運輸，將縱貫鐵路延伸至打狗港的臨港鐵道線即濱線鐵路（Hamasen），繁忙的貨物運輸使哈瑪星及鹽

● 圖9：高雄市立歷史博物館善用影音數位科技（左圖），設有多媒體
　環形展廳（右圖）（作者攝影）

埕地區曾為高雄市的政治與經濟中心，放射線狀鐵軌的鋪陳，是近代港埠海陸聯運現代化作業的表徵，全臺僅存，深具象徵性與稀有性，為高雄市「文化景觀」，市府善用數位呈現，結合歷史特色之文化與創意觀光。

其二，文創體驗作為觀光要角，影片中和文創範疇有關的就包括了，文化資產觀光、博物館觀光、藝術觀光、數位觀光、圖書館觀光。涵蓋了文化資產應用及展演設施產業、流行音樂及文化內容產業、出版產業、數位內容產業，並與創意生活產業，視覺藝術產業、諸多設計產業皆有關。如坐落今日哈瑪星臨海一路的舊三和銀行高雄支店，其前身是「三十四銀行高雄支店」。現修復活化為「新濱・駅前」咖啡館，隔壁的「貿易商大樓」的原址是日治時期的春田館，是當年高雄驛（高雄港站）前的老牌飯店。在在顯示文創體驗作為高雄城市觀光要角。

五 結論

　　文化為控制城市的主要力量。[29]（Zukin, S., 1995）

經前述探討，文化與創意觀光，其體驗式的觀光型態，為近年來蔚

● 圖11：歷史建築舊三和銀行活化再生為新濱・駅前咖啡館（作者攝影）

為流行的觀光方式，以前述駁二為例，將老倉庫群修整活化，讓藝術特區參觀時依舊能清楚看見舊時代印記，並擴增將觸角延伸至哈瑪星鐵道園區，融入在地鐵路背景元素，更運用海港歷史背景，如貨櫃堆疊成駁二塔，將文化治理連結港口鐵路海陸聯運，而海陸聯運，是探索高雄城市的起點，使魅力獨特，這些都能更加讓參訪者深刻感受港灣在地特色文化。

更有甚者，如高雄市政府「2021跨百光年」系列，沿著高雄港舊港區的開發軸線進行設置，高雄市官方施政期能帶動影視產業、數位內容、會展、文創、水岸觀光業與遊艇產業的推展，開發體驗觀光之多樣性，象徵高雄市政府以策展人姿態，將城市視為大型展演場域，積極進行城市轉型，透過文化與創意觀光，重新塑造市民與旅客的高雄印象。

本研究觀察，早從1980年代以來，文化藝術活動的潛力，作為都市再生的一個工具被廣泛討論。連結文化／都市旅遊、藝術／城市行銷概念，在銷售商、都市計畫者和文化決策者間引起流行。若以英國蘇格蘭格拉斯哥為例，其爭取成為1990年歐洲文化城市，作為都市再生的理想激化劑。由失業、酒精中毒的城市轉變為一個具商務吸引力觀光會展，

一個文創藝文中心城市，城市圖像改變也導致地方恢復自尊與對城市的信心，且該市旅遊董事會宣稱在1991年至1998年間，到格拉斯哥的英國國內參觀者增加88%；國外參觀者增加25%，然而，亦被批評為僅為了少數特權利益的大型國際或國內企業，而掩蓋對格拉斯哥大多數工人階級的關心，且呈現的藝術活動剝奪社區角色扮演與能見度，忽略本地文化真實。

Garcia, B. 進而指出格拉斯哥模式「是一個經濟而不是一個藝術策略，是城市美化而非企圖探索城市的現實……。城市所有權與代表的問題，在都市再生過程中是一個待決的議題。」[30]創意城市的彰顯，確實有其衍生議題，如「忽略了許多問題，例如：社會中上階層的菁英主導城市創新的議題、創意行動（街頭塗鴉、佔居）所涉及到的複雜倫理關係、價值觀、民主問題。」[31]

本研究反思與格拉斯哥同樣以較多藍領勞動工人組成的工業城市——高雄市，城市治理反映的是什麼？以多數勞動工人為主體的城市文化相關施政而言，高雄市雖有設立勞工博物館，但博物館在本質上有其西方移殖的規訓調性，並牽涉到誰擁有「文化資本」[32]此一議題，呈現的是怎樣的真實？此外，在應對當代文化研究所關注的，族群文化認同或再現等關鍵議題上，除文化局已施行十年有餘之眷村「以住代護」[33]政策，致力於文化景觀活化，並間接促進觀光發展以外，高雄市政府另設有原住民委員會、客家事務委員會等之局處分工，但族群文化並未有鮮明的，擴大與文化與創意觀光連結塑造城市印象之政策。尤其2010年縣市合併後，原高雄縣區，涵蓋許多客家或原住民族偏鄉，並不具城市性格，與目前高雄市府策展大型展演的區塊有所疏離。

本研究觀察，前述「雄冬好玩」影片中，觀光景點很明顯的集中於市中心與港區，即或高雄市政府觀光局，提及高雄市同時擁有山、海、

● 圖11：高雄市政府文化局「以住代護」政策施行於鳳山黃埔新村（左）與左營建業新村（右）（作者攝影）

河、港，本身即具備了極豐富的人文與自然資源等足以發展觀光產業的要件，其觀光發展願景為：以「特色觀光・玩轉高雄」為主軸，結合⋯⋯規劃多元及創意行銷、建置友善及智慧旅遊服務、推動區域觀光及特色活動，及打造魅力旅遊景點等重點業務推動策略，建立高雄觀光品牌。[34]但在「雄冬好玩」行銷影片中，尚未能呈現高雄市區觀光以外之多元特色，若進而比對「高雄市政府觀光局113年度施政計畫提要」，有幾項是針對高雄市中心之外的區域，如第二項「推動寶來、不老及原鄉地區觀光產業發展、輔導溫泉產業及露營場合法化，打造東高雄旗美九區觀光旅遊廊道。」與第五項「持續辦理內門觀光休閒園區工程與營運招商，結合生態教育與觀光休閒功能促進旗美九區之觀光產業及經濟活絡，提升整體觀光效益。」[35]可望未來積極著墨，串聯周邊景點，形成市中心以外之創意觀光旅遊軸帶。

綜言之，「文化與創意產業」之多數範疇，因範疇本身較具有「城市」性格，高雄市政府應用大型展演的策展策略，有效帶動城區文化與創意觀光發展，但在河、港，市中心以外的山區、濱海區域，仍待持續著墨。若回歸城市治理脈絡，政府對文化事務的干預治理，應為了社會的公平正義，方能彰顯其公共性。由是省思，城市治理在每一個施政制訂

之時，皆能提醒邊界如何劃定，納入被排除在外的非主流聲音，即或每一次的框劃都仍會有被排除於其外被忽視的角落，仍應一次又一次的進行消融邊界的努力。誠如 Jim McGuigan 強調文化政策研究更應彰顯批判的重要性，主張「公共領域乃是非政府意見形成的場域。它的目的乃在於反抗王權的幽晦政策，經由此，政府活動的民主控制始成為可能。」[36] 如是觀之，高雄市的城市文化與創意觀光治理，勢必在官方書寫之外，更納入民間公共領域促進公民參與；在港灣城區策展之外，更納入市中心之外的山海、族群、鄉野文化特色，促進文化平權與多元體驗。

> 在這些方面我們時代的文化戰爭，大都是有關文化資源如何被部署及經營……他們在社會層面上，在這些背景下，及其他社區的環境下，如何被駕馭。[37]

高雄市港灣城市地理特性，一直以來成為許多異質文化進入臺灣的起點，文化性格應當是多元文化的融合積累，文化與創意觀光議題包括：文化連結、對話、教育、合作、發展、機會、社區、女性、就業、城鄉、和平、文化遺產、包容性、數位轉型、綠色、環境等。官方治理仍待持續彰顯「文化多樣性（Cultural Diversity）」價值。高雄市未來城市治理，應持續致力提供前述創意城市所需要的寬容，也就是對多樣議題的包容力，打造多樣性。本研究期能拋磚引玉，累積對於高雄文化與創意觀光之研究文獻。高雄設市百年之際，如何以文化與創意，連結觀光，定義城市與城鄉形象，仍待持續深究。

註釋 Notes

一
01. 王俐容，〈全球化下的都市文化政策與發展：以高雄市「海洋城市」的建構為例〉，《國家與社會》，42（1）(2006)，頁125-166。
02. Strauss, A. & Corbin, J.、徐宗國譯，《質性研究概論》（臺北：巨流，1997，原著出版年1990）。

二
03. 蘇明如，《文化觀光》（臺北：五南，2014），頁20。
04. Melanie K. Smith、國立臺灣師範大學歐洲文化與觀光研究所譯，《文化觀光學 Issues in Cultural Tourism Studies》（臺北：桂魯，2014，原著2版，出版年2009）。
05. 臺灣原有成立「文化觀光部」之議，後經民間輿論多方討論，行政院組織改造推動小組於2008年決議：考量到觀光業務在交通部下運作順暢，無需變動，觀光涉及文化的成份，可以透過跨部會平臺來強化，所以決定觀光業務仍屬交通部職掌，單獨把文建會提升為文化部。
06. 2002年行政院提出「挑戰2008：國家發展重點計畫」，跟以往1970年代十大建設相較，硬體建設下降，軟體建設相對提高，其十大重點投資計畫分別為：1. E世代人才培育、2. 文化創意產業發展、3. 國際創新研發基地、4. 產業高值化、5. 觀光客倍增、6. 數位臺灣、7. 營運總部、8. 全島運輸骨幹整建、9. 水與綠建設、10. 新故鄉社區營造。諸如攸關本文之「文化創意產業發展計畫」以及「觀光客倍增計畫」等皆為軟體建設。
07. 「觀光客倍增計畫」策略：整備現有套裝旅遊路線；開發新興套裝旅遊路線及新景點；建置觀光旅遊服務網；宣傳推廣國際觀光；發展會議展覽產業。
08. Florida, R.、鄒應瑗譯，《創意新貴：啟動新新經濟的菁英勢力》（臺北：寶鼎，2003），頁114-115、318、354。
09. Pratt, A.C.,〈Creative Cities: The Cultural Industries and The Creative Class〉，《Geografiska Annaler : Series B, Human Geography》90（20）(2008)，頁107-117.
10. Hall, P. 童明譯，《明日之城：一部關於20世紀城市規劃與設計的思想史》（上海：同濟大學出版社，2009）。
11. Hawkins, J.、李明譯，《創意生態：思考產生好點子》（臺北：典藏藝術，2010）。
12. United Nations Educational, Scientific and Cultural Organization. UNESCO,《Creative Cities Network》.)

三
13. 蘇明如，《文創與城市》（臺北：五南，016），頁90-103。
14. 葉振輝，《續修高雄市志卷九文化志文化事業篇》（高雄：高雄市文獻委員會，1999）。
15. 李欽賢，《臺灣風景繪葉書》（臺北：遠足文化，2003）。
16. Online Etymology Dictionary《線上詞源詞典》，https://www.etymonline.com/search?q=curator。瀏覽日期：2024年6月10日。
17. Online Etymology Dictionary《線上詞源詞典》，https://www.etymonline.com/search?q=curation。瀏覽日期：2024年6月10日。
18. 佐々木俊尚，《CURATION策展的時代：串聯的資訊革命已經開始》（臺北：經濟新潮社，2012），頁7。
19. Miller.T & Yudice,G.、國立編譯館（譯），《文化政策》（臺北：巨流，2006）。

四
20. 陳一姍，〈精華地當綠地，如何改變高雄〉，《天下雜誌799期》（臺北：天下雜誌，2024年5月），頁8。
21. 駁二藝術特區，〈認識駁二〉，https://pier2.org/about/。瀏覽日期：2024年6月9日。
22. 高雄市政府新聞局，〈高雄進行式——駁二再升級 共創基地、多元空間加值新能量〉（2024年6月9日）。http://kcginfo.kcg.gov.tw/Publish_Content.aspx?n=59DACBB77BAEDC12&sms=8A33013523400F35&s=50D14E038DCBAD28。

23. 吳冠涵〈黃色小鴨‧歡樂奇蹟高雄製造〉，《高雄畫刊縣市合併 NO.19》（高雄：高雄市政府新聞局，2013）。
24. 劉光瑩、蔡立勳，〈高雄魅力經濟學〉，《天下雜誌799期》（2024年5月），頁58。
25. 劉光瑩、蔡立勳，〈高雄魅力經濟學〉，《天下雜誌799期》（2024年5月），頁88。
26. 劉光瑩、蔡立勳，〈高雄魅力經濟學〉，《天下雜誌799期》（2024年5月），頁89、90。
27. 「雄冬好玩」試圖呈現近年高雄各種展演不斷，影片連結：https://www.youtube.com/watch?v=vhxl9pmeHPw。
28. 2010年「文化創意產業發展法」經立法院三讀通過總統令制訂公布，共有15＋1推動範疇，包括視覺藝術產業、音樂及表演藝術產業、文化資產應用及展演設施產業、工藝產業、電影產業、廣播電視產業、出版產業、廣告產業、產品設計產業、視覺傳達設計產業、設計品牌時尚產業、建築設計產業、數位內容產業、創意生活產業、流行音樂及文化內容產業，以及其他經中央主管機關指定之產業。
29. Zukin, S.，《Whose Culture? Whose City? The Cultures of Cities.》（Cambridge: Blackwell Publishers.，1995），頁253, 261。
30. García, B.，〈Urban Regeneration，Arts Programming and Major Events：Glasgow 1990、Sydney 2000 and Barcelona 2004〉，《International Journal of Cultural Policy》Volume 10 No. 1（2004），頁103-118。
31. 王佳煌〈文化／創意產業、創意階級／城市論著的批判性檢視〉，《思與言》，48（1）（2010），頁131-190。
32. 「文化資本」為皮耶‧布赫迪厄（Pierre Bourdieu）所提出，其認為：「美學判斷並不遵照某種客觀的、自足的美學邏輯──相反的，階級區分取代了品味，因而更加強了階級之間的劃分且肯定了統治階級有權力將他們的權威加諸其他階級之上。」文化資本意味閱讀和瞭解文化符號的能力，此種能力在社會階級中分佈的並不平均。勞動階級擁有的文化資本微乎其微，並且在文化權力的戰爭中系統性地節節敗退。當文化資本被投資在品味的運作上，便為其持有者生產出極高的效益和「合法性效益」，再度為統治階級之所以為統治階級做辯護，為其合理性做辯護。
33. 高雄市政府文化局首創「以住代護」政策，為延續眷村的價值及保存，期待透過公私協力，以實際的居住來維護眷村。更引入民宿機能，將眷村外觀原貌保留並進行內部修復，另外也逐步引進生活機能的住戶，成為眷村文化再生體驗去處。
34. 高雄市政府觀光局，〈觀光發展願景〉，《高雄市政府觀光局行政資訊網》https://admin.khh.travel/zh-tw/statics/vision。瀏覽日期：2024年6月19日。
35. 高雄市政府觀光局，〈年度施政報告〉，《高雄市政府觀光局行政資訊網》https://admin.khh.travel/zh-tw/opengov/newsdetail/12。瀏覽日期：2024年6月19日。
36. McGuigan, J.，《Culture and the Public Sphere》（New York: Routledge，1996）
37. Bennett, T.，〈Acting on the Social：Art，Culture，and Government〉，《American Behavioral Scientist》43，(2000)，頁1412-1428。

文學地景

高雄港市地景文學的百年風華

李友煌

一 前言
打狗澎湃的胸膛

　　空拍機升起，地景一覽無遺。環繞俯視高雄流行音樂中心、高雄展覽館、高雄港旅運中心、高雄市立圖書總館等，一棟棟在陽光下簇新閃亮、造型前衛的超大量體建築群，間以標誌城市身世的古老斑駁骸骨——旗後砲臺、打狗英國領事館、高雄市立歷史博物館等；360度繞行高雄港，看到持續朝亞洲新灣區奔赴而來，聳天大廈如雨後春筍般林立，白色豪華郵輪停泊於藍天下的港灣碼頭，綠色輕軌載來成群青春匯聚駁二藝術中心。而渡輪依舊，執行幾個世紀以來的任務，不論朝代更改，悠悠往返哈瑪星與旗津之間；壽山與旗後山依然，合力夾峙港口，長堤如牙緊咬波濤；港內平靜如亮藍起伏的軟玻璃，砰砰鼓動整個海窩的輪機心臟；港外波濤湧動千百年來的召喚，催促起航、迎接歸帆。

　　從高雄港看高雄市的發展，不僅緊扣高雄市從打狗漁村到現代港埠的經

濟發展命脈，更可以凸顯高雄市澎湃翻騰的歷史滄桑與人文薈萃。在「打狗」這裡，在這一方山海河港匯聚激盪的所在，原住民馬卡道族受暴撤退了，漢人漁民上岸聚落了，而後紅毛人來了；走過明鄭、走過清治，日本人來了又走了，中國人到來，臺灣人立足了，這些歷史文化紋理複雜錯動，都蘊藏在充滿孔隙皺褶的山海地景中，等待噴薄等待開展。港口如城市開放的胸膛，湧動城市活跳的心臟，如今築起水岸新天際線的臺灣第一大港，港市巨輪輻輳，吞吐國際，氣象萬千；百年地景，文學風華，歷歷照映，遙想數百年前的打狗漁村，豈一句地景滄桑可以形容。

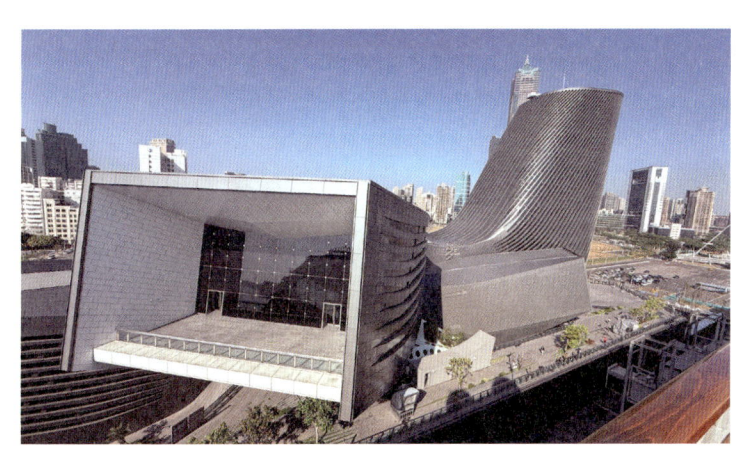

● 既現代又前衛的高雄港旅運中心（蘇明如攝影）

● 高雄流行音樂中心與水岸城市風景（蘇明如攝影）

Part V ｜ 高雄港市地景文學的百年風華　359

二 帝國之眼 [1]
綺麗的風光 VS. 不潔的聚落

　　目前人口270幾萬的直轄市高雄，就是從一個海邊的小漁村發展起來的；其時序可以往前推到荷治時期以前就定居在這裡的原住民馬卡道族的打狗聚落，後來漢人漁民在旗後落腳定居（打狗山與旗後山共構打狗港口），移民漸多，打狗成為漁港、發展成漁村。1858年天津條約後，1864年打狗正式開港，從漁港轉為商港，設立打狗海關，並相關商務、港務、領事館等，洋人紛至沓來。

　　漢人移民依自己的語言（福佬話）誤譯了馬卡道族「打狗」之意（依日本學者伊能嘉矩的看法，原意為「竹林」[2]）；改名「高雄」，則是日治時期，殖民階層日語對本土地名的馴服與納編（認為「打狗」難登大雅，故更名為讀音相同的日語漢字「高雄」たかを[3]，因日本亦有此地名）。但在談到日本人之前，我們先來看看清領時期初來乍到的洋人是如何看待他們上岸的港口與土地的？1859年9月24日英國《倫敦畫報》曾刊載一篇西洋畫家走訪打狗和附近地區的報導，對打狗開港前的熱帶風情投出匆匆一瞥：

> ……樟樹和其他珍貴木材覆蓋山頂。島上盛產植物與礦產，內部有待開發。山脈的另一邊為原住民所住，中國人對他們有所懼怕。港口入口處之景色美不勝收。巨岩間的水道狹窄，僅能容納兩艘雙桅船通過。村落附近的岩石山坡地上長滿各種熱帶風情的棕櫚樹，風景甚是怡人。岩石由珊瑚礁構成，呈暖灰色，非常容易崩裂，特別是颱風季節的風雨會使大量碎塊落入大海，而旗後就是這種岩塊的一部份。這兒一眼望去都是竹林上，也因此使平埔族人將它定名。

此地婦女的腳超小，衣飾華麗，色澤鮮艷。他們所住的房舍是單層建築，多用稻草覆蓋屋頂，有些則用竹子和泥巴搭建，有些則用曬乾的磚塊，磚色與歐洲房子一樣選用紅色。街道鋪設小磚塊，一側陰溝有豬群在打滾。[4]

這一瞥彷彿印象畫般經典，後來的行旅者也都有類似的描述與形容，顯示一種外來的凝視；景觀不變，時間好像在此停駐不前了。除了熱帶風情，它對打狗港自然地景的刻劃也頗為寫實，並涉及殊異社會空間與人文景觀（漢人聚落、婦女、街道等），打狗留給人優美又不潔的初印象——風景怡人，但聚落並非如此；而島上的自然資源則有待開發。

「帝國之眼」有驚人的相似性。1870年間，住在鳳山縣打狗（高雄港哨船頭），擔任英國駐臺打狗海關官員的必麒麟（W.A. Pickering）[5]有一段描述當地風光的文字，內中充滿植物意象。透過又一帝國之眼的視野，可供我們想像打狗當時的自然景象及洋人俯臨的上位心態。

● 1870年代倫敦日報哨船頭版畫

資料來源：倫敦日報哨船頭版畫，高雄市立歷史博物館典藏資料，登錄號：KH2005.001.116

> 打狗呈現出普通漢人城市慣有的令人嫌惡的特質。這個城市主要由漁民組成，偶而可遇見外國人半歐式住宅，四處都是竹子和榕樹林，即使在荒蕪的沙地上也不例外。⋯⋯河邊有一些熱帶植物，如林投樹、棕櫚、含羞草等等，並以各種色彩與姿態呈現。往內陸走，出現一片肥沃的平原，種植著綠色的稻子以及甘蔗，還有一叢叢的翠竹點綴著，偶而遇見一個小村莊，遠處看來，景緻如詩如畫。[6]

1868年，因英國與清廷爆發樟腦戰爭，[7]且必麒麟早先就有因大量私購樟腦遭清廷查緝的不快經驗，可想而知他對這塊以漢人為主的土地官民之不滿心態。資本主義對「大自然」的野心，評價與算計的是經濟獲利，是可以轉化供人類使用的物質。[8]所以，土地上的居民似乎是多餘的，因為漢人是「他們」，是他者。[9]此所以必麒麟覺得打狗之令人嫌惡，且擴及普通漢人城市。但他對打狗從港口（河口）往內陸的風光之描述則是欣賞的，仔細刻畫南國特有的植物生態群落與地理景觀，字裡行間洋溢亞熱帶異國風情，並以「景緻如詩如畫」稱讚，與上述倫敦畫報如出一轍。1880年代，法國歷史學者英伯哈特（Camille Imbault-Huart）在《臺灣島之歷史與地誌》一書中也描述了當時遊歷所見的打狗風光。

> 打狗的風景，曾經遊歷過臺灣府的人都頗為欣賞，位置較偏南的打狗更富有熱帶的風格。在海灣的西面邊緣，我們看到一些美麗的灌木叢和芭蕉樹，而另一邊岸上的景色卻更加明顯，令人想起美麗的錫蘭島；那兒有著柔莖的修竹、舒展的棕櫚樹，以及熱帶所特有的含羞草。稍遠處是一片富庶且耕種得很好的平原，點綴著肥美的甘蔗田和風光如畫的小村。[10]

類似筆調接二連三，打狗幾乎像某個時代定格的典型風景明信片般，景色與氛圍一致，連野生與栽種的植物都雷同。文本中相同的品好

與趣味都來自「帝國之眼」的共通視角，往往最易看見與其本國風土有異的奇觀與不同，而這又正是本地人熟悉無奇甚至視而不見的。

在帝國之眼的凝視下，異國的風光是美麗的、田園是富庶的，但居住其上的人民則是令人嫌惡的，是配不上這片土地的，因此教化有理、殖民無罪、征服具有正當性。當時臺灣在清國治理下，建設落後、衛生不佳，且官方與洋商、領事關係常有齟齬，洋人感受不佳，很難說出好話，自是常態。[11]

當地景成為地方，不再是洋人遠觀悅目的視野，而是至少暫時旅居染習的地方，那情況就又不一樣了。地景以其自身的地理性（即自然環境），以及社會建構（人工物質的、文化意義的），而成為地方。地方的社會建構，充滿角力。我們、他們，感受不同，情感有異。地方的定義，確實讓地方有可能產生排外行為（如後面將提及的李麻等傳教士被排斥、攻擊的情形），但地方也有可能被主流社會意識型態化、汙名化（如城市中的貧民窟、少數族群聚居地，本文脈絡則為洋人概括漢人的村落骯髒）。「我們」雖未必然對立出排他性強的「他們」，但我們也有可能成為別人眼中的「他們」，對地方的主體性和身分認同而言，「地方」的定義常常是兵家必爭之地。

> 打狗是個有點骯髒的地方，停泊港的水位很淺，乘客必須再搭竹筏才能抵達岸邊。……倭妥瑪循水路從打狗出發，經過岩礁、牡蠣灘及紅樹林沼澤，才得以在臺灣府上岸。[12]

「有點骯髒的地方」，是早在1866年首度來臺擔任英國駐臺灣府代理領事（兼在臺採集植物工作）的倭妥瑪（Watters Thomas）對打狗的整體觀感，這與後來的必麒麟類似，只是表達含蓄了些。

對殖民者或外來者（外商、行旅、研究者等）而言，臺灣這片土地有迷人的景物、異域風情，他們欣賞、讚嘆、觀察、採集、研究、命名（以他們各自之名），但卻輕易的排除了土地的主人（特別是漢人，因為原住民也在觀奇、研究之列），彷彿土地因此被玷汙了。這是有如地理大發現的「臺灣植物大命名」[13]時代，我們不能否定外來研究者的貢獻（把臺灣納入世界知識體系），但其實臺灣這些他們初見、首見的奇特動植物，在居民的地方認知系統裡早有屬於自己的名稱。洋人的旅行書寫（傳教士是個例外），部分會習慣性的對風景做「複合型的」描述，其目的是表現一個地區的特色，或有關好土地的觀念；發展到後來，會出現比較具體的、分化的描寫，不再只是象徵性、複合性的；仔細觀察後，視覺性、分析性的書寫出現了，但常常會出現一種狀況，即這些博物學家筆下的土地，「這風景被寫得如同杳無人跡，無人擁有、無歷史記載、無人占領，甚至就連旅行者自己都不在其中。描述地理和識別動植物群的活動，構成一種非社會性的敘事。」[14]

當地人、臺灣人總是在這類書寫中「被缺席」了，或充其量只是做為一種地景的痕跡而存在──一個從遠處看來景緻如詩如畫的小村莊，人被從風景、地景中抽離，或盡可能的稀釋、最小化其存在感，「作者傾向於提供一種全景式的視野，間或使用少量審美修辭……」，[15]不讓居民在地景中現身。這種情況其實也與臺灣方志中多數的八景詩作或類似的寫景詩作相同，總是呈現美好的無人之境，風景中的人物總是降到最少最小，縱有人物微弱的活動跡象也是做為審美的補充、裝飾存在，偌大地景彷彿只有自己存在，甚至自己也不在其中，人的存在呼吸彷彿會玷汙神聖的風景一般。不過，這也並非鐵板一塊，如我們前面看到的博物學家史蒂瑞出格的表現，只因多了一些科學研究之外的關懷，他深入原住民平埔族部落，與其密切互動，意外保留了近30份古老的新港文書，紀

錄100多個西拉雅語失傳語彙。[16]他這趟科學旅行書寫之所以珍貴,不僅因為他紀錄珍貴的南島文化,更因他展現了珍視關懷南島原住民及其文化的心態。地景彷彿向博物學家自動敞開胸懷,展示於其凝視之眼下,彷如一幅圖畫的地景也會發出庶民的氣息、哀號,以及勞力操作,漁民甚至與他互動。

三 打狗人性與科學地景
清末博物學家親炙所見

時間來到1873年,打狗開港10年後,第一位到來的博學家——美國密西根大學動物學教授史蒂瑞(Steere, Joseph Beal),寫下他對打狗的初印象。這篇文章如今讀來細膩具體,出色的自然書寫,除了山海港地理景觀、林相植被、動植物之外,且難得的帶出空間中特有的漁村人文經濟活動,留下一幀幀老打狗永恆印記,彷彿活生生動態影像的映現。我們先來看看他上岸的情形:

> 不久,有一艘大竹筏出來接我們,中央船桅旁有個大桶子,我就提著行李坐在裡面。此時海浪很大,海水沖上木筏,把竹筏上打赤膊的水手們全淋濕了,但我在大桶子內仍能保持乾燥。之後,船桅上升起了一面大帆,水手們用力拉起槳,我們這艘笨重的竹筏便迅速地前進。我們很快地穿過小沙洲,進入了港口,那裡已經停靠了很多較小型的漢人竹筏。[17]

這裡描述的是日漸淤淺的臺南安平港。大抵上,史蒂瑞與1895年11月抵臺的伊能嘉矩類似,都是「坐桶仔」[18]上岸觀察臺灣的「帝國之眼」。雖然帶著看似科學理性的調查研究心態,好像遠離殖民侵略剝削的暴力脈絡,但放到始於18世紀西方以歐洲為中心的博物學計畫的宏觀背景來

看，對臺灣而言，也絕非完全中性無害的；當然這其中存在個別差異，必須細究。伊能嘉矩是怎麼形容打狗的，與史蒂瑞有何不同？我們先來了解史蒂瑞看到了什麼：

> 傍晚時分，我們看見了打狗港的地標——猴山。我們的船隻繞著猴山而行，在進港時，小心翼翼地穿過兩旁都是岩石的窄小水道，最後在離岸幾碼處下錨。港內風平浪靜，好像池塘一般，港外卻是驚濤駭浪。北方的猴山好像從海面上突然升起兩千英尺，陡峭嶙峋。整座猴山幾乎是光禿禿一片，僅山腳下碼頭附近的岩石旁有幾棵樹，⋯⋯在沙岬內側和水道入口附近，就是人口密集的漢人聚落了。漢人聚落前停泊了十五到二十艘戎克船，也有一些捕魚用的竹筏停放在沙灘上。港口之後的潟湖有數英里長，與海岸線平行，其盡頭接壤著稻田及漢人村莊。[19]

這位年輕博物學家下船後，開展近距離接觸打狗的第一手觀察所得：

> 隔天一早，我就帶著槍到鄰近地區勘查。⋯⋯漢人從陡峭的山壁挖取石灰岩，推滾到山下潟湖邊，然後運到更遠一點的地方，以蘆葦為燃料，用粗糙的窯將這些石灰岩燒成石灰。
>
> 猴山有條陡峭的小山路，上頭有時會出現牛羊，以及尋找柴火的漢人。⋯⋯猴山的地表被深谷所切開，這些深谷中生長了一些灌木和蕨類植物。猴山是由堅硬、鋸齒狀的石灰岩所構成的，到處可見裂縫和山洞，其中有幾個山洞還相當大。我爬進了當中的幾處山洞，發現裡面有乾草鋪的床，以及燃燒過的火灰等痕跡，顯示這些山洞不時有牧人或小偷在居住。有些灰色的獼猴（猴山因其得名）仍住在山洞和岩石，但已鮮少被人看見。[20]

史蒂瑞持槍履臨，是一種對陌生地景的戒心，不是自然地景讓他害怕，而是地景中的動物，特別是人，這是帝國之眼「接觸地帶」[21]常見的現象。在行文、敘事上宛如帶著我們一起攀爬打狗山，看到當時已被

開發利用的猴山景觀，開採石灰岩燒製石灰、放牧牛羊、採集柴火；登頂後，放眼臺灣海峽，觀察地貌植被，再鑽進岩洞，看見已然為數不多的臺灣獼猴；接著遠眺漢人村落、柑橘、稻田，前瞻打狗港、後眺半屏山。幸賴史蒂瑞的攀爬走跳，一處3D立體的打狗景象，才得以被掃描出來，立體展現，且紋理細緻，自然與人文兼具，有庶民生活作息的痕跡（並非清領時期八景詩文通常空無一人的地景），也提出對此處石灰岩地質地貌形成的科學性描述。

> 我下一個行程，便是去參觀那塊沙岬外側的海濱（筆者註：應為旗後）。要抵達那裡，必須先穿越漢人的村莊，然後經過一大片的墓地，我在墓地間看見幾棵茂密的老榕樹。這些是較窮苦人家的墳墓，大都埋在白沙裡，但每個墳墓前都有塊大石頭當做墓碑，大部分都有用灰泥抹上，並且粉刷上白漆，我看到其中一個新近造好的墳墓，從其尺寸可知下面所埋的是小孩。有一個漢族老婦女，穿著粗糙的麻衣，在墳前異常激動地哀號著。海濱就在前方了。正好有漁夫在他門的竹筏上收網，並準備上岸。此時有一波激浪捲來，使收網的工作更加刺激有趣。四、五個人一組，利用滾輪將竹筏及上面的大漁網推到海裡，過程中，海浪不斷地向他們襲來。另一架竹筏的船員幫忙他們灑網，並齊力將漁網拖上岸。[22]

與一般地景書寫較少觸及當地人群不同（或僅限於遠觀、或只作為背景存在），史蒂瑞不吝惜其筆墨於這方水土的人民，他寫下也見證了當時打狗漁家的悲哀與勞動，掩卷之餘，我們彷彿仍可聽見打狗新墳前老婦的號哭、海浪驚濤與漁夫們的吆喝勞動聲，隔了幾個世紀清晰傳來。這是人性的打狗，難得的珍貴紀錄。史蒂瑞對打狗山的地質調查結果，顯示其博物學家的科學專業：

> 位於福爾摩沙南端打狗的猴山,在地理上是個得研究的地方。猴山的一邊似乎從海面上突然昇起,另一邊卻綿延到平坦的稻田之間,拔高約兩千英尺。一般認為猴山是火山活動的產物,但經過檢驗後,卻發現整座山幾乎都由有氣孔的石灰石或者是珊瑚石灰岩所構成。山上到處都是珊瑚和貝殼,但是其中許多珊瑚和貝殼已經變質。有些地方,一邊是珊瑚和貝殼的化石,另一邊卻是結晶的石灰石。……猴山的地表凹凸不平,坑坑洞洞,有許多山洞、溝壑和岩縫。雖然漢人把山上的樹木幾乎全部砍光,但是至今仍有一些灰色獼猴徘徊其間,猴山似乎就是因為這些猴子而得名的。[23]

他對猴山地景在地質與生態上的調查紀錄,在在向我們展現150年前所見與今日壽山實況的變與不變。這也是首次嚴格學術意義上,對打狗所做的地理學的考察研究,是過去所未曾有過的地景書寫,揭露了壽山地質屬隆起珊瑚礁石灰岩的科學知識。當時猶存半原始狀態的打狗景觀,在他之後,再過約20年,將隨著日本殖民臺灣所展開的現代化建設,特別是打狗港口的開發關建、填海造陸與自港區出發擴大的都市計畫,打狗的自然景觀將逐漸消退,由人工的水泥堤岸與整齊的道路街廓取代。

四 信仰與迷信的宗教地景
醫療傳道者的悲憫與「教化」

清領後期,特別是開港之後,打狗及旗後早已是「華洋雜處」之地,「西港(一名旂後港,一名打鼓港)……由港門(旂後、打鼓二山,左右對峙,相距七、八丈,若巨靈擘畫然,故曰。港門當中有雞心礁及港外

各暗礁,皆舟行所宜謹慎者也),通外海(浪平可泊輪船)出入⋯⋯,內為通商口岸,華洋雜處,商賈雲集,經築砲臺、置戍守,洵臺南之門戶也。」[24] 這時已有傳教士抵達,他們對打狗地景、空間的書寫,因為長期居住融入,以及身為醫療傳道者飽含的悲憫與教化情懷,而與其他前來經商、旅行、考察或負責關務的洋人視角不同。

傳教士在地書寫(含信件)與一般旅行文學截然不同的表現,除了地景的展現,更多的還有庶民的現身、互動、以及文化的接觸。1867年底,英格蘭長老會牧師李庥(Hugh Ritchie)帶著他懷有身孕的妻子航抵打狗,當時馬雅各(James Laidlaw Maxwell)醫師已在臺灣南部傳教及行醫。初抵打狗,他於書信中寫道:

> 船一進港口,平滑的潟湖隨著視線所及,向前展開。左邊水很深,是船隻停靠的地方;右邊,水淺多了,是中國人(Chinese)村子座落之處。潟湖的水面越靠陸地越寬廣,在水中央,有些沙丘露出淺水之處。約在半途之間,是正在打造的新宣教館與醫館,大概在正對面的地方,羅馬天主教堂座落在低窪沼澤地上,四周青蔥繁茂的植物圍繞。背景山巒重重疊疊往

● 馬雅各牧師

資料來源:馬雅各牧師-2,高雄市立歷史博物館典藏資料,登錄號:KH2015.004.250

南北綿延，把中國人和島嶼上的原住民（aboriginal）區隔出來。福爾摩沙不虛美名，如果在更有生意頭腦的人手裡，他們若把礦產和植物的寶藏善加利用，這個島嶼將可以變成重要的出口之地。[25]

顯然在牧師的視角中，宣教館、醫館和教堂處於地景中央（重心所在，今之旗後），四周才是「圍繞」著的景觀與村落。在盛讚臺灣之美時，他依然不可避免的以可轉化供人類使用的經濟物質資源來看待這座島嶼的自然景觀，似乎可惜這裡沒有（或期待）「更有生意頭腦的人」。人與環境依然還是被區隔開來看待，在臺灣，環境是好的，富饒的；惋惜人是跟不上的，是可以更好的。

從山頭上俯瞰這個小內陸海，令人立刻想到聖經裡的大海，也就是地中海。人們住的房舍大多是抹上泥巴的竹寮，下大雨時，一定非常潮濕。

中國人滿心懷疑地看待外國人。我到外面時，小男孩常常跑走，躲在屋舍或大樹後面，等我走開後，會對著我大叫：「番，番（Hoan）。」意為外國人。有時候他們會叫罵更難聽的話，不知道我們多麼希望幫助他們，帶領他們到主前面：「讓小孩子到我這裡來，不要禁止他們，因為在天國的正是這樣的人。」[26]

雖遭地方居民辱罵排斥，即使後來又經歷埤頭教會（在今日鳳山）被暴徒拆毀、左營舊城傳道人莊清風被活活打死等事件的打擊，[27] 但李庥仍貢獻畢生於臺灣，廣設教會、興學講課、傳道後山等，最後因熱病卒於臺南看西街醫館，依其遺願安葬打狗宣道區（位於哨船頭登山街的打狗洋人墓園，現為民居，殘存零星墓埤）。在空間書寫上，李庥因深入並久留長居於打狗文化地景、社會空間，其所見所思所寫自然與一般洋人不

同，他以書信描述了當時他在旗後居住所見的漢人特殊宗教習俗，雖以自身信仰體系視之為迷信，但也難得紀錄下了漢人方志及相關文學中比較缺乏的社會空間紋理與庶民生活軌跡：

> 你們都知道這些可憐的小孩和大人出生就被迷信綑綁，現在仍然深陷其中；我在寫此信時，抬起頭，看到窗外活生生的證據。
>
> 上個安息日早上起床，我們很驚訝看見一根長竹竿，五、六十英尺高，所有的細枝都被修光，頂端綁了一根繩子，要在日落之後，用來提吊一盞燈籠，插在村裡每戶人家前面。詢問之下，才知道幾年前流行過霍亂，廟裡的道士指導這些被嚇壞的人們試用這個方法。一試之下，疾病立即消失。我聽說這個時節，打狗有天花，所以他們再一次求助這個方法，但得先付錢給道士才可以插竹竿。過去幾晚，外國人會以為這個地方到處都是插著上百個信號燈的鐵路車站。親愛的孩子，你們看，他們對主耶穌的認識非常愚昧無知，祂對一種疾病說：「來！」它就來；對一個說：「去！」它就去。這些人置身在大中午時分，卻在黑暗中摸索。有些小孩和父母來參加安息日禮拜，但還沒有學校可以學習基督之道；希望不久後，可以看到他們像你們一樣，有機會聽到仁慈的老師教他們關於耶穌的道理及祂的愛。[28]

李麻對居民的關懷、慈悲與貢獻，宣道書信集中字字流露，令人感佩。但也需明白，醫療傳道立基於對異教徒的「教化」，其中難免隱藏著對當地文化的「洗禮」心態。十字架、教堂進入、聳立於地景中，改變了地景，營造了新的空間意象，也引入新的信仰、文化，在逐步浸染、薰陶中，影響、改變甚至抹除地方社會空間中原本的人文肌理、生活方式，這點無論對漢人或原住民都一樣。拉長時間來看，所謂漢人「迷

信」，在日治時期外來殖民者視角中依然頑固、可笑。1905年12月9日（明治38年）《臺灣日日新報》〈打狗雜俎〉報導：

> 乩童：臺灣人之信神。印入腦筋。牢不可破。遇有疾病坎坷。則問卜求神。以占休咎。不亦愚乎。散步至旗後廟後街。見人家一老嫗。雙膝長跪。口喃喃不知作何祈禱。一焚化紙錢者。一打法鐃鼓者。一乩童坐椅際。雙目緊閉。髮辮下垂。少頃。乩童頭漸搖。又頃之大搖。其髮辮散而直之。令人不可捉摸。搖至數千下稍鬆。其髮辮忽忽被椅隙處所纏住。強挽兩三次。不能搖動。因之開口云。吾乃海線三王爺也。信女無誠心。吾大哥二哥不許。吾指示汝。被其挽住。僕駐足而觀。捧腹以笑。有二三路人。謂海線三王爺如何靈感。爾敢以笑慢神。神必罪爾。噫。人之信神。愚之甚也。而為乩童者。更愚之又愚。[29]

事發地點在旗後，為神明（海線三王爺）附身的乩童，作法中，髮辮夾纏在坐椅中，怎麼也掙脫不了，卻辯稱是因信女無誠心，祂才被大哥二哥（意指大王爺、二王爺）拉住。這幕，看得撰稿者捧腹大笑，他反而被路人警告，說這樣會遭神明怪罪。結論是，臺灣人的信仰愚昧無知。日人自詡挾帶近現代文明進入臺灣，在譏嘲臺灣信神可笑之時，自己卻也不斷在臺灣大蓋神社，在內地延長主義和皇民化運動推波助瀾下，神社快速增，廣布全島各地；強迫臺灣人信神道教、拜日本神，甚至強拆臺灣人寺廟、焚燒臺人祖先牌位、神像、佛像等，可謂雙重標準。

迷信、信仰只在一線之隔，信仰空間的改造卻是全面的地景抹除與重新型塑。以打狗來看，從清末開始聳立於旗後的零星十字架，到日治時期在壽山大規模興建的高雄神社（打狗神社始建於1910年，1928年遷建壽山半山腰上，屬高雄州高雄市壽町，戰後改為今之忠烈祠），規模不可同日而語，特別後者剷平大片山林，開闢參拜道路、興造建築群（含鳥

● 臺灣打狗金刀比羅神社

臺灣打狗金刀比羅神社，現址為高雄五福四路底壽山公園入口處，打狗金刀比羅神社是日治時期臺灣的一座神社。1912年由日本人建於壽山下。1920年改名打狗神社，同年再更名為高雄神社。1928年神社遷至壽山半山腰上。高雄神社在戰後已改為今日的忠烈祠。

● 高雄市忠烈祠

原為高雄神社舊址，二戰後改為忠烈祠，並於王玉雲市長任內執行改建拆除神社建築。

資料來源：高雄市忠烈祠正面景觀，高雄市立歷史博物館典藏資料，登錄號：KH2021.003.0009

居、拜殿、主殿等），對打狗山原始自然地景及生態造成極大的衝擊與破壞，改變不可謂不大。

五 殖民現代性（colonial modernity）
日本人來了

　　洋人商旅、科學研究及醫療傳道親炙的打狗風情大抵如前文所述，走過清國歲月，臺灣人意外且驚恐的迎來了更強勢的殖民政權──日本。日治時期，空間書寫的範式有所改變，文謅謅的古典地景書寫雖未一掃而空，但卻有口語化的、日常性的、更有效率的，影響更宏大的空間書寫形式引進──現代化的報紙、期刊、雜誌等，以殖民者的文字（日

語），也輔以被殖民者的文字（漢文）。新時代的空間書寫、地景文學在古典與現代交錯中，在文言與口語相互中，有何變化？在殖民環境下，日本人的視角如何，臺灣人又如何看待自己的土地？

　　甲午戰後，滿清割讓臺灣給日本，為了對這塊覬覦已久的瘴癘蠻荒之地做更好的掌握統治，日本帝國主義殖民政權對臺灣展開了史無前例的調查研究，與過去清國政府在臺灣所做的方志式傳統紀錄不同，它更加深入且全面；並以明治維新以來日本獲得的近現代化科學知識進展為基礎，從人種、物種，以及歷史、人文、宗教、風俗、慣習、地理環境等，幾乎無所不包的對臺灣，推動了長達50年鋪天蓋地的「臺灣學」[30]之建構，加強它宰制的有效性與合法性。

　　博物學家的科學旅行書寫，以及作家（如後文將提到的佐藤春夫臺灣之旅）帶有抒情性質，更富感性的旅行文學，都是作為「為帝國的前沿進行編碼」的形式而存在著的，而且就旅行文學的形式而言，這兩者之間「科學與情緒採用兩種永遠衝突且互補的資產階級主體性語言」。[31]

　　博物學計畫和旅行文學，對日本人在臺灣來講，可以伊能嘉矩和佐藤春夫兩人為代表。需認清的是，科學調查並不只是單純上岸登島採集動植物標本，瀏覽地景地貌、做人類學研究而已。在啟蒙、人文精神、科學知識、好奇心等背後，這些看似無害、甚至似乎有益當地或全球的系列舉動，背後都有龐大的勢力支持，那就是帝國殖民主義、領土擴張和商業貿易侵略等野心。即使是抒情感性的旅行文學，也並非完全天真無邪的，作者立足處，相較於被觀看書寫者，並不平等。如之後將提到的佐藤春夫，其旅行所至即是一種日本的「在場」(presence)，他也是順著日本殖民臺灣的入侵脈絡來體驗創作的，雖然我們不能忽視他有超越性的表現，但臺灣確實也成為他文學性感傷自戀的場景。

(一) 看似中性無邪的文明使命：伊能嘉矩對打狗、臺灣的調查書寫

1895年乙未割臺，日治時期展開；滿清政權割臺自保，日本帝國殖民臺灣。這不是傳統的改朝換代，也非過去以重商主義領臺的荷蘭，而是漢人（明鄭）及滿清政權治臺後，以占據全部領土為野心的近代帝國主義異民族政權（日本）殖民統治臺灣的開始。

> 午後三點，再乘轎子前往打狗港。前行二日里餘，到達苓雅寮，是打狗街的一部分（今之高雄市苓雅區）。打狗街共有446戶。下轎改搭小舟到旗後街（今之高雄市旗津）。旗後街在打狗街的對岸，旗後街和打狗街把打狗灣擁抱著，形成打狗港。今天風強浪大，舟行困難，好不容易到達旗後，投宿於「打狗館」旅館。旗後街有417戶，1,963人（其中，男1,056人，女907人）。打狗港的熱鬧市街就在旗後。搭小舟到對岸的打狗街，眺望遠處與近處的打狗，覺得風光明媚，冠於臺島。臺灣未入我國版圖以前，我國的八幡船曾經寄航於此，看到此地的風光，宛如我國內地高砂明媚，所以把臺灣稱為「高砂島」，我覺得命名得很適宜。[32]

這段文字來自日本人類學者伊能嘉矩，這是他首次來臺對打狗投出的第一瞥。來臺第二年，他和博物學家粟野傳之丞，奉命展開「蕃人教育施設之預查」，在當時臺人武裝抗日前仆後繼、戰事頻仍，且治安與衛生條件都不佳的情況下，展開長達192天、2千多公里的艱困跋涉踏查，寫下全島巡察日記〈巡臺日乘〉。伊能嘉矩行文敘事盡量做到客觀、詳細，從交通、地理形勢到戶口、男女人數都清楚交待，但當寫到：「宛如我國內地高砂明媚，所以把臺灣稱為『高砂島』，我覺得命名得很適宜。」不經意流露上國殖民史觀，以及殖民者的價值觀與優越性。

日人對臺的紀錄書寫，有一大部分與各類調查研究結合。不可諱言的，無論原住民、考古、歷史、文化、風俗、民情、宗教、慣習、語言、生態（動植物）、地理、氣候等百科全書式的知識體系之建立，這些學者留下彌足珍貴的成果，貢獻頗多。但也必須了解，這類書寫看似科學、客觀、知性、中性，甚至有益被殖民者；但它絕非純潔的，內裡欲望隱含流動著。這是日本政府為求成功殖民臺灣，故治臺之初即積極展開各項調查，不惜耗費心力、巨細靡遺的了解以掌握臺灣所致。

　　這類調查，因需要行進、停留於臺灣各地，故頗富空間書寫特色。但其書寫，即使採用科學語言、科學性敘事腔調，在終極意義上也絕非中性，且無法絕對客觀。這些行旅、採集、調查、人類學式、博物學式的研究紀錄，不管是否帶有書寫者本人的軟性情感，抑或刻意採用生硬節制的筆調，在在都是帝國建構殖民地意義的方式之一；本質上立基於殖民者與被殖民者、書寫者與被書寫者、看與被看者，地位與權力不對等的關係。日本學者把對臺灣的學術研究、科學知識體系的建構，視為自身的文明使命。

　　日本來的各類學者專家、調查研究人員對臺灣的行旅書寫，一如瑪麗‧路易斯‧普拉特（Mary Louise Pratt）指出的科學與情緒並存，她提到「……反征服（anti-conquest）。我用這個詞指歐洲資產階級主體在維護歐洲霸權的同時，用來試圖保護其天真無辜的表徵策略……是因為在現代旅行和探險書寫中，這些天真無辜的策略的建構，涉及與專制主義時代相聯繫的老牌帝國主義關於征服的修辭。」[33] 她的意思是，這些看似無害、甚至有益科學知識建構的旅行和探險書寫，在歌頌禮讚殖民地的自然或進行博物學的編碼時，比起帝國直接的暴力征服壓榨，似乎呈現「反征服」的姿態，但她認為這些書寫服務於擴張主義。以日本與臺灣的關係而言，是某種為日本讀者生產日本以外的世界——臺灣的代碼，其表意

實踐，對帝國經濟擴張的抱負進行編碼並給予其合法化，因為帝國需要不斷向自己呈現並再現其邊緣及他者，依賴於他者才能了解自己。[34]

對伊能嘉矩等人而言，不論基於何種科學專業或身為業餘人士，他們內心深處確實不無希望自己對臺灣的調查研究工作不要涉及征服和暴力，但這恐怕只能成為一個憧憬，因為畢竟他們都是踏著殖民侵略的血路前進的，而且血液未乾。這些書寫著述，不論是科學的、情感的，或兩者摻和的，都滿足於甫崛起的日本帝國對自身偉岸的需求──一個新鮮的帝國邊境：臺灣，彷如處子，帶刺等待採摘。採摘前的準備工作，是只有帝國才擁有的先進器械與科學新知；躺在帝國的手術臺上，臺灣，它必得先一覽無遺。

帝國迫不及待的要在他的第一個殖民地施展習自西方的身手，臺灣是他的處女作。臺灣再次淪為有待審視的客體，切斷所有脈絡，直挺挺的躺在那裡，任由凝視、遊走。臺灣不僅為所謂的「科學知識」體系（基於明治維新後日本式的全盤西化）獻身，也為日本帝國獻身。當時，做為被研究對象的臺灣「身體」被完全看透，又被完全無視；沒有事先取得被觀看透視者的同意，也就沒有尊嚴、沒有互惠可言。

就如史蒂瑞持槍一樣，多數情況，日本來的學者也並非單槍匹馬，他們有人引領、有人陪同、有人保護、有人翻譯，人力、物力、財力、甚至武力齊備，不缺行旅所需的各項資源。因為臺灣在其脫亞入歐的新文明之眼中，仍是一片混沌，等待初開。臺灣既然是有待編碼與規格化、標準化的混沌狀態，就是未入文明，就是蠻荒，就有危險，這類行旅更加需要戒備，從而也讓行旅者醞釀一種油然而生的凝視他者的主觀及上位心態。

1900年，伊能嘉矩再展開為期46天的南臺灣調查之行，寫下〈南遊日乘〉，他再度來到高雄，先在臺南縣官署發現了《鳳山縣采訪冊》，並

希望能找到鳳山縣舊志,「據說《鳳山舊志》抄本原來收藏於鳳儀書院,我國征臺軍攻入的時候佚失,現在仍無法知道它的下落。」[35] 看似平白的敘事,卻再度顯現殖民者入侵占領理所當然的傲慢心態,對戰火造成的損壞與殺戮無任何負疚感。他進一步寫道:

> 這時候,有無數的竹筏蝟集在我們的船邊。這些竹筏中央放著一個圓木桶,竹筏的蕃語叫做 Katamaran。古時候這邊的蕃族(指臺南的西拉雅系平埔族),是不是利用這種 Katamaran 竹筏往來於海上的?曾經有來自臺灣的蕃族駕竹筏到中國大陸沿岸侵略,現在在安平港外所看到的無數竹筏,是不是和當年的 Katamaran 竹筏同型?如果是這樣,那麼當年在大陸被臺灣蕃人侵略過的漢族,現在易地到臺灣來,反過來處於優勢的地位,利用蕃族所遺留下來的 Katamaran 型竹筏,掠奪臺灣的財富。想到這裡,我不禁感嘆因緣果報的深遠!……我換乘漢式小船到安平港內上岸。[36]

以上景象,雖然描述的是伊能嘉矩在安平港上岸所見,但具有強烈的象徵意義。作為協同殖民的學者,在安平港看到竹筏時,雖領悟到漢人利用原住民竹筏掠奪臺灣的財富,卻沒有意識到自己(日本人)也正在做同樣的掠奪行為,因為他下船上岸時換乘的正是「漢式」小船,這顯得格外諷刺。

(二)帝國殖民的修辭與反思:佐藤春夫的詩意與深見

1920年(大正9年),日本作家佐藤春夫因情傷受邀到臺灣進行為期約三個月的旅行,[37] 基隆上岸後,在日臺友人帶領陪同及臺灣總督府協助安排接待下,[38] 搭乘縱貫鐵道火車旅遊了臺灣西部多個城市,並曾深入埔里、霧社、能高等原住民區域,其行程映現了臺灣總督府對臺灣的控制

動脈與支線延伸。這是一位日本作家的臺灣初體驗,寫下飽蘸南國風情的旅行地景文學。臺灣的熱與景,與日本不同的炎熱氣候、南國獨特的綺麗風光,深深觸動佐藤春夫,在字裡行間更時時流露對「本島人」的同情與理解,甚至自我反思、以及對殖民當局的批判。[39]

　　佐藤春夫算是富有自覺、反思能力的知識分子了。在殖民與被殖民者,內地人與本島人的接觸互動中,並非總是二元對立、區格嚴明的,其中也存在著交流、連繫、甚至情誼,文化的交互影響等。這種涵化(acculturation)現象,並不是單向的同化(強勢殖民文化同化弱勢被殖民文化)而已,它也可能包括殖民者與被殖民者在接觸地帶與實踐空間,因持續互相接觸而產生的雙向交互影響。在旅行過程中,在接觸浸入臺灣土地、人民與文化的空間與時間過程中,佐藤春夫一點一滴的改變,他敞開心房,自我調整適應弱勢族群文化,就好像他漸漸適應臺灣的暑熱氣候與地景一般。這真是日本文人少有的良心與肺腑之言!但在批判改地名的魯莽專擅之舉的同時,佐藤春夫也強調了在殖民地就要用殖民地風味的地名,不可失去大國民的氣度云云。則他雖批判政策不當,但基本上還是站在殖民統治立場來待此事的。這點也讓我們了解,即使再同情理解本島人的處境與感受,但日本人展現的良心或理念仍是服從於上國之姿這一最高準則的。日本作家來臺創作的旅行文學,可視為作為帝國修辭而存在的一種殖民者的殖民地美學之展現,時而是深情的一瞥,

● 高雄市山下町街道

1912年(大正元年)由「古賀組」完成沿打狗山麓,長約800公尺,寬45公尺,水深1.8公尺的哨船頭運河,供作漁船停泊之用,並完成3490坪市街地,即現今鼓山一路至原省立高雄醫院一帶。

資料來源:高雄市山下町街道,高雄市立歷史博物館典藏資料,登錄號:KH2015.005.604

飽蘸幻想與欲望；時而抒發深刻的洞見，但依然難逃為殖民鋪設的無形羅網與無上軌跡。

佐藤春夫此行係應其同鄉友人H之邀，而他朋友就住在打狗山腳下，對岸是旗津，故他對高雄地景亦有所著墨，特別是日治初期的打狗山及旗後的自然和人文景觀，並觸及庶民空間生活肌理：

> 在傍晚搭乘從臺北發出的火車，直趨H的家所在的打狗（現在的高雄）。H指著從車窗望出去靠近鐵路這邊的山麓上、沐浴在晨光中的一棟新房子，告訴我說，那就是他的家。離車站雖僅三町遠左右，卻是上坡路。也因此，從他家俯看，整個南邊的市容都可盡收眼底。屋後連山，種有果樹等；我正在觀賞時，一種像鹿而稍小的動物走了出來，不知道怎麼寫，說是叫做 kyong 的動物（譯註：羌）。「咬樹芽吃，這要不得。不過算了！就讓牠去玩吧。」H半打趣地說著，突然間跳了下去將其驅走。聽他說明才知道，原來牠們正在咬的，是他住在隔壁的堂兄去年特意叫人從故鄉送來這裡移植的、此時正開花的蜜柑。這山上棲息著很多猴子。雖然不會跑到庭院來，但是，朝夕成群遊走山峰之間，其行列長可達四、五町遠。默默地注視牠們時，牠們會對人指指點點而通過，根本不避人。聽說，因為是禁獵區域內受到保護才會如此。後來，我偶然得知，以前外國人因看到此處猿猴多而稱此地為猿山。[40]

這段頗具寓意的描寫，是臺灣本土動物山羌啃咬從日本移植到打狗的蜜柑樹芽，作者友人本來說算了，最後還是做出驅趕動作。這段有關壽山生態的自然書寫，土地的主人被翻轉了，前來殖民的日人、移植而來的日本外來種植物「反客為主」，原生動物山羌反而成為入侵破壞者而被驅趕了。

1920年隨著殖民當局啟動「高雄」命名時代的來臨，打狗山隔年更名為高雄山，1925年又二度更名為壽山，用以慶祝裕仁皇太子來臺駐蹕山下貴賓館（壽山館）及其壽誕，以命名權抹除、重構新地景。在天然地貌的解構、建構上，有更根本性變動的，要數打狗山南側龐大的高雄神社建築群，從吉田初三郎1935年受臺灣總督府邀請來臺繪製的臺灣八景壽山鳥瞰圖來看，幾乎是削平了南壽山一整條餘脈來構築的。

　　除了明顯基於政治目的的破景與造景，打狗山石灰岩資源的開發對殖民者也是擋不住的誘惑。從歷史脈絡來看，原住民打狗社被迫遠走後，在漢人、荷蘭人開發利用下，打狗山的生態破壞持續，包括植被漢人砍伐為柴薪之賣用（此即柴山地名由來），原始林相逐漸消失，加上挖礦燒製水泥（即紅毛塗，1636年荷蘭人就引進磋燒技術在此燒製），山體亦不斷崩解萎縮。雖然日治初期有鑑於柴山遭過度砍伐，1907年列為保安林地，禁止伐林並造林（相思樹，此即現今柴山次生林相相思樹頗多由來），但又於1910年代開放東壽山石灰岩之開採，開啟了直至戰後長達80年以上的高雄水泥產業，導致壽山及半屏山大量體瓦解，景觀徹底改變，不復原貌，付出極大自然生態代價。

　　在當地人（鄭）帶路下，佐藤春夫有機會深入體驗旗後漁村，留下難得的描述，那是洋溢庶民生活氣息，一碗40年後仍念念難忘的杏仁湯的滋味：[41]

● 壽山館

日皇裕仁（年號昭和）在1923年（大正12年）4月期間，以東宮皇太子的身份來臺巡訪，21、22日兩夜夜宿於打狗山中的貴賓館。東宮侍從長官入江為守民子爵，為祝賀太子生日，遂將貴賓館改名作「壽山館」，另外亦將打狗山更名作「壽山」。

資料來源：壽山館-1，高雄市立歷史博物館典藏資料，登錄號：KH2015.005.524

旗後的村落是由漁夫們的住家與泊船處所形成的，有點髒亂。一條大街散落著貝殼之類的東西（筆者按：可能是蚵殼），是一個漂散著魚腥味的地方。一面被砲臺的山擋住，通風不好，房子也雜然擁簇。所以從高雄的山上的朋友家過來的我，不免要感到悶熱了。……

　　　其妻（聽來好像是鄭的表妹，無奈已是將近四十年前的事，一切都已模糊不清了）依夫君之命，做杏仁湯給來訪的我們吃。

　　　杏仁湯，想來是把杏仁的果實中的核仁磨碎加上砂糖用水溶化而已吧！端著那濃濃的乳白色液體，拚命地吹氣。那樣吹，是因為其清爽的香氣以及稍微的苦甜味相陳在一起，那熱湯比起冷的東西還要感到清涼。杏仁豆腐是北京料理的夏天甜點，相當好吃。那時的杏仁湯，回味起來，真是較之杏仁豆腐一點也不遜色的珍味。

　　　想來，在暑熱的時候吃喝熱的東西，就像是在南方的炎天下觀賞火炎樹、夾竹桃等一見就覺暑熱的濃艷的花，要比觀看感覺較涼快的白色花朵來得有意思、有快感是同樣的道理吧。[42]

這是充滿生息、氣味的空間，「內地人」雖依著官方編造的八景符碼遊走，手持《臺灣鐵道旅行案內》[43]進行島內遊覽，但只要稍微脫離官方指定景點與路線，就會與「本島人」產生微妙的接觸，體驗並感受在地臺灣人的生活，甚至與臺灣人交往，多多少少有了情感連繫，此時地景象徵就有機會向他們開展，成為紋理複雜、氣味豐富的空間。在旗後走街穿巷，進入民宅，此行尚未終止，鄭姓見習生繼續帶領佐藤春夫深入旗後娼妓空間：

　　　要不要去看旗後的藝妲？我問他旗後有那種行業的人嗎？
　　　連高雄都沒有呢！他說：高雄有日本的藝妓，所以就不必有原

地人的藝妲,旗後是原籍民的村落,所以有原籍民的藝妲。不過,也只有兩三人而已。女人、住家都不是怎麼漂亮的,若你有意想去看看的話,我就帶你去。……

一直以為只有一條路,但走到稍微偏僻的地方時,路像是分了枝,有細小的路,與大街平行尚有一條別的小路。跟在高高踩響腳步聲走進去的鄭的後面,悄悄地走進去一看,是個稍微髒亂的像酒吧的地方。……

說是藝妓,我看大概是從附近拉來這個店裡的女孩子吧!都是一些長得像南瓜或冬瓜,令人不敢恭維的面貌的妖精。歌一首也不唱,只是胡亂一直要斟酒而已。[44]

這一段描寫了同行的鄭姓見習生在「藝妲之家」啤酒猛灌及嫖妓的行為。最後佐藤春夫受不了,先行離去。佐藤春夫事後回憶,「旗後的那個房子,美其名說是藝妲之家,其實大概是私娼窟吧!」[45]多年後(1943年,昭和18年)佐藤春夫回顧這趟行旅說:「以前,很多人都把臺灣認為是南方,我也這樣想。但現在,已經沒有臺灣屬於南方的感覺了。」[46]顯然,殖民政權藉由八景觀光操作已成功的把臺灣從南國異域逐步涵化為日本的鄉土了。而殖民地觀光旅行與旅行文學的優雅和恐怖就在此結合,佐藤春夫後來在《朝日新聞》支持下前往馬來、爪哇南洋諸島,趁「支那事變」有機會從朝鮮進入北京,「而太平洋戰爭則讓我周遊了爪哇島與巴里島。戰爭把它說成這樣,實在多所顧慮,不過對一個旅人而言,實在因此而得幸呢!」[47]

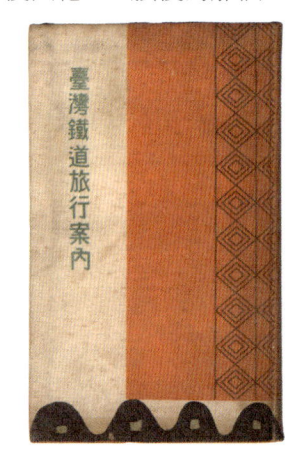

● 《臺灣鐵道旅行案內》

1938年(昭和13年)1月14日發行(1月11日印刷)之《臺灣鐵道旅行案內》。

資料來源:《臺灣鐵道旅行案內》,高雄市立歷史博物館典藏資料,登錄號:KH2022.019.0004

這充分說明了即使像佐藤春夫這樣具有高度自覺與反思能力的文學家，雖了解戰爭的殘酷，但也禁不住異域旅行的獵奇誘惑，而慶幸不已了。

(三) 日治新八景大合唱：大眾傳播下的空間編碼生產

八景本身就是一組地名的修辭結合，或說一組地景的揀選、組合、改名與重新命名、再組合的過程。「八景傳統＋古典漢詩」地景文學，來自中國文化，也影響日本文化。操作這種日本人和臺灣人都熟悉的漢文化，做為拉攏、籠絡臺灣漢文化圈的媒介與內容，可以說一拍兩合。所以，日治臺灣八景的催生，隱含了空間／文化／審美／權力的多重意義，一組、多組日治時期臺灣新八景的漢詩大合唱，看似臺灣詩人社群的引吭高歌，實質卻是殖民者默許、鼓勵、主導、提倡、甚至參與唱和的，指揮棒仍掌握在殖民當局手中。對臺灣來講，傳統漢文化也因此獲得喘息、發展的空間，這是日治時期臺灣報紙期刊漢詩充斥的原因，可以說現代大眾傳播媒介加速並擴大了日治臺灣八景文化文學的編碼生產，其產出有抵抗、有順服，有富含時代新意者，亦不乏陳腔濫調。

麥克魯漢 (Herbert Marshall McLuhan) 強調「媒體即訊息」，「正是媒體本身，塑造並控制了人事關聯與人類行動的的規模與形式。而媒體的內容與用途雖五花八門，對人事關聯的形塑則完全無能為力。」[48] 意即我們一直以為的「媒體即內容」並不正確；以為媒體就只是一種載體，一種單純被用以完成傳播任務（內容）的工具而已；真正重要的、起影響力的是其承載、刊出、播出的內容。但這卻是過於簡單的想法，麥克魯漢發現媒體不只為我們服務，也潛在地改變了我們的思維邏輯和生活方式。[49]

日治時期臺灣報業之展開堪稱現代化「媒體」濫觴，日人在臺創立報業，其為殖民政府宣傳喉舌，主導輿論並控制言論的目的顯而易見。但除了眾所周知的媒體「內容」部分，其實更大的改變是報紙此一大眾傳播

媒體的橫空出世（包括後來臺灣人自行創辦的《臺灣民報》等），大大的影響並改變了一整個（以及接連好幾個）世代臺灣人的自我認識與身分認同。加上殖民地交通建設，如南北縱貫鐵路、環島海運、公路、通訊、郵政等綿密網路的建構，以及全島現代化地圖的科學測繪、深入各地的大量寫真、風景明信片的生產，把臺灣全島在時間和空間向度上都視覺性地縮小了，更容易讓臺灣人產生以整個臺灣為整體的清晰感受，這種一體感，在報紙攤開時，也同時被捕捉、型塑住了。報紙創造新的日常規律，形式化了資訊內容，也以此日常規律形式化了閱報受眾以及他們（不分男女）的生活方式。詩人吳國卿於〈美人閱報〉一詩寫道：「曉妝理罷坐囗前。玉指纖纖展報箋。粉氣脂香飄紙上。釵光囗影映文邊。凝神細看翻新句。注目沉吟譯舊篇。讀到連環和漢字。不甘釋手意囗綿。」[50]女性讀報姿態躍然紙上，實在是最佳寫照。

除了報紙之外，日治時期隨著社會經濟的繁榮、印刷技術的進步、文化教育的蓬勃、近現代化制度的建立等等原因，期刊雜誌也蓬勃發展，臺灣在日治時期出版琳琅滿目、五花八門的各式期刊，估算300種以上。[51]

想想報刊的影響力，過去方志裡的八景、八景詩，一般民眾有多少人知曉、看過？連《鳳山縣采訪冊》都來不及付梓了，恐怕在多數臺灣人印象裡，臺灣勉強只能是一個朦朧的形象。但在全島報紙逐漸發行、迅速遍及下，猶如安德森指出的，在「印刷資本主義」下，想像共同體的創造成為可能。[52]臺灣不再是清領二百多年只編數十冊方志的臺灣，而是報紙天天刷新的臺灣，不再只是傳統古老的地方性類百科全書，而是資訊脈動同步日本內地及國際社會的進步新臺灣。

在殖民媒體中產製的所謂臺灣八景、臺灣新八景，則是殖民視角下有交通建設、可抵達觀看，並具備旅行觀光價值（就日人而言）的空間

生產，它依附清國政權馴服野性臺灣為八景（詩文）的傳統文化脈絡而生，再更進一步的想像、創造迥異於日本的南國熱帶風光，（繼清國）再一次將臺灣打回蠻荒原形，以利於其對比、誇示、展示治理建設臺灣的成果，一個嶄新的、有秩序的、有文明的新臺灣，就從八景、新八景開始，並擴展到全島。透過報紙漢詩加上漢詩刊的徵集刊登唱和，臺灣文人也自然而言的加入這場由日本人主導的臺灣地景大合唱行列中；日本人則得到他們想要宣傳並實現的既合法又安全的臺灣熱帶風光之旅的保證。臺灣地景的能見度看似提高了，卻是以內化了殖民者的凝視視角與價值觀為代價的，以他們看待臺灣的方式來重新看待自己（的土地、景觀），一般性、普遍性變成特殊化、地方化、鄉土化——以日本為中心的邊緣屬地，形成日本殖民美學式的自我觀賞，先自我客體化 (Self-Objectification)、甚至自我「他者化」(Othering)——瘴癘之地、蕃人聚居等；飽蘸地方色彩的審美需求於是實現，臺灣終成日本人想要的濃艷重彩的南國之境。

日治八景對比清國時期，因實質占領了全島（清國多數時期只占有西半部），故八景範圍大大擴展了，且因政經文化中心北移，八景不再侷限臺南及南部，日治八景得以較為全面的散開，這也代表殖民權力的擴張。殖民政權掌握國家宣傳機器，以臺灣知識分子習慣、接受並參與其中已久的傳統八景審美機制展開新一輪的、規模更大、更為全民化的地景馴服與文化整編工作，看似全民都參與到這個地景排序運動裡面，通信投票、自由推薦景點，還發生大量灌票情形，但實際掌握發起、提倡、催票、灌票及最後審查權力的仍是殖民者。

做為日本殖民視角的展現，並強化臺灣人對日本統治成果的認同，1927年（昭和2年），官方機關報《臺灣日日新報》舉辦「臺灣新八景」的公開票選募集活動，這是日本內地《東京日日新聞》與《大阪每日新聞》

兩大報共同主辦、日本鐵道省協辦的「日本新八景」公開募集活動的殖民地臺灣之延伸,《臺灣日日新報》聲明:「……臺灣山水景色豐富,未能廣為人知的史蹟名勝也很多……內地長期以來對臺灣的印象為瘴癘之地與蕃人聚居,希望能運用宣傳改變形象……藉此活動能開發旅行景點、完善交通與相關設施……也作為地理教學應用,並激發愛鄉土之情……」。[53]當時選出的臺灣八景為:八仙山、鵝鑾鼻、太魯閣峽、淡水、壽山、阿里山、基隆旭岡、日月潭,另立「神域臺灣神社」、「靈峰新高山」(即玉山)為別格。地景票選的政治性不言可喻,神域臺灣神社之為別格首選,壽山的入選,[54]都與政治動員有關。

此外,1913年(大正2年)10月31日《臺灣日日新報》為慶祝天長節(日本天皇誕生日),當天特刊登八張「臺灣八景」風景照片:合歡旭日、南岬月明、新高倒影、珠潭浮嶼、關渡歸帆、東海石屏、旗後落霞、北島觀潮,其中「旗後落霞」就是遠眺旗津夕照餘暉之景。除八景照片,並配有一文,為讀古村莊主人所撰之〈臺灣八景〉,從中國古老的瀟湘八景、西湖八景、武夷八景,以及日本的近江八景、金澤八景談起,及於臺灣方志中所載臺灣八景、各地八景之介紹等,還特別強調早期以府治所在地臺南為主的八景選擇情形,還指出一些空想不實的八景,如雞籠積雪、西嶼落霞等。大抵批評清國時期的各類八景受限於交通不便,屬文人書房蟄居產物,所選不能代表全臺云云。日治之後,交通建設有成,漸可周遊全島,且「討伐」原住民後,連過去人跡未到的深山險地,如新高山、合歡山等中央山脈神祕景觀亦得一遊,故選出新的臺灣八景。

高雄部分,因日人足跡多以打狗為中心,「打狗八景」於焉形成,前述《臺灣日日新報》1907年(明治40年)8月9日〈探涼別働隊〉報導,首次提到:「打狗八景其景皆新命名者。今請摘取其五景。即旗山之月、烏松庄之夜雨、苓雅寮之歸帆、猴山之曉霧、關門之落暉是也。」大抵即以

● 基隆旭丘（旭岡）　　● 日月潭

● 淡水 　　● 八仙山

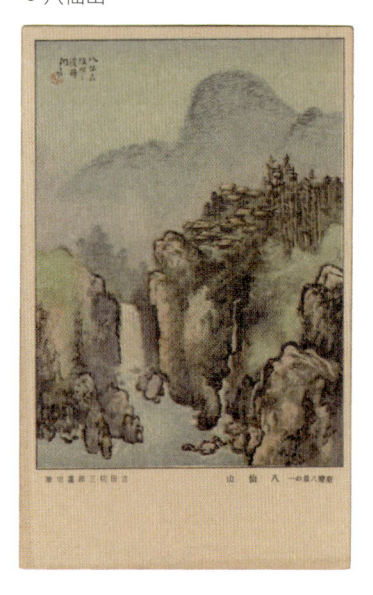

● 臺灣八景明信片

日治時期，臺灣日日新報舉辦票選，以投票方式決定新「臺灣八景」，最後決定出來的臺灣八景如下：基隆旭岡、淡水、八仙山、日月潭、阿里山、壽山、鵝鑾鼻、太魯閣峽，八景之外，另外選出二處「聖地」，稱為「別格」，分別為臺灣神社與新高山（玉山）。本組明信片係「吉田初三郎」手繪，包括：壽山、鵝鑾鼻、臺灣神社、太魯閣、新高山、八仙山、日月潭。

● 阿里山　　　　　　　● 壽山

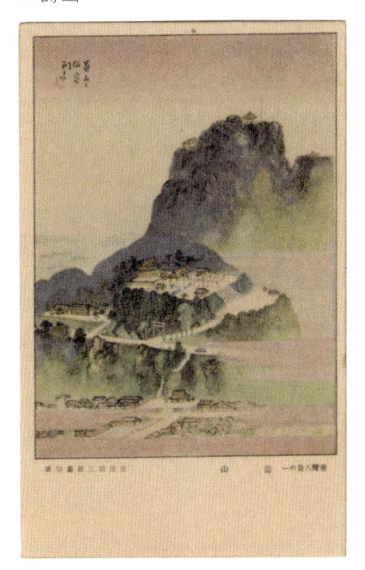

● 鵝鑾鼻 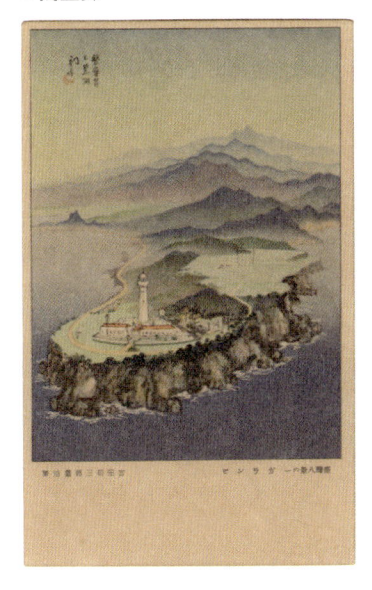　　　　　　　● 太魯閣

資料來源：臺灣八景明信片-1，高雄市立歷史博物館典藏資料，登錄號：KH2003.008.137

日本人此區活動重心所在，以打狗港為中心建構出來的。後陸續刊登多首〈打狗八景歌〉，在報紙加持下，八景確立、定位並命名如下：西灣夕照、苓浦歸帆、鹽埔白鷺、烏松天橋、猿峰夜雨、潮橋納涼（或為鼓巖濤聲）、旗山秋月、中洲漁火。[55] 日治打狗八景之決定，再次印證權力在哪裡，風景就在哪裡！

《臺灣日日新報》受臺灣總督府支持，為臺灣日治時期第一大報，其選景立場反映殖民美學權力。日治時期日人在高雄最先經營之處是他們最先上岸的地方——打狗港，所以臺灣八景「旗後落霞」的入選也就不足為奇了。對於打狗港「旗後落霞」，古村莊主人並以「山水雙美」來形容，除指出打狗有不下基隆的港灣價值外，特殊的夕陽落霞景緻更是「天下獨絕の佳景」的，具有熱帶強烈的晚霞色彩。立旗後為八景之後，寫旗後之作大增。其中又以旗後砲臺最受漢詩人青睞，以之為題的漢詩頗多，報紙、詩社以此徵詩之作亦不勝枚舉。詩中旗山指的是與打狗山隔海相對旗後山；1925 年，日本取「旗鼓堂皇，津樑永固」之義，逕將旗後改名旗津，沒有徵得在地人同意。

> **陳錫如〈旗山舊砲臺懷古〉**
> 砲壘巍巍建巒巔，威振天南勢雄視。曾幾何時轉乾坤，砲毀臺傾瓦礫存。……嗟嗟，輩固漫誇有疆圉，應運王師難抵禦。龍旗不及旭旗紅，黑旗拔去白旗舉。……可憐故國爭雄地，已隸新朝尺版圖。……為問守者誰，黑旗劉氏子。威空振天南，備卻形廢弛。一朝日軍臨，士卒盡披靡。[56]（節錄）

> **王則修〈旗津舊砲壘懷古〉**
> 打鼓山前落日昏，淒涼荒壘不堪論。……萬馬雲屯上陸來，海軍南下窺戶牖。黑旗士卒同兒戲，皇軍一砲從天墜。地塌天昏血肉飛，隆隆戰壘夷平地。……我今覽古尋殘壘，不見旗翻見

車軌。迢迢直與海門通，砌成堤岸防湍水。吁嗟乎，防湍水，舊壘邱墟巨砲毀。當年卜築若堵牆，太平之世安用此。長願滄海息樵槍，萬年不遭兵革起。[57]

這些藉景抒情之作，反映了臺灣漢詩人對改朝換代、事過境遷的感嘆，大都嚴厲指責當時砲臺守軍（劉永福黑旗軍）的不濟不力與未戰先逃，但對日軍侵略行為卻大都未嚴加批判，或反譽之為「應運王師難抵禦、龍旗不及旭旗紅」、「皇軍一砲從天墜」、或稱日治時期為「太平之世」等；而當詩人寫道：「我今覽古尋殘壘，不見旗翻見車軌。迢迢直與海門通，砌成堤岸防湍水」時，看重的又是日人擴築港堤的現代化工事了。

漢詩人或許親臨，高登砲臺，在荒煙蔓草、斷壁頹垣中，感嘆滄海桑田，人事全非，吟詠出兼具歷史情懷與議論黑旗軍敗走事件的詠史懷古詩作。從多數詩作中，仍可看出漢詩人的微妙位置，所謂撫今追昔空咄咄，心血難乾亦自啼，在廢墟地景中召喚出來的，與其說是認同清國舊日榮耀，不如說是暗藏對日本殖民政權的不甘。或許當詩人寫到「以斯制敵何不摧？似斯擊艦何不灰？旗鼓天然扼門戶，一夫把臂誰能開？」[58]、「杜鵑豈有興亡恨，心血難乾亦自啼」[59]這種程度，已經是殖民地高壓環境底下最大的抵抗了。

當日本人已著手開闢港闊水深的高雄港，[60]臺灣漢詩人還搖頭晃腦的吟詩遙望港邊旗後山的故國傷心地，緬懷古老殘破的舊砲臺。這些詩作大抵藉景抒懷，在異族殖民統治下，文人滿腔愛國情操，空遺餘恨，又不能大發議論。地景展現的魅力不再是它單純的景觀之美，而是拔旗易幟為人奴的歷史情仇。

與此相較，日治報紙上刊登的落霞寫真，則以「此時此刻」的空間映象取代了漢詩人的舊日時光，一種地景兩樣情，臺日殊異。當懷抱遺臣心態的漢詩人猶唏噓於旗後山砲臺的過往歷史滄桑，以現地（或現地

想像)沉吟地景深度的歷時性意涵,等候文友、有緣人或未來讀者的有限閱讀;日人已由夕照望向明日(未來),拍照洗印出來的旗後落霞寫真(照片),以相較漢人古典詩作的超真實斗大影象印在隔天大量發行的報紙上,去脈絡化的突出空間與時間向度結合的美感一刻——毫無懸念的「嶄新」大好河山,彷彿指向永恆!

1899年(明治32年)6月6日,《臺灣日日新報》即報導稱,打狗港「〈港內淤淺〉:臺南縣打狗旗後一港久稱南部良港,前者,百噸之小蒸汽船尚可進港碇泊於芩雅寮岸邊,近來因土人養蠣業盛,內海一帶,處處蠣苗種插,淤泥因而日塞,淺瀨廣見,現在即杉板小船往來該港,明砂暗石莫不擦磨船底,若不大行浚渫,則海洋避險殊難把握,秉地方之權者,當亦籌之矣。」接著,又於1908年(明治41年)11月11日報導兩則新聞:

> 電燈兩盞:打狗港嘴。四面皆石。似有石門。人稱曰猴挑石。凡遇凡浪一起。港中糖米船。及帆船等。多有障礙。此時築港局。小汽船在港浚渫。恐有衝突之處。故在港嘴。特置電燈。一在雞心石。一在燈臺山下。夜間時。船只出入。似可安心。

> 日以繼夜:築港局。此時事務甚繁。每日築港小汽船。計有兩號。曰新竹丸。專行築港。運搬港塗。其恆春丸。則執務填地。現皆有成效可見。此時日夜不輟。甚然急務。倘後日竣成。南部通商港。以此為最矣。

這時,鳳山方志中的「雞心礁」還在。接下來透過報紙大量的、高頻率的新聞報導,打狗、高雄等地名地景的空間書寫,密集的進入大眾視野,並滲透到臺灣人的日常生活中,拉近港與人的距離,也達到促發臺人認同、讚賞港域開發的目的。地景的現代化進程,也就成為殖民政權正當性、合法化的進程;特別是對地景的改造——高雄港築港工程及都市計畫的實施,包括濬港濬河(高雄川,今愛河)及填海造陸工程,大大且

永久的改變了打狗港外海及內海的景觀。過去方志述及之港門當中涼傘嶼、猴跳石、雞心礁及港外各暗礁，陸續鑿穿粉碎，港內外得以航行停泊巨輪；而今天哈瑪星（臺語俗稱，源自日語「濱線」はません）、鹽埕埔一帶市區，原為灘海之地，就是填海造陸所得，所有高雄棋盤式都市計劃發展皆自此由海港向東拓展。

　　大眾傳播媒介即時又寫實的展現地景現貌於閱聽大眾眼前，產生立即的、更新的影響，這是過去所不曾有的。因此，掌握它也就掌握了訊息，掌握了訊息就賦予權力行使所需的詮釋權、說服力，權力從而獲得更大的合理性及合法性，得以於媒體鋪陳殖民政權企圖宣示的宏大敘事或決定任何它覺得值得告訴臺灣人的「大事」，同時遮蔽那些它不想告訴臺灣人的事（包括強制遮蔽臺灣人創辦的報刊雜誌說出），如此往復循環。此所以，神社大營造時代，這類新聞持續報導，文人以詩歌頌的作品也累牘連篇（包含臺日詩人歌詠天皇及臺灣神社等）；有關高雄地景方面，高雄港的疏浚築港及埋立工程、高雄神社的興建過程等，也是空間書寫的重點，新聞報導不斷。

　　新聞報導再現的地景空間與生活事件結合，彷彿富有更大更活潑的生命力，突破陳腐塵封的方志地景書寫，以非文言，更口語化的文字描繪出一塊塊鉛字堆疊的細緻地景之肌理與氣息。但值得我們注意的，不是它寫了、報導了什麼？而是它不寫、不報導的，或禁止撰寫、遮蔽報導的是什麼？

　　日本人大力築港，發展國際貿易，把一個清國漁村小港「打狗」，升級擴大為「高雄港市」，其採取的空間思維與發展方向是海洋的、對外的、開放的，但同時也是征服、殖民的；而清國政權則相對是保守封閉的，把縣治（不論舊城或新城）都置於較靠內陸的城池保護內，對打狗港也僅以築砲臺為要。

六 打狗花柳界、旗後詩樂園 [61]
古典與現代錯雜空間裡的詩酒聲色

(一) 舊詩與新聞報導中的港口風月娛樂地景

旗後做為漁民落腳聚居、高雄港最初發展的地方，很早便有娼妓在此營生。日治時期，隨著港口發展，商業勃興、人群熙來攘往，更是艷幟高張，夜夜笙歌，紛呈於新聞報導中。清領時期，旗後便有娼妓色情產業出現；1905年（明治38年）11月15日《臺灣日日新報》即報導：

> 所謂打狗者，係哨船頭、旗後、鹽埕埔之總稱。在此三市街中，內地人及本島人有5,954人。內地人多係官吏及商人，本島人多係商人及船夫或漁夫等。……而旗後係妓蓁地及商業地。哨船頭有會社、銀行、外國人代理商店、領事館等。鹽埕埔則有鐵道打狗出張所並其官舍，又停車場，亦有專賣局打狗出張所。

因旗後發展較早，欠缺整體規畫，且腹地狹仄、已趨飽和，故日本官方單位漸由旗後往對岸打狗（哨船頭）搬遷。1905年（明治38年）7月25日《臺灣日日新報》〈打狗雜俎：旗後近狀〉寫道：

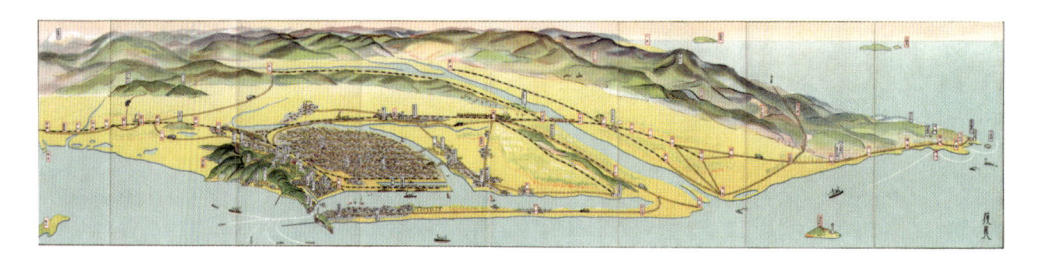

● 高雄大觀鳥瞰圖

由鄭獲義所繪製，以高雄市區為中心之高雄州鳥瞰圖全圖，右下角可見有其簽名「獲義」二字，其簽名之字體樣式如同於另一位鳥瞰圖藝術家金子常光。
資料來源：《高雄大觀》，高雄市立歷史博物館典藏資料，登錄號：KH2003.008.170

旗後一隅。今為打狗中心點之市街。是不待言也。頃有旅館、酒亭、娼樓各十數家。娼妓亦四十餘名。各家皆築樓于臨水之地。憑欄眺望。水天一色。洵勝地也。將來繁盛之日。必凌駕臺南而上可知矣。其間有名各旅館。投止之客。往來不絕。而設備亦極周到。有一呼百諾之妙。餘如隣近各酒館。亦復笙歌徹夜。歌舞迷人。獨是旗後為南部唯一之商港。其熱鬧業已如新。凡船長以下各船員。與南部各會社員及商人等。遂以是為豪游之區。多有挾資為藝妓或娼妓脫籍者。近此一二月間。竟有三四名之多。其熱鬧亦足窺見一班矣。（十八日名川生寄）

另，1908年（明治41年）11月11日《臺灣日日新報》〈打狗通信〉之報導，亦可顯見殖民政權甚至以此風月盛況自誇，稱「旗後地方。在舊政府時不但商業不振。而勾闌中僅有一二而已。至於料理店。更不可問矣」：

市街狀況：鳳山廳下。最熱鬧市街。莫如旗後。商工聚集如雲。內地大小商。以及娼寮。皆在此市中。貨易繁盛行人雜沓。入夜各料理店。狂蜂逐隊。絃管笙歌。絲絲傾聽。沿街燈光萬盞。儼如不夜城。能助騷人之游興云。

秦樓楚館：旗後地方。在舊政府時不但商業不振。而勾闌中僅有一二而已。至於料理店。更不可問矣。自入版圖後。地勢開拓。商業發展。加之建立會社。每年人口及戶數。愈見增加。故本島料理店。繼開三四間。竝宿南北藝娼妓。約計百名。滄桑變幻。即此可見一班也。

這幾篇新聞報導合併來看，足見日治初期旗後艷幟招展的風月盛況，所謂狂蜂逐隊、絃管笙歌、儼如不夜城，且點明「能助騷人之游興」，特別把詩人拿出來講，則旗後此時已為詩人樂園不虛。《臺灣日日

新報》,1907年(明治40年)8月9日(第5版)登載一篇魚仙生所撰報導〈探涼別働隊〉(筆者按,探索涼意之特別行動):

……既抵打狗驛,見停車場前有旅館數軒。聞旗後、打鼓旅館尤佳,因住宿焉。其宿料一泊自一圓迄二圓,有特等之湯池,有遮日之帆布,且自僱舢板,以供客用,茶菓酒飯,皆極用心,頗堪適口,時或盪槳垂釣,其樂尤有足多者。

港內釣魚:出港有小輪船可乘,船資只五錢,時搖舢板赴旗後街,左折而至漁場。漁場在旗山燈臺崖下,旗後街外,兩岸相迫,遽是關門。港口闊約四十間,潮風過處,令人頓忘三伏之暑。所釣魚類,最多者為黑鯛,常時大約五、六寸,目下則有八寸者,其味頗甘。尚有十五斤大之阿羅魚及較細之赤鱨等,其他小魚等,亦多有之。其間下釣最稱劣手者,是為網船,諸多不自由,宜速改之。既而夕陽西下,旗後之街,燈火星羅。遠望猴山,夕靄模糊,無用之網船,遂一變為納涼船。苓雅寮一邊,徧張冰棚(筆者按:可能指賣冰攤販所架之遮陽帳蓬)。此時之景,真個一刻千金也。自旗後蜿蜒至大林蒲庄,約三里半,間有烏松庄,眺望尤佳,雖至夜半不返可也。所宜注意者,則其地料理屋大小數十軒,兼貸座敷者亦不少,妖妓如雲,如張蛛網,而笙歌尤徹夜焉。狂蜂亂蝶,難保無投之者。

● 日治時期高雄港邊釣魚活動

圖為日治時期高雄港邊釣魚活動,對岸為旗津燈塔下方。

資料來源:日治時期高雄港邊釣魚活動,高雄市立歷史博物館典藏資料,登錄號:KH2011.009.021

除了透過新聞報導，對旗津風月展開具體且細膩的空間書寫，地景範圍也擴大到整個高雄港的觀光化、休閒娛樂化。報導宣稱旗後風月場所之盛，已到了必須提醒遊客小心娼妓投懷送抱的程度，「所宜注意者，則其地料理屋大小數十軒，兼貸座敷者亦不少，妖妓如雲，如張蛛網，而笙歌尤徹夜焉，狂蜂亂蝶，難保無投之者」。除了兼營貸座敷（筆者按，妓院）的旗後餐館盛況，報導中提到的，還包括關門落暉、旗後燈火、猴山夕照等景觀與港口垂釣、遊船納涼等休閒活動，從白天到夜晚，越夜越美麗。值得一提的是，不管旅遊或探涼，這些報導的潛在讀者其實是指向內地人、日本人的，而臺灣、打狗、旗後則為其消費地。但不論如何，臺日漢詩人均沉浸於這飄飄然的、搖晃輕擺的旗津詩酒（情色）新樂園。日人田宮櫻城〈南巡雜詩：打狗銃獵〉即寫道：「旗後晴彎氣似春，閒浮輕舸獵南濱。晚來唯任風帆返，萬頃潮心月一輪」，[62]果然愜意。漢詩人寫旗後，更加細膩入微：

林朝崧〈旗後作〉

小小旗山對鼓山，夜潮來往兩崖間。月斜人語菰蒲岸，知是漁舟港口還。

渫港機關響海邊，如聞龍骨轉秋田。君看細草淤泥地，明歲能容萬斛船。

埠頭經始未成功，估客帆檣泊港中。自與葫蘆通鐵道，米糖輸出勝基隆。

燈臺設處路岩嶢，曉起登高補昨朝。望美人兮秋水隔，西風吹帽鬢飄蕭。[63]

此詩作於1906年（明治39年），日人已展開高雄港施作工程，故曰：「渫港機關響海邊，如聞龍骨轉秋田。君看細草淤泥地，明歲能容萬斛船。」對照1905年（明治38年）12月9日《臺灣日日新報》的新聞報導：「築

港現用一機器鐵船。在打狗港內淺處。渫海底土砂。用三十餘隻小柴船積載之。轉用四隻鐵船。載至外海。將船折為二節。俟砂土漏清。合而為一。仍駛入港內。該機器船日本工人十餘名。本地人四五十名。目下調查其工程。約達七分。就大體而論。則築港程度。比較殆容易云。」濬港工程確實持續施作中，因尚未完成，故詩曰：「埠頭經始未成功」、「明歲能容萬斛船」，本土詩人對築港工程抱持肯定樂見態度，可見基於殖民目的的現代化建設，因亦有利於臺灣，所以還是被臺灣人接受而詩寫的。

　　林朝崧從臺人在旗後的視角出發，具體寫出他所觀察到的當時打狗港地景正在劇烈變遷的情形，見證打狗港的崛起發展：築港浚深工程、鐵道直通港口（銜接葫蘆，即葫蘆墩，今臺中豐原，日治時期有「中部穀倉」之稱），並重修燈塔（日人擴建高雄港時，即重修燈塔，後又改建新燈塔於原址旁）等情形。雖然寥若晨星，聊做印象式表述，但此詩證明了古老的漢詩格式的確也能承載、表現殖民政權給臺灣帶來的現代化進程。惟漢詩更多的是表現旗後特有的港口酒家風月文化，與前述佐藤春夫的旗後酒色探秘，其發展異曲同工。

● 高雄燈臺

1883年設置的高雄燈塔，俗稱「旗后燈塔」，位於高雄市旗津區旗后山頂，塔高15.2公尺，光約為25.2浬，其塔身則為臺灣地區唯一的白色八角形磚造燈塔，頂部呈現圓筒形，可由燈塔陽臺眺望高雄市全景。高雄港是臺灣南部的主要門戶，興建高雄燈塔有助於確保商船往返貿易的安全。高雄燈塔為市定古蹟。

資料來源：高雄燈臺，高雄市立歷史博物館典藏資料，登錄號：KH2003.003.149

高雄文史學者林曙光指出,「旗後平和街,鳳山田仔下」,即舊時兩處高雄私娼窟所在,並謂「依天津條約開港當初,港埠在旗後,所以打狗第一間菜店福聚樓也在此;打狗人要逢場作戲,非渡海到此不可。」[64]另一文史學者曾玉昆亦表示,旗津天后宮「廟後的通山路,迄日據時期,仍為最有盛名的妓院街,有戲團、料理店……熱鬧非凡……今廟前的輪渡碼頭邊,曾有福州人開的『福聚樓』,是高雄酒家的濫觴。不久,山下又多了銷金窟『日進樓』一家。每日華燈初上,酒國名花打扮得花枝招展,名紳富商趨之若鶩,座無虛席(中略)。那段日子裡,旗津如人間天堂,夜夜笙歌不輟……」[65] 1909年,日治才15年,旗後已歌舞昇平,打狗區役場(區公所)設於旗後(大竹里旗後街),漁夫、水手、商賈、碼頭工人,洋人、日本人、本島人、清國人,商家、糧鋪、洋行、茶樓、料理屋,摩肩接踵、熱鬧喧騰。消費、歡宴、酣酒、淫樂、性慾的需求等,都在這裡得到滿足。

施梅樵〈秋夜旗津泛舟並聚飲於醉樂天旗亭歸高雄在舟中作〉
柔櫓雙搖出港灣,秋光水色有無間。萬千燈火如迎客,不照旗山與鼓山。
樓頭覓醉各傾杯,笑喚雙成竟夕陪。最愛多情天上月,夜深還照客歸來。[66]

　　本詩「旗後」已更名「旗津」,寫作年代應在1925年之後。詩中「雙成」指的是董雙成,為西王母侍女,擅吹笙唱曲,以此典故指代旗津酒樓「醉樂天旗亭」中的藝旦、酌婦(陪酒女子)或妓女。「旗津於日治初期是文風極盛的地方,高雄第一個傳統詩社『旗津吟社』即創立於此。此外,商旅應酬帶動的酒樓文化也伴隨著地方發展而來,據聞碼頭邊的『福聚樓』是高雄酒家的濫觴,此詩所寫的地點『醉樂天旗亭』亦為旗津酒樓之一。詩人於聚飲後必須乘船回高雄,乃因當時旗津到高雄交通仍依賴

舢舨航渡，共有芩雅寮、鹽埕埔、哨船頭三個對渡點。從此詩可見日治時期高雄、旗津間的交通以及文人的詩酒文化。」[67]

另，施梅樵〈述舊十首兼寄子青登高櫻航〉亦寫道：「扁舟載酒泛旗津，勸飲無如厭入唇。……旗鼓堂堂盛會開，座中誰是謫仙才。騷壇此日寬詩禁，也許狂奴曳杖來。綺筵高設麴盈車，到處吟朋似一家。……」寫的依然是旗津文人的詩酒文化。而梁盛文的〈旗後渡頭偶作〉一派風流，荷生的〈贈鶯鶯燕燕兩女士〉則寫得直接：

浪捲旗津綠漲深，趁船群集柳絲陰。美人佇立香風溢，名士停驂細雨侵。

● 岡山第一樓藝妓館

日治時期的「第一樓」即維仁路舊林吉市醫院原址，這張由自源寫真館所拍攝的相片。當時除了第一樓以外，開元街上有4家酒店，由東向西依序為岡山酒店、朝鮮樓、福月樓及「遊廓」。

資料來源：岡山第一樓藝妓館，高雄市立歷史博物館典藏資料，登錄號：KH2011.009.038

● 高雄酒樓聚會合影

楊金虎市長等人合影。該酒樓位於鹽埕町，係當時高雄著名料理屋之一。

資料來源：高雄酒樓聚會合影照片，高雄市立歷史博物館典藏資料，登錄號：KH2006.002.002

對面壽山遮望眼，隔江帆影慰歸心。倘教韻事逢桃葉，不讓秦淮艷古今。[68]

荷生〈贈鶯鶯燕燕兩女士〉
艷名嘖嘖鼓旗津。風雅如卿更可人。疑是巫山神女現。生涯不老管絃新。[69]

除了詩人聚飲旗津產生的詩酒文化，呈現一幅港口渡頭風流圖畫。高雄港中亦因日人展開港口疏濬施作，本土詩人以現代化工程入詩，舊詩於古老地景的新變中展現難得的新元素，不再一味柔櫓港灣、漁舟流連的古典意象。

顯然，時移世易，空間擾動，旗後漁村已非昔日詩人懷古幽思的舊砲臺遺址，而是現下藝妓侑酒，詩人杯觥交錯的酒場文化之所在。在新時代、嶄新的港口商業文化帶動下，純樸的、相對髒亂、甚至貧困的漁村景觀有了變化，酒樓林立，水手在此上岸尋歡、港務及商務酬酢、兼以文人及一般民眾的消費，旗後搖身一變為旗津，成為聲色酒水銷金窟。文人吟詠的砲臺，象徵清國始建、臺灣民主國一度繼之的海防堡壘，禦敵抗侮意志如今已漸被遺忘、消沉，徹底被解構了，取而代之的

● 哈瑪星舊街
高雄市鳥瞰哈瑪星街景全貌，前方是高雄燈塔。(說明由陳福全先生提供)

資料來源：，高雄市立歷史博物館典藏資料，登錄號：KH2015.004.243

是無盡的風流韻事入詩中。真的是梁盛文詩中好一幅「美人佇立香風溢，名士停驂細雨侵。……倘教韻事逢桃葉，不讓秦淮豔古今」的港口風流圖畫啊。

(二) 摩登高港：新文學與現代性的港口地景新意

在詩社激增、古詩吟風蔓延全島；漢詩不可避免的走向庸俗化、唱和化、酬答化、甚至娛樂化的情況下，臺灣文學終於走出幾個世紀文謅謅的古典形式，迎來了文學範式 (Paradigm) 的改變——1920 年代臺灣新文學的蓬勃發展。漢詩成為舊詩，新的、口語化的白話新文學在地景文學、空間書寫上的表現如何？能跳脫過去舊詩形式上「文言」晦澀與內容上「朦朧隱約」、不夠具體的窠臼嗎？這時期，新文學雖然昂揚，但舊詩並未失去戰場，在文學場域上，呈現新舊混聲、混雜並呈的現象。

高雄港在水蔭萍（楊熾昌）這首形式獨特的散文詩中，奇異的綻放時代港口的「惡之華」、風月之花，呼應高雄港埠的國際化，開拓並深化漢詩地景文學中已起步的對高雄港無邊「春色」的描繪與著色：

〈海港的筆記〉

森林的巴克斯酒神載著年輕人的靈魂，油布床上奏著港色的輪巴，少女做著朱色的呼吸賣愛。年輕人求著桃紅的彩色於一杯酒裡。

貨船一早就起錨。

胡琴和燭光圍住一個女人閃爍著。

年輕人唱了「我的青春」。

旗後的山在暗黑中把女人吸起又吐出而叫著。渡海港的駁船上少女總是以紅色長衫招著海港的春天。水手和色慾……酒色的冒險，以年輕的熱情迎接了青年人的體力。今天青年人也懷著

注射器渡過海港了。

貨船和女人使海港像波浪一樣浮動。她的愛就是貨船。她就是貨船的情人。海港們在夜的風貌中擴展觸手緊擁著時代的波濤。

——在高雄[70]

日治時期風車詩社詩人楊熾昌，以象徵主義、超現實主義的詩筆，展現他對「時代的港口」——邁向現代化的高雄港都，港口風月現象的細膩詩情，肉慾、慵懶而頹廢。詩意的地景，正是風月場林立的高雄港旗後一帶，山和海都擬人化的活起來。在楊熾昌這首散文詩裡，我們可以聞到一股強烈的腥味，這是海港、漁村特有的腥味，來自海洋和陸地的交會，是魚腥味，也是濃濃的風月煙花之味。楊熾昌寫妓女、寫性交易，而不觸及任何與性有關的字眼，可謂一絕。海港、貨船、水手、妓女、駁船、甚至旗後山完全融入地景詩作中，高雄港在時代波濤中活得有聲有色；有古老的胡琴、燭光、藝旦；卻飲著巴克斯之酒（巴克斯，羅馬神話酒神，相當於希臘神話的戴奧尼索斯），載著年輕人的靈魂，演奏著輪巴（今稱倫巴，Rhumba，舞曲節奏4/4拍，愛情之舞），搖擺出海港無邊的春色。

從舊文學迎來新文學，日治時期臺灣文學的現代性就是1930年代擅場的現代主義潮流。在文學現代主義潮流的衝擊中，地景文學的創作也發生了變化。地景文學中的地景大片大片的脫落，本來就不可能完整再現的地景，如今更加殘破，只剩些許符號與象徵，但這並不意味地景文學表現力低弱，反而帶給地景文學嶄新的創造力。

陳周和〈靠岸〉

無法表現的興奮狀態——

浮現在冷淡曲線上的重量

插入白兔毛裡的指尖／在兩壁之間
　　已經在最後噴煙的記憶裡醉了
　　在胖女人的白股間／藍天晃著／急著要進兵
　　憤怒的滿足／撞上所有的壁面
　　為了衝撞而反抗／由於反抗而展開局面
　　像　雲　掉──／一切憎惡的滿足
　　流著汗像停泊下來的／巨船[71]

　　港口成為水手買春的風化區，幾乎是國際港埠的共通現象，這是人性，詩人不是道德家，以此為題材無需大驚小怪，值得細究的是詩的表現手法與內容。陳周和生平不詳，但他僅有的幾篇詩作都刊登在《臺南新報》，而楊熾昌又曾擔任《臺南新報》學藝欄主編，惟不能確定兩人關係，特別楊熾昌是1933年才上任的，而陳周和這幾篇詩作都刊登於1932年。不過有一點可以肯定，那就是兩人都富於現代主義詩風，完全不同於當時以鹽分地帶為主流的寫實主義。

　　陳周和在〈靠岸〉一詩中要寫的與其說是海港意象，不如說是性，只是把海港景觀特色做為性昇華的藥引與必要背景，以港和船為暗喻與象徵，醞釀烘托出性的意向與氛圍，具有現代主義詩作的澀度與鮮度，厥為新形式、新內容。但此詩仍有異於前引水蔭萍〈海港的筆記〉飽含的耽美與頹廢風格傾向，比較偏向日本引入的新感覺派，以主觀感覺為中心，並帶有超現實主義色彩，淡化、否定客觀性，以新的感覺表現主觀自我。〈靠岸〉一詩，從題目開始，就設定水手上岸買春的敘事，對女性胴體、姿態的抽象描寫，以興奮之後的一根煙陶醉，帶有罪惡感的性事以船之靠港泊岸來形容，進攻、衝撞、滿足，在藍天下的碼頭岸壁之間，「在胖女人的白股間」堅挺而搖晃進軍，於憎惡的滿足後，完事之後，像一艘流著汗而停泊下來的巨船，巨大癱軟。這首詩刻意模糊了

背景——高雄港或基隆港，已不重要；客觀的地景、景物，如海港、輪船、岸壁，是做為畫龍點睛的象徵存在，一種普遍性的存在，具象地景如何並不影響；重要的是如何抽象、斷裂的拼接「性」與「港船」這兩者，使讀者產生新的、具衝擊性又陌生的感受，詩人做到了。

後來官方為管理臺灣風月場所，特設遊廓制度，「遊廓」（ゆうかく）即風化區。初設於旗後平和町，旗後曾有貸座敷（かしざしき，妓院）八家，後來遷到鹽埕榮町。看似現代化的衛生管理，其實就是人與空間連繫關係的重新規劃配置。殖民政權規定並合法化了風化區，從而生產、鞏固了遊廓這種空間的社會關係，深深影響社會民風，直到戰後。所以後來遊廓要從旗後遷往鹽埕時，還曾「引起旗後住民的反對，以為如讓遊廓他遷，必影響地方繁榮。」[72] 對於遊廓，不論旗後或鹽埕，都不能單純站在道德高度，以負面地景文化視之，古典地景詩文的表現在這一點顯得更加人性些，雖陷入溫柔鄉，但多數自有分寸，樂而不淫。

這個時期，港口一片地景笙歌，詩酒狎妓、歌舞昇平，臺灣人也參與到這場大歡樂中（對風月女性而言，又是另一回事了），漢詩圈雖不乏批判聲浪，[73] 但不論在古典漢詩或新文學的地景書寫中大抵風花雪月、春色無邊了。而高雄市遊廓的遷移，從旗津過海到鹽埕，也象徵地方治權中心發展方位的移轉。1920年，打狗改名為高雄，高雄郡役所、高雄街役場也從哨船頭轉移到鹽埕，都市不斷向東擴展的結果，高雄街在1924年（大正13年）因人口數達到41,247人，升格改制為市，高雄市於焉誕生。新的市役所當然不會回到過去高雄街役場所在的哨船頭，這裡腹地太小了，無法再發展，因而改設在更加歡樂喧騰、一馬平川的榮町。

● 高雄市役所

高雄設市於1924年（大正13年），市役所位於哈瑪星（現址為今鼓波街代天宮），為大正風格紅磚建築。1939年（昭和14年）高雄市役所遷移至今「高雄市立歷史博物館」（舊市府）。
資料來源：高雄市役所，高雄市立歷史博物館典藏資料，登錄號：KH2015.005.588

● 鹽埕町道路

資料來源：高雄港系列明信片，高雄市立歷史博物館典藏資料，登錄號：KH2003.008.150

七 大港崛起、政治地景中的頌歌與庶民狂歡

(一) 臺日詩人齊聲合唱的高雄港頌歌

殖民政權對高雄港的開發建設不餘遺力，帶動殖民地經濟的蓬勃發展。安平港沒落，高雄港大港崛起，煙火燈飾，城開不夜，地景文學頌歌跟進，部分臺日漢詩人連袂唱和，不分你我；而最終高雄港也成為帝國南進的基地，展現於詩文「圖南」的野心中。

> 永島蘇南〈高雄港偶成〉
> 粉壁朱欄一萬家，高雄今見已繁華。我來不管弦歌興，自愛煙波泛月槎。[74]

> 田健治郎〈高雄港海陸燈飾〉
> 為謝皇儲忝俯臨，滿街士女致忠忱。歡聲如誦陸兼海，數萬燈光皆赤心。[75]

高雄港成為重要的政治地景，港埠及週遭成為日本皇室蒞臨必去景點及住所，節慶祭典舉辦所在地，精心裝飾，熱鬧歡騰，入夜燈海煙火，日本詩人讚美歌頌自不在話下。臺灣詩人也感受到高雄港的變化、繁忙、富庶、現代化，表現於高雄港地景詩作中：

> 黃春潮〈高雄港〉
> 七鯤鎖鑰次基隆，坐鎮南方足自雄。一葦到門忙稅吏，夕陽遠浦著漁翁。
> 替時鹿耳何人問，鎮日旗山雙槳通。卻望海天無盡處，波瀾筆底祇愁窮。[76]

黃贊鈞〈南遊吟草：視高雄港〉

滄海層波撼碧天，物資吞吐浩無邊。長鯨鼓浪翻朝旭，退鷁隨風破晚煙。

萬里梯航巨賈集，三更篝火遠漁旋。國家經濟魚鹽利，誰握商權拓懋遷。

黃春潮、黃贊鈞皆盡情歌頌高雄港的繁榮盛況，落入殖民現代性的羅網中。打狗山更名高雄山，再更名壽山後，以「壽山」相關為題之詩作頗多。日本詩人藤波千溪特別以裕仁皇太子住過的〈壽山館〉為題寫道：

藤波千溪〈壽山館〉

遠臨滄海壽山臺。我訪仙踪此到來。鶴駕曾經三日駐。鳳翔今見數花開。

乃知幽木蒙餘澤。翻對明時愧不才。欲矑蕪詩酬好景。煙波繪出古蓬萊。[77]

在日本人眼中，壽山好景全因有「壽山館」，只因壽山館有「仙踪」、「鶴駕」。有趣的是臺灣詩人王寶藏此地遊，在〈漫遊紀錄：遊西子灣經過貴賓館有作〉寫道：「一路叉榕迎客頻。時聞鳥語話天真。遊心惟覺山中樂。那管人間有貴賓。」[78]一句「那管人間有貴賓」輕輕鬆鬆就消解了殖民統治階層高調的政治訴求。另，藤波千溪寫〈鼓山亭〉：「黑潮氣吐現樓蜃，紅日眠驚潛窟龍。太守眾賓同起舞，臨風把酒豁心陶。闌前彷彿認遙碧，莫是武夷天柱峰。」詩義影射潛龍為紅日所驚，並劍指中國福建武夷山。藤波千溪此行遊歷地景（半屏山、旗濱、打鼓亭、壽山館、半路臺），矚目所見，為其所用，何況與「太守眾賓」共同起舞把酒於鼓山亭。空間活動的取代、篡奪，是空間主宰的展現，則其為服務殖民敘事的地景文學無疑。

● 臺灣博覽會紀念發行的博覽會館、高雄岸壁明信片

資料來源：臺灣博覽會之博覽會館、高雄岸壁明信片，高雄市立歷史博物館典藏資料，登錄號：KH2006.006.048

　　反觀，1928年在高雄舉辦的全島詩人聯吟大會，以在地名勝「壽山觀海」為題擊缽聯吟，掄元作品一，李石鯨（李碩卿）詩：「髣髴騎鯨捲土來，怒濤十丈吼如雷。英雄人去餘威在，旗鼓形張殺氣催。檔影初添新艦舸，潮聲猶震舊城臺。港門十里前星耀，合為崗陵壽一杯」。掄元作品二，簡若川詩：「乘興登臨絕頂來，斜陽一望海門開。狂濤拍岸新船澳，亂石成堆舊砲臺。鼉鼓有聲人氣壯，龍旗無色霸圖灰。遙天別聳中流柱，澎島浮青映酒杯。」[79] 整體表現，仍不脫思古幽情，反覆提到砲臺憾事，卻無新思惟。詩文反而歌頌日人「檔影初添新艦舸，潮聲猶震舊城臺」、「狂濤拍岸新船澳，亂石成堆舊砲臺」，新舊相較之下成敗立見，結尾「合為崗陵壽一杯」又是為誰祝壽呢？壽山之名何來，豈不明白。從打狗山寫到壽山，被殖民漢詩人順受迎合日多。

　　此外，多首詩作中反覆提及「鶴駕」，如賴雨若：「鶴駕曾來登石徑」、陳秋波：「曾記當年鶴駕來」、謝汝銓：「六載榮聞鶴駕來」，歌頌的都是裕仁皇太子（後為昭和天皇）曾到訪壽山，大會詞宗傅錫祺同題寫道：「料知噓蜃終歸幻，誰信騎鯨倘復來」，頗有騎鯨（指鄭成功騎鯨傳說）終歸唏噓，再多緬懷詩詠也無濟於事之慨。「鶴駕」取「騎鯨」而代之

的新時代儼然來臨了,這個新時代是陳子敏筆下,「防波堤固迴春水,照海燈明簇錦堆。浪湧樓船天際立,山分旗鼓鏡中開」[80]的港闊堤新、船堅炮利、輪船輻輳的時代新局,打狗港天然地景不再,已逐漸變成現代水泥化的高雄港,權力的政治地景。

而隨著「南進」戰鼓的嘹亮,為提醒臺灣不要忘記做為「朝向南方」的殖民基地位置。臺灣人也被迫加入〈高雄港勢展覽行進歌〉大合唱的行列:「我等位於帝國的南方,朝向南方展翅,我高雄為興起的港口,高聲唱頌繁榮。南支南洋之裡,年貿易額兩億萬,我高雄港勢上升,日月發展擴張。椰子樹的樹蔭下鳥鳴,紅樹之下魚躍,我們的樂土高雄,高歌跳躍唱誦。高聳的壽山廣闊的海,跨越東亞呼喚祖國,大高雄市的建設,諸君一起奮進努力。」[81]

大港崛起,高雄港的鼎盛繁榮,使其愈發成為南方閃亮的政治地景圖騰,隨著日本帝國主義南進野心的明目張膽,我們也可在臺灣漢詩人的詩作中觀察到此一企圖的流露,充滿樂觀的圖南憧憬,就以高雄港做為南進基地的重要啟航:

高文淵〈高雄港〉

繁華殷賑數高雄,一覽新興地勢崇。吞吐物資頻出入,往來船舶自西東。

水山環抱風光麗,樓閣周遭結構工。壯志圖南何日遂,眼前巨浪白連空。[82]

李世昌〈高雄觀海〉

瀲艷波光豁遠眸,長風吹送港門秋。壯圖鵬翼何時遂,近海鯨濤此日收。

帶水依稀連呂宋,漁村咫尺認琉球。新興港勢商工盛,經國人人富遠謀。[83]

(二) 頌歌與狂歡混雜交盪：諸神偕眾民鬥鬧熱的高雄港

藉由日治新聞報導相關空間書寫內容，我們可以了解，隨著打狗港及港埠現代規模的底定與日增，加上這裡原本就是山海河港自然景觀綜合並存的優勢地理條件，使它成為日本殖民統治成功的一個絕佳的權力秀場。於是乎，各種各樣的活動拉到這裡舉辦：白天划龍舟、晚上放煙火、舉辦展覽會、園遊會、熱鬧市集、海水浴場、遊行踩街、高雄港祭等，還把臺灣民間迎神賽會也拉了進來，壯大聲勢，滃歟盛哉，整個高雄港埠人聲鼎沸，萬頭攢動，繁盛到了極點。

日治時期，把端午競渡改到天長節（日人稱天皇生日為天長節）舉辦，根據《臺灣日日新報》1905年（明治38年）11月2日報導可知，在日本官員要求民間配合下，硬是把五月五日舉辦的端午划龍舟習俗改到為日本明治天皇祝壽的天長節（11月3日），視之為「餘興」，舉辦地點在哨船頭、鹽埕埔、苓雅寮三處，顯然是高雄港內。同時舉辦的有祝壽宴會、運動會、園遊會等，相關費用還要本島人「寄附」。1908年（明治41年）10月17日報導：「競渡龍舟：欲邀院宮殿下之御覽藉慰旅情。定在旗後、苓雅寮、鹽埕莊處競渡龍船一事。茲聞欲令漁父出而為之。而該漁父亦望博勝利。每日皆為漕法之練習。欲出與鬥者。此際俱皆休業。吃人參。以營養英氣。準備當日互爭勝負云。」這則報導表面有趣，實則顯現被殖民者的迎合。原本端午競渡的民俗意義被消抹了，變成餘興活動，而娛樂的對象是日本皇室。出賽者為求勝利，不僅休業練習（不出海捕魚），為增長氣力，還要吃人參補身體。競渡地點仍在高雄港內，旗後與鹽埕、苓雅寮之間的航道。不過，怎麼解釋臺灣人樂在其中的部分呢？

> 巡南紀實其四／打狗舟遊：殿下駕出後壁林。即馳歸打狗。登御座船。□殿下所乘之船。一切床椅諸器。皆以置完整。裝飾華麗。前設兩大臣總督等之席。而該兩隻團平船。

皆張板設幕。中組竹棚。卷以綠葉。又其他諸船。亦皆構造廊下。使船船能得相通。殿下高坐首席大臣總督等在旁相陪。總督舉酒三觴。以祝殿下御建康。時有打狗小學校女生徒數名。在船伺候。一切來賓約違殿下舉杯後之時間。乃各歸就席。諸來賓等亦舉杯三酌。恭祈殿下萬歲。時則有打狗美妓七十餘名。在旁敘酒。少焉有船一艘。扮支那故事。琵琶精、飛鳥洞、黑白蛇等劇。突如其來。又忽焉而瀨內閧動一聲。有白、赤、青三艘龍舟。爭奪錦榜。共決勝負。三回而止。時適有八隻竹筏。相並打網。有巨口綠鱗。活口口躍於船中。興味無限。維時萬里無雲。海風習習。頓覺溽暑俱消。殿下與來賓等談談笑笑。興後不不淺。時時身材。有無限歡樂之概。諸來賓中有醉步蹣跚者。有於內地未逢斯樂。而□為感歎者。此際海中樂耕緩奏。音韻悠揚陸上燃放煙花。聲震山岳、以添興趣。（午後四時打狗發）[84]

這段描寫，基於殖民者視野，細訴各種費心安排、布置、活動、節目等，看起來都是為了「伺候」娛樂日本皇室和高官。不難想像當時熱鬧歡騰盛況，何況身在其中者。過程中，日本人得到日本人想要的，臺灣人有臺灣人的樂趣，盡醉盡興，各取所需。確實本島人被動員，但也只有藉由動員，才能見到、感受這麼盛大的慶典，以自己的習俗文化現身。等到斥資更巨，動員更盛，規模更大的港祭、高雄港勢展覽會，掩在現代化的港都進程之宣傳下，文化混雜的程度愈發不可同日而語了。

自此，高雄港活動不斷，高潮迭起。除了賽龍舟，還包括高雄港祭、高雄港勢展覽會等，此外西子灣海水浴場也吸引遊客聚集，這裡還有高雄神社，港埠之地，人潮匯聚，集會、節慶、祭典、遊行、商展、園遊會、運動會、藝閣、陣頭、迎媽祖、城隍爺遶境，入夜燈飾、提

● 高雄車站前的牌樓／高雄車站前牌樓的夜景

1931年（昭和6年），日人舉辦「高雄港勢展覽會」，以展示其治臺成果。照片中即為其於高雄火車站前，為此活動所特別製作的牌樓，門楣上書寫著「高雄港勢展覽會」七個大字。另外又於牌樓上布置燈飾。

資料來源：高雄車站前的牌樓／高雄車站前牌樓的夜景，高雄市立歷史博物館典藏資料，登錄號：KH2015.005.540

● 迎媽祖隊伍

此為高雄港勢展覽會的迎媽祖隊伍，由左至右為八爺（謝將軍）、千里眼、順風耳、七爺（范將軍）。

資料來源：迎媽祖隊伍，高雄市立歷史博物館典藏資料，登錄號：KH2015.005.550

燈、掛燈籠、放煙火等，聲色紛紛。而臺灣漢詩人筆下的「港祭」，紅男綠女，官民共賀，臺日同慶，洋溢節慶歡樂氛圍，不因日人祭典而有絲毫違和：

高文淵〈港祭〉

二月風光似綺羅，朝來翠色壽山多。旌旗簫鼓迎祥日，繞遍二街陣陣過。

鬥巧爭奇極偉觀，一年一度慶安瀾。紅男綠女來成隊，儘道高雄港祭看。

街街賽祭艷陽天，和氣官民共藹然。未審陣頭誰第一，金牌優勝巧雕鐫。觀風我卻破題兒，鴻爪應留紀事詩。一到夕陽斜照裡，歸船人影亂紛馳。[85]

1931年（昭和6年）5月1日至5日舉辦規模盛大的「高雄港勢展覽會」，5天展期共吸引超過11萬人次參與（至1940年，高雄市總人口也才16萬人），號稱「場內雜踏無立錐地」[86]，盛況空前，其用意在營造現代化高雄港都的意象，高雄港成為殖民權力的最佳展示場；但另一面，文化混雜性（Cultural Hybridization）的現象也呈現其中，臺灣民眾也參與到這場嘉年華狂歡中，盡心盡興，在宣傳日本躍進的政治大旗下，遂行歡樂。跨區的迎媽祖盛會，又非媽祖生（農曆3月23日），這不是只有商賈名流站出來就辦得到的，「在高雄港勢展覽會七大部門中，唯一一個由臺灣人主持籌備的『迎媽祖部』，負責統籌5月1日至8日媽祖繞境活動。……每晚九點到十二點，在上述安置媽祖的廟宇前廣場，都會搭建戲棚，上演臺灣本土歌仔戲，引來各方民眾爭相觀看，同時也為港勢展覽會增添了不少觀展人潮。各縣市廟宇的眾神也輪番出動，眾廟眾神恭迎媽祖遶境高雄，加上各地宋江隊、鑼鼓陣、藝閣雜劇和廟前採茶戲劇表演，形成橫跨各縣市的民間宗教大動員。」[87]

這場動員臺灣人配合的眾廟眾神民間宗教大集合，包括迎媽祖、媽祖遶境、野臺歌仔戲，以及各地宋江隊、鑼鼓陣、藝閣雜劇和廟前採茶戲劇表演等，事實上臺灣民眾也參與投入（光遊行規模即達二萬人），[88]並樂在其中，因為展示的正是自身的民俗文化，與日本相比，「輸人毋輸陣」。所以不能片面的只視之為殖民與被殖民文化的合作或對立，而是雙方開展出一個類似霍米・巴巴（Homi K. Bhabha）提出的二者「相互之間」（in-between）的「第三空間」（third space），不再非彼即此，而是「混雜性」（hybridity）的存在。在這港埠之地，藉由大規模活動的舉辦，人

潮雜匯，自由流動，確實可以開啟一個讓各種立場得以出現並混雜的「第三空間」，它並非實質具體的空間，而是無形文化的交雜出入口，臺灣人的、日本人的。在這個空間裡，建構它的歷史被置換了，宰制它的權威也被解構了，哪怕只是短暫開啟。[89]

巴巴引援的「混雜」概念，帶有巴赫汀「狂歡節」的色彩（本文稍後將提及），他關心的是所謂「灰色地帶」（即 in-between）的角色生成；而在巴赫汀理論中，混雜性甚至具備顛覆統一主權的能量。[90]

1935年（昭和10年）舉辦的高雄港祭，《臺灣日日新報》5月29日第8版報導：「高雄市港祭餘興，籌備眾神祭典行列，改善迎神諸行事」這場臺灣神明參與的「眾神祭典」，係號召漢人民間諸神（以田町岩仔佛祖為境主）擴大規模參與港祭。第一回港祭該年6月8日至10日舉辦，但系列慶祝活動，包括商店「納涼大賣」則6月1日就開跑。6月10日第8版報導高雄港祭盛況：

> 港都高雄第一回港祭……是日恰逢久雨初晴。朝來煙火沖空。各戶遍豎國旗獻燈。市內各十字路。大國旗交叉。町內街路兩側。揭奉祝大提燈。全市如作滿艦飾。共榮自動車會社。運轉花車。左右驅馳。觀眾數萬呈一大盛觀。……九時起神輿（筆者按：日本神社）自壽山道路。巡遶西子灣海水浴場。……施滿艦飾入港。碇泊於第九岸壁。與滿船飾之在港大小船泊呈港都高雄特有盛觀。御旅所前。午後六時至八時演奏神樂臺灣戲。山下町高雄新報社。朝來開花卉展覽會。藝妓扒龍船競漕。港祭三日間最奇觀之三河煙火。午後八時起。在港內第十號岸壁前海上燃放。全市至深夜備呈雜沓。高雄神社頭。及西子灣大錨施大電飾。軍艦龍田放射探照燈。添一大美觀。全市恰如不夜城也。

6月10日第4版亦報導:「高雄港祭盛況(第二日),本島人迎神甚熱鬧,龍田陸戰隊巡繞市內」:

> 高雄港祭第二日。……遠自嘉義。臺南。既州下各部落民。擁到觀覽甚多。市內各種餘興場之西子灣海水浴場及第九岸壁之軍艦龍田。……非常混雜(筆者按:參觀人潮)。是朝八時半。西子灣海水浴場兒童專用泳池開場。……式後放鰻、鯉、鮒、鯰等數百十斤鮮。任一般捕獲。而第九岸壁軍艦龍田。將士三百餘名。編成陸戰隊吹進軍喇叭。……同十一時起。在西子灣海水浴場一帶。埋紙片千枚。供一般探寶。午後二時。本島人之恭迎媽祖。城隍爺。諸神佛等以音樂隊。藝閣獅陣等大行列。巡繞各町。極見鬧熱。又同時刻鹽埕町御所構內。開奉納角力大會。同五時在西子灣。有藝妓及其他舞跳。一面高雄河畔。有仕掛煙火。晝夜市內非常鬧熱。地方觀眾達三萬人云。

臺灣神、日本神,諸神狂歡,眾民雜沓,城開不夜。就在這塊港埠之地,在某個時刻開啟,本島人、內地人、朝鮮人、清國人;臺灣的、東洋的、西洋的文化(如園遊會、遊行、樂隊、展覽、煙火等);達官貴人、販夫走卒,人山人海,就是臺灣人所謂的「鬥鬧熱」:暫時解除殖民封印,臺灣諸種舊慣習俗被開放迎入,縱使是藉此歡娛殖民階級之心,

● 高雄港勢展覽會文宣視覺設計

《高雄港勢展覽會誌》為紀念1931年(昭和6年)5月1日至5月5日高雄市役所舉辦的高雄港勢展覽會,由內海庄五郎所發行手冊。以慶祝新高雄州廳、高雄海洋觀測所的落成,配合第十五屆全島實業大會舉辦,以高雄市作為未來新興工業港市發展為舉辦宗旨。圖為書中展示的文宣視覺。

資料來源:《高雄港勢展覽會誌》,高雄市立歷史博物館典藏資料,登錄號:KH2004.007.001

被殖民者也趁機同步滿足了尋歡作樂的情感與欲望之流洩,激盪在這一灣港澳。

殖民與被殖民的邊界糢糊了,日常與狂歡節交織了,利用與被利用共存、反轉了(連偽裝都不用),過去被日本人視為迷信,難登大雅之堂的本島人信仰藉節慶之名之邀,堂而皇之抵達結界中心(港區),當夜晚的煙火沖天,暗夜沉睡中的高雄唯有港埠這處燈火輝煌;當官員高喊「高雄萬歲」[91]離席後,人群雜沓,主客易位,港都於是不夜城,結界解封,瑰麗來到現實。

然而日治時期這些大規模的祭典活動、園遊會、博覽會、港祭等,當然不足以讓臺灣百姓就都忘記來自殖民統治階層的那些鎮壓、剝削和差別待遇,以及心理上的羞辱、精神上的無尊嚴。狂歡過後,現實往往會更殘酷的折返,相忘在香汗淋漓的妓女龍舟賽中、在雜遝熱鬧的廟會祭典中,相逢在不會飄散的風中。詩人黃水沛搭乘火車一路南下,於〈南遊〉一詩寫道:

雲山北走車南馳,震源地過獨愁覽。加之?熱病蟲生,力田未必足飯噉。
群黎天養而地育,祇得教他休落膽。反是高雄氣象新,港祭市民方喜喊。
一途悲喜總隨人,何事男?堪笑領。[92]

1935年(昭和10年)4月21日發生新竹臺中大地震,造成新竹州、臺中州(約今新竹縣市、臺中市、苗栗縣一帶)三千多人死亡,災情慘重,哀鴻遍野。詩人雖於3年後(1938年)途經,仍感慨萬端,故成此詩。詩文中雖表面呼應了官方對高雄大港崛起的正向宣傳,但無形中也強烈對比了中部地區尚未從震災中站起來,又遇稻熱病肆虐,「力田未必足飯噉」的貧困窘境。悲喜交集,何樂之有?

八 黏腳的沙、黏人的港
把海洋還給市民

　　從歷史演變來看，高雄山河海港地景滄桑，變化劇烈；對照地景文學來看，女性作家洪素麗、許臺英、蔡素芬、周梅春筆下的高雄、文學中的高雄地景，不約而同的回顧了戰後50至70年代，遷徙、移民高雄的生命經歷；高雄港埠之地的苦難、蕭條與重生。

　　在臺灣本土化潮流中，文學也扮演重要推手──意義生產之角色。四位女性作家從立足的年代（約1980年代以後），回顧來時路，把焦點對準高雄港都。戰後高雄不僅是重要門戶，逐步發展成國際大港，且曾是密集勞力產業大賺外匯的血汗之城，致富之都；被美軍無數砲彈轟炸、死傷無數，歷經白色恐怖屠殺噤聲的地景；拆船業汙染、爆破海洋的鋼蝕鐵鏽地景；韓戰、越戰，美國大兵上岸性消費的空間；在在成為她們筆下人性與情感飽滿的地方，而「地方」的產出，也是作家創造地景意義的過程與結果，並會回過頭來，成為地景本身，成為地方，這是地方的社會建構。

　　女性作家筆下女性與地方的緊密情感關係，就人文地理學以家園來看待地方的角度來看，地方彷彿是放大的家園，這也符合鄉土文學的「釘根」的理念。亦即，人依附於地方，這種「地方之愛」、「人與地方的情感聯繫」，[93]是鄉土文學發展賴以顛撲不破的原則。對女性作家而言，「家」仍是最重要的；地方之所以重要是因為它是成家立業的地方，情感累積的地方，而港都就是這樣一處地方。但對女性而言，家似乎又經常是一個父權壓迫剝削的地方，並非全然溫暖的、詩意的空間。

此外，在王聰威的地景小說《複島》、《濱線女兒》，則從後殖民視角造景敘事，複島再現了拆船業帶來的財富與災難，並且以造船與拆船來對比生與死，以及二者對於島民的意義。刻意鑿沉的上百艘沉船，密密麻麻的滿布港底，原來用以阻絕美軍登陸決戰的，意外使港和島成為屠宰場，成就煉獄般的拆船業，而且「殖民帝國的沉船都拆完了，就拆除大陸政府撤退島上的舊輪船，就像把往日曇花一現的統一光榮，也一片片地拆光、賣光，不然就是融化光，變成島的新養分。光是想要緬懷往日的光榮是一點用處也沒有的，拆成一片片的，連一根最小根的螺絲釘也比一個所謂的大陸光榮和貴族優雅要來得好賣而有價值得多了。」[94]暗喻國族認同的拆解與新生。《複島》的「複」字，意義格外重要，不僅是作者虛擬的島下之島，日本殖民文化幽靈般的存在，也代表這座沙汕之島生命與歷史的複數存在，身分認同的流動樣態。

王聰威的家族史、港島地景史，從旗後搖晃到對岸的哈瑪星、鹽埕埔。《複島》寫的是爸爸家鄉旗津的故事，《濱線女兒》[95]寫的是媽媽家鄉哈瑪星的故事，二書連作。豐富素材來自父母親的、家族的生命經驗，以及在地優勢人脈所積累的過往記憶。《濱線女兒》再現大東亞戰爭時期及戰後庶民生命景況，以一段段小敘事解構家國的宏大敘事，小人物在所謂的「大時代」中苟活、求存，活出不安、艱困、痛苦、悲涼、思慕、離散、歡樂與自得。

帶領綠色柴山及衛武營公園促進運動，有「南臺灣綠色教父」美名的醫生詩人曾貴海[96]曾在〈海洋城市〉一詩中寫道：「用碼頭和堤防鎖死海洋的門扉／假裝忘記那片水鄉家園／海鳥在藍色鏡面自由飛翔」[97]，批判官方對高雄海洋城市的封鎖；在〈文化苓雅的變身傳奇〉一文中，則擘劃他對海洋首都的現實與夢想；如今港市合一了，隔離市區與海洋的圍牆拆除了，海港開放了，海洋敞開懷抱，地景開闊如詩，詩人的美景美願已成真：

高雄文化從海岸為起點，一路往南點亮著文化與綠洲的光芒，經過衛武營到大東藝術文化中心，這就是大高雄文化地圖中的新大陸吧！1998年我曾經寫了一首詩〈明日新城〉，對明日高雄寫下了文化與美學的願景：

把海洋還給市民吧／打開碼頭與港口的枷鎖

回到那片被遺忘的家園／聆聽浪濤的傾訴

隨海鳥在藍色海面飛翔／……

把河流還給市民吧／讓我們日夜思念的水域

貫穿明日的新城／傳送市民的情歌

把街衢還給市民吧／讓城市不再成為鳥籠

流暢的交通連接亮麗的街道／人們走向充滿美學的空間

南高雄文化廊帶已孕育了新的文化苓雅，它應該不只是高雄市的一條文化新綠洲，應該是高雄縣市，甚至是南部的新文化旅路，更是臺灣人的海洋文化之心，向海洋延伸，迎接隨著海浪泊停在港口的各國船隻，又能坐上碼頭的美麗遊艇回到海洋家園，聽浪濤傾訴，隨海鳥飛翔。[98]

曾貴海行醫濟世，在抗爭的年代，幾乎無役不與，他心心念念的高雄情、本土心、臺灣夢，如今已開花結果，落葉歸根陪伴詩人安然長眠。另，詩人吳晟在〈懷念那片柔軟──旗津〉中，回憶年少時和女友至旗津約會的情況，今昔對照了地景紋理的滄桑，多所懷念、感慨：

盛夏的南臺灣，港都高雄市的黃昏，燈火正逐漸從車潮、人潮之間亮起來，這裡一盞、那邊一簇、零零星星；等我們穿越繁忙的高雄街市，抵達位在市區西北邊的鼓山渡輪站，搭上開往旗津島的渡輪時，夜晚的港都已經瞬間燃燒開來，綻放五顏六色的璀璨燈光。站在渡輪甲板上憑欄眺望，夢時代購物中

心頂樓，被譽為「高雄之眼」的摩天輪新地標，輻射狀的光輝倒映在港灣水面，隨著船行的波浪閃爍不定。[99]

吳晟筆下的高雄港市繁榮進步，已與過往文人筆下的地景拉開很大的距離，清國、日治時期被遠遠拋下；他接著勾勒出旗津島的動態演變，並以自己的親身體驗見證旗津的變化，重拾一段記憶深處的青澀戀情——沙汕之戀：

> 第一次到鼓山坐渡輪到旗津，是家住高雄市的女友帶我來的。屈指算算，啊！竟然已經四十年前的往事了。……
>
> 四十年前的渡輪，顯然比現在的小而且破舊，那時候隨旅客上船的只有通勤族少數的腳踏車，沒有像現在這麼多機車。船小，海顯得更闊。……
>
> 在那樣的夜晚，我曾經發起徒步從旗津北端沿沙灘往南走，直達半島南端與高雄相連接處，經小港到高雄市，送我女友回家的意念。也許是柔軟的沙粒在腳指間滑溜滾動，有些「黏腳」，或許是故意把腳程耽擱，誤掉返回高雄的時機，終於來到島嶼的中段區，想繼續往前走，卻感覺疲倦遙遠，返回碼頭也來不及搭最後一班渡輪了，只好擁她睡在沙灘上，仰望星空訴說青春夢想。
>
> 沙灘上，有一艘不知是暫時泊靠、還是遭棄置的破舊小舟，稍作抵擋寒冷的夜風。有位巡防海岸線的哨兵走過來，原本要「驅離」我們，問明我們是因為來不及搭上末班渡輪，才在此留宿，好心交代「要小心」後，便識趣的走開，不再「打擾」我們。……[100]

詩人重遊舊地，有感而發的，不僅是一段深烙沙汕之島的青春戀情；更帶出地景紋理的今昔變遷，與不變的情感回憶——啃甘蔗、聽說書、無盡的沙灘、無盡木麻黃防風林、深陷青春的柔軟與夢想。如今粗

糙現實的衝擊襲來，島的浪漫曩昔與人文典故，被一波波的人工水泥鋪蓋遮掩了，黏腳的沙粒、深夜藏身的破舊小舟、好心的海岸巡防哨兵，在回憶裡加溫了旗津，然而水泥現實鑄造的錯誤，是大地無可癒合的瘡疤、無可挽回的環境破壞。詩人吞吐地景風華，對一味開發建設與人工觀光化設施提出省思。

地景從來不會單獨存在，除了權力的操作改造，翻騰地景、操弄影響我們觀看地景的方式與從而滋生的情感狀態。地景從來伴著大量的回憶與情感，這些有時彷彿是不確定、不可靠的，是變動的、甚至幻生的，但它即使做為形變的幻體，也確確實實的存在於我們的內裡，深深影響著我們。每個人都帶著各自的情感連繫來觀看體驗地景，每個時代的人們也都負載著不同時代的風濤與駭浪，滲入肌膚血肉與情感靈魂，地景才如以多彩多樣多情。地景召喚情感、身世、心事，不分虛實，浮現者皆真；地景以下，層層堆疊的是文化；地景以上，代代相連的是情感臍帶的緊密連繫。

● 高雄港中島工業區鳥瞰風景
拍攝地點為高雄港中島工業區40號碼頭與第一貨櫃中心所在地。
資料來源：「高雄港的貨櫃碼頭」明信片，高雄市立歷史博物館典藏資料，登錄號：KH2021.003.0107

● 高雄市市區鳥瞰
影像為高雄市三多路圓環鳥瞰。三多路圓環位於今之三多商圈鄰近。由三多路、中華路與一心路交會而成。
資料來源：「高雄市市區鳥瞰」明信片，高雄市立歷史博物館典藏資料，登錄號：KH2021.003.0091

九 結論
生命交會、接替在山海河港聚合激盪的地方

在本土化、在地化的浪潮歸返中,具有地方特色的書寫越來越受重視,但這並不代表特殊化會妨礙普遍性,相反的,普遍性得以在特殊化中彰顯。這樣說來,高雄地景文學書寫的就不只是高雄了,它可以指向更普遍的人性。如同愛爾蘭文學家詹姆士・喬伊斯(James Joyce)一輩子都在寫都柏林,儘管作家一生中大部分歲月遠離了故鄉,但都柏林的土壤、氣味、市民,滋養了他的心靈與創作,以現代主義為經緯,為本土化與國際化的結合做出最好示範。

不同世代的文人、作家,領略、體驗、想像了高雄這方水土,這處山海河港匯聚,既柔軟又堅硬的地方。時代滄桑,地景激盪起伏,空間紋理交錯,生命經驗各自不同,但都曾由這塊獨特的地景承載、涵養、蘊藏。時間走到現代,在新世代作家筆下,又在這裡挖掘想像出哪些不同的情感寶藏與意義呢?80歲老詩人吳晟和不滿20歲的年輕作家,世代接替,地景文學如何翻新?

吳晟〈陽光化身成燈塔〉
陽光燦爛照耀島嶼／照耀島嶼南方
南方山脈堅毅安穩／安穩懷抱住港口
港口,迎向海洋年輕的呼吸與心跳
沿著海陸交接的灣弧／山脈定定看望
船隻運載貨物與訊息／進出時代如浪
一趟又一趟／海鳥陪同海湧
護送夢想無限開展[101](節錄)

老詩人筆下旗後山上的燈塔完全從歷史迷霧中除魅了,沒有清領、

日治文人舊詩中砲臺對望的國愁家恨,直接就是白色燈塔本身的明亮潔淨,海水洗過般、艷陽照過般的表裡一致,了無掛礙,洋溢希望。文學可以為地景創造新義,日本人「正名」的「高雄」,跟如今臺灣人理解生義的「高雄」,名稱雖相同,但意義已大大改變。日文的根源「たかを」如今已脫落,將原本地名「打狗」改為日文漢字「高雄」的原因,所謂日本京都右京的高雄山也好,東京的高尾山也罷,也有寓意「在南洋的天地裡,高躍雄飛」的說法,[102]除了歷史學家、地方文史工作者又有幾人記得。但高雄如今已是高雄人的高雄、臺灣人的高雄、世界的高雄,以港都氣象軒昂於國際,它的意義已由高雄人、臺灣人重新創造。

正如老詩人筆下的旗津燈塔(高雄燈塔),走過風雨飄搖,中國式簡陋的燈竿移除了,不再是光緒年間素樸的燈樓;也不是日本人新建的、照向「南方」,彰顯南進侵略意志的西式燈塔;而是詩人筆下創造的新的地景文化,屹立島嶼南方港口,綻放希望的光芒,旗後燈塔是臺灣的燈塔!走過歷史,走過苦難,地景似乎有點輕飄飄的起來。年輕世代接棒書寫,卸下包袱,少了沉重,輕盈不少。但不能忘記的是,認清島的所在,撫觸島的存在;海凝聚了島,也開放了島,是臺灣讓這片海洋有了意義。

邱楚鈞〈沒有海的城市〉
我們本應是海的孩子。
生於育有星光的斑斕水波下,曾經擁有尾巴,也能選擇離開的目的地。直到我們被城市人打撈起,被水泥城市偷去,在廢氣的餵養下接受所謂「成長」的綁束,標準化地被製造成世界需要的模樣;被迫背離溫暖和善良的定義,我們學會如何冷漠而整齊劃一。……
剛踏上開往大寮的捷運列車,妳有個衝動想衝破車門,像攔住

> 計程車一般的攔住對向的捷運，請列車帶妳去一片海，一片能忘卻自己的海。
> 身為高雄人，妳對海的記憶卻不深。妳的記憶模糊海的顏色和海對妳說過的話語，只留存隱隱約約一小片幾年前被夕陽暈染金黃的高雄港⋯⋯
> 妳活在高雄其中一個沒有海的城市中，在一個炎熱卻使妳心寒的夜裡想念一片陌生的海。⋯⋯[103]

本應是海的孩子卻活在水泥叢林中，鑽入地底隧道，在捷運封閉的車廂中渴望，渴望不受綑綁的成長，渴望擺脫蒼白與窒息；分明身為港都高雄人，對海的記憶卻不深，對海洋充滿嚮往。海洋除了海洋本身，還是洋溢象徵之海。受困於學業也好、感情也好、親情羈絆也好，強說愁也好的年紀，日日被綁在住家、捷運到校園的各種水泥、鋼鐵箱涵之中，透不過氣來。海洋就成為救贖，可以大聲吶喊、敞開心胸的流動洶湧、遼闊的地景，讓所有心事都吹散、漂走，得到撫慰、擁抱和勇氣，重新活過來。〈沒有海的城市〉是個隱喻、更是反諷，填鴨教育雖已改革，但遠遠不夠，學子飽受壓力，則海洋雖近而遠，雖開而關，是制度拉遠了、關上了這道門。身處海港合一之城，渴望海洋而不可得，只要多一點勇氣、想像和行動力，跳上逆向列車，就可輕易抵達一片屬於自我之海。海洋、海港在年輕作家這裡，重新回到象徵之海，充滿無限活力與可能，一個屬於自我認同之海，更加無邊無際了。

城市孕育文學，文學創造城市，城市的確啟發人們許多超越城市本身的想像與創造，虛實交織；現實堅硬、凶險，也充滿柔軟、可能；固著的空間與地景滄桑幻滅，但記憶與情感永遠流淌。生命的伏流隱藏在地景之下，在這處山海河港交會激盪的地方，等待挖掘與品嚐。

Notes 註釋

二

01. 「帝國之眼」一詞引自瑪麗・路易斯・普拉特（Mary Louise Pratt）著，方杰、方宸譯，《帝國之眼：旅行書寫與文化互化》（南京：譯林出版，2017），頁4-5。

02. 伊能嘉矩考證認為，打狗為番語「竹林」之意，蓋因其土產而命名者；當地原住民原稱打狗社，占居打狗港口一帶，為鳳山縣下淡水流域平埔番馬卡道支族（Makattao，屬西拉雅族），後因海盜林道乾屠殺而遷徙至阿猴林，稱阿猴林社或阿猴社，阿猴之音Akau，亦來自打狗Takau之「T」不發音所轉訛。參見伊能嘉矩著，國史館臺灣文獻館編譯，《臺灣文化誌（上卷）》（臺北：臺灣書房，2011），頁30-31。

03. 「高雄」地名由來，係1920年（大正九年），日本第八任臺灣總督田健治郎改革臺灣地方行政區域，有鑑於日語「高雄」讀音與臺語「打狗」相同，故將充滿鄉土氣息的打狗改稱高雄，於是沿用三百餘年的「打狗」就成為歷史名詞了。引自高雄市國民小學鄉土教材「愛我高雄」，https://kstown.chukps.kh.edu.tw/lovekh/KS/ksa01/a01.htm。瀏覽日期：2024年6月6日。

04. 潘稀祺（打必里・大宇）編著，《臺灣醫療宣教之父：馬雅各醫生傳》（臺南：臺灣基督長老教會新樓醫院，2004），頁53。

05. 必麒麟1863年抵達臺灣，曾因秘密收購樟腦，遭清廷查緝；在羅妹號事件中協助美國出兵臺灣，並協助李仙得與斯卡羅總頭目卓杞篤於恆春城外的出火，約定俗稱的南岬之盟。退休後，以其豐富經歷寫成臺灣探險回憶錄。

06. 吳永華，《臺灣植物探險》（臺中：晨星出版，1999），頁53-54。

07. 因必麒麟任職的英商怡記洋行，其樟腦被清官方沒收所致。

08. 大衛・哈維著，王志民、王珉月合譯，《資本的空間》（臺北：群學出版，2010），頁91。

09. 大衛・哈維著，王志民、王珉月合譯，《資本的空間》，頁93。

10. 吳永華，《臺灣植物探險》，頁53-54。

11. 倭妥瑪表示，「清國官員見外商日趨繁榮，心生憂慮，乃以一切可能的手段，阻止對外貿易，商務之進行於是頗為不利。當權官吏對由外人監督開辦海關關務，極表反對；蓋因他們過去可隨意以各種形式的搾取，均將從此消失。」引自吳永華，《臺灣植物探險》，頁93。

12. 吳永華，《臺灣植物探險》，頁94-95。

13. 引自吳永華，《早田文茂：臺灣植物大命名時代》（臺北：國立臺灣大學出版中心，2016）。

14. 瑪麗・路易斯・普拉特（Mary Louise Pratt）著，方杰等譯，《帝國之眼：旅行書寫與文化互化》，頁66。

15. 瑪麗・路易斯・普拉特（Mary Louise Pratt）著，方杰等譯，《帝國之眼：旅行書寫與文化互化》，頁76。

16. 史蒂瑞原著，林弘宣譯《福爾摩沙及其住民：19世紀美國博物學家的臺灣調查筆記》（臺北：前衛，2012年），頁120-125。

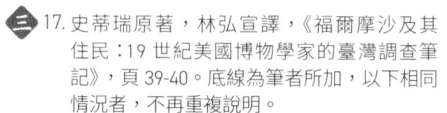

三

17. 史蒂瑞原著，林弘宣譯，《福爾摩沙及其住民：19世紀美國博物學家的臺灣調查筆記》，頁39-40。底線為筆者所加，以下相同情況者，不再重複說明。

18. 臺語「坐桶仔」，今意指搭乘小船偷渡。但其原意為，大船（戎克船等）因吃水深無法靠岸，故上岸前需改搭竹筏或舢板，其上設置有大木桶，讓旅客不會被海水淋濕。臺灣沿岸，如淤塞嚴重的安平港等，大都如此，即便日本人初抵臺灣時，也是「坐桶仔」上岸的。

19. 史蒂瑞原著，林弘宣譯，《福爾摩沙及其住民：19世紀美國博物學家的臺灣調查筆記》，頁35-36。

20. 史蒂瑞原著，林弘宣譯，《福爾摩沙及其住民：19世紀美國博物學家的臺灣調查筆記》，頁36-37。

21. 這個概念引自瑪麗・路易斯・普拉特（Mary Louise Pratt）著，方杰等譯，《帝國之眼：旅行書寫與文化互化》，頁 105。意指帝國遭遇的空間，在地理和歷史意義上不同的人群彼此接觸並建立不間斷關係的空間，通常涉高壓政治、不平等和衝突的情況。
22. 史蒂瑞原著，林弘宣譯，《福爾摩沙及其住民：19 世紀美國博物學家的臺灣調查筆記》，頁 37。
23. 史蒂瑞原著，林弘宣譯，《福爾摩沙及其住民：19 世紀美國博物學家的臺灣調查筆記》，頁 10-11。

四

24. 《鳳山縣采訪冊》上，頁 111。
25. 李庥,〈福爾摩沙最新消息〉，Hugh Elizabeth Ritchie著、林淑琴譯《李庥與伊麗莎白・李庥宣道書信集》（臺南：國立臺灣歷史博物館，2019），頁 37。
26. Hugh Elizabeth Ritchie著、林淑琴譯《李庥與伊麗莎白・李庥宣道書信集》，頁 38。
27. 此波民眾排斥攻擊洋教、洋人風潮，受英商走私樟腦事件引發；係繼臺南看西街事件後，對馬雅各、萬巴德、李庥等醫療宣教志業之又一打擊。
28. 李庥,〈福爾摩沙最新消息〉，頁 39。
29. 有關《臺灣日日新報》所刊新聞報導或相關詩文，均引自「臺灣日日新報暨漢文日日新報整合平臺」網站，資源網址：http://ddnews.nlpi.edu.tw/login_rrxin.htm，以下相同情況時，不再重複註明出處。

五

30. 本文「臺灣學」，靈感來自愛德華・薩依德（Edward W. Said）的「東方主義」，他分析西方對伊斯蘭世界及近東研究的東方學文本與作者，主要內容從殖民的政治建制、東方學專家的學術生產事業、與有關文學創作和通俗報導方面，來釐清剖析西方對東方的東方化想像與現實東方的差異。參見〈後殖民論述經典〉，薩依德著，王志弘等翻譯《東方主義》（臺北：立緒出版社，1999）。
31. 瑪麗・路易斯・普拉特（Mary Louise Pratt）著，方杰、方宸譯，《帝國之眼：旅行書寫與文化互化》，頁 49。
32. 伊能嘉矩，《踏查日記》上冊（臺北：遠流，2012），頁 288-289。
33. 瑪麗・路易斯・普拉特（Mary Louise Pratt）著，方杰、方宸譯，《帝國之眼：旅行書寫與文化互化》，頁 11。
34. 瑪麗・路易斯・普拉特（Mary Louise Pratt）著，方杰、方宸譯，《帝國之眼：旅行書寫與文化互化》，頁 5。
35. 伊能嘉矩著，楊南郡譯，《臺灣踏查日記》（下）：伊能嘉矩的臺灣田野探勘》（臺北：遠流，2012），頁 370。
36. 伊能嘉矩著，楊南郡譯，《臺灣踏查日記》（下）：伊能嘉矩的臺灣田野探勘》，頁 363。
37. 佐藤春夫著，邱若山譯，《佐藤春夫──殖民地之旅》（臺北市：草根，2002），頁 339。
38. 臺灣總督府對佐藤春夫提供的，其實也包括某種程度的保護及監視（與本島人互動情形），佐藤春夫與林獻堂的一席精彩對談，即有警官到場監視紀錄。參見佐藤春夫著，邱若山譯，《佐藤春夫──殖民地之旅》，頁 338。
39. 佐藤春夫在與林獻堂的一席對談中，遭林獻堂當頭棒喝，無地自容；觸發他反省自己那種虛無的、夸夸而談的所謂內地人與本島人「友愛」之說；另對日本官方擅改本土地名亦提出批評。引自佐藤春夫著，邱若山譯，《佐藤春夫──殖民地之旅》，頁 336-337、頁 295-296。
40. 佐藤春夫著，邱若山譯，《佐藤春夫──殖民地之旅》，頁 341-342。
41. 此文摘自《暑夏之旅的回憶》,《望鄉之賦》，寫於昭和 36 年（1961），距離作者初訪臺灣的大正9年（1920），已有 40 年之久。
42. 佐藤春夫著，邱若山譯，《佐藤春夫──殖民地之旅》，頁 362。
43. 日治初期，臺灣被內地人視為「化外之地」，然而隨著臺灣總督府推動近代化政策的進展，將其面貌煥然一新，並出版旅行指南書作為觀光活動媒介，提供讀者觀光地點的各項資訊。其中官方出版的臺灣旅行指南書，以明治 41 年（1908）起出版的《臺灣鐵道名所案內》為主，為紀念縱貫線全線營運而發行的旅行指南書，促進臺灣觀光事業的發表。《臺灣鐵道旅行案內》出版期間自大正 5 年（1916）至昭和 17 年（1942），共發行十二期，以鐵道沿線導覽方式介紹臺灣的景點，塑造臺灣形象和新面貌，每一期的記述與介紹的觀光景點有所不同。引自《臺灣鐵道旅行案內》,「國家文化記憶庫」：https://memory.culture.tw/Home/Detail?Id=505085&IndexCode=NTU。瀏覽日期：2024年6月6日。

44. 佐藤春夫著，邱若山譯，《佐藤春夫——殖民地之旅》，頁363-364。
45. 佐藤春夫著，邱若山譯，《佐藤春夫——殖民地之旅》，頁365。
46. 佐藤春夫著，邱若山譯，《佐藤春夫——殖民地之旅》，頁355-356。
47. 佐藤春夫著，邱若山譯，《佐藤春夫——殖民地之旅》，頁370。
48. 麥克魯漢（Herbert Marshall McLuhan）、鄭明萱譯，《認識媒體：人的延伸》（臺北：貓頭鷹，2015），頁37。
49. 麥克魯漢（Herbert Marshall McLuhan）、鄭明萱譯，《認識媒體：人的延伸》，頁36-38。
50. 《詩報》，116（1935年11月3日），頁10。資料來源：臺灣漢詩數位典藏資料庫http://www.literaturetaiwan.com.tw/poetry/。瀏覽日期：2024年6月6日。以下如有引用《詩報》相關資料，不再重複註明。另，引文中出現？、▇、○等記號時，代表日治時期報章雜誌印刷不清之字，以下有相同情形者，不再一一說明。
51. 參考漢珍數位圖書，https://www.tbmc.com.tw/zh-tw/product/11，以及臺灣文學館線上資料平臺，https://db.nmtl.gov.tw/site4/s3/journal等。瀏覽日期：2024年6月6日。
52. 安德森（Benedict Anderson）著、吳叡人譯，《想像的共同體：民族主義的起源與散布》（臺北：時報出版，2010），頁54-55。
53. 引自「典藏臺灣」，〈首選珍藏：叫我第一名——八十年前的臺灣新八景票選〉，https://digitalarchives.tw/Exhibition/4185/6.html。瀏覽日期：2024年6月6日。
54. 1923年，打狗山建裕仁皇太子招待處所（即貴賓館，因逢皇太子壽誕而改名壽山館，打狗山也因為其祝壽而更名壽山，後陸續招待日本皇家和官員來訪高雄時住宿。（壽山應該是1925年更名）
55. 〈打狗八景歌〉，《臺灣日日新報》（1919年9月30日），第3版。
56. 引自「智慧型全臺詩知識庫」，https://db.nmtl.gov.tw/site5/poem?id=42655。瀏覽日期：2024年6月6日。
57. 王則修，〈旗津舊砲壘懷古〉，引自「愛詩網」，https://ipoem.nmtl.gov.tw/nmtlpoem?uid=54&pid=587。瀏覽日期：2024年6月6日。
58. 摘自臺南老雲，〈旗山舊炮臺懷古〉，高雄市文獻委員會編，《高雄市志藝文篇》（高雄：高雄市文獻委員會，1968），頁235。
59. 摘自彰化懶雲（賴和），〈旗山舊炮臺懷古〉，高雄市文獻委員會編，《高雄市志藝文篇》，頁235。
60. 1908年3月，日本帝國議會通過築港事業6年計劃，打狗港第一期築港工程展開，5年後完工，打狗港已可容納下11艘3千噸級船隻，年吞吐量可達31萬噸，打狗港晉身近代化港埠。

六

61. 本標題靈感得自莊祐端，〈旗津海上風雲（三）：島嶼‧詩樂園〉一文，詳見：ttps://www.biosmonthly.com/article/7829。瀏覽日期：2024年6月6日瀏
62. 《臺灣日日新報》（1904年3月17日）。
63. 引自「全臺詩」，https://db.nmtl.gov.tw/site5/querytwpresult。瀏覽日期：2024年6月6日。
64. 林曙光，〈旗後平和街，鳳山田仔下〉，收於林曙光著，《打狗採風錄》（高雄：春暉出版社，1993），頁34。
65. 曾玉昆，《高雄市各區發展淵源（下冊）》（高雄：高雄市文獻委員會，1992），頁1228。
66. 引自「全臺詩」，https://db.nmtl.gov.tw/site5/poem?id=50374。瀏覽日期：2024年6月6日。
67. 引自「愛詩網」，https://ipoem.nmtl.gov.tw/nmtlpoem?uid=78&pid=1385。瀏覽日期：2024年6月6日。
68. 詳見《詩報》第49號，「海國清音」欄，1932年（昭和7年）12月15日。此時，旗後雖早已改名旗津，但民間口語可能仍習慣稱旗後，故詩中仍稱旗後。
69. 《風月報》，79（1939年2月1日），頁27。
70. 楊熾昌，《水蔭萍作品集》（臺南：臺南市立文化中心，1995），頁102-103。該文原載《園丁手冊：海港的筆記》，1935年出版。
71. 水蔭萍等著，《廣闊的海》（臺北：遠景，1997），頁143-144。原載於《臺南新報》，1932年出版，陳千武譯。
72. 林曙光，〈高雄遊廓〉，《打狗瑣譚》（高雄：春暉出版社，1993），頁75。
73. 有關日治臺灣詩會活動邀妓侑觴之弊，女性被物化現象，詳見江寶釵、謝崇耀，〈從日

治時期「全島詩人大會」論臺灣詩社的轉型及其時代意義〉，國立中正大學中國文學系《中正漢學研究》2013年第1期（總第21期）（2013年6月），頁344。

七
74. 永島蘇南，〈高雄港偶成〉，《臺灣日日新報》（1923年[大正12年]6月28日），第3版。
75. 田健治郎，〈高雄港海陸燈飾〉，《臺灣日日新報》（1924年[大正13年]3月1日），第3版。
76. 黃春潮，〈高雄港〉，《臺灣日日新報》（1928年[昭和3年]4月25日），第3版。
77. 《臺灣時報》，臺灣總督府發行（1919-1945），1926年8月號「詩壇」。
78. 臺灣時報1922年3月號（1922年3月10日）。詳見http://www.literaturetaiwan.com.tw/poetry/04/04_01_01.htm。瀏覽日期：2024年6月6日。
79. 以上二詩引自《臺灣日日新報》（1928年[昭和3年]3月1日），第4版。
80. 此段相關引詩，均來自國立臺灣文學館智慧型全臺詩知識庫。《臺灣日日新報》，全島聯吟大會，於1928年3月1日至24日，第四版，陸續刊載。詳見https://db.nmtl.gov.tw/site5/poem?id=82937 等。瀏覽日期：2024年6月6日。
81. 高雄港勢展覽會編，《高雄港勢展覽會誌》（高雄：高雄港勢展覽會，1931），頁207。
82. 高文淵，〈高雄港〉，《臺灣日日新報》（1937年[昭和12年]9月29日），第4版。
83. 李世昌，〈高雄觀海〉，《臺灣日日新報》1938年[昭和13年]7月6日），第4版。
84. 《臺灣日日新報》（1908年[明治41年]10月28日），第2版。
85. 高文淵，〈港祭〉，《臺灣日日新報》（1937年[昭和12年]6月9日），第4版。
86. 詳見《臺灣日日新報》（1931年[昭和6年]5月4日），第8版相關報導。
87. 「新城舊港・繁華港都夢：從高雄港勢展覽會，回望港口牽起的百年高雄史」，https://storystudio.tw/article/gushi/kaohsiung-port。瀏覽日期：2024年6月6日。
88. 詳見《臺灣日日新報》（1931年[昭和6年]5月3日），第5版相關報導。
89. 有關霍米・巴巴的「文化混雜性」、「相互之間」、「第三空間」等概念，詳見生安鋒，《霍米・巴巴的後殖民理論研究》（北京大學出版社，2011）。
90. 雷蒙・塞爾登（Raman Selden）等合著，林志忠譯，《當代文學理論導讀》（第四版，臺北市：巨流，2005），頁289。
91. 詳見1935年（昭和10年）6月13日，《臺灣日日新報》第4版報導：「高雄港祭，開祝賀會，出席四百餘名：……西澤知事發聲，唱高雄萬歲至七時散會云。」
92. 黃水沛，〈南遊〉，《黃樓詩》，1938年，參閱臺灣漢詩數位典藏資料庫，http://www.literaturetaiwan.com.tw/poetry/04/04_01_01.htm。瀏覽日期：2024年6月6日。

八
93. Tim Cresswell著，徐苔玲、王志弘譯，《地方：記憶、想像與認同》（臺北：群學，2006），頁35。
94. 王聰威，《複島》（臺北：聯合文學，2008），頁184。
95. 王聰威，《濱線女兒》（臺北：聯合文學，2008）。
96. 本文發表前，傳來詩人曾貴海逝世消息（2024年8月6日），感念他對臺灣、高雄的貢獻，特獻上無限哀悼與敬意。
97. 曾貴海，《臺灣男人的心事》（高雄市：春暉，1999），頁55。
98. 曾貴海，《臺灣男人的心事》，頁53-55。
99. 曾貴海，《臺灣男人的心事》，頁112。
100. 曾貴海，《臺灣男人的心事》，頁117-125。

九
101. 路寒袖主編，《為歷史的蒼茫打光》（高雄市：高市文化局出版，2006），頁78。
102. 參見「高雄市」條目，維基百科，https://zh.wikipedia.org/zh-tw/%E9%AB%98%E9%9B%84%E5%B8%82#cite_note-13。瀏覽日期：2024年6月6日。
103. 本文選自2016年高雄青年文學獎得獎作品集《沒有海的城市》同名作品，為當年靚文青組（高中組）散文首獎作品，詩作發表時作者還是高中生。高雄市立圖書館主編，《沒有海的城市》（高雄市：高市圖，2016），頁180-182。

作者簡介（依文章排序作者姓名）

許淑娟
國立高雄師範大學地理學系教授，《高雄文獻》主編，著作有《臺灣全志卷》土地志地名篇、《臺灣地名辭書卷廿三》等書，以研究聚落地理、區域地理、歷史地理、社會地理、地理教育。

謝濬澤
國立高雄科技大學博雅教育中心專案助理教授，研究領域為臺灣社會經濟史、東南亞歷史與文化、海外華人研究、社區總體營造、田野調查。

謝明勳
交通部鐵道局南部分局簡任正工程司、知名鐵道文化專家，也是舊打狗驛鐵道館創館館長、亞太遺產鐵道組織前副主席。著作有《從臨港線到水岸輕軌：高雄港市鐵道與產業120年軌跡》、《新驛境·鐵道記憶：高雄車站遷移及鐵路地下化紀念影像集》等書。

杜正宇
國立屏東科技大學通識教育中心助理教授，曾任中央研究院臺灣史研究所博士後研究人員，著作有《海風在吟唱：左營海軍及眷村》、《日治下大高雄的飛行場》，研究領域為臺灣戰後史、軍事史、文化資產保存等。

王御風
國立高雄科技大學博雅教育中心副教授、高雄市立歷史博物館前館長，著有《榮耀船說：臺船逆風向前》、《從淺野到臺泥：臺灣第一的水泥廠》等書，研究領域為臺灣史、高雄政治史、社區營造、科技與社會等領域。

李文環
高雄市立歷史博物館館長、國立高雄師範大學臺灣歷史文化及語言研究所教授，曾任高雄市政府文化局文化資產委員，研究領域以臺灣史、文化資產研究、宗教與民俗學、歷史地理學等領域為主。

葉高華
國立中山大學社會學系教授，著有《臺灣族群史解謎：揭開平埔、外省、客家、福佬的歷史謎團》、《強制移住：臺灣高山原住民的分與離》等書，研究領域為臺灣歷史地理學、社會統計、檔案與社會研究等研究。

王和安
國立高雄科技大學、國立高雄大學兼任助理教授，著有《跨越185：原住民族與客家族群記憶書寫》、《書寫六堆300：從歷史出發的多元族群共榮》等書，研究領域為臺灣史、族群史與產業發展史。

劉正元
國立高雄師範大學臺灣歷史文化及語言研究所副教授兼台文班主任，著有《大武壠：人群移動、信仰與歌謠復振》、《卡那卡那富族民族植物》等書，研究領域為文化人類學、族群關係、文化與發展。

洪馨蘭
國立高雄師範大學客家文化研究所教授。著有學術專書《菸草美濃：美濃地區客家文化與菸作經濟》、《敬外祖：臺灣南部客家美濃之姻親關係與地方社會》、《以美濃為方法：社區實踐觀點的客家論述》、《客家性與地

方性的再凝視：臺灣客家的鄉土、流動與結構力》、《臺灣北海岸客家：阿里磅練氏族譜與地方社會》、《臺灣客家族群現身的當代景觀：持續轉變中的新客家性與族群關係》等客家研究專書。研究興趣包括客家社會與文化、社會文化人類學、民族誌寫作與文獻探討、族群性與族群關係、社區組織與社會發展。

謝貴文

現任國立高雄科技大學文化創意產業系（所）教授，兼任《高雄文獻》編輯委員、高雄市史蹟、文化景觀及無形文化資產審議會委員，曾任高雄市政府文化局科長，研究領域為民間信仰、民間文學及地方文史等，著有《紅毛港遷村實錄——文化篇》、《高雄民間信仰與傳說故事論集》、《保生大帝信仰研究》、《高雄林園鳳芸宮媽祖海巡》、《內門鴨母王朱一貴》、《延續與變遷：遷村後紅毛港的寺廟與信仰》、《神、鬼與地方：臺南民間信仰與傳說研究論集》（獲臺南市政府文化局獎助出版）、《借問舊城眾神明：清代以來左營舊城內外的祭祀空間》（榮獲臺灣文獻館獎勵出版文獻書刊優等）、《爾來了：四百年來臺南城隍信仰的發展與變遷》等九本專書及學術論文百餘篇，獲選國科會（科技部）獎勵特殊優秀研究人才。

邱延洲

國立成功大學人文社會科學中心博士後研究員，曾任草地人民俗文化工作室執行長，著作有《臺灣鳳邑儒教聯堂的飛鸞勸化與其社會網絡》、《鳳邑舊城城隍出巡：信仰與地方再現》、《過化存神 ‧ 幽冥得度：「送字紙灰」、「祭河江與敬義塚」》等書。

盧啟明

臺灣基督長老教會歷史委員會幹事兼歷史檔案館主任，著有《傳道報國：日治末期臺灣基督徒的身分認同（1937-1945）》與合著《家是動詞：臺灣族群遷徙故事》、《臺灣基督長老教會史（1865-2015）》等書。

蘇明如

實踐大學觀光管理學系副教授，曾任高雄市政府文化局研究員，著有《文創與城市：論臺灣文化創意產業與城市文創觀光》、《臺灣博物館散步GO》、《臺灣療癒散步冊》等書，研究領域以文化觀光、文化創意產業、文化政策研究、博物館規劃等為主。

李友煌

高雄市立空中大學研發處處長暨文化藝術學系副教授，曾任高雄市立空中大學文化藝術學系系主任、高雄電臺「教育新鮮事」談話性節目主持人，著作有《貝神的召喚：穿越南鄒迷霧的拉阿魯哇》、《藍染：海島身世》等書，研究領域以臺灣文學、海洋文學、現代詩創作、文化創意產業為主。

世紀高雄：
城市變遷與未來願景

主　　　編	李文環
撰　　　文	許淑娟、謝濬澤、謝明勳、杜正宇、王御風、李文環、葉高華、王和安、劉正元、洪馨蘭、謝貴文、邱延洲、盧啟明、蘇明如、李友煌
指 導 單 位	文化部、高雄市政府文化局
出 版 者	行政法人高雄市立歷史博物館
發 行 人	李文環
行 政 企 劃	李旭騏、莊建華
地　　　址	803003 高雄市鹽埕區中正四路 272 號
電　　　話	07-5312560
網　　　址	https://khm.org.tw/

編 印 發 行	晨星出版有限公司
地　　　址	臺中市 407 工業區 30 路 1 號
電　　　話	TEL：04-23595820
傳　　　真	FAX：04-23597123
網　　　址	http://star.morningstar.com.tw
郵 政 劃 撥	15060393（知己圖書股份有限公司）
法 律 顧 問	陳思成律師
登 記 證	行政院新聞局局版臺業字第 2500 號
出 版 一 刷	2025 年 6 月
定　　　價	新臺幣 600 元

ISBN：9786267267660（平裝）
GPN：1011400267

版權所有 翻印必究
（如有缺頁或破損，請寄回更換）

國家圖書館出版品預行編目（CIP）資料

世紀高雄：城市變遷與未來願景 / 許淑娟, 謝濬澤, 謝明勳, 杜正宇, 王御風, 李文環, 葉高華, 王和安, 劉正元, 洪馨蘭, 謝貴文, 邱延洲, 盧啟明, 蘇明如, 李友煌撰文. -- 高雄市：行政法人高雄市立歷史博物館, 2025.05
　面；　公分
ISBN 978-626-7267-66-0（平裝）

1.CST: 都市發展 2.CST: 歷史 3.CST: 文集 4.CST: 高雄市

733.9/131.07　　　　　　114002854